现代传播 MODERN

丛书主编 王文科

U0690251

Media Literacy Tutorial

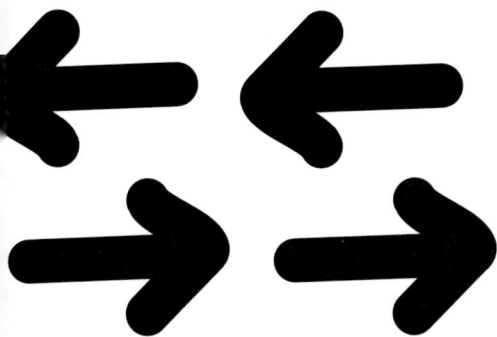

媒介素养教程

黄 宏 编著

ZHEJIANG UNIVERSITY PRESS

浙江大学出版社

目 录
CONTENTS

第一篇 认识和解读媒介

第二篇　接近和了解媒介

第三篇 使用和利用媒介

绪 论

"铜须"事件

2006 年,天涯社区爆发"铜须"事件。一位悲情丈夫在天涯声称自己的妻子幽月儿有了外遇,并且公布了妻子和情人长达 5000 字的 QQ 对话,慷慨激昂地痛斥与妻子有染的小人物"铜须",网民们随后组成数万人的"哄客游击队",对"铜须"展开"人肉搜索"。他们曝光了"铜须"的真实身份和地址,用各种方式羞辱其尊严,把他逼出大学校园,甚至迫使其家人不敢出门和接听电话,令当事人身心受到严重伤害。为了平息事端,"铜须"用长达 6 分钟的视频来否认桃色事件,而那位"受害者"丈夫,也承认对其妻红杏出墙的说法多有不实之处,请求网民取消追杀,但还是无法平息这场惊天动地的网络骚乱。欧美报刊相继刊发报道,质疑中国网民的做法是对个人权利(隐私权、情感和生活方式选择权等)的严重侵犯。《国际先驱论坛报》以《以键盘为武器的中国暴民》为题,激烈抨击中国网民的"暴民现象"。

互联网等新技术媒介的出现,使民众获得了相对于传统媒体而言更多的传播权利和传播自由,但面对丰富多元、真假难辨的信息海洋及多样的传播手段,我国民众的媒介素养还没有得到同步提升,不但无法对一些传统媒体的选择性报道进行批判质疑,同时还深受网络"五毛党"①、"网络水军"②的信息扰

---

① "五毛党"就是按照雇主的要求去各个论坛发帖顶帖,每条帖子从一两毛到五毛、一元不等收费的网民。

② "网络水军"即受雇于网络公关公司,为他人发帖回帖造势的网络人员。为客户发帖回帖造势常常需要成百上千个人共同完成,那些临时在网上征集来的发帖的人被叫做"网络水军"。版主把主帖发出去后,获得最广大的"网民"的注意,进而营造出一个话题事件,所有网络公关公司都必须雇佣大批的人员来为客户发帖回帖造势。网络水军有专职和兼职之分。

乱,无法准确鉴别真假,也无法判断自身传播行为的后果,随意传播谣言信息,成了谣言扩散的帮凶,或者刻意传播他人或自己的隐私信息,造成隐私泄露,给别人或自身带来无尽的麻烦。据中国互联网络信息中心统计报告,截至2012年6月底,中国网民数量达到5.38亿,而网络公共空间混乱和失控的局面并没有改观。

"网络暴力"现象不仅仅存在于中国,在世界范围内也很普遍。在韩国,2008年9月至10月短短一个月中,先后有崔真实等4位明星自杀。几位明星自杀原因,被指皆因舆论压力、网络暴力所致。2009年,由于不堪忍受同学长时间以来在网上无休止的谩骂,英国一个名叫霍莉·格罗甘的少女纵身跃下天桥,结束了自己年仅15岁的生命。有学者认为,网络暴力的产生有很多方面的原因,从社会层面看,社会本身问题很多,公众和网民的情绪充满戾气;从公众层面看,公众整体的网络素养、道德水准有待提高。这甚至和受教育程度没关系,教授在微博上照样也会破口大骂、无中生有。为了维护网络空间秩序,减少网上的语言暴力、诽谤以及传播虚假信息,各国都采取措施进行防范。韩国甚至在巨大的争议中率先实施网络实名制。但韩国的网络实名制吸引黑客攻击大型网站,数千万网民的身份信息泄露。类似案件有可能造成大量发送垃圾邮件、电话诈骗等非法行为。两害相权取其轻,韩国政府最后决定从2012年起逐步放弃网络实名制,而转向具体采取改善和补充网络制度的方案。

怎么来消除互联网的混乱局面,创造和谐的互联网生态环境呢?对我国而言,除了在社会层面上推动改革,开放言论空间和沟通渠道,形成以公开、公平、公正为导向的社会风尚外,同时在他律层面上要完善各类媒介法律法规,加强司法介入,此外还需在自律层面上提升公众的媒介素养水平,实现公共舆论空间的自我净化。在西方一些国家,这已经被证明是花费社会综合成本最少而效果最好的一种手段。当然媒介素养并不仅仅限于网民们对信息的鉴别和传播上,它有着更加丰富的内涵和更为高远的目标。

一、媒介素养概念和理念的阐释

什么是"媒介素养"?"媒介素养"是一个舶来词,和英语中的"media literacy"相对应。要理解"媒介素养",首先了解什么是"素养"。

中文的"素养",在《辞海》里的解释是:经常修习涵养。如艺术素养、文学素养。这里强调素养是人逐步形成的文化特质或精神、观念或态度上动态的过程。英语"literacy"一词产生于西塞罗时代的拉丁语,由拉丁语 Litteratus 演化而来,意思是有文化,原意并非指一个人有读写拉丁语能力,而是表示有学问。在现代语境中,"Literacy"通常指文化素质、读写能力、受教育情况等,偏重于结果。

"素养"一词在东西方的语境中虽有区别,但其基本含义都指向个体在社会化过程中习得的知识、能力和观念等。随着社会发展,"素养"的内涵和外延都发生了变化,内涵上从知识、技能掌握扩充至精神、观念、气质层面,外延则从文字和文学领域延伸至各个学科和各个社会领域,如音乐素养、科学素养、道德素养、军事素养等,由于媒介技术进步,媒介环境变化,文字和书籍发展到大众传媒特别是电子传媒、网络传媒,由此提出了"媒介素养"(media literacy)这个概念。

(一)"媒介素养"的含义

"媒介素养"(media literacy)在各种不同的语境里有两层含义:它首先是一种能力或素养;其次,使用时等同于媒介教育。例如,在美国和加拿大,"媒介教育"和"媒介素养"均使用"media literacy"来表达,反映了两者的统一性,但媒介素养是以培养公民的媒介素养为目的的,而媒介教育更多指一种教育活动。

媒介教育(Media Education)和文化素养(Culture Literacy)的概念产生于 20 世纪 30 年代,1933 年英国学者利维斯与其学生桑普森发表的论文《文化和环境:培养批判意识》(Culture and Environment: The Training of Critical Awareness),标志着媒介素养教育理念的诞生。随后媒介素养教育形成一种国际性的教育运动,得到了欧洲、北美以及大洋洲众多发达国家的响应和跟随,随后又相继扩散到亚洲、拉丁美洲及非洲。数十年来,关于媒介素养的阐释不下数十种之多。比较有影响力的有如下几种:

1. 美国"亚斯平协会"(Aspen Institute)在 1992 年举办的一次"媒介素养菁英会议"上,与会者共同界定"媒介素养"为:"以多种形式去接近和使用、分析、评估、制作传媒讯息的能力"(The ability to access, analyze, evaluate, and create media in a variety of forms)。[①] 同年,美国媒体素养研究中心(CML: Center for Media Literacy)为媒介素养规定了 6 种基本能力:媒体素养就是指人们面对媒体各种信息时的选择能力(ability of choose)、理解能力(ability to understand)、质疑能力(ability to question)、评估能力(ability to evaluate)、创造和制作能力(ability to create and produce)以及思辨的反应能力(ability

---

① 周典芳、陈国明:《媒介素养概论》,台湾五南图书出版社 2007 年版,第 6—7 页。

to respond thoughtfully)。①

2. 加拿大安大略教育部认为：媒体素养旨在培养学生对媒体本质、媒体常用的技巧和手段以及这些技巧和手段所产生的效应的认知力和判断力。更确切地说，媒体素养是一种教育，宗旨为增强学生理解和欣赏媒体作品的能力，使学生了解媒体如何传输信息、媒体自身如何运作、媒体如何构架现实以及要求学生具有创作媒体作品的能力。②

3. 英国媒介教育学者 David Buckingham 认为：媒介素养指使用和解读媒介信息所需要的知识、技术和能力，把媒介素养分为使用和解读媒介信息的两个层面。③

4. 美国学者 W. James Potter 在其著作《媒介素养》中认为：媒介素养是一个复杂综合的概念，但是几乎所有关于媒介素养的概念都包含有以下的内容：媒介是被建构的，它也在建构真实；媒介有商业的利益和追求；媒介有政治的和意识形态的诉求；由于内容和形式各异，不同的媒介有各自不同的审美特质符码和传统；受众通过某种"协商"获得媒介的意义。④

5. 1995 年 Elizabeth Thoman 发表《媒介素养适用定义》指出：媒介素养分为三个层面，第一层面是个人能够简单地意识到媒介"饮食"平衡和管理的重要性，即如何合理地选择及分配媒介使用时间。第二层面是掌握具体的、批判性的媒介使用能力，如学会分析和质疑传媒的构架和信息。第三个层面是能够深入到传媒表层框架之内，进一步挖掘媒介信息之所以被生产出来的目的。⑤

以上定义大致有三个角度：一个是从受众的角度，如亚斯平协会和美国媒体素养研究中心、英国媒介教育学者 David Buckingham 等站在受众立场上的界定；第二个是教育者角度，如加拿大安大略教育部站在教育者的立场上的界定；第三种是媒介的角度，如 W. James Potter 和《媒介素养适用定义》一文中围绕媒介进行界定。

综合以上介绍，本书认为"媒介素养"是个体通过后天循序渐进的学习和践行而获得的对媒介文本及生产机制进行解读、质疑和批判的知识和能力，进

---

① 张开：《媒介素养与传播效果》，载于蔡帼芬、徐琴媛和刘笑盈主编的《全球化视野中的国际传播》(2003)，五洲传播出版社，第 374 页。

② Media Literacy online Project by College of Education, University of Oregon.

③ 张艳秋：《国外媒介教育发展探析》，《国际新闻界》2005 年第 2 期。

④ W. James Potter: *Media Literacy*, Sage Publications, 2001：7－8.

⑤ Elizabeth Thoman, Operational Definition of Media Literacy, Center for Media Literacy, Los Angeles, CA, U. S. A, 1995.

而获得"接近和使用"媒介、参与传播的权利。

(二)"媒介素养"理念演变的几个阶段

数十年来,"媒介素养"概念的内涵和外延经历了演变和扩充。外延上,从仅限于文字媒介扩展到广播电视等电子媒介和互联网等新型媒介,其核心内涵也从单纯的媒介分析等"识读"活动,扩大到对媒介社会语境的思辨、对个人或社团"媒介近用权"(the right of access to the media)的倡议和保护。媒介的"识读"仅仅是媒介素养观念萌芽初期的重点。表1-1揭示了从文字识读到媒介素养的思想演变过程。

表1-1 媒介素养思想史表列①

	1930	1960	1980	1990
素养观	文字识读	个别媒介的媒介素养	素养即论域(discourse)	多元素养
社会语境	精英主义	流行文化运动	文化工业即意识形态工业	后现代主义
理论基础	古典制约刺激与反应	使用与满足涵化理论	批判理论符号学意识形态	文化研究接收分析行动研究
媒介教育本质	免疫式保护主义	品味区辨	再现的分析解构媒体消费者	文本多义知识建构媒介公民

1.免疫式保护阶段

20世纪30年代,随着小说及黄色报刊的发展,英国许多学者主张通过培养公众对大众文化的辨识和抵制能力来保证英国文学的"高级文化"性,这可以说是媒介教育的开端。最初阶段的媒介教育模式为"预防式"。这一时期的主要观点是:媒介带来的是虚假劣质文化,威胁着真正的、高品位的文化和文化价值,应该保护儿童远离大众媒介毒害。在这个时期,媒介教育表现为与媒介势不两立,教育者禁止把媒介内容材料带进课堂中,语言教学仅限于书籍,音乐教学只以古典音乐为内容。这一时期媒介教育的基本对策是:打预防针来保护受教对象,尤其要保护青少年。这种思想的影响一直延续至今。

2.区别性鉴赏阶段

20世纪60年代和70年代,传播科技迅速发展,各种形式的大众媒介产

① 吴翠珍(2004):《媒体素养与媒体素养教育的流变与思辨》。翁秀琪(编):《台湾传播学的想象》,台北巨流出版社2004年版,第812页。

品急速增加。在美国,动辄发行数百万份的报刊比比皆是,而电视也在20年内几乎普及到了每一个家庭。电影的品味最受诟病;广播和电视起初被视为无害的消遣品,但随着广告带来的商业化,广播和电视成为流行文化的主要平台,其潜移默化的力量让美国政府震惊,委托学者研究电视对青少年的可能影响。相对而言,这一阶段的教育者,比较鼓励青少年接近印刷媒介,理由是印刷媒介的品味较高,能够满足较高尚的人性需求。灌输式的预防和对媒介内容一概否定的做法逐渐失效,受媒介和大众文化影响的教育者,开始认为大众文化同严肃文化一样,可以提供真实可靠的艺术品,并在教学中不是一味地教导学生抵御媒介影响,而是引导他们区分影视节目的良莠。

3. 意识形态批判阶段

20世纪80年代,西欧各国、加拿大、澳大利亚纷纷在各自的教育机构里实施媒介教育,培养学生的媒介素养。学术界对大众文化产业大肆批评,认为大众文化产业是近代资本主义之下的产物,是意识形态工业,应该受到严厉的批判。批判的重点在于分析媒介内容如何呈现不正确的现实世界。受符号学观点的影响,媒介被视作符号的制造者以及文化的再现者,少数人的思想借助媒介的传递,悄然演化为整体社会的意识形态,出现所谓的"符号学/表征"范式,指出文本的意识形态如何麻痹了无知的媒介消费者,并左右了受众的选择权。

4. 多元赋权阶段

20世纪90年代以来,世界发达国家普遍建立媒介研究机构,媒介教育者开始形成完整的媒介教育哲学,学术界承认媒介素养的多元性,认为"质疑"或"批判性思考"是媒介教育过程的重要环节。一个人只需对媒介与社会的关系不断质疑、思辨,在接触讯息时不失自主性及主体性,就是媒介素养教育的终极目标。多元素养观念承认文本的多义性,认为个人需求及接收讯息的行动是在特定的社会环境之下产生的,只要质疑的过程存在,个人的传播权利得到适当的表达即可,至于结果如何,并非所问。因为寻求标准答案不是媒介教育的目的。

进入21世纪,西方国际上媒介素养的最新内涵是"赋权"和"参与式的社区行动"。"赋权"的意思是指一个人能够掌握日常生活及社区民主参与的过程,"赋权"的结果是个人感觉到自己有影响力和资源动员的能力。民众自行定义社区问题,自行提出解决之道,自行表达心声,自行寻求资源,并自行结合社区同僚实践完成。公民应该真正关心的是如何促成媒介社区健康发展,而不是仅仅指责某些媒介的不是。既然过去一直存在着专业传播者和社区一般资讯接收者之间的权力不对等关系,所以媒介教育的本质在于"赋权":要从专业工作者手中取回民众传播权。2001年联合国教科文组织对35个国家进行了相关调查,该调查报告开篇就指出:在国际范围内,媒介教育方法已经从过去的"免疫接种"(inoculation)为主的模式,转向了以"赋权"(empowerment)为主的教育模式。在许多国家,媒体教育已经走出了"保护"阶段,新媒体的出现又赋予媒介教育更多的内涵。

美国洛杉矶媒介素养中心主席 Elizabeth Thoman 认为:媒介素养是媒体赋权三个阶段的总称。第一阶段是认识到个人对媒介及媒介内容选择的重要性;第二阶段是学习并掌握具体解构媒介内容的技巧,成为一个面对媒介信息不迷失,有分辨、置疑和判断能力的人;第三阶段是进入媒介信息更深层次的阶段,即挖掘谁制作了供我们消费的媒介信息、谁从中获益、谁受损、谁主宰着这一切、媒介信息对不同个体如何产生影响、大众传媒如何驱动全球消费者经济等问题。[①]

以上分析可以看出,媒介素养是一个不断演变着的概念,它受到特定时期的传播技术、主流社会文化和主流思想的影响,其内涵和外延在不断地演变中。

(三)媒介素养的核心理念

媒介素养研究具有多学科交叉的特点,如新闻学、传播学、心理学、美学、社会学、语言学和符号学、教育学等。自上世纪30年代以来经过欧美学术界及教育部门不断丰富拓展,媒介素养和媒介素养教育理念不断系统化和体系化。

媒介素养教育之父约翰·彭特金(John Pungente)提出了媒介素养的八大理念(Eight Key Concepts for Media Literacy)[②]:

1.媒介信息是对现实再建构(construction)的产物。"建构"这一词说明媒介产品是由人主观加工的结果,就像建构房子一样,用什么质量的砖瓦,什么样的钢筋水泥,什么样的空间尺寸和楼层都是经过精心设计的结果。媒介素养的一个目的就是揭示媒介产品如何对客观现实进行主观取舍。

2.媒介建构(construct)了所谓的"真实"。在现代社会,人们无法离开媒介,人们往往通过媒体所呈现的信息来理解观察和感知外部世界。人们对现实的看法参照了媒介信息,而媒介信息的建构掺杂了态度和看法。在很大程度上,媒介给人们呈现了一个虚拟的外部世界。

---

① 蔡国芬,张开:《媒介素养教育与国际新闻传播》,载于蔡国芬、张开、刘笑盈主编《媒介素养》,中国传媒大学出版社2005年版。

② http://www.media-awareness.ca/english/teachers/media_literacy/key_concept.cfm

3. 受众勾兑(negotiate)着理解媒介含义。勾兑(negotiate)只是一个形象的说法,原意指称一种用在白酒酿造中的工艺,用来统一酒的口味。"negotiate"有协调、调合意味。而面对媒体呈现的外部映像,个体因为性格、需求、心情、兴趣、种族、性别、家庭和文化背景等的差异而勾兑着理解媒介信息。

4. 媒介暗含商业因素。媒介素养教育旨在告诉人们,媒体在运作、制作内容、技术运用、收视率、发行量、收听率等方面会受商业因素的影响。大多数媒介产品都是商品,所以要考虑盈利。媒介素养教育还包括对媒介控股权等中心议题的讨论,告诉人们其收视、收听、阅读的内容控制在少数人手里。

5. 媒介包含有意识形态和价值观念。在某种程度上,所有的媒介产品都是广告,因为媒体映射价值观念和生活方式。媒体或明或暗地主张某种价值观念,例如什么才是舒适生活、怎样消费、女性的社会角色、崇尚威权、坚定不移地热爱祖国,等等。

6. 媒介掺杂了社会和政治因素。媒介对政治和社会形态有着重要影响,如在总统选举中电视会影响选民对候选人的印象。电视让人们关注诸如民权、非洲饥荒、艾滋病等议题。正如麦克卢汉提出的"地球村"理论一样,人们在地球村里热烈地讨论着国家大事和全球问题。

7. 媒介的形式与内容紧密结合。麦克卢汉认为"媒介即讯息",每一种媒介都有其特别的表述方式,不同的媒介在报道同一事件时所传达的讯息各有差异,从而造成受众对事件所产生的印象各有差异。

8. 每一种媒介都有其独特的美学形式。正如人们能赏读悦耳动听的韵律和诗歌一样,媒介素养教会人们怎样欣赏媒体所呈现的美。

美国"媒介素养中心"多年来整理许多专家看法,拟定媒介素养五大关键理念和五个关键问题:

第一个核心理念:所有的媒介讯息,都是经过建构产生的。与此相关的核心问题是:谁制作了这则讯息? 这个问题包括了一些小问题,例如,作者是谁? 有多少人联手制作这则讯息? 他们的职务名称是什么? 这则讯息属于哪一类的"文本"? 与之类似的其他文本有什么相同或相异之处? 制作时使用了什么技术? 包括了哪些成分? 遗漏了什么没有?

第二个核心理念:媒介讯息的建构,都会使用一套自成规则的制作语言。语言只是一个形象的说法,它包括相关的知识、技术、手段、观念、逻辑,用来制作可以吸引读者的讯息。与此相关的核心问题是:讯息里曾使用了什么制作技术来吸引你注意? 讯息里有哪些颜色、形状、声音、动作、符号? 摄影机的位置及摄影视角如何? 音乐、文字、叙事、对话、音效如何? 故事如何铺陈? 使用了什么诉求和说服手法？是什么使讯息看起来像"真的"一样？

第三个核心理念：同一则媒介讯息，个人的体验因人而异。与此相关的核心问题是：其他人对同一讯息的理解为何与我不同？相关的小问题还有：此一文本在多大程度上符合你的个人生活经验？体验这项媒介文本之后，你对自己有什么认识？你从别人的观看反应和经验认识了什么？可能有多少个其他不同的诠释？其他观点跟你的观点一样站得住脚吗？等等。

第四个核心理念是：媒介包藏着价值和观点。与此相关的问题是：此一讯息再现（represent）了或省略了什么生活型态、价值、观点？可以继续追问的问题有：讯息传达了什么政治或经济价值观念？对个人的社会关系有何判断或陈述？讯息的语境或世界观为何？如何描写人？呈现了哪些行为后果？什么人或什么事不在其中？

第五个核心理念：大多数的讯息是用来博取利润或权力的。媒体商业化和其他产品一样，必须被消费，必须开拓广告市场，赢得广告商和消费者青睐。虽然许多媒体可以标榜公平、公开、公正，但还是无法回避金钱和权力的侵蚀。与此相关的第五个至关紧要的问题是：为什么这则讯息会被传播？可以继续追问的问题包括：是谁控制了讯息的制作和传送？讯息的卖点是什么？谁得利，谁付费？讯息的制作、呈现、传送，是否受到金钱和政治权势的影响？

台湾传播学专家陈世敏先生认为，媒介素养最关键之处是要让受众养成"质疑"的习惯，"质疑"的关键对象有以下四点[①]：

第一，生产：讯息生产的技术和规则，以及内容生产的作业过程。

第二，语言：语言的意义、规律、文类被放置在怎样的语境之中。

第三，再现：包括对现象或事件有无陈述、陈述有无偏见、表意背后所依据的框架。

第四，对象：包括目标对象的设定、媒介使用习惯、讯息的使用和偏好等有关阅听人价值观和内容制作价值观的关系。

综合以上介绍，笔者认为"媒介素养"教育的主体是受众，客体是媒介，"媒介素养"教育应该包含两个层次：

第一层次是培养民众解读和质疑媒介的能力，使民众能够养成批判和反思媒介的习惯。主要内容包括媒介文本的建构，媒介产品的生产和消费，媒介组织机构的形态和性质，媒介真实和客观真实，媒介控制，媒介和社会政治、经济、文化的关系等。

① 陈世敏：《媒介素养的基本概念》，周典芳、陈国明：《媒介素养概论》，台湾五南图书出版社2007年版，第15—16页。

第二层次是培养民众学习和利用媒介的能力,使民众有能力和机会可以影响媒介生产,参与传播。主要内容有媒介和舆论,媒介与公共空间,媒介与公民意识,媒介的传播规律,受众的传播技能等等。

二、为什么要重视和推广媒介素养

对个体来说,媒介素养体现了个人的修养和能力,学习和践行媒介素养对个人的生活和学习具有重要的意义,对一个国家和社会而言,重视和推广媒介素养教育更是十分必要,必须予以重视,及早加以推广和普及。

(一)媒介素养对个体的重要意义

1.有助于鉴别和取舍信息,培养良好的媒介使用习惯,提高信息利用率。

媒介素养最重要的能力之一就是帮助个体提高对信息的鉴别和取舍能力。网络时代,信息不再是稀缺资源,而是呈泛滥之势。手机、手提电脑、平板电脑等个人手持移动媒体终端可以让我们随时随地登录互联网;公交移动电视、楼宇电视、汽车交通电台、各种路面广告牌在我们出行时包围着我们的视听;躺在床上睡觉前,高清晰数字 3D 电视又吸引我们眼球……我们坠入各种人造信息的海洋,时刻面临各种媒介的诱惑和骚扰。

以广告信息为例,在 2008 年由中国传媒大学广告学院 IMI(创研)市场信息研究所进行的城市居民消费行为与广告接触研究显示(如表 1-2),调查的300 名被访者一周七天广告接触时间总量为 22247.3 分钟,平均每人每天的广告接触时间是 13.0 分钟,接触的广告类型达 13 种之多。现代都市人被无处不在的广告包围,它们尽其所能地挑逗我们的消费欲望。当下,国内的广告环境异常恶劣,因为监管不够、处罚过轻、内容审查不严造成虚假广告泛滥,给消费者造成巨大的损失。每年央视"3·15"消费者维权晚会都会曝光一批不法商家侵犯消费者权益的案例。这台晚会引起社会巨大反响,成为收视率最高的电视节目之一。

犯罪分子还利用各种现代媒介进行诈骗,主要形式有手机短信诈骗、电话诈骗、钓鱼网站诈骗,如用手机群发中奖广告短信,要求接受者往指定账号打钱。近年,国内接连破获数起特大跨国电信诈骗案件,每起案件涉案金额达到数亿之多,犯罪人数达到数百人。他们还盗取 QQ 软件号码,冒充失主向其QQ 好友借钱进行诈骗;开设各类假电子商务、团购等钓鱼网站诈骗消费者。

网上各种谣言泛滥,一不小心你我都会参与其中,成为谣言传播链中的一环。从"某领导包养众多情妇为其滥权",到"女干部携巨款潜逃加拿大",到"艾滋病患者滴血传播艾滋病",再到"女大学生求职被割肾",这些信息耸人听闻,最后都被证明是不折不扣的谣言,但却给社会秩序造成了不安和动荡,给当事人造成严重伤害。

表 1-2 IMI 城市受众广告接触度研究成果概要①

排名	广告类别	人次(人)	百分比(%)	排名	广告类别	人次(人)	百分比(%)
1	电视广告	255	85.0	8	广播广告	137	45.7
2	户外液晶电视广告	222	74.0	9	电梯间内广告板	125	41.7
3	报纸广告	218	72.7	10	手机短信广告	123	41.0
4	网络广告	205	68.3	11	其他	115	38.3
5	公交车身广告	195	65.0	12	霓虹灯广告	91	30.3
6	路牌广告	177	59.0	13	直邮广告	90	30.0
7	杂志广告	159	53.0		样本量=300		

除了虚假信息、诈骗信息、谣言和黄、赌、毒等有害信息外,不少人造信息产品如网络游戏等出于商业利益侵占个人空间,使人沉迷其中,精神颓废不能自拔。近年来,"网瘾"现象成为一个严重的社会问题,得到国内众多家长重视。"网瘾"即网络成瘾主要发生在青少年群体中,网瘾患者无法控制上网时间,表现为:花费于上网的时间比原定时间要长,想要减少或控制上网时间但屡屡失败。关注网上的情况超过自己的现实生活。如头脑中一直浮现和网络有关的事,在生活中心不在焉,有关网上的情况反复出现在梦中或想象中,只有上网时才充满兴趣。一旦减少或停止上网,即表现出消极的情绪体验和不良的生理反应,包括:沮丧、空虚、易发脾气、坐立不安、心慌、恶心、燥热出汗、失眠等。"网瘾"已被证明危害青少年的身心健康,导致青少年学习成绩的下降,弱化青少年的道德意识,影响青少年人际交往能力的正常发展等。

2. 有助于个体更好地使用媒介,利用媒体,维护自己的公民权益。

当代社会,媒介具有巨大的影响力,各类媒介都有其特殊的传播特点和优势,如果受众个体不了解,想当然地去使用和利用媒介,将会造成不必要的麻烦和伤害。

很多人不了解新媒体特点,不了解新媒体所面对的受众心理,把自己私生活中的信息上传到博客、微博、QQ 空间等网络空间中,结果误入歧途,后患无穷。2011 年 5 月,一个名叫黄艺博的少年的博客被网友关注,短短几天之内,这名少年的博客点击量已经突破百万,而他戴着 5 道杠的原版照片和其他被

---

① 黄京华:IMI 城市受众广告接触度研究成果概要 http://news.a.com.cn/Infos/news_63840. html.

PS 过的版本更是被微博转载数百万次。据悉,黄艺博的博客是在其父的协助下开通的。模仿大人语气的博文、官相十足的照片,以及从两岁开始对时政的关注,引起了网上热议和质疑。很快传统媒体介入,黄艺博的照片被报纸、电视媒体广泛传播,黄艺博被媒体当做功利主义典型加以报道。他的 QQ 被海量请求添加,照片也被加工成各种形象疯传于网站与论坛。人们对黄艺博表达着厌恶,认为他是功利主义教育下失败的象征。随后,其父母新建了微博首次公开回应,恳请网民给黄艺博一个正常的生长环境,但此举不仅没有化解敌意,还招致数以万计的跟帖和谩骂。最后,黄艺博一家不得不躲起来,逃避媒体和网民的骚扰。黄艺博之父黄宏章称自己不了解网络,不了解人们的想法,没有想到结果会是这样,非常后悔将照片放在博客上。类似这种无心将自己有争议的隐私放到微博、QQ 空间等造成隐私泄露、网民误读的情况很多。

而另一种情况是有意识利用网络媒体来炫耀和炒作自己,网络上炫富事件此起彼伏,最有名最轰动的莫过于 2011 年的"郭美美事件"。郭美美因为开通新浪微博,其稚嫩的脸庞、时髦的打扮,再加上名包、名车、别墅,其认证身份居然是"中国红十字会商业总经理",引起网友的关注和抨击,引发公众对中国红十字会的信任危机,虽然最后查明郭美美和中国红十字会无任何关系,但此事件被认为是导致 2011 年中国红十字协会个人捐款锐减的主要原因。

由于我国尚处于转型社会,各项法制不完善,有人在生活中遭受不公正待遇,在投诉无门、无从解决的情况下往往想到诉诸媒体维权。有的向传统媒体投诉,有的利用网络社区等四处发帖。而一旦得到网民们的支持,形成病毒式传播,在网络媒体和传统媒体共同介入和曝光下,事件往往能获得转机。如农民工讨薪事件,一经媒体曝光,事情便有望得以解决。但大多数网络不平之声会无声无息地被淹没在互联网信息的海洋中。而传统媒体往往在大量求助事件中进行选择性维权,被传统媒体曝光的只是冰山一角。由于我国媒体的属性和机制原因,我国的媒体维权常常停留于个别现象个别事件的解决上,以帮助解决琐碎的民生问题为主要特色,沉迷于展示自己的制造舆论的权力,而忽视或回避实质性和根本性的问题的探讨,不利于深层问题或制度性问题的解决。鉴于当下媒体维权的实际情况,个体维权要吸引媒体的注意并在媒体的帮助下解决问题,需要了解和掌握一定的媒介素养知识和技能。

3. 有助于提升个体的媒介鉴赏、分析和审美水平,主动拒绝"庸俗、低俗、媚俗"信息,打造良好的媒介生态文化。

各类媒体传播的信息文本背后都包含有意识形态、价值观和审美标准。个体通过增强自己的媒介素养水平,能通过媒介表象看到背后的实质性问题所在,不跟从不盲从,形成宽容的心态和理性的思维习惯,有助于改善中国媒体娱乐化和虚无化的生态文化。

严肃的媒介批评在当下的中国媒介环境下并不受欢迎,媒体上最受欢迎的是各种娱乐八卦信息。某些电视台为迎合观众,聘请港台明星上节目,这些节目在内容上存在着一些严重问题,低俗,庸俗,甚至违背社会道德的行为都出现过;为了追求节目的刺激性,虚假宣传,栏目组自编自演;节目形态雷同,过多过滥的婚恋交友类、才艺竞秀类、情感故事类、游戏竞技类、综艺娱乐类、访谈脱口秀、真人秀等类型节目。低俗娱乐节目的泛滥毒害了受众的精神和道德意识,犹如沉迷在文化的鸦片中不能自拔。广电总局为此颁布"限娱令",减少娱乐类节目的播出时间,增加知识类、文化类、新闻类节目的播出。这些措施虽然在一定程度上减少了过度娱乐化的节目数量,但并不能使受众养成理性思维和批判意识。要实现荧屏活泼健康发展,治本的方法是提升受众的媒介素养,倒逼媒介生产者制作出精品来。

(二)媒介素养教育对国家和社会发展的重要意义

媒介素养作为公民素养的一部分为发达国家社会所重视,成为国际化的教育运动和社会运动,中国要想维护社会稳定,实现大国崛起,成为文化大国,必须十分重视媒介素养教育。

1.有利于促进社会发育,增强社会活力和凝聚力,推进社会改良和文化发展。

从欧美国家和我国港台地区的经验来看,媒介素养教育最终目标不仅仅针对个体学习和践行媒介素养,而是以培养积极的、负责任的、具有批判精神和社会参与意识的高素质公民。在这些国家,媒介素养教育运动大都是一场由下而上的全社会各界普遍动员的教育运动和社会运动。据香港学者李月莲介绍,推动香港传媒教育发展的组织及个人来自宗教、教育、社会福利、青年事务、传媒、家庭事务等社会各个层面,他们分工不同,具体目标各异,但它们共同编织了香港传媒教育的社会化网络,以年轻人为培训对象,提高他们的传媒素养,协助他们发展批判思维,建构独立的价值观,学习成为懂得发声的公民。她认为香港的传媒教育是一场自发性的"新社会运动",传媒教育的"场地"是民间社会,针对的并非政府,也不争夺政治权力及经济利益,希望改变的是社会里的传媒文化观,更希望能监察及督促传媒为社会提供良好服务。

同香港媒介素养教育至今仍是一场由民间组织推动的略显分散的社会运动相比,台湾的媒介素养教育在民间组织紧密合作和共同推动下,由民间草根活动演变为政府和民间组织合力推动下的规范化教育运动。台湾的民间组织和机构在推动媒介素养过程中通力合作,富邦文教、政大媒体素养研究室、公视、媒体识读推广中心和媒体观察基金会等组织结成"媒体素养教育策略联盟",整合资源共享,加强对话沟通来共同推广媒素理念,从而形成强大的力量以推动媒素教育政策的制定。这些组织最终推动了台湾当局完成《媒体素养教育政策白皮书》的编制和实施,使台湾的媒介素养成为一个普及性、常态性的教育活动。

而在大陆,媒介素养教育的概念自上世纪 90 年代末才引入,在很长的时间内仅仅局限于高校新闻传播专业学生的教育活动。近年来中国传媒大学、复旦大学、浙江传媒学院等大陆高校以平台课、通识课、选修课等形式,开设面向非新闻传播专业学生的媒介素养类课程,但还缺乏面向社会大众的传播教育。其原因在于中国大陆的民间组织发育不足,无法形成广泛的社会动员,使得媒介素养教育无法获得自下而上的可持续推动力。反过来讲,大力推进中国的媒介素养教育运动,有助于培育社会公益组织,参与公共事务和公共管理,增进社会共识,增强社会活力和凝聚力,推进社会改良和文化发展。传媒素养教育运动本质上是一场可以控制的温和的社会改良运动,和其他许多企图改变社会愿景的改革或革命相比,它对社会的冲击最小,代价最低,而效果却是最大。

2. 有助于抵御美欧等国的媒介霸权,建设有中国特色的媒介文化大国。

21 世纪国家竞争关键是人才的竞争和文化的竞争。国民素养是文化的根基,是人才得以脱颖而出的土壤。媒介素养的推广有助于提升国民素养水平,改变国内庸俗的媒介文化环境,打造具有我们自己民族和社会文化特点的媒介精品。相对广大国内受众的迫切需要而言,国内媒介文化精品相对稀缺,只能倒向国外的媒介文化产品。现在年轻一代,电视最喜欢看的是韩剧,电影看的是好莱坞大片,体育看的是巴萨皇马、西甲英超,再加上美国职业篮球,对欧美媒介文化顶礼膜拜。而对自己的明星、大片及优秀媒介产品或视而不见或冷嘲热讽,这在一定程度上损害了我们自己的媒介产业。高素质的受众催生高品质的媒介产品,而低级趣味的受众鉴赏水平只能让媒介文化坠入"三俗"的深渊。

经过近一百年的发展,媒介素养教育在英国、美国、加拿大等国先后成为专业化的教育活动,政府颁布专门法令,将媒介素养纳入国家课程。欧美、澳洲和亚洲部分国家、地区除了在大学阶段专门开设媒介研究相关课程,同时已经将媒介素养教育纳入中、小学必修课程中;在实践理念上,欧美国家已经从"保护主义"模式演进到"超越保护主义"模式,这种变化不仅仅是学校教育理念、教育方法和手段,从某种意义上说,这种变化源于更大范围的社会、政治、文化差异和变化。

经过十几年的发展,我国媒介素养教育总体来说发展趋势良好,但和英国、加拿大等先行者甚至和同时起步的港台地区相比较，我国的媒介素养教育已经远远落后了。受众的媒介素养教育总体上比较弱，无法为先进文化的建设提供优质的受众支持，从而真正推动文化大国的建设。主要问题在于：

第一，尚没有得到政府教育主管部门的高度重视和支持，形成良好的制度设计和课程安排，还没有在国家层面将媒介素养课程融入中小学正规课程体系。

第二，中国大陆的民间非政府组织发育不足，无法形成广泛的社会动员，无法使得媒介素养教育形成自下而上的可持续推动力。

第三，中国大陆媒体存在过度商业化现象，缺乏非商业化公共媒体的参与和推广。大陆媒体市场化和商业化竞争日益激烈，为了实现利润最大化，往往丧失对公益活动的关注和投入。

第四，中国大陆在媒介素养教育领域的学术研究还是偏向于思辨性研究，实证研究尤其是实验研究远远不够，无法为媒介素养教育的本土化模式提供可操作性方案。

三、研修者如何学习和践行媒介素养课程

媒介素养靠后天习得和养成，是一个渐进的学习和实践过程。作为大学课程，研修者首先要系统地学习媒介素养的理论知识，学习案例分析的技巧，进而在日常的接触媒介过程中将理论知识和实际相联系，逐步形成理性批判的思维习惯和分析能力。大学生作为社会精英群体，在提升自己的媒介素养水平之外，还应该有意识地扮演启蒙者的角色，向社会公众强调媒介素养的重要性，有条件的话将自己习得的媒介素养知识和技能向社会公众传授。

1.研修者如何学习媒介素养的理论知识。

媒介素养的理论知识往往散布在传播学、社会学、心理学、文化学、经济学、符号学等多种学科中，课程教科书将这些分散的知识点进行系统化集成。本书以媒介为核心，按照受众媒介素养养成的三个阶段即识读媒介、接近媒介和利用媒介的逻辑顺序依次展开，整合了媒介环境学派、经验主义学派、批判学派、结构主义—符号学等众多学派的理论观点，研修者利用本书，可以比较系统地掌握媒介素养的理论知识。在掌握基本理论知识基础上，有能力的研修者还可以进一步研读教材推荐的社会学、政治学、经济学、心理学、文化学等相关领域的经典文献，坚持浏览本教材推荐的有代表性、享有盛誉的大众媒体，以提升理论修养水平和实践能力。

2.研修者如何掌握案例分析技巧，并且学以致用，举一反三。

对于既没有传媒行业从业经历也没有传播学、新闻学等相关学科知识的

研修者而言,案例分析是媒介素养课程入门的最好的工具和手段。本书的每一章都以案例导入,并且结合相关知识点,介绍一定数量的案例进行分析,研修者在课堂上应该发挥主观能动性,积极参与讨论,在课后更要有意识地观察和剖析现实问题,把想不清楚的地方带到课堂上让老师和同学们一起帮着解决。有条件的研修者可以利用课余时间联系媒体,进行参观或者实践,从而对媒体有更加直观透彻的认识,将书面的理论和实际结合,并且举一反三,逐步养成理性批判的思维习惯和分析问题、解决问题的能力。香港"突破机构"的研究部门发现,当学生参加了一个传媒教育工作坊(例如新闻营会)之后,他们对那个课题(例如新闻)的批判思考能力有提高,但他们无法将从一特定课题学来的批判思考能力,转化运用到另一些课题(例如电视剧)上。换言之,他们无法举一反三和触类旁通。他们从传媒教育课程里只培养到"浅批判思考能力"(shallow critical thinking skill),但传媒及资讯素养标尺的水平则没有提高,即课程未能培养深化批判思考能力[①](sophisticated critical thinking skill)。上述研究结果对于本课程的研修者既是一个深刻的警醒,又是一个有意义的启发。

3.研修者如何担任启蒙者角色,向社会公众传授媒介素养知识。

天下兴亡,匹夫有责。研修者在媒介素养水平得以提升后,应该走出大学校门,面向普罗大众传授媒介素养的知识,扮演启蒙者的角色。这是本课程对于研修者的更高要求。

研修者可以组成媒介素养兴趣小组或者成立更加正式的公益社团组织,和社区或者中小学校联系,结成对子,在老师的指导下开展媒介素养宣传活动或者系列的专题讲座。在国内,复旦的媒介素养教育行动小组在2007年3月至7月开展命名为"小小看媒体"的青少年媒介素养教育推广行动,开了国内媒介素养教育实验研究的先河。从2008年9月开始,中国传媒大学发展战略研究中心媒介素养教育研究室与北京市黑芝麻胡同小学合作开展媒介素养教育试验课程,被誉为中国大陆第一次系统的媒介素养教育实验。从学习者向传授者的角色变化,可以使研修者实现教学相长,进一步提升自己的媒介素养能力和水平。

四、中国内地如何推进媒介素养教育

西方或港台地区的社会环境同中国内地不同,照搬其经验可能水土不服,效果打折甚至夭折,在吸收其精华的基础上根据内地实际情况,选择可行的路

---

① 李月莲:"从'网络模式'分析:香港回归十年传媒教育运动的发展",《"传播与中国"复旦论坛(2007):媒介素养与公民素养论文集》。

径和策略。

第一，人大代表或政协委员牵头成立由专业教育工作者组成的媒介素养教育协会，以民间论坛、"两会"议案等形式，游说和推动政府主管部门及早立法将其纳入中小学教育体系。

第二，教育行政部门可以尝试在一二个省里推行中小学媒介素养教育的试点工作，及时对其作出效果评估和经验总结，以便在全国推广。

第三，内地高校应放弃单打独斗，成立媒介素养教育联盟，推举联盟领头羊，发挥如同台湾政治大学媒体素养研究室作用，编写各类媒介素养教材和专著，宣传媒介素养的理念，在高校联盟内部及早开设针对大学生的媒介素养通识课，同时和社会各界加强联系，专家学者走出校园，指导民间组织和媒体组织的媒介素养教育工作。

第四，针对内地缺乏媒介素养教育专业师资人才现状，内地高校特别是师范大学、传媒类院校应该成为培养此类人才的基地，及早制订媒介素养人才培养种子计划，发动大学生志愿者走进中小学和社区，以社会实践等形式向全社会进行推广和传播。

第五，发挥共青团、青基会等组织的功能和作用，联合媒体、高校等力量，专门针对青少年群体发动媒介素养教育主题活动或论坛，如进行"媒介素养走进中小学"等活动，邀请资深媒体工作者及学者专家开讲，为媒介素养理念进入中小学进行铺垫和造势。

第六，发挥内地电视台公共频道、少儿频道作用，制作专门的媒介素养教育节目，把公共频道、少儿频道切实打造成为公共利益服务、为少儿服务的专业频道。和欧美、港台地区相比，内地没有专门的公共电视台，但省级电视台都有所谓的"公共频道"、"少儿频道"，目前的状况是有"公共"之名，无"公共"之实，少儿台也会放成人电视剧，节目多数还是商业形态。这些频道可以在政府支持下，效仿港台公共媒体机构联合高校专业人士打造生动活泼有影响力的媒介素养教育节目，如台湾公共电视联合台湾政治大学媒体素养研究室持续制作、播出的"别小看我"系列节目，来提升自己的影响力和公信力。像美国的CNN，专门有一档10分钟的专门针对青少年学生的新闻节目"CNN STUDENT NEWS"，节目很受美国学生欢迎。为青少年学生等群体提供媒介素养节目，应成为电视台等大众媒体应尽的一项社会义务。

思考与练习

1. 概述"媒介素养"理念演变的阶段。
2. 为什么要重视和推广媒介素养？
3. 研修者如何学习和践行媒介素养课程？
4. 中国如何加速推进媒介素养教育？

第一篇

认识和解读媒介

第一篇

人类和神话思想

第一章 认识媒介形态

媒介的独特之处在于,虽然它指导着我们看待和了解事物的方式,但它的这种介入却往往不为人所注意。

——[美]尼尔·波兹曼

如今我们的生活被各类媒介包围,从吃、喝、玩、乐到工作、学习和恋爱,生活的方方面面时刻受其影响。十年之前,手机还只是满足我们语音通信需要,到后来出现短信应用,催生"拇指一族",他们每天不知疲倦地用拇指辛勤操练着手机键,有媒体报道新西兰一名 20 岁女大学生每天发短信近 100 条,罹患拇指腱鞘炎。如今,"手机＋微博"、"手机＋微信"再度风行青少年群体,以至于不玩微博和微信会被人说"out"①了,用"微博"和"微信"调情谈恋爱被认为是一种时髦和新潮。

案例导入

在围脖上谈恋爱

自从有了微博,我们俩的生活都瞬间 180 度变化,而你的情感也变得更为牢靠。我们开始变得更关注彼此手中的手机以及笔记本了,我们越来越喜欢拍照,拍各种莫名其妙的照片,甚至昨天出现在你床边的一只小蜘蛛,还有我脚上新鞋子上沾的一块色彩怪异的油漆。我不需要担心你的行踪、你在干吗,因为你总是很有规则地在微博上签到。你开始热爱生活了,吃穿旅游打扮,你都愿意去尝试和参与,你变得勤快起来,愿意做家务。然后用微博记录你每天忙碌的样子。真好! 每天吃饭前,我们都会拍下一组食物图,发到彼此微博上。人家都来转帖,说我们是一对恩爱情侣。我的心情,有的时候难以启齿,

---

① 网络用语,意指"落伍"。

我会发到微博上。而你更是善解人意，会第一个跑来写评论，转发，甚至私信。浪漫的图片配上文字，比生活中的道理一套套温馨多了。现在，我们俩都用微博在恋爱，考虑一下不久的将来我们用微博来举行婚礼吧！①

　　上述帖子抒发了网友用微博谈恋爱的感受，颇有代表性。因为微博即时、便捷、独特的呈现方式改变了恋爱中男女的游戏方式。其实各个时代谈恋爱的方式，无不深受媒介的影响。比如山歌爱情，男女相隔不远，以对歌形式表情达意；书信爱情，以书信寄托相思，倾述衷肠，古人因为交通不便，书信送达远者以年计，因此出现"鸿雁传书"、"青鸟传书"等典故，唐诗宋词里有太多的诗句抒发愁肠百结的相思之苦。当电话爱情、QQ爱情、短信爱情、微博爱情出现时，空间、时间不是问题了，改变的不仅仅是谈情说爱的方式，更是爱情的内涵和外延，喻示着一种新的情感和生活方式的出现。从"青鸟不传云外信，丁香空结雨中愁"到"我不需要担心你的行踪，你在干吗，因为你总是很有规则地在微博上签到"，媒介，它改变了无数个体的生活，也改变了人类社会的进程。人类历史上有哪些媒介形态？它们如何影响着人类文明的进程？未来的媒介将是什么样的？学者们有哪些发人深省的观点？

第一节　媒介形态的历史演变

　　"媒介"一词，最早见于《旧唐书·张行成传》："观古今用人，必因媒介。"在这里，"媒介"是指使双方发生关系的人或事物。其中，"媒"字，在先秦时期是指媒人，后引申为事物发生的诱因。《诗·卫风·氓》："匪我愆期，子无良媒。"《文中子·魏相》："见誉而喜者，佞之媒也。"而"介"字，则一直是指居于两者之间的中介体或工具。在英语中，媒介"media"是"medium"的复数形式，约出现于19世纪末20世纪初，其含义是指使事物之间发生关系的介质或工具。如"蚊虫是传播疾病的媒介"、"绣球是传递爱情的媒介"便是广义上的媒介。狭义上的"媒介"指扩大人类信息交流能力的传播中介物（如电话），也指用于向社会公众进行公开、定期传播的工具（如报刊），前者称为普通媒介，后者指大众媒介（mass media）。②

　　对人类历史的划分，古往今来很多学者都曾经给出自己的分期界定，如古希腊诗人赫西俄德（Hesiod，公元前8世纪至前7世纪）在其神话史诗《田功农时》（Works and Days）中，把人类历史划分为五个阶段：黄金时代、白银时代、

_____

① 摘于论坛 http://apps.hi.baidu.com/share/detail/23101886
② 吴文虎主编：《传播学概论》，武汉大学出版社2000年版，177页。

青铜时代、英雄时代和黑铁时代。德国史学家凯勒尔(Christopher Cellarius)于17世纪末出版了《古代、中世纪和新时期世界通史》一书,第一次把人类全部历史划分为古代、中世纪和现代三个时期。而斯大林根据马克思和恩格斯的唯物史观将人类历史划为五个发展阶段:原始社会→奴隶社会→封建社会→资本主义社会→社会主义社会(共产主义社会)。然而以上的划分局限颇多,被批评为"欧洲中心论"的世界史观,无法反映整个人类的历史进程。加拿大经济历史学家、多伦多学派的鼻祖哈罗德·伊尼斯(Harold·Innis)独辟蹊径,从媒介维度考量世界历史,他说:"我们对其他文明的了解,在很大程度上,有赖于这些文明所用的媒介的性质。"①他提醒我们:"评估一种文明的时候,如果是用它依赖的一种传播媒介,那就需要知道该媒介的特征有何意义。"②他的学生麦克卢汉(Marshall McLuhan)参考他的思想,把人类历史分为三个阶段:口语传播阶段、印刷传播阶段和电子传播阶段,这一划分,深刻地影响了当代世界史观。美国当代历史学家威廉·麦克高希(William Mcgaughey)在比较了世界史研究的各种视角之后,选择了以"变革的文化技术"作为"历史时代的先导",把五千多年的世界文明史划分为五个阶段:原始表意文字阶段的文明、始于字母文字的文明、始于欧洲印刷术的文明、始于电子通信技术的文明、计算机技术开启的第五个阶段的文明。③ 以下根据麦克卢汉的观点,同时结合其他学者的观点,对人类社会历史进程中的各主要媒介形态及影响,进行介绍和评析。

一、口语传播阶段

语言意识的产生是人类漫长进化史上最大里程碑之一,是人类诞生的标志。语言是如何产生的呢? 这个问题众说纷纭,无一定论。关于语言的起源,现在有如下几种理论④:

1."口腔动作论"。体态语一直是一种交流方式,体态语也是一种重要的表达思想的方式。既然人们能很好地理解一定的身体动作和手势所表示的意义,那么语言有可能起源于对这些姿势动作的模仿。颌、嘴唇和舌头无意识地模拟这些动作和姿态,这种方式就好比一个初次尝试写字的孩子常会伴有口部的动作。这就是"口腔动作论",也称为"嗒——嗒理论"。

---

① [加]哈罗德,伊尼斯著:《传播的偏向》,何道宽译,中国人民大学出版社2003年版,第28页。
② [加]哈罗德·伊尼斯著:《传播的偏向》,何道宽译,中国人民大学出版社2003年版,第125页。
③ [美]威廉·麦克高希著:《世界文明史——观察世界的新视角》,董建中、王大庆译,新华出版社2003年版。
④ 理喻:《生命与进化》,河北教育出版社2007年版,第七章。

2."摹声论"。语言是对自然界里的声音的一种纯粹的模仿。而且,当人类发现他们能够发出与大自然中的声响相似的声音时,语言就随之产生了。就像孩子们称狗为"汪汪",牛为"哞哞",火车为"呜呜"一样。

3."感叹说"或"哎哟说"。语言来源于"本能"的叫喊,以满足各种各样的感情需求。

4."吆嗬嗬说"。认为语言是与艰苦劳动密不可分的,语言是从哼哼声和呼喊声发展而来的。

5."丁当说"。在声音与意义之间存在着一种玄奥又神秘的和谐统一。这种观点似乎源于古希腊哲学家柏拉图,柏拉图相信在物体与它们的名字之间,有一种必然的联系。

心理学家认为,婴儿在出生7个月之后就能掌握基本的语言规则,而且开始以每周70个词的速度丰富自己的词汇储备。美国佛罗里达大学的人类学家达因·法里克通过长期对黑猩猩的观察,发现仍旧拖着长毛的幼年黑猩猩和它的母亲是不会说一句话的。据此判断,当人类开始用双腿直立行走并褪掉身上的皮毛,年幼的小猩猩才不会老拽着妈妈皮毛,这样母亲也就开始慢慢用手来扶持年幼的宝宝,只有在这时候,它们才可能开始相互间有交流。[1]

随着社会的发展,口头语言传播的具体方式不断丰富,日趋多样。有个人之间的交谈,三五成群的议论,氏族、部落的集会,田边地头的传闻,口口相传的民谣,行吟诗人的说唱,等等,其中都包含着人们需要的新闻信息。而新闻性最强的口头传播,往往出现在战争或其他重大事变中。公元前500多年,古代波斯帝国国王大流士一世曾经在国内许多山头上派驻家臣,通过高声呼喊、语言接力的办法,向各地传达命令。公元前490年9月,波斯帝国派遣重兵大举侵犯希腊城邦,在雅典东北部的马拉松平原登陆。希腊人奋起抗击,以弱对强,赶走了敌人,取得了辉煌胜利。士兵菲迪皮茨奉命从马拉松战场以最快的速度跑回40多公里外的雅典。他向聚集在中央广场的人群激动地喊道:"我们胜利了,雅典得救了!"喊完就倒地牺牲了。

古代波斯帝国,在国王大流士统治时期(约公元前558年至公元前486年),曾于国内交通干道沿线,有时为了取捷径,在山头、湖泊地带设立高台,在那里派驻专职通讯兵。每有重大事件,便令他们高声呼喊,用语言接力的方法,向各地传达命令。在公元前1世纪,古罗马的恺撒大帝在征服北方蛮族高

---

① "美科学家研究发现人类语言诞生于直立行走之后",http://news. xinhuanet. com/st/2004-12/22/content_2365607. htm

卢时，也发现高卢人利用和波斯人类似的方式，"用巨大的呼叫声互相传递消息"。

口语传播时代，东西方对社会生活的记录和传播主要以民间说唱歌谣进行，民间有歌人专门传唱，以此谋生，代代相传，如著名的史诗作品《荷马史诗》，是一个名叫荷马的民间盲歌人，对长期流传于民间的歌谣进行加工整理，编成了两部完整的长诗，后来经过文人学者编定成型，成为欧洲文学和文化发展史的源头。东方的《格萨尔王》是世界上迄今发现的史诗中演唱篇幅最长的，代表着古代藏族、蒙古族民间文化与口头叙事艺术的最高成就，无数游吟歌手世代承袭着有关它的吟唱和表演。《格萨尔王》在口头说唱中，艺人随时有所增减，内容源不十分固定。后来有人将它记录整理成书，并辗转传抄，甚至被刻成木版印刷，这就使许多名篇逐渐形成固定或半固定的书面文学。

在漫长的原始社会和奴隶社会早期，口头语言成为主要传播形式，人类社会主要是由口语交流组织起来。佛祖释迦摩尼在世时未著一书，佛经皆是其弟子们根据自己的听闻听佛的实录，所以经书一般开头都写着"如是我闻"。孔子"述而不作"，《论语》是其弟子及后人编纂的。希腊哲人苏格拉底成天找人辩论，却是一个不愿书写的人，他的对话是由弟子柏拉图录成文字成为西方哲学经典的。口语媒介的传播需要面对面，一旦远离声音传播的范围，信息便会丢失，而且声音"瞬间即逝"的特性，让信息不易保存，经常出现遗忘和记忆错误。为了克服这些局限，当时的人在使用口语传播时，尽量将内容说得或唱得简洁、形象、生动，逐渐总结出一套严格的韵律公式和修辞术，从中国最早的诗歌集《诗经》到后来的唐诗宋词都是这种规律的产物。当时的社会生活，还想出来如结绳纪事、击鼓传讯、烽火报警、实物表意和图画传声等手段，而在面对面交流中，呼唤、手势、体态、类语言等原始的传播方式还长久地留存着，成为辅助语言交流的得力工具。麦克卢汉称口语媒介所塑造的是一个协调各种感官的"音响空间"。"音响空间"是一个整合的空间，在其中，口、耳朵、肢体和触觉这些感官通通交织在一起；它也是一个回声的空间，部族团体成员的话语在其中产生丰富的共鸣。

在口语媒介时代，因为大多数社会生活都是通过口语来运转，对于生活在其中的人们，没有识字读写要求，只要学会说话表达，就等于进入了社会文化的大门。孩子一旦掌握了口头语言，他们就拥有了接近和参与几乎所有社会文化的能力。所以，口头传播支持这样一种划分：六七岁之前是学说话的婴儿阶段，六七岁以后就进入了成年人行列。不存在今天所谓的18岁以下的儿童。① 在掌握了语言能力之后,孩子基本上就完全进入了成年人的世界。除非因生理因素不能胜任成年人的部分劳动,孩子与成人并无二致。媒介环境学派学者波斯曼认为:"希腊文字对于儿童或者青年几乎是非常模糊的,似乎是介于婴儿和老年人中间的任何一个人皆是。虽然希腊人的绘画并未流传,希腊人也不可能会认为替儿童作画是值得做的事,因为在希腊人所留下的雕塑作品中,没有一个是儿童。"②

二、文字书写传播阶段

显然,人类口语的特点无法适应社会化生活,随着社会活动的扩大,在狩猎、战争、祭祀等需要更多人同时协作的活动中需要一种能超越口语的更有效率的媒介来传播信息,那便是文字。

对于文字的发明,中外都有特别的传说或神话故事。中华民族就有"仓颉造字"的传说。据《淮南子·本经训》记载:"昔者仓颉作书,而天雨粟,鬼夜哭;伯益作井,而龙登玄云,神栖昆仑。能愈多而德愈薄矣。故周鼎著锤,使衔其指,以明大巧之不可为也。"这段话的意思是:从前仓颉发明文字的时候,天上落下谷物,鬼在夜里号哭。当年伯益发现了地下水源,掘地造井,龙和诸神都以此为难,因此潜龙腾空飞天,众神也都跑回了圣地昆仑山。人的智巧越多,道德就越淡漠。所以,周朝铜鼎上的上古巧匠锤的形象是自己咬着自己的手指,这说明奇技淫巧之事不可为!《淮南子》将仓颉造字看做不祥之兆。文字这种媒介将给人类带来更多的灾难而不是福祉。因为,"能愈多而德愈薄"矣!而在西方,柏拉图在其对话录《斐德若》(Phaedrus)中描述一则关于文字的神话故事:发明之神托特向众神之神阿蒙(Amon)展示他新发明的技艺——书写,试图说服阿蒙推广这项技艺,因为书写将可以强化埃及人的记忆。但众神之神阿蒙回绝了托特的建议,他认为书写带来的效果正好和托特所宣称的相反,不是记忆的增强,而是遗忘。人们一旦学习文字,便会忽视记忆训练,这会在人们的灵魂中养成健忘的习惯,因为人们只信赖写出来的东西。但真正的智慧是借由灵魂自身内部去回忆,而不是靠外部的铭刻书写。书写不过是灵魂的外加补充,而非其本性,它是一种记忆的秘诀,不是真正的智慧。

东西方的社会精英不约而同对文字的出现感到恐慌。因为文字是当时的新媒介,这种新事物对社会的各个层面形成很强的冲击和深远影响。两者都特别关注文字对个体的不良影响,认为会伤害人的本性,会引起社会的动荡。

---

① [美]波斯曼著:《童年的消逝》,萧昭君译,台北远流出版事业股份有限公司1994年版,第24页。
② [美]波斯曼著:《童年的消逝》,萧昭君译,台北远流出版事业股份有限公司1994年版,第14页。

因为"文以载道",如果载了邪道的话就会引起天下大乱。当然这是站在统治阶级正统的观念看是正道还是邪道。中国从秦始皇焚书坑儒之始,长达数千年的封建社会中,一个不断重复的主题便是"文字狱"。为了强化自己的皇权正统地位,统治者将不利于自己统治的文献典籍一律视为歪门邪道,禁止传播,并予以无情的毁灭。乾隆皇帝修四库全书是中国文化事业的一大巨献,但是在编撰的过程中把那些掺杂了"反清"意识的书予以销毁,据史料记载,在修纂《四库全书》过程中惨遭销毁的书籍达 3000 种以上。更加残酷的是书的主人因此罹祸,在文字狱里饱受煎熬。江西举人王锡侯因删改《康熙字典》,另刻了一本《字贯》,被认为"大逆不法"、"罪不容诛",不仅所辑录的书籍全部被销毁,本人及其家属也被发配黑龙江为奴,与此案有关的一些地方官都受到严肃处理。①

根据学者的研究(Jean,1994),文字的发明是为了记账,素朴且简陋(有点像结绳记事)。之后,两河流域的美索不达米雅文明,开始用文字辅助记忆;接着,文字成为记录口头语书的体系;最后,文字才成为表达和沟通思想的工具。

公元前 3500 年左右,定居在现今伊拉克南部美索不达米亚平原的苏美尔人用削尖的芦苇秆或小木棍在湿润的泥板上画出不同的符号,发明了世界上最早的象形文字——楔形文字。公元前 3000 年左右,古埃及人发明了象形文字。掌管文书的僧侣们把象形文字略加简化,使它能够更方便地书写在莎草纸上。这种文字称为象形文字的书写体,又称祭祀体或僧侣体,它们与镌刻在建筑物上的碑铭体共存了数百年。1799 年,拿破仑入侵埃及的军队发现了著名的罗塞塔石碑,法国青年学者商博良据此破译了困惑人们 1500 年之久的古埃及象形文字,揭开了古埃及神秘的面纱。大约公元前 14 世纪,腓尼基人直接用 22 个形状各异的简单符号表达思想,发明了人类历史上最早的拼音文字。后来,在腓尼基字母体系的基础上诞生了著名的拉丁字母(罗马字母),成为欧洲多种不同语言的共同文字。在腓尼基字母的基础上,还产生了另一种早期西南亚通用的古代文字阿拉姆文,后来演变成梵文、希伯来文和阿拉伯文。②

中国的汉字有自己独立的源头,公认最早的、体系较为完整的汉字是甲骨文,于 19 世纪末年在殷代都城遗址今河南安阳小屯被发现。甲骨文是中国商

---

① 据吴武洲:"乾隆的心机:编《四库全书》兴文字狱",http://www.oeeee.com/a/20081031/659347.html

② 据张开逊:《回望人类发明之路》,北京出版社 2007 年版,http://scitech.people.com.cn/GB/6891232.html

代后期(前 14 世纪至前 11 世纪)王室用于占卜记事而刻(或写)在龟甲和兽骨上的文字。在总共 10 余万片有字甲骨中,含有 4000 多种不同的文字图形,其中已经识别的约有 2500 多字。这些字主要是以指事、象形、形声、会意四种方式造出来的。从周代到春秋战国,文字的使用并不普遍,仅限于王公贵族。公元前 221 年,秦始皇兼并六国,建立了封建集权的大帝国,实行了"书同文"的政策,即以笔画比较简单的小篆作为全国统一的标准文字。从此结束了六国文字异常混乱的情况,基本消除了用文字向统一的帝国发布政令和传播新闻的障碍。至汉代,清秀工整的隶书代替小篆,成为官方文书和民间应用的主流,从此汉字基本定型,以后又演化出的楷书、简化字等皆以隶书为据。

甲骨文	金文	小篆	隶书	楷书	简化字
鱼	鱼	鱼	鱼	鱼	鱼
马	马	马	馬	馬	马
册	册	册	冊	冊	册

图 1-1　几种主要的汉字形态

"书同文"或许是一个历史的倒退,扼杀了许多文字及其所代表的文化,却为中国的统一奠定了文字媒介传播基础,使得不同区域间的文化交流更加便利。《圣经·旧约·创世纪》第 11 章记载了通天塔(the tower of Babel,又译巴比塔)的故事。洪水大劫之后,天下人都说同一种语言。随着人口越来越多,人类开始向东迁移。在底格里斯河和幼发拉底河之间的示地那(古巴比伦附近),他们发现了一片肥沃的平原,开始在此修建城池家园。有了富裕的生活和成熟的工程技术之后,他们计划建造一座直达天庭的高塔,以显示人类的力量和团结。塔越建越高,惊动了上帝耶和华。他暗自忖度,现在天下人都是一个民族,都说一种语言,他们团结一致,什么奇迹都可以创造,神还怎么统治人类? 耶和华于是变乱了人类的语言,使他们无法沟通,通天塔最终半途而废。统一的语言是国家和民族团结的前提,《圣经》的这个传说诠释了这个真理。统一的多民族中国屹立东方,汉字功不可没。中国文字由于自身的特点,导致"合"远比"分"要容易得多。字母文字是基于读音的,如果语言不同,随着时间的推移,自然就会形成不同种类的文字,中国的象形文字却截然不同,能够超越语音的分别,表达同样的含义,因此,反倒会成为不同语言居民之间交流与联系的纽带。

如果从媒介的表达形式来看,文字和口语最直接的差别在于:一个是有形的图像,另一个则是无形的。按照麦克卢汉的解释,无文字社会的感官生活和文字社会之间有着巨大的差异:一个是耳朵(听觉)取向的文化,一个是眼睛(视觉)取向的文化。在无文字社会,听觉空间当家,理解与否,关键在耳朵,同时也辅以人的所有感官。相对的,视觉空间是识字人(literate)的特性。识别文字必须依赖眼睛,人们以眼睛观察事物的特征,就是进行分析,把它从背景中分离出来,分辨它的细节。视觉是冷静、超脱的。这种感官的运作需要专注,排斥吵杂,和声音的抑扬顿挫所造成人的情绪的扰动是完全不同的。[①]

社会一旦由口语转入文字书写,视觉的作用便逐渐成为主宰,在所有的人类感官中一枝独秀。阅读是孤独的,几乎只用到视觉和思维。这种视觉的孤立也造成感情孤立,从此,人的感觉、表达、体验情感的能力也随之下降。至此,人类可以脱离说话的争辩场景,进入抽象思维的层次。透过阅读,人们对记录下来的话或心中的想法进行分析和评论。于是,知识的汲取便从口头传承转变成书写与阅读。

文字事实上制造了新的社会分化和分工,标志着人类从黑暗朝代进入文明时代。识字等同于智慧,不识字或文盲等同于无知,人被分成读书人阶层和文盲阶层,能够读书识字便是上等人,受到恩宠和重用。在西方,出现了专门以抄写文字、传播信息为职业的人群,打破了神职人员对知识的垄断,以读书识字为基础的学校教育得以发展,社会开始出现世俗化趋势。有了文字,人类文化不再依赖专人口述和传唱来保存,不再由玄幻的神话传述和仪式表演来呈现,人类历史可以穿越数千年而不淹没,淹没无闻的古文明因为其文字的破译而重生。

三、印刷媒介传播阶段

从传播的角度来看,印刷媒介要解决两个最基本的技术环节,一是廉价的印刷载体,二是快捷的印刷手段。

1.造纸术的发明和传播

在文字发明后,一开始,各主要文明发源地就地取材,如楔形文字多刻写

---

① 毛荣富:"媒介的种类与呈现方式",载于周典芳、陈国明主编的《媒介素养概论》,台湾五南图书出版社 2007 年版,第 134 页。

在石头和泥版(泥砖)上,古埃及象形文字主要载体是莎草纸,印度则在树叶和树皮上刻写文字。《旧唐书》上就记载:"天竺国书于贝多树叶以记事。"这就是我们所说的贝叶经。而中国最初的汉字甲骨文则被大量刻制在龟甲和兽骨上,此外,青铜器、石刻、陶器、砖瓦、兽皮等亦不少见。后来,出现了更接近于今天书籍形式的竹简木牍和书写于织物上的缣帛。孔子晚年读"易",致使"韦编三绝",说明由于反复的阅读,致使编系竹简的牛皮绳子断了多次。1973年长沙马王堆西汉墓出土的帛书有十多种,十二万多字,用黑墨书写于丝织品上。但竹简木牍的笨重和丝帛的昂贵,使得文化知识传播只能掌握在少数统治阶层中。直到廉价纸张的发明才改变这种状况。现在公认的造纸术的发明者是中国东汉时期的蔡伦。他总结西汉以来造纸经验,改进造纸工艺,利用树皮、碎布(麻布)、麻头、鱼网等原料精制出优质纸张,人称"蔡侯纸"。

由于纸张的发明和推广应用,人类找到了一种最理想的书写材料,这对于促进书籍数量的增加,推动社会文化的发展,具有开创性的历史意义。西晋时(公元3世纪),左思写《三都赋》十年始成,"豪贵之家,竞相传写,洛阳为之纸贵"。这是历史上有名的"洛阳纸贵"的故事,它说明在公元3世纪,纸已普遍被用作书写材料,不仅贫寒者用纸,即使"豪贵之家"也竞相用纸,说明纸已不被看做一种低级的书写材料了。东晋元兴元年(公元403年),桓玄据有建康(今南京),他下令:"古无纸故用简,非主于敬也。今诸用简者,皆以黄纸代之。"这是统治者下令推广以纸代简的最早记载,对于纸的推广应用也起着一定的作用。到南北朝时,纸书已风行全国,简帛已被纸质写本所代替。南北朝以后至唐代中期,是纸质抄本书籍的全盛时期。随着社会文化的发展和科学技术的进步,纸抄本书籍已不能满足社会的需要,这就导致了印刷术的发明。

两汉交替之际,大批中国百姓为避乱涌入朝鲜半岛,造纸技术随之传到那里,著名的"高丽纸",受到中国古代著名书画家苏东坡、黄公望和董其昌等人的喜爱。在从三国时期至唐朝这段时间里,中国的造纸等技术也正是经由朝鲜半岛诸国东传日本,在这前后,中国的造纸技术也先后传到了越南、柬埔寨等地。公元9—10世纪,中国的造纸技术又通过丝绸之路西传,古印度从此有了用纸印刷的佛教经卷。公元751年,唐朝大将高仙芝率军与大食(阿拉伯帝国)将军沙利会战于中亚重镇怛逻斯(今哈萨克斯坦的江布尔)。激战中,由于唐军中的西域军队发生叛乱,唐军战败。怛逻斯之战后,唐军中的部分造纸工匠被阿拉伯军队俘虏。沙利将这些工匠带到中亚重镇撒马尔罕,让他们传授造纸技术,并建立了阿拉伯帝国第一个生产麻纸的造纸场。随后,源自中国的造纸术随着阿拉伯大军迅速传到叙利亚、埃及、摩洛哥、西班牙和意大利等地。中国造纸术传入欧洲前,欧洲人也曾用羊皮进行文字记录工作。在中世纪的欧洲,据说抄一本《圣经》要用300多张羊皮,这极大地限制了文化信息的传播范围,造纸术的西传,为当时欧洲蓬勃发展的教育、政治、商业等方面的活动提供了极为有利的条件。乾隆年间,供职于清廷的法国画师、耶稣会教士蒋友仁将中国的造纸技术画成图寄回了巴黎,中国先进的造纸技术才在欧洲广泛传播开来。1797年,法国人尼古拉斯·路易斯·罗伯特成功地发明了用机器造纸的方法,从蔡伦时代起中国人持续领先近2000年的造纸术终于被欧洲人超越。①

2.印刷术的发明和传播

和造纸术一样,中国人最早涉足印刷术。中国印刷术的渊源,可以追溯到公元前4世纪战国时期出现的印章和公元2世纪东汉时出现的碑拓。印章和碑拓是雕版印刷术的前身。大约是公元6世纪,印章和拓印的方法被结合起来。印章太大,压印不易均匀,把它反过来,用拓印的方法,在印章上涂墨,然后铺纸,在纸上加压,印出的字迹就清楚了。这种印刷术被称为雕版印刷术,现在世界上保存最早的有明确日期的雕版印刷品是公元868年印制的《金刚经》,现存伦敦大英博物馆,1900年被英国人斯坦因从敦煌骗购而去。

北宋的毕昇在1041—1048年发明了泥活字印刷。毕昇的方法是:用胶泥制成铜钱厚的单字,在火中烧硬,把字逐个排在一块铁板上,字下放一层松脂和纸灰,在火上烘烤,蜡稍融时,再用一块铁板在上面压,使字面平整,铁板冷却后,在板上刷墨铺纸印刷。遗憾的是,用这种方法印刷的书一本也没有保存下来,印过什么也没有记载。以后又出现了木活字、铜活字等,但由于技术缺陷及造价高昂等原因使用都不普遍,中国的印刷始终是以雕版印刷为主,活字印刷始终没有占据主导地位。汉字是表意象形文字,制作一套汉文活字大约要有4万个汉字,加上常用字多刻,数量就相当可观。雕刻这样多的木活字,成本已很高,雕刻坚硬的金属活字,成本就更高了,清内府铜字,每刻一字工钱是二分五厘,比刻木活字贵几十倍。中国人没有找到一种适宜浇铸活字的金属合金。

在唐宋时,中国的雕版印刷先后传入朝鲜半岛和日本。从现存文献来看,朝鲜是最先接受中国印刷术的国家。朝鲜半岛不但采用了中国的雕版印刷术,而且还采用了毕昇发明的活字印刷术。他们先后应用泥活字、木活字、铜活字、铅活字、铁活字,还有后来创制的瓢活字印书,其中最有成就的是铜活字。由于蒙古人在其征服地区广泛使用纸钞,因而,作为纸钞的印刷方法,活字印刷术也顺着丝绸之路西传至西亚、北非一带,随后又进入了欧洲。除纸钞

---

① 参阅张伟:"中国四大发明外传之谜",《环球时报》2006年9月28日。

之外,宗教画和纸牌促成了欧洲人接受印刷技术。纸牌虽小,却综合了手绘、木版印刷等各种方法,成了欧洲人学习、掌握雕版印刷术最直接的途径。有意思的是,由于外国纸牌被大量倾销到意大利各地,威尼斯政府不得不在 1441 年颁布一条法令,禁止威尼斯以外地区的印刷品输入本城。

真正使印刷术走向成熟和普及的发明家是德国美因兹市的金匠约翰内斯·谷登堡(约 1390—1468 年)。在中国开始推广应用雕版印刷八百年、发明活字印刷四百年后的 1440—1448 年之间,德国人谷登堡发明了哥特体拉丁文金属活字印刷技术,解决了长期困扰欧洲人的字形问题。谷登堡的金属活字是浇铸的,铸造活字的合金由铅、锑、铝和锡组成。谷登堡还发明了机械意义上的印刷机。德国的美因兹盛产葡萄,制酒业也在全世界名闻遐迩。谷登堡把一台压葡萄的榨汁机改装成印刷机,用长柄转动木螺杆,向平放在木制板台上的活字版上的纸张加压。印刷机的使用,大大提高了印刷的质量和速度。中国的印刷,不管是雕版还是活字,在谷登堡印刷术进入中国之前都是手工操作的。谷登堡印刷的第一本书是《圣经》,使用拉丁文,每页 42 行,所以也被称为《42 行圣经》或《谷登堡圣经》。他第一次印了 200 套,至今留存不过 40 多套。谷登堡活字印刷能够取得成功,还有两个重要条件:

其一,欧洲早在一个世纪以前,纺织业就已经在使用印染技术,而印染与印刷,从原理上说并无根本差别,只不过一个印在布匹上,一个印在纸上。

其二,在中国和整个东方,印刷一直都使用水溶性墨水,导致了中国人的金属活字不受墨的问题,这大概与我们写字作画都用水溶性颜料有关,中国画不是水墨画便是水彩画;而在欧洲,印刷从一开始便使用油基墨水,这大概与欧洲人写字用墨水,作画却很早就用油彩有关。这样的困扰在欧洲便没有出现。①

谷登堡的印刷术推动了德国的宗教改革和民族统一。《圣经》被大批量印刷出售,打破了天主教对《圣经》解释权的垄断。在此之前,信徒无权阅读和解释《圣经》,也无权决定自己的信仰,只有教皇可以解释《圣经》,教皇和宗教大会决定人们的信仰。德国宗教改革领袖马丁·路德公开宣布,信徒可以而且必须根据理性理解《圣经》,并用《圣经》上的话来反驳罗马教廷的教义。路德的德译本《圣经》语言规范优美,使当时还是四分五裂的德国具备了文字语言上统一的前提。

和中国的印刷术不同,谷登堡的印刷术一经发明,立即以惊人的速度普及

① 戴问天:"也说活字印刷与谷登堡",光明网 http://www.gmw.cn/content/2005-01/14/content_164381.htm

图 1-2　谷登堡印刷机

开来,20 年间就传遍了欧洲。15 世纪末,欧洲大约有 3 万种、2000 多万册书籍被印刷发行,印刷种类也从宗教文件扩大到自然科学、哲学、文学和教科书,迅速广泛地传播了新的信息和长期被垄断的知识,推动了欧洲文艺复兴运动。

在谷登堡印刷术出现之前,欧洲的大部分书籍是用拉丁文写的,1 人 1 天只能抄写 2—4 页,书籍极为珍贵,数量也很少。随着印刷技术的发展,周期短、批量大的印刷成为可能,先是出现了周期较短的期刊,很快就出现了现代意义上的报纸。1609 年,每周印刷出版的《报道与新闻报》在德国奥格斯堡定期发行,这是世界上最早的周报,继《报道与新闻报》之后,德国各大城市先后出现了印刷的周报,德国是当时印刷业最发达的国家。此后,印刷技术突飞猛进,随着印刷速度提升,成本降低,19 世纪欧美各国先后出现廉价大众报刊,美国人本杰明·戴 1833 年创办的《纽约太阳报》是人类历史上第一份成功的廉价报纸,[①]标志着现代报业的诞生。

随着印刷机的飞速运转,印刷媒介作为大众传播媒介日益成熟了,由书籍到期刊,由周报到日报,由高价报纸到廉价报纸,大众传播的序幕历史地拉开了。谷登堡发明印刷术到现在的 500 多年间,印刷技术不断飞越,跨越机械时代和电子时代,成为人类社会最主要的大众传播方式之一。

────────────

① 参阅饶立华:"谷登堡的印刷术与大众传播",《新文学论集》第 16 集,中国人民大学出版社 1992 年版。

四、电子媒介传播阶段

人类通信的革命性变化是以电作为信息载体为标志的。从 18 世纪末延续至今,相继诞生了电报、电话、广播、电影、电视、互联网等电子媒介,电子媒介深刻改变了人类社会信息传播模式,将我们推进到信息化、全球化时代。

1. 电报的发明及影响

1820 年,奥斯特发现了电流的磁效应,就是在这个基础上,美国的莫尔斯在用电流传递信息上取得了重大的突破。1835 年,他发明了只用一根导线使用突发电流传输信号的电报机。1836 年,莫尔斯发明了莫尔斯电码。莫尔斯把将要传送的字母或数字用不同排列顺序的"点和划"来表示,这就是莫尔斯电码,也是电信史上最早的编码。莫尔斯的电报具有简单、准确和经济实用的特点,很快他的电报风靡全球。如今,莫尔斯电码已成为现代电报通信的基本传信方法。1843 年,莫尔斯修建成了从华盛顿到巴尔的摩的电报线路,全长64.4 公里。1844 年 5 月 24 日,在国会大厦里,莫尔斯向巴尔的摩发出了人类历史上的第一份电报:"上帝创造了何等奇迹!"

尼尔·波兹曼在《娱乐至死》里称莫尔斯是美国第一个真正的"太空人",认为"他的电报消除了州际界线,消灭了地区概念,把美国纳入了同一个信息网络,从而使统一美国话语成为可能"[1]。他谈道,由于电报创造了超越时空的奇迹,当地新闻和那些没有时效性的新闻便失去了在报纸上的中心位置。报纸利用电报的第一个例子,出现在莫尔斯公开演示电报功效的一天之后。《巴尔的摩爱国者报》利用莫尔斯建立的华盛顿—巴尔的摩线路,为读者提供了众议院对俄勒冈事件所采取行动的报道。报纸以这样一句话结束了这条消息:"……我们为读者提供的是截至两点钟的来自华盛顿的消息。空间的隔阂已被彻底消除。"[2]

此后,1876 年美国发明家贝尔发明了电磁电话,1877 年爱迪生发明碳粒式送话器,1878 年贝尔及其助手沃特森在波士顿和纽约之间成功进行了长途电话实验,远距离的有线语音通信已经变为现实。1895 年 5 月 7 日,俄国的波波夫用无线电接收机进行实验获得成功,同年 6 月,年方 21 岁的意大利青年马可尼也发明了无线电收报机,并在英国取得了专利。当时通信距离只有30 米。1898 年,英国举行游艇赛,终点是距海岸 20 英里的海上。《都柏林快报》特聘马可尼用无线电传递消息,游艇一到终点,他便通过无线电波,使岸上

---

① [美]尼尔·波兹曼:《娱乐至死》,章艳译,广西师范大学出版社 2009 年版,第 60 页。
② [美]尼尔·波兹曼:《娱乐至死》,章艳译,广西师范大学出版社 2009 年版,第 61 页。

的人们立即知道胜负结果,观众为之欣喜若狂。可以说,这是无线电通信的第一次实际应用。二极管的发明,对马可尼的研究起到了积极推动作用。1901年,他成功地进行了跨越大西洋的远距离无线电通信。实验是在英国和芬兰岛之间进行的,两地相隔2700公里。从此,人类迎来了利用无线电波进行远距离通信的新时代。

2.广播的诞生及影响

无线电发明之后,首先是应用在无线电电报通信领域。但科学家们同时也在设想甩掉导线进行无线电语音通信。而在这方面研究和探索的领军人物是在美国匹兹堡大学任教的发明家费森登。这位无线电广播的创始人,从1900年起,就在美国的马萨诸塞州的布兰特城建立了专门的实验室,进行无线电通话实验,并已经逐步掌握了将人的语音通过送话器转变为音频电信号,再将音频电信号叠加到高频电磁波上发射出去的调制技术,同时也掌握了通过接收和检波把音频信号从无线电波中解调出来还原成声音的技术。1906年12月24日,费森登首次用调制无线电波发送音乐和讲话,完成了人类最早的无线电广播实验。史料记载,当天晚上8点钟左右,在美国新英格兰海岸外航行的船上,一些听惯了莫尔斯电码的报务员们,忽然从耳机里听到了朗读圣经和悠扬的乐曲声,最后还听到了"圣诞快乐"的祝福。其实,他们听到的正是费森登在广播试验中播放的一段亨德尔的音乐和自己演唱的一首平安夜歌曲。从技术角度上说,此举首开了人类实现无线电广播的先河。

此后的十多年间,技术不断进步,随着电子管无线电发射机问世,无线电话和无线电广播随之由实验阶段逐步进入实用阶段。1920年,美国第一个也是世界上第一个取得营业执照的商业广播电台匹兹堡KDKA广播电台开始播音。此后,各国的无线电广播陆续诞生:1921年,英国、加拿大、新西兰、澳大利亚和丹麦;1922年,法国、苏联;1923年,德国、中国(1月23日,上海);1924年,荷兰、意大利;1925年,日本。其他各国的无线电广播随后也相继发展起来。到1935年,全世界的无线电广播电台发展到1700多座。不过,当时各国无线电广播的频率都是在中波和长波波段。在1921年业余无线电爱好者发现200米以下的短波具有远距离传输特性后,无线电广播很快开辟了短波波段。1927年,荷兰菲利普公司建立的大功率电子管发射机开始向世界广播。此后短波广播电台如雨后春笋般地建立起来。这一时期的无线电广播在技术上属于调幅广播,1933年,美国科学家阿姆斯特朗又发明了调频技术,1941年美国首先开始了商业调频广播。1962年起,世界上又兴起了调频立体声广播。到20世纪末,人类进入数字时代后,数字音频广播随之兴起。

无线电广播和收音机是一对孪生兄弟。没有无线电广播,收音机不可能出现;没有收音机,无线电广播的作用无法普及。1910年,邓伍迪和皮卡尔德开始研究无线电接收机,他们利用某些矿石晶体进行试验,发明了矿石收音机,由于矿石收音机无需电源,结构简单,深受无线电爱好者的青睐,至今仍有不少爱好者喜欢DIY和研究。但它只能供一人收听,而且接收性能也比较差,也制约了无线电广播的普及和发展。后来出现了电子管收音机,提高了收音机的灵敏度和选择性,1930年前后,使用交流电源的收音机研制成功,电子管收音机才较大范围地走进人们的家庭。然而收音机的真正普及,还是在晶体管出现以后。1954年,美国里吉西公司生产出第一台晶体管收音机后,德国、日本、苏联、荷兰等国都相继研制和大规模生产晶体管收音机。我国在上世界50年代末也开始研制晶体管收音机,并在70年代形成生产高潮。无线电广播终于飞入寻常百姓家。20世纪末数字多媒体广播兴起,受众可以通过手机、电脑、便携式接收终端、车载接收终端等多种接收装置,就可以收听到丰富多彩的数字音频节目。

20世纪30年代,美国经济处于经济大萧条时期。为了求得美国人民对政府的支持,缓解萧条,美国总统富兰克林·罗斯福利用电台开播"炉边谈话"节目向美国人民进行宣传。他的谈话不仅鼓舞了美国人民,坚定了人民的信心,而且也宣传了他的货币政策及社会改革的基本主张,从而赢得了人们的理解和尊敬。为美国政府渡过艰难、缓和危机起到了较大作用。

广播在第二次世界大战中扮演着举足轻重的角色。麦克卢汉将广播和电影归入他所谓的"热媒介"类。他认为,广播造就了希特勒,希特勒用广播这个"热辣"的"部落鼓"唤起了德国人的原始本能,让"他们踏这种部落鼓的节拍如醉如痴地手舞足蹈"。二战中,西欧许多国家也利用广播对民众和军队进行动员,同时进行反宣传以对抗德国,世界电波战发展到登峰造极的程度。除了传递信息和宣传之外,大型广播系统还有搜集情报(监听)功能,小型广播电台则适用于战地宣传。装备在飞机、机动车和舰船上的野战电台是军方传播系统的重要组成部分。广播还有沟通敌我的功能,在"二战"的最后阶段,它是交战国决策层进行公开交往、议和停战的唯一渠道。由于广播功能的多样性,它在二战后的历次局部战争中仍然极为活跃。由于收音机的廉价和普及,在现代战争中,强势国家经常向弱势国家军民空投收音机,利用广播来破坏对国家领导层的信任。据美国国家调查中心的一份意见调查报告证明,第二次世界大战期间对大众服务贡献最大的新闻媒介是广播。①

虽然在二战中,广播的影响力渐渐被电视超越,但广播的地位不可取代,

---

① 参阅顾东黎:"广播媒体与现代战争",《青年记者》2004年第11期。

由于它价格便宜,实现的技术手段简单,在一些经济不发达地区如非洲大陆,依然是主导媒介。在地震等自然灾害发生时,它在灾区的传播优势尤其明显。

3.电影的诞生及影响

早在1829年,比利时著名物理学家约瑟夫·普拉多发现:当一个物体在人的眼前消失后,该物体的形象还会在人的视网膜上滞留一段时间,这一发现,被称之为"视象暂留原理"。普拉多根据此原理于1832年发明了"诡盘"。

摄影技术的改进,是电影得以诞生的重要前提。早在1826年,法国的W.尼埃普斯成功地拍摄了世界上第一张照片"窗外的景",曝光时间8小时。随着感光材料的不断更新使用,摄影的时间也在不断缩短。1851年,湿性珂珞酊底版制成后,摄影速度就缩短到了1秒。在1888—1895年期间,法国、美国、英国、德国、比利时、瑞典等国都有拍摄影像和放映的试验。1888年,法国人雷诺试制了"光学影戏机",用此机拍摄了世界上第一部动画片《一杯可口的啤酒》。1889年,美国发明大王爱迪生发明了电影留影机,经过5年的实验后,又发明了电影视镜。他的电影视镜是利用胶片的连续转动,造成活动的幻觉,可以说最原始的电影发明应该属于爱迪生。他的电影视镜传到我国后被称之为"西洋镜"。

1895年,法国的奥古斯特·卢米埃尔和路易·卢米埃尔兄弟,在爱迪生的"电影视镜"和他们自己研制的"连续摄影机"的基础上,研制成功了"活动电影机"。"活动电影机"有摄影、放映和洗印等三种主要功能。它以每秒16画格的速度拍摄和放映影片,图像清晰稳定。1895年3月22日,他们在巴黎法国科技大会上首放影片《卢米埃尔工厂的大门》获得成功。同年12月28日,他们在巴黎的卡普辛路14号大咖啡馆里,正式向社会公映了他们自己摄制的一批纪实短片,有《火车到站》、《水浇园丁》、《婴儿的午餐》、《工厂的大门》等12部影片。卢米埃尔兄弟是第一个利用银幕进行投射式放映电影的人。史学家们认为,卢米埃尔兄弟所拍摄和放映的电影已经脱离了实验阶段,因此,他们把1895年12月28日世界电影首次公映之日即定为电影诞生之时,卢米埃尔兄弟自然当之无愧地成为"电影之父"。

在一开始,电影放映是一种危险的生意。由于电尚未出现,氢氧燃烧的"灰光"(limelight)灯用来放映高度易燃的赛璐珞胶片。碳弧灯很快取代了灰光灯,安全性提高了一些。直到1915年电动马达出现之前,电影一直是手摇以每秒16格放映的。此后,更长的故事片生产出来。到1920年,电影成了全世界主要的娱乐形式。每星期6500万美国人走进超过15,000家电影院——当时最时髦最豪华的场所。

1927年10月华纳公司的《爵士歌王》开启了有声电影的新时代。到1930

年为止，只有 5％ 的好莱坞影片还是默片，华纳兄弟采用了更方便的由 Western Electric 开发的胶片携载声音的技术，这一技术需要采用每秒 24 格的放映速度，从而确定了这一今天仍然采用的标准。这一变化彻底改变了电影胶片的形态。1932 年，制片商和放映商联合建立了胶片上声音轨迹宽度的标准，从而创造了新的 1.37∶1 比例。随着这一技术标准的确立，电影中的对白、歌舞急剧增加。在 30 年代，电影观众增加了一倍，彩色电影非常流行。

50 年代以后，电影受到电视的挑战，进影院观影的人数大幅下降。为了应对电视的威胁，电影摄制者们致力于将银幕做得尽可能大，采用了包括宽银幕、巨幕(70mm)技术来制作史诗式的电影。其中巨幕电影尤其受到观众的喜欢。巨幕电影的共同特点是采用 70 毫米的宽胶片或多条 35 毫米胶片、大银幕，故影像大而清晰，同时伴以立体声，观众有身临其境之感。巨幕电影有 imax 巨幕、环幕电影、穹幕电影等类型。巨幕技术和 3D 立体技术、环绕立体声技术等结合后，为观众打造更具震撼力的观影效果。目前"巨幕电影"就分为三种，矩形巨幕、3D 巨幕和球形巨幕。其中"巨幕电影"3D 就是运用 3D 特效＋虚拟影像＋"巨幕电影"观影效果组合而成。"巨幕电影"还可分为胶片"巨幕电影"和数字"巨幕电影"两种，胶片"巨幕电影"的优点在于色彩更好，画面更稳定，而数字"巨幕电影"优点则是放映成本更低。[1]

2009 年 12 月，好莱坞著名导演詹姆斯·卡梅隆执导的影片《阿凡达》上映，短短 45 天以后，全球票房便突破 20 亿，不仅打破了自己在 90 年代拍摄的巨片《泰坦尼克号》所创造的票房纪录，更是在世界范围内掀起了电影历史上又一次技术革命——3D 技术革命。通过开发新的实景 3D 摄影系统、虚拟摄影系统、表情和动作捕捉技术及计算机渲染技术，卡梅隆不仅将电影制作技术提高到了一个全新的层次，同时也让人们看到了 3D 电影的巨大潜力。

电影是所有电子媒介中艺术性和技术性结合最完美的媒介，是 20 世纪兴起的大众流行文化的主要载体之一。它深刻影响了人类的精神生活，是电子媒体中最具有全球化属性的媒体。世界各大电影节，尤以美国奥斯卡电影节、威尼斯国际电影节、法国戛纳电影节，柏林国际电影节为代表，每年都吸引全球电影人参赛，成了展示本国文化艺术水平的竞技场。以美国好莱坞商业电影为代表的商业片，行销全世界，创造了数以千亿美元的文化市场，成了美国流行文化和主流价值观的主要推销者。

4. 电视的诞生及影响

电视是 20 世纪影响最大的媒介，同其他电子媒介一样，电视也是由一大

---

[1] 巨幕电影，百度百科，http://baike.baidu.com/view/791259.htm.

群处于不同历史时期、不同国度的发明家们共同发明和创造的。俄裔德国科学家保尔·尼普可夫在 1884 年 11 月 6 日为自己的发明"电视望远镜"申请专利,这是一种光电机械扫描圆盘,极富创造性,这是世界电视史上的第一个专利,世人称为尼普可夫光盘。一个偶然的机会,英国发明家约翰·贝尔德看到了关于尼普可夫圆盘的资料。1925 年 10 月 2 日,他在伦敦简陋的实验室里"扫描"出木偶的图像,史上通常把此看做是电视诞生的标志,贝尔德则被称作"电视之父"。同年,美国人斯福罗金(Vladimir Zworykin)在西屋公司(Westinghouse)向他的老板展示了他的电视系统。1931 年,兹沃雷金完成了使电视摄像与显像完全电子化的过程,开创了电子电视的时代。

1929 年,英国广播公司(BBC)在伦敦开设实验性电视台,每周五天,每次半小时,其电视扫描线为每帧 30 行,每秒 12.5 帧,只能分别播送声音或图像。次年,BBC 和贝尔德合作进行实验,把广播的声音和电视图像配合起来,播出第一个声画同步的电视节目——舞台剧《口含一朵鲜花的勇士》。这时候BBC 使用的设备大都是贝尔德的机械电视。但贝尔德的机械电视在技术上很快被电子电视超越。

1930 年出现了利用尼布克圆盘和光电管制作的新式电视播放设备,并首次提出了在发送设备上也采用布劳恩管的新设想。1931 年,美国人范恩斯特发明了类似于布劳恩管的摄像管。1933 年,俄国出生的左利金也发明了光电摄像管,从而结束了电视的机械扫描方法,开始采用电子扫描进行摄像,扫描的行数远远超过了机械扫描,大大地提高了电视的清晰程度。

1936 年电视业获得了重大发展。这一年的 11 月 2 日,英国广播公司在伦敦郊外的亚历山大宫,播出了一场颇具规模的歌舞节目。这台完全用电子电视系统播放的节目,场面壮观,气势宏大,给人们留下了深刻的印象。同年柏林奥林匹克运动会的报道,第一次使用了 4 台摄像机拍摄。这 4 台摄像机的图像信号通过电缆传送到帝国邮政中心的演播室,在那里图像信号经过混合后,通过电视塔被发射出去。柏林奥运会期间,每天用电视播出长达 8 小时的比赛实况,共有 16 万多人通过电视观看了奥运会的比赛。到了 1939 年,英国大约有 2 万个家庭拥有电视机,美国无线电公司的电视也在纽约世界博览会上首次露面,开始了第一次固定的电视节目演播,吸引了成千上万个好奇的观众。

第二次世界大战使电视的发展受到限制。但在 1946 年,英国广播公司恢复了固定电视节目,美国政府也解除了禁止制造新电视的禁令。美国从 1949年到 1951 年,不仅实现了电视节目全国性播出,电视机的数目也从 100 万台跃升为 1000 多万台,成立了数百家电视台。一些幽默剧、轻歌舞、卡通片、娱乐节目和好莱坞电影常常在电视中播出。电视的影响力很快超越了报刊和广播甚至电影,成为最受欢迎的媒体。

自从 1949 年第一台荫罩式彩电问世以来,短短数十年,电视技术取得了惊人的发展。电视的终端显示技术经历了从电子管电视、晶体管电视迅速发展到集成电路电视,从 CRT 显像管电视到高清平板电视,从二维平面到三维立体电视,从室内固定终端到各种移动终端。在传输上,实现了从模拟技术到数字技术,从地面微波到卫星直播的飞跃。目前,伴随着微电子和计算机技术的突飞猛进,电视正在向智能化、多功能和多用途化迈进。

电视是 20 世纪影响力最大的媒体。如今的电视不仅用于收看电视节目,同时又可以是家用计算机、电子游戏机。人们不仅利用电视消息,而且可以通过卫星和电视进行遥感式诊病,使用家用电视控制家里的电器,进行电视报警、购物、记录、学习等等。此外,立体声电视、超大屏幕电视、高清晰度电视、激光视盘、家庭数据库等也不断地发展起来。现代电视已经从一种公共媒介的收看工具,变成了包含众多信息系统的家庭视频系统中心。

5. Internet 的诞生及影响

Internet 是计算机交互网络的简称,又称网间网。它是利用通信设备和线路将全世界上不同地理位置的功能相对独立的数以千万计的计算机系统互连起来,以功能完善的网络软件(网络通信协议、网络操作系统等)实现网络资源共享和信息交换的数据通信网。Internet 是人类历史发展中的一个伟大的里程碑,它是未来信息高速公路的雏形,是人类进入信息社会的重要标志。人们用各种名称来称呼 Internet,如国际互联网络、因特网、交互网络、网际网等等,它正在向全世界各大洲延伸和扩散,不断增添吸收新的网络成员,已经成为世界上覆盖面最广、规模最大、信息资源最丰富的计算机信息网络。

Internet 可以说是美苏冷战的产物,它的由来可以追溯到 1962 年。当时,美国国防部为了保证美国本土防卫力量和海外防御武装在受到前苏联第一次核打击以后仍然具有一定的生存和反击能力,认为有必要设计出一种分散的指挥系统:它由一个个分散的指挥点组成,当部分指挥点被摧毁后,其他点仍能正常工作,并且这些点之间,能够绕过那些已被摧毁的指挥点而继续保持联系。为了对这一构思进行验证,1969 年,美国国防部国防高级研究计划署(DoD/DARPA)资助建立了一个名为 ARPANET(即"阿帕网")的网络,这个网络把位于洛杉矶的加利福尼亚大学、位于圣芭芭拉的加利福尼亚大学、斯坦福大学,以及位于盐湖城的犹他州州立大学的计算机主机联接起来,位于各个结点的大型计算机采用分组交换技术,通过专门的通信交换机(IMP)和专门的通信线路相互连接。这个阿帕网就是 Internet 最早的雏形。

到 1972 年时，ARPANET 网上的网点数已经达到 40 个，这 40 个网点彼此之间可以发送小文本文件(当时称这种文件为电子邮件，也就是我们现在的 E-mail)和利用文件传输协议发送大文本文件，包括数据文件(即现在 Internet 中的 FTP)，同时也发明了 Telnet，即通过把一台电脑模拟成另一台远程电脑的一个终端而使用远程电脑上的资源。E-mail、FTP 和 Telnet 是 Internet 上较早出现的重要工具，特别是 E-mail 目前仍然是 Internet 上最主要的应用。

作为 Internet 的早期骨干网，ARPAnet 的试验奠定了 Internet 存在和发展的基础，ARPAnet 在技术上的另一个重大贡献是 TCP/IP 协议簇的开发和利用。至 1974 年，IP(Internet 协议)和 TCP(传输控制协议)问世，合称 TCP/IP 协议。这两个协议定义了一种在电脑网络间传送报文(文件或命令)的方法，较好地解决了异种机网络互联的一系列理论和技术问题。

到 1980 年，世界上既有使用 TCP/IP 协议的美国军方的 ARPA 网，也有很多使用其他通信协议的各种网络。为了将这些网络连接起来，美国人温顿·瑟夫(Vinton Cerf)提出一个想法：在每个网络内部各自使用自己的通讯协议，在和其他网络通信时使用 TCP/IP 协议。这个设想最终导致了 Internet 的诞生，并确立了 TCP/IP 协议在网络互联方面不可动摇的地位。

20 世纪 70 年代末到 80 年代初，可以说是网络的春秋战国时代，各种各样的网络应运而生。1982 年，美国北卡罗莱纳州立大学的斯蒂文·贝拉文(Steve Bellovin)创立了著名的网络新闻组(Usenet)，它允许该网络中任何用户把信息(消息或文章)发送给网上的其他用户，大家可以在网络上就自己所关心的问题和其他人进行讨论；1983 年，在纽约城市大学也出现了一个以讨论问题为目的的网络——BITNet，在这个网络中，不同的话题被分为不同的组，用户可以根据自己的需求，通过电脑订阅，这个网络后来被称之为 Mailing List(电子邮件群)；1983 年，在美国旧金山还诞生了另一个网络 FidoNet(费多网或 Fido BBS)即公告牌系统。它的优点在于用户只要有一部电脑、一个调制解调器和一根电话线就可以互相发送电子邮件并讨论问题，这就是后来的 Internet BBS。以上这些网络都相继并入 Internet 而成为它的一个组成部分，Internet 成为全世界各种网络的大集合。

1983 年，ARPAnet 分裂为两部分，ARPAnet 和纯军事用的 MILNET。同时，局域网和广域网的产生和蓬勃发展对 Internet 的进一步发展起了重要的作用。其中最引人注目的是美国国家科学基金会 ASF(National Science Foundation)建立的 NSFnet。NSF 在全美国建立了按地区划分的计算机广域网并将这些地区网络和超级计算机中心互联起来。NFSnet 于 1990 年 6 月彻底取代了 ARPAnet 而成为 Internet 的主干网。

NSFnet 奠定了 Internet 的第一次快速发展的基础。它对 Internet 的最大贡献是使 Internet 向全社会开放,而不像以前的那样仅供计算机研究人员和政府机构使用。从 1986 年至 1991 年,NSFNET 的子网从 100 个迅速增加到 3000 多个。NSFNET 开始真正成为 Internet 的基础。

Internet 在 20 世纪 80 年代的扩张不仅带来量的改变,同时亦带来某些质的变化。由于多种学术团体、企业研究机构,甚至个人用户的进入,Internet 的使用者不再限于纯计算机专业人员。新的使用者发觉计算机相互间的通讯对他们来讲更有吸引力。于是,他们逐步把 Internet 当做一种交流与通信的工具,而不仅仅只是共享 NSF 巨型计算机的运算能力。

20 世纪 90 年代以后,一些商业机构涉足 Internet,很快发现了它在通信、资料检索、客户服务等方面的巨大潜力。于是世界各地的无数企业纷纷涌入 Internet,带来了 Internet 发展史上的一个新的飞跃。Internet 事实上已成为一个"网际网":各个子网分别负责自己的架设和运作费用,而这些子网又通过 NSFNET 互联起来。NSFNET 连接全美上千万台计算机,拥有几千万用户,是 Internet 最主要的成员网。随着计算机网络在全球的拓展和扩散,美洲以外的网络也逐渐接入 NSFNET 主干或其子网。

Internet 发展经历了研究网、运行网和商业网三个阶段。今天的 Internet 已经从各个方面逐渐改变人们的工作和生活方式。人们可以随时从网上了解当天最新的天气信息、新闻动态和旅游信息,可看到当天的报纸和最新杂志,可以足不出户在家里炒股、网上购物、收发电子邮件,享受远程医疗和远程教育等等。它的意义并不在于它的规模,而在于它提供了一种全新的全球性互联互通的信息基础设施,奠定了新媒体信息传播的技术基础。由 Internet 驱动的信息产业已经成为发达国家的支柱产业,正成为推动世界经济高速发展的新引擎。

第二节　作为环境的媒介

媒介是什么?它只是我们通常所说的报纸、广播、电视等媒体?亦或仅仅是一种冷冰冰的介质或工具?从媒介环境学派的视角来看,媒介发展和人类的社会和文化发展相辅相成,媒介不仅仅只是介质或传播工具,它更是人类自身生存环境的一部分,甚至是人自身的一部分。

一、媒介的本质属性

1.媒介是人的延伸

麦克卢汉①被誉为媒介祖师爷、预言家、先知等。他认为："一切媒介都是人的延伸……这样的延伸是器官、感官或曰功能的强化和放大。"②在麦克卢汉的媒介世界里，凡是可以为人类所利用的物件都可以称为媒介，因此他认为衣服是皮肤的延伸，马镫、船是脚的延伸，语言是一切感官的同步延伸，文字印刷是视觉的延伸，电子媒介是中枢神经系统的延伸。今天和未来的数字媒介是人的意识的延伸。所有技术都是人体器官或感官的代理，都是人的延伸。"媒介是人的延伸"是一切媒介共有的本质。

人进化为灵长类生物始终面临外部环境的刺激和挑战，人必须能够应付各种残酷的自然环境才可以生存发展下去。麦氏站在人本主义的立场上，指出"为了对付各种环境，需要放大人体的力量，于是就产生了身体的延伸……"③我国古代的荀子在《劝学》篇中提出："吾尝跂而望矣，不如登高之博见也。登高而招，臂非加长也，而见者远；顺风而呼，声非加疾也，而闻者彰。假舆马者，非利足也，而致千里；假舟楫者，非能水也，而绝江河。君子生非异也，善假于物也。"荀子这段话的意思是说人的活动能力的提升不是因为人具有特异功能，而是因为人善于借助外物。荀子的比喻和麦克卢汉的阐释有异曲同工之妙。

除了延伸说外，他同时指出："任何发明或技术都是人体的延伸或自我截除。这样一种延伸还要求其他的器官和其他的延伸产生新的比率、谋求新的平衡。"④媒介在"延伸"的同时意味着"截除"。"延伸"是代理并强化人体某一部分器官或感官的功能，"截除"是指被代理被延伸的那部分器官或感官不再像之前那样参与和外部环境之间的互动，不再像以前那样直接发挥作用。另外，每一种媒介都会强化人的某一部分器官或感官，导致感官之间的失衡，从而提出进一步延伸的要求。

---

① 马歇尔·麦克卢汉(Marshall McLuhan，1911—1980)，加拿大著名传播学家、文学学者、媒介环境学的开山祖师，著有《机器新娘》(1951)、《谷登堡星汉璀璨》(1962)、《理解媒介》(1964)、《媒介即按摩》(1967)等。

② [加]埃里克·麦克卢汉、秦格龙编：《麦克卢汉精粹》，何道宽译，南京大学出版社2000年版，第360页。

③ [加]马歇尔·麦克卢汉著，斯蒂芬尼·麦克卢汉、戴维·斯坦斯编：《麦克卢汉如是说》，何道宽译，中国人民大学出版社2006年版，第39页。

④ [加]麦克卢汉著：《理解媒介》，何道宽译，商务印书馆2000年版，第78页。

以手机媒介为例,手机一开始仅仅是一种便携的语音通讯工具,80年代末90年代初期最早出现的大哥大手机十分笨拙,女性使用的话还有些吃力,而且存在通话不清楚、易断线等技术方面的缺陷,但它可以让人随身携带,无论在哪里,只要信号能覆盖的地方都能实现通话,不用顺风而呼、登高而招,也不用在电话机前守候,使人类的通话第一次真正摆脱了时空的限制,身心获得了极大的解放;随后手机进入数字蜂窝时代,手机的尺寸变得小巧玲珑,适合各类人群携带,且通话更加清晰,连通更加迅捷方便,还开发出短信、彩信、彩铃、拍照等功能,初步实现了语音、图片、文字三种符号传播,个体的传播能力得以进一步提升;现在手机媒介开始进入3G、4G时代,以苹果智能手机为代表的各类智能手机类似个人电脑一样,具有独立的操作系统,可以由用户自行安装软件、游戏等第三方服务商提供的APP程序,通过此类程序来不断对手机的功能进行扩充,并可以通过移动通讯网络和WiFi功能来实现无线互联网络的接入,真正实现了语音、图片、文字、视频四种符号的即时性和全天候传播。

图 1-3 手机的演变

手机媒介在给人们打开通向世界的窗口的同时,也带来很多问题。对很多人而言,它早已不是外在的工具,而是自身和外界沟通、联络的"神经中枢"。他们经常下意识地找手机,不时拿出手机看看,离开手机片刻便坐立难安,似乎心里少了点什么,空荡荡地难受,又像是错过了什么,感到莫名的焦虑,以致无法全身心投入到身边的事中。有些人甚至患上了手机强迫症和幻听症。玩手机也削弱了人的人际交往能力。有媒体报道,市民张先生与弟弟妹妹相约去爷爷家吃晚饭,饭桌上老人多次想和孙子孙女说说话,但面前的孩子们却个个拿着手机玩,老人受到冷落后,一怒之下摔了盘子离席。① 有一首流传很广的诗叫"寂寞的人,总离不开手机",诗中这样写道:

忘了从什么时候,开始喜欢一个人躺在床上对着手机按键;

忘了从什么时候,我们开始用 QQ 更新心情;

忘了从什么时候,我们开始一人手里一部手机或换了又换;

忘了从什么时候,我们开始不去话聊只通过状态更新了解对方;

忘了从什么时候,一群寂寞的人从早到晚不离开手机。

以前没有手机没有 QQ 我过得很好啊,很充实;

现在不过是一群寂寞的人一起寻找不寂寞;

现在不过是一个人承担一份寂寞,然后用寂寞填补寂寞;

现在不过是一些寂寞的人对着寂寞的文字,消遣着寂寞。

2. 媒介即是讯息

在"延伸"说的基础上,麦克卢汉又提出了"媒介即是讯息"。他认为:"所谓媒介即是讯息只不过是说任何媒介及人的延伸对个人和社会的任何影响都是有新的尺度产生的,我们的任何一种延伸或曰任何一种新技术都要在我们的事务中引进一种新的尺度。"②

他指出,一旦社会的主导传播媒介变化,符号系统就会发生根本的变化,这样的媒介变化必然使人的感官发生根本的变化;人们依靠媒介进行交流时,感官必然会发生这样的变化。

麦克卢汉认为,在传播中最为本质的不是传播的内容,而是传播的媒介,媒介不仅是社会历史变化的报道者、传播者,还是社会历史变化的主要肇事者。这对传播学界以传播内容为主的传统构成了严峻的挑战。关于媒介与媒介所传播的内容,麦氏曾有一个经典的比喻:媒介的内容好比是一片滋味鲜美的肉,破门而入的盗贼用它来涣散思想看门狗的注意力。看门狗只是被滋味鲜美的肉夺去了注意力,而忽视了一旁的盗贼。麦氏认为人们往往对传播内容的重视而忽视了不可抗拒的传播媒介的重大影响。他高呼"媒介即是讯

---

① "家庭聚餐儿孙玩手机老人怒摔盘离席",http://women. sohu. com/20121015/n354891319. shtml

② [加]马歇尔·麦克卢汉:《理解媒介——论人的延伸》,何道宽译,商务印书馆 2000 年版,第33 页。

息","即是提醒人们注意这些传播媒介给予人的一些主要延伸及其心理影响和社会后果"。① 因为"一切媒介都要重塑他们所触及的一切生活形态"②。在人类进入网络时代以后,传播技术的发展一日千里,这从根本上改变了传统媒介的生态环境及内容生产和传播的方式,报纸杂志和门户网站的内容生产截然不同,门户网站和 BBS 的内容生产也完全不同,博客的内容生产和微博的内容生产亦根本不同。从总体上说,技术驱动和平台打造是媒体得以壮大的两大法宝,如谷歌凭借先进的搜索引擎技术将互联网的内容一网打尽,而自己并不生产内容,腾讯对 QQ 平台的打造,新浪对微博平台的捍卫,到阿里巴巴集团对旗下淘宝等平台苦心经营,都说明了在新兴的网络媒体领域技术为王的真理。当然在传统的影视业及网络视频领域,内容仍然起到举足轻重的作用。

对于媒介内容,麦克卢汉的理解又和通常的不同,他认为:"一种媒介充当另一种媒介的内容。"③"文字的内容是语言,正如文字是印刷的内容,印刷又是电报的内容一样,如果要问言语的内容又是什么?那么就需要这样回答:是实际思维过程,而这一过程本身又是非言语的东西。"④关于媒介和媒介内容关系,媒介的威力与媒介的内容及媒介中的媒介没有多大关系,"没有一种媒介具有孤立的意义和存在,任何一种媒介只有在与其他媒介的相互作用中才能实现自己意义的存在。"⑤

麦氏所有理论都以这两点为核心,褒之者称他是"继牛顿、达尔文、弗洛伊德、爱因斯坦和巴甫洛夫之后的最重要的思想家",是"电子时代的代言人,革命思想的先知"。贬之者骂他是"通俗文化的江湖术士","走火入魔的形而上巫师"等等。⑥ 如何看待麦氏关于媒介的本质论说呢?麦氏无疑颠覆了传统学术对于媒介、对于科技的刻板看法,从人作为自然环境中的灵长类生物与生存环境互动关系的角度定义了媒介的本质,揭示了人的生存环境除了客观的自然环境和社会环境外,还有人为营造的媒介环境,为媒介环境学奠定了坚实

---

① ［加］马歇尔·麦克卢汉:《理解媒介——论人的延伸》,何道宽译,商务印书馆 2000 年版,第 1 页。

② ［加］马歇尔·麦克卢汉:《理解媒介——论人的延伸》,何道宽译,商务印书馆 2000 年版,第 87 页。

③ ［加］马歇尔·麦克卢汉:《理解媒介——论人的延伸》,何道宽译,商务印书馆 2000 年版,第 87 页。

④ ［加］马歇尔·麦克卢汉:《理解媒介——论人的延伸》,何道宽译,商务印书馆 2000 年版,第 34 页。

⑤ ［加］马歇尔·麦克卢汉:《理解媒介——论人的延伸》,何道宽译,商务印书馆 2000 年版,第 56 页。

⑥ 麦克卢汉,百度百科 http://baike.baidu.com/view/218681.htm.

的思想基础。人类进入互联网时代以后的种种现象无疑印证了他的很多天才设想,然而,他也有矫枉过正之嫌,他把人追求技术进步,仅仅看做是自然压迫的结果,另外,他把媒介全部等同于技术,他说,"人的延伸"是所有技术的本质,也是所有媒介的本质,无疑泛化了媒介,毕竟技术的本质和媒介的本质还是有所区别的。他虽然揭示了媒介进化过程中的新旧嵌套关系和从属关系,但刻意混淆了技术与人文、内容与形式的关系,打破了它们之间的区别性以取得某种突出效果。

二、媒介的环境属性

1. 媒介的时空偏向属性

哈罗德·伊尼斯[①]是第一个对媒介环境进行专一而系统研究的学者。他从前人的论证特别是自己对加拿大经济史的研究中,发现了传播技术的革命性意义,从而转向了传播学研究,他提出了媒介的时空偏向论,论证了媒介变革与社会历史变迁的动态关系,启发了以麦克卢汉为代表的无数后进,勾勒了媒介环境学学术版图。

伊尼斯在《帝国与传播》、《传播的偏向》这两本书里将媒介分为两类:一是时间偏向型媒介(time bias),适合在时间上纵向流传,如金字塔、羊皮纸、黏土、石头等,其属性多笨重,耐久;二是空间偏向型媒介(space bias),如莎草纸、报纸、广播等,更适合空间上横向扩散,其属性是轻巧易运输。此外他又指出:一种媒介属于哪种类型,要看这种媒介的性质及其所依附的媒介的性质。拿文字来说,石头上楔刻的文字是时间偏向型的;莎草纸上草书的文字是空间偏向型的。简单的拼音文字属于空间偏向型媒介;复杂的象形文字属于时间偏向型媒介。在伊尼斯看来,一个文明里的主导传播媒介"偏爱"某些形式的空间取向和时间取向。比如,耐久的媒介难以运输,它们透露出的偏向是时间偏向而不是空间偏向,石头、泥版和羊皮纸就是这样耐久的媒介。他们"促成"社会去倚重风俗和血缘的传承及神圣的传统。这种偏向妨碍个人主义成为革新的动力。

中国乡村常见的宗祠是供奉祖先神主,进行祭祀的场所,被视为宗族的象征,是族权与神权交织的中心,体现了宗法制家国一体的特征。宗祠,除了作为祭祀场所之外,过去的宗祠还是处理宗族内部事务、执行族规家法的地方。族人的冠礼、婚礼、丧礼基本上都是在祠堂进行的。有的宗族规定族人之间或

---

① 哈罗德·伊尼斯(1894—1952),加拿大著名政治经济学者,传播学家,多伦多传播学派的先驱,麦克卢汉思想的启蒙者,著有《帝国与传播》(1950 年)、《传播的偏向》(1951 年)。

族人家庭之中发生了争执，都要到祠堂中裁决。所以，在封建时代，祠堂在一定意义上又成了衙门，具有一族"公堂"的性质。宗祠是时间偏向型媒介的典型代表，它承载着中华民族的传统宗族文化，在历史的长河中绵延不绝。新中国成立后，为了巩固新政权，在史无前例的"文化大革命"破四旧中，被视为封建文化代表的各地宗祠不同程度地受到了损坏，某种程度上使得绵延数千年的传统文化发生断裂。

图 1-4　中国乡村的宗祠

2.媒介的感官偏向属性

在伊尼斯的启发下，麦克卢汉提出了媒介的感官偏向属性（sensory bias），并以此为据把媒介分为冷媒介和热媒介等几类。他指出，人有听觉、视觉、触觉和味觉等多种感官，一种媒介突出一种感官，同时牺牲其他一些感官。每一种媒介都悄无声息地改变了人在经验这个世界时的感官比例。

文字发明之前，口头传播调动了人体的全部感官参与，原始社会人们生活在一个感官相对均衡的声觉空间世界。因此原生口语时期的生活和文化自然、丰富，而文字的出现打破了这种平衡，因为文字突出了视觉的主导地位。拼音文字的排列方式助长了线性、逻辑的感知与思维模式，"电力技术到来之后，人延伸出（或者说在体外建立了）一个活生生的中枢神经系统的模式"[①]，"我

---

① ［加］马歇尔·麦克卢汉著：《理解媒介——论人的延伸》，何道宽译，商务印书馆 2000 年版，第 76 页。

们正在迅速逼近人类延伸的最后一个阶段——从技术上模拟意识的阶段"[①]。

不同媒介不仅延伸的感官类型不同,而且卷入感官的程度也各不相同。感官卷入程度高的是冷媒介。冷媒介提供的信息往往比较匮乏,内容的清晰度低,留给受众填补的空间相对较多,表现出较强的包容性。感官卷入程度低的是热媒介。热媒介能够比较充分地提供信息,内容的清晰度高,留给受众填补的空间相对较少,表现出较强的排斥性。麦克卢汉认为,纸张、广播、电影、照片、拼音文字等是热媒介,石头、电话、电视、卡通画、口头语言、象形文字或会意文字等是冷媒介。[②]

图 1-5　中国水墨画

需要指出的是,媒介环境学派学者根据媒介的环境属性对媒介进行分类是相对的,而不是绝对意义的归类。所谓冷媒介和热媒介,如中国的水墨画和西方的油画相比,前者注重写意和留白,给欣赏者较多的想象和揣摩空间,因此属于冷媒介;而后者则注重透视和写实,欣赏者的想象空间相对比较少,因此属于热媒介。如电视,按常理它显然是视觉型的媒介。但是,麦克卢汉拿它与书籍和口头传播相比,强调了电视的触觉偏向性。因为,电视不像书籍那样只调动人的视觉感官,而是调动了人的全部感官参与,一定程度上再现了口头交往的声觉空间。况且,电视卷入其中的视觉也根本不同于书籍所调动的视

---

① ［加］马歇尔·麦克卢汉著:《理解媒介——论人的延伸》,何道宽译,商务印书馆 2000 年版,作者第 1 版序。

② 李明伟:《知媒者生存——媒介环境学纵论》,北京大学出版社 2010 年版,第 124－125 页。

图 1-6　西方油画

觉活动的特征——左右或上下的线性视觉逻辑。一种媒介的哪种属性最突出,要看它与另外哪种媒介相比。

3.媒介的场景偏向属性

在他们之后,约书亚·梅罗维茨①提出了"媒介的场景偏向性"。作为媒介环境学派的后起之秀,他在伊尼斯和麦克卢汉的理论基础上,借用了美国著名社会学家欧文·戈夫曼的拟剧交往理论——交往场景决定人的社会行为和角色扮演,并进行了改进。

"媒介的场景偏向性"是指一种媒介是倾向于隔离还是融合不同的交往场景或者交往场景的前台与后台。一种媒介支持抬高传授双方之间的交往门槛,有助于传者一方严密守护自己的后台行为,这种媒介就是场景隔离型的媒介;一种媒介方便传授双方之间的交往特别是受众对信息的接触,不支持传者一方的后台保护,这种媒介就是场景融合型的媒介。梅罗维茨从媒介的物理特征、接触的难易程度以及受众的反应方式等多个方面比较了印刷媒介和电子媒介的场景偏向。他的结论是:以书籍为代表的印刷媒介倾向于隔离社会场景,有利于信息优势一方维护他们的前台表演;以电视为代表的电子媒介倾向于融合社会场景,因此容易打破表演者神秘完美的形象。梅罗维茨理论的

---

① 约书亚·梅罗维茨(Joshua Meyrowitz),美国著名传播学者,尼尔·波兹曼的博士生。著有《消失的地域——电子媒介对社会行为的影响》(1985)。

主要观点：

(1)应把情境视为信息系统。

梅罗维茨认为，由媒介造成的信息环境同人们表现自己行为时所处的自然(物质)环境(具体的地点如卧室、大礼堂、公园等)同样重要；在确定情境界限中，应把接触信息的机会考虑进去并当做关键因素。

(2)每种独特的行为需要一种独特的情境。

梅罗维茨认为，对于每一社会情境来说，人们都需要一种明确的界限，因为人们需要始终如一地扮演自己的角色；不同情境的分离使不同行为成为可能。他提醒说，人们在探讨情境的界限时，往往倾向于从"谁和什么处于某一特定情境之中"这方面去考虑问题。

梅罗维茨在分析情境时说，当两种或两种以上不同的情境重叠时，这种情况会混淆不同的社会角色，令人们感到困惑、不知所措。如某位冷静的、医术高明的医生发现需要动大手术的病人竟是他多年未见的亲属，他可能会感到自己难以在施手术时保持镇静，这样，由他主刀就不适宜。

(3)电子媒介促成了许多旧情境的合并。

这是梅罗维茨的又一主要观点。他指出，随着电子传播媒介的普及，由于他们的传播代码的简单性，情境形式正在发生变化。长期以来，印刷媒介的传播要求受传者具有基本的读写技巧，电子传播媒介则与此大不相同。电视的电子记号展示日常生活的"视、听形象"，人们不必先会看简单的然后才能看复杂的电视节目。

而新媒体传播环境中，微博等社交媒体融合了多重社会角色和社会情景，造成角色和情景时常矛盾和冲突。如有舞蹈艺术女老师在微博上晒出自己的性感照片，本来是属于私人生活场景的展示，但因在简历中有"本人舞蹈艺术老师"等字眼，引起了很多网友和媒体的反感，责问她"河北性感女教师微博晒半裸照师德何在?"这个案例中，微博主人既是一个时尚、开放的女孩，但她的职业又是一个教师，结果这两种角色因为微博空间的性感照片而冲突，因为在国人的观念中，对教师的要求是为人师表，举止端庄。有新闻报道父母潜伏于子女的微博粉丝中探听小孩的秘密，引发家庭矛盾。现实中的父母角色和微博空间的匿名粉丝角色产生了冲突。在我国大多数父母和子女的关系是一种自上而下的等级关系，是教育和被教育的关系，而在微博上粉丝和博主却是平等的关系，可以无话不谈。这造成了子女对父母行为的反感，认为此行为和偷看日记性质一样，侵犯了他们的隐私权。纸质的日记空间是封闭的，可以很容易藏起来，父母无法轻易侵入其私人空间，但开放的微博却很难做到这一点。微博等媒体既是私人属性的自媒体，但它又融合了公共性，它是对外公开的。

三、媒介环境的变化对社会的影响

1. 媒介环境的变化导致文明的冲突和知识权力的重新分配

伊尼斯提出,一个时期的媒介环境决定这一时期的社会文化特质,"在一种传播形式主导的文化向另一种传播形式主导的文化迁移的过程中,必然要发生动荡。"①

他研究发现,印刷传播的空间偏向摧毁了社会对连续性的关注,导致地方主义、非集中化和专门化,加快了世界分化和冲突。而口头传统尤其是古希腊的原生口头传统,却滋生了辉煌的古希腊文明。他对帝国与传播的研究证明,媒介环境的时空结构关系着帝国的稳定。但是在媒介发展的历史长河中,媒介环境的失衡是多数情况,平衡反倒是异数。两河流域先后出现的苏美尔文明、古巴比伦和亚述帝国、古埃及文明,都曾因主次悬殊、偏于一极的媒介环境结构而政局多乱。只在极少数历史时期,媒介环境才达到了相对的衡稳。伊尼斯指出,西方社会的媒介环境自印刷术面世以来越来越扭曲畸形,正在重蹈历史主流的覆辙。报纸、广播等空间偏向型媒介发达,时间偏向型媒介落入低谷。结果,人们的历史意识淡漠,心态和行为浮躁,空间征服欲望膨胀。近现代以来数次世界性战争和冲突无不因此有关。

伊尼斯用大量的历史事实证明,知识这种权力附着于媒介。不同类型的媒介突出不同性质的知识,不同性质的知识适合不同阶层和群体掌握和垄断。知识的重组意味着权力结构的变化,这必然导致一个帝国内部的治乱沉浮和帝国之间的强弱变化。历史在大多数情况下表现为两种类型媒介的不平衡发展和两种权力组织的交错沉浮。最突出的是宗教组织和政治组织之间围绕媒介展开的争斗。宗教组织倾向于发展时间偏向型媒介,以强化精神永存和灵魂不灭的宗教观念;政治组织倾向于发展空间偏向型媒介,以促进疆域的拓展和空间的统治。如果两种组织的媒介控制势均力敌,帝国的稳定就可以期待。

拿这些年美国总统选举来说,有研究表明,奥巴马之所以能聚集超越其竞争对手的人气,筹措创纪录的巨额竞选资金,正是得益于他的竞选团队对facebook、youtube 等各种网络新媒体的针对性运用。但是他依然必须一个州一个州地去奔波和选民见面,通过面对面地接触,运用最原始的口头演讲技能来说服选民,同时在电视上和对手辩论来宣扬他的执政理念,展示他的肤色,唤起美国黑人和其他有色人种的历史记忆,揭示美国民主的真谛。用伊尼斯的观点来说,奥巴马完美地综合运用时间偏向性媒体和空间偏向性媒介,塑造

① ［加］伊尼斯著:《传播的偏向》,何道宽译,中国人民大学出版社 2003 年版,第 119 页。

了集历史感和现代感于一身的完美形象,最终赢得了总统宝座,成为美国历史上第一个出身平民的黑人总统。而他的政治对手对互联网新媒体的运用策略明显不如他。从被称为广播总统的罗斯福,到被称为电视总统的肯尼迪,再到被称为互联网总统的奥巴马,现代美国总统选举表明,对权力争夺即是对媒体的争夺,而媒介环境的变化会引发知识和权力的重新洗牌。

2. 电子媒介让人类生活重回"部落化"和"地球村"

麦克卢汉在20世纪预言了印刷媒介环境向电子媒介环境变化时社会各领域的突出特征和变化,他预言道:"电子条件下,地球宛如一个小小的村落。"①

麦克卢汉的"地球村"思想建立在他的"媒介延伸论"、"感官革命论"及其对媒介发展历史的宏观考察上。原生口语带动的是全部感官即时反应型的互动沟通,塑造了有机的声觉空间世界和深度卷入、亲密无间的部落关系。拼音文字和机械印刷突出了眼睛的官能,打破了声觉空间的平衡,这种专门化的技术产生了线性、分裂等非部落化的社会后果。电子媒介延伸了人的中枢神经系统,消灭了时空距离,"使万物恢复到一个无所不包的此在"。② 人类社会在电子传播环境中重新部落化,"环球同在一村"。

麦克卢汉描绘了未来"地球村"的具体情状。在那里,电子媒介引起的非集中化趋势"将突出多样性和碎片化",各自为战的专业主义将让位于大范围的合作。城市和超大型的国家将不复存在。任何一个地方,只要有大众电子传播媒介,都可以像纽约、巴黎一样具有天下在此的国际性。文化也将变得高度感性,强调造型。2012年,一首韩国MV作品《江南STYLE》红遍全世界,在数十个国家登上排行榜首位,打破吉尼斯纪录,成为最多人看的MV作品。人称"鸟叔"的韩国流行歌手PSY一手策划和制作了这个带着网络文化特色的作品,其所跳的骑马舞风靡男女老少和各个族群,网络上已经出现了美国海军版、哈佛大学版、女大学生宿舍版、妈咪宝宝版等各种版本的《江南STYLE》。"地球村"里的居民借助即时传播通达全球的电子媒介可以出现在世界的各个角落,与村子里的任何人进行沟通。人不再只是肉身的此在,而是幻化成了信息的形象和符号的尘埃,变成了"无形无象之人"(discarnate man),无处不在,无所不及。③

---

① [加]梅蒂·莫利纳罗、科琳·麦克卢汉、威廉·托伊编:《麦克卢汉书简》,何道宽译,中国人民大学出版社2005年版,第293页。

② [加]埃里克·麦克卢汉、秦格龙编:《麦克卢汉精粹》,何道宽译,南京大学出版社2000年版,第133页。

③ 李明伟:《知媒者生存——媒介环境学纵论》,北京大学出版社2010年版,第128页。

被誉为"数字时代麦克卢汉"的保罗·莱文森修正了麦氏的"地球村"思想,莱文森认为,真正把全世界变成一个"地球村"的是网络而不是麦克卢汉所说的电视。在网络传播中,任何人只要有一台个人电脑、一根电话线和一个浏览器,就可以在全球范围内交换信息,更像小村庄里的村民可以很方便地进行互动交往。[①] 而电视观众却是一个个孤立的家庭和一个个慵懒的沙发"土豆"。他们之间无法像同住一村的村民那样进行自由而亲密的交往。莱文森建议,应该把麦克卢汉的"地球村"分为传统的地球村和赛博空间地球村。

图 1-7　《江南 STYLE》MV 场景

有人认为麦氏是典型的技术乐观主义,"地球村"就是这种乐观主义的"乌托邦"狂想。值得指出的是麦克卢汉的"地球村"不是高度和谐的乌托邦,而是人们互相深度卷入的地方,更加容易滋长冲突和恐怖,他断言:除非意识到这种互动,否则我们会立即卷入一个恐怖的时期,完全适合部落鼓、互相依存、互相叠加共存的那种小世界的时期。……恐怖是任何口语文化的社会常态,在这样的社会里,一切东西都在同时影响着其余的一切东西。[②] 人类社会进入互联网时代以来,麦氏的预言正一步步变为现实。互联网数字媒体技术使得

---

① ［美］莱文森著:《数字麦克卢汉》,何道宽译,社会科学文献出版社 2001 年版,第 9 页。
② ［美］林文刚编:《媒介环境学——思想沿革与多维视野》,何道宽译,北京大学出版社 2007 年版,第 149 页。

处于不同地理区域的人们互相卷入,技术带来便捷和利益的同时也滋长了冲突和恐怖。

以"谣言"为例,"谣言"是对公众感兴趣的事物、事件或问题的未经证实的阐述或诠释,谣言没有真假之分,因为是未经证实的信息,所以无法确定谣言的真假,谣言极易引起社会恐慌,对社会稳定具有极大的危害性。一般认为"谣言"在人际传播中产生,主要借助人际传播途径,但在电子媒介时代尤其是互联网时代,人人都可以借助电子媒介成为大众传播者,甚至原本负有信息过滤和澄清职责的大众媒体为了吸引眼球放弃了底线,成了"谣言"助推者甚至是合作者。谣言并不是什么稀罕事,自古有之,但电子媒介时代,"谣言"产生的频率、传播的速度、传播范围远远高于之前的印刷媒介和口语媒介时代。以日本"3·11"大地震引发的核危机为例,主要大众媒体没有第一时间进行澄清和预警,而是抱着猎奇的心理享受灾难消息的盛宴,全球各类媒体热情高涨,空前传播聚焦,人们的恐慌情绪日增,各类小道消息在网上滋生,最终一条"盐能防治核伤害"的谣言让大家信以为真,从网络虚拟空间传到现实世界,多国发生抢盐现象,而中国在一天内爆发了全国性的抢盐风潮。

3. 电视导致文化娱乐化和人类童年的消逝

尼尔·波兹曼[①]对电视媒体带来的庸俗文化泛滥进行了尖锐的批判。在他的著作《娱乐至死》中,他主要以美国为例,将印刷机统治时期的美国社会称为"阐释时代",具有"富有逻辑的复杂思维,高度的理性和秩序,对于自相矛盾的憎恶,超常冷静和客观以及等待受众反应的耐心"[②]。随着电子媒介时代的来临,"阐释时代"开始逐渐逝去,而电视媒介更是罪魁祸首,电视把文化转变成娱乐业的广阔舞台。他指出,娱乐是电视上所有话语的超意识形态,无论是什么内容,也不管采取什么视角,电视上的一切都是为了给我们提供娱乐。[③]无论是标榜客观、真实的新闻节目,还是神圣、严肃的宗教节目、教育节目,甚至事关国家前途的总统选举辩论,都变成娱乐杂耍。主角们在镜头前面,不再关心如何担起各自领域内的职责,而是转向了如何让自己变得更上镜,娱乐业与非娱乐业的分界线模糊了,文化的话语性质发生了改变。电视同时也引诱广播、报纸、杂志这样做,结果整个信息环境变成了电视的一面镜子。他警告我们:如果一个民族分心于繁杂琐事,如果文化生活被重新定义为娱乐的周而

---

① 尼尔·波兹曼(Neil Postman, 1931—2003),世界著名媒体文化研究者和批评家,美国媒介素养教育的倡导者,媒介环境学派创建者,著作有《娱乐至死》、《童年的消逝》等。

② [美]尼尔·波兹曼:《娱乐至死》,章艳译,广西师范大学出版社 2009 年版,第 58 页。

③ [美]尼尔·波兹曼:《娱乐至死》,章艳译,广西师范大学出版社 2009 年版,第 77 页。

复始,如果严肃的公众对话变成了幼稚的婴儿语言,总而言之,如果人民蜕化为被动的受众,而一切公共事务形同杂耍,那么这个民族就会发现自己危在旦夕,文化灭亡的命运就在劫难逃。①

在《童年的消逝》里,波兹曼为我们揭示了"童年"这个概念诞生的秘密,令人信服地证明印刷媒介帮助了人类区分了儿童、成人的界限,"印刷给予我们自我,使我们以独特的个体来思索和谈话。而这种强化了的自我意识便是最终导致童年开花结果的种子。"②他指出,正是因为印刷术,未成年人必须通过学习识字接受教育,进入印刷排版的世界,才能变为成人。印刷媒体区隔了儿童世界和成人世界,成人世界的诸多领域儿童不能了解和进入,直到他们通过严格而漫长的学习掌握了识字造句的能力,逐渐进入成人的世界,最后成为其中的一员。但是自从有了电视以后,这个信息等级制度的基础就崩溃了。平常说看电视而不是阅读电视、听电视,看电视对成人和儿童、知识分子和劳动者、傻子和智者没什么两样。他们看的是动态的、时常变换的图像。电视是一种敞开大门的技术,不存在物质、经济和认知和想象力上的种种约束。他认为电视揭露了成人世界的一切秘密,包括暴力、性和成人们的阴谋诡计,污染了童年世界的纯真,使得成年的权威和童年的好奇都失去了存在的依据,因为羞耻和礼仪是植根于"秘密"这个概念中的。他悲观地指出,真正纯真的儿童已经基本上从媒体、尤其是电视上消失了,多的是各类小大人,儿童成人化现象也由电视漫延到电影等媒体中。现在很多十多岁的年轻人常常感觉自己很老了,表示自己的心理年龄好似二三十岁了,除了现代社会的复杂性和竞争压力之外,还因为他们过早地被电视媒体带入复杂的成人世界,被强迫观看成人世界的各种秘密,在耳濡目染中失去心灵的纯真和宁静。

同样对电视媒介持批判态度的还有梅罗维茨。他的媒介场景偏向研究的结论是:电视让我们失去了以往的"方向感",人们的社会行为变得不"前"不"后",出现了"老顽童,小大人","男不男,女不女","既是热又是冷"(cool,"酷")等等大量具有"中区"风格的行为。成人与儿童之间的界限模糊,成人娱乐卡通化,儿童言行成人化;政治英雄也不再像印刷传播环境中那样高高在上,威严神秘,领袖政客们都力图抓住一切机会塑造亲民形象,元首领袖忽然变得有几分像"邻居大叔"……③

---

① [美]尼尔·波兹曼:《娱乐至死》,章艳译,广西师范大学出版社 2009 年版,第 133 页。
② [美]尼尔·波兹曼:《童年的消逝》,吴燕莛译,广西师范大学出版社 2009 年版,第 190 页。
③ 李明伟:《知媒者生存——媒介环境学纵论》,北京大学出版社 2010 年版,第 144 页、第 146 页。

第三节　传统媒体和新媒体

社会的发展,科技的进步,媒介形态也在不断演进,新的媒介形态以加速度方式不断呈现。美国传播学者威尔伯·施拉姆有一个形象的"最后 7 分钟"比喻:如果人类的历史共有 100 万年,假设这等于一天,1 天＝100 万年,1 小时＝41666.67 年,1 秒钟＝11.57 年。那么这一天中,人类文明的进展如下:晚上 9 点 33 分,出现了原始语言(10 万年前);晚上 11 点,出现了正式语言(4万年前);晚上 11 点 53 分,出现了文字(3500 年前);午夜前 46 秒,古登堡发明了近代印刷术(1450 年);午夜前 5 秒,电视首次公开展出(1926 年);午夜前3 秒,电子计算机、晶体管、人造卫星问世(分别为 1946 年、1947 年、1957 年)。施拉姆说:"这一天的前 23 个小时,在人类传播史上几乎全部是空白,一切重大的发展都集中在这一天的最后 7 分钟。"如果他能活到现在,他会看到神奇的互联网,看到 facebook、youtube、twitter 等聚合着数以亿万受众的社交媒体,在全球范围内被追捧的 iPhone 手机、iPad 平板电脑等等,这些全是在 20世纪末最后 10 年和 21 世纪第一个 10 年间诞生的新的媒介形态,并且以月为周期进行着升级换代。

一、麦克卢汉的媒介四元律

新媒介和旧媒介从来都是相对的,正如文字相对于口语是新媒介,印刷文字相对于手写体是新媒介,广播电视相对于印刷媒介是新媒介,网络媒介相对于它之前出现的一切媒介是新媒介。但人们不会以新旧媒介进行指称,而习惯以新媒介和传统媒介冠之。媒介演化的历史表明,传统媒介的影响力会逐渐减弱,最终被新媒介取代,失去主导地位,但传统媒介不会消亡,它们是人类文化的一部分,是"人的延伸",人类的生活习惯和思维方式都曾受到它们的影响。传统媒介在改头换面后常常成为新媒介的一部分。

对于媒介演化的规律,麦克卢汉提出了"媒介杂交"(media hybrid)这一概念。"媒介杂交"一方面是指不同媒介环境的交汇碰撞,比如印刷传播环境与电子传播环境的更替转换。麦克卢汉借此说明媒介环境变革的巨大冲击。另一方面是说不同媒介相互之间的杂交融合,即他认为一种媒介往往是另一种媒介的内容。后来麦氏进一步将其发展成"媒介四元律"[①]:

---

① ［美］林文刚编:《媒介环境学——思想沿革与多维视野》,何道宽译,北京大学出版社 2007 年版,第 145－148 页。

1.这个媒介使什么得到提升或强化？

2.它使什么东西过时或者说它取代什么东西？

3.它使什么过时的东西得到再现？

4.它被极端挤压之后产生什么东西或变成什么东西？

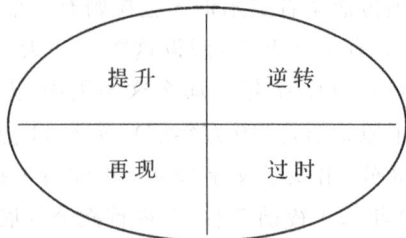

图1-8　麦克卢汉父子《媒介定律》四元律示意图

图1-8没有固定的起点或顺序，按顺时针方向从左上角开始依次展开的是提升（enhancements）、逆转（reversals）、过时（obsolescences）和再现（retrievals）四个阶段，这四阶段还可以是逆时针顺序或穿插顺序，甚至是共时态进行。麦氏的四元图式表明媒介演变不是一个线性、单向序列的进程，而是一个周而复始、螺旋式上升的同步过程。判断任何一种媒介的发展都需要重视这四个问题：它突出了什么？削弱了什么？再现了什么？未来又会变成什么？以此分析印刷报刊媒介，它提升了人的理性思维能力，突出了视觉感官思考的能力，削弱了人的其他器官对信息的感知能力，再现了手写媒体的线性排列方式，而它在数字时代演变成网上多媒体数字报刊，原来单一视觉的文字阅读变成多感官参与、非线性阅读，从而实现了逆转。麦氏的四元律可以用来分析很多新旧媒体现象，为我们判断媒介演变的趋势提供了可以借鉴的分析工具。

二、传统媒体和新媒体的特点比较

(一)传统媒体

在当代，传统媒体一般是指广播、电视、报刊等以一点对多点的方式定时定量向社会公众发布资讯的大众传播媒体。大众传播媒体渠道单一，传播者和受众可以清晰地认定，传播内容可管可控，终端形态区分明显，媒体特征鲜明，很容易区分。

传统的三大媒体中，报纸媒体是以文字传播为主，记者在报道复杂的新闻事件时只能采取单一的、线性的报道方式，对客观的新闻实践需要做抽象的概括，难免与客观真实有所差距；受版面限制，新闻信息的容量有限，只能截取最有新闻价值的、迎合大多数人的阅读取向的信息,因而缺乏个性化,不能全面满足受众的阅读需要;受出版时间的限制,报纸新闻的更新速度只能以"天"为单位,虽然可以以"号外"的方式补充重要的新闻信息,但在现在这个信息时代,报纸的新闻时效性和新闻含量远落后于网络;发行量受数量和地域的限制,导致新闻源有限和传播效果覆盖面有限;印刷的报纸存储繁琐,检索查询更是劳心费力。

广播媒体主要以声音传播为主,声音稍纵即逝,不易记忆和保存;在视觉上缺乏直观、生动的形象;广播是线性的传播方式,听众只能按照电台的播出顺序收听,而且不能反复;电台发射的电波频率受天气、接收方位和其他电台相近频率的电波等条件的干扰,影响受众的收听效果。

电视虽具备了声画结合的特点,但其表现形式仍不够丰富,而网络则使新闻的传播方式可以结合传输文字、图表、图片、声音、录像、动画等多种形式;电视新闻受节目时间的严格限制,只能在规定的节目时间内传播相应内容的信息,比如中央电视台的《新闻联播》是30分钟,那就只有30分钟的时间来传播新闻信息,在播出其他形式的电视节目时,即时的新闻信息只能以字幕的方式出现在屏幕的下方,影响传播效果,而且以这种方式出现的新闻信息往往不能满足受众对该条新闻的更具体、更全面的要求;电视则受制于地域和自己的新闻触角,受众并不能自主地选择希望接收的电视台;而且,电视和广播一样,是线性的传播方式,不能反复收看。

另外,这三大媒体在信息传播的过程中主要采用单向传播方式,即由媒体机构传播者针对受众传播,没有受众信息反馈这一环节,受众只能被动地接受信息,缺少发表意见的途径。

虽然在诸多方面,传统媒体无法和新媒体抗衡,但它仍然有新媒体无法企及的地方:

1. 传统媒体拥有成熟的品牌影响力,具有较高的媒体公信力

无论是报刊、广播还是电视,经过数十年至上百年的运营,形成了一批具有相当影响力和公信力的媒体品牌,比如美国的《纽约时报》《华尔街日报》等老牌报刊,及 CNN、ABC、NBC、CBS 和 FOX 等大牌电视网。它们在新媒体的冲击下虽然已不再如日中天,但仍然是社会舆论最重要的制造者和影响者,其品牌价值远非一般新媒体可比。

2. 传统媒体拥有一批训练有素、专业化水平较高的资讯采编和运营人员

报刊、广播和电视媒体的从业人员一般经过专业的新闻传播技能训练,信息采编能力普遍较强,并且受到行规和职业理念的约束,而新媒体在产业扩张中雇佣大批非经专业训练的从业人员,其媒体素养能力参差不齐,而传统媒体

的精英成为新媒体招募的对象。

3.传统媒体在内容的原创性和真实性上远超新媒体

在我国,报刊、广播、电视等传统媒体具有事业性质,拥有经过主管部门特许的采编权,而商业性新媒体不具有这种资格,在内容原创性上受制于传统媒体。在内容管理上,传统媒体都有一套严格的内容监管流程,经过数道编审关卡审查后,内容出差错的几率很低,但是在竞争日益激烈的媒体环境下,不少市场化传统媒体常常不经审查引用网络上没有严格信源的内容,造成了虚假信息的二次传播。

(二)新媒体

和传统媒体相比,新媒体在技术和形态上一直处于一个快速变化的过程中。无数专家学者和业界人士从不同的角度对其进行定义。有代表性的如下:

1.美国《连线》杂志对新媒体的定义:"所有人对所有人的传播。"

2.阳光文化集团首席执行官吴征:"相对于旧媒体,新媒体的第一个特点是它的消解力量——消解传统媒体(电视、广播、报纸、通信)之间的边界,消解国家与国家之间、社群之间、产业之间边界,消解信息发送者与接收者之间的边界,等等。"

3.清华大学新闻与传播学院熊澄宇教授:"在计算机信息处理技术基础之上出现和影响的媒体形态。"

4.新传媒产业联盟秘书长王斌:"新媒体是以数字信息技术为基础,以互动传播为特点、具有创新形态的媒体。"

综合以上定义,本书认为新媒体特指在传统的报刊、广播、电视等媒体之后出现的以互联网技术为基础的、可以实现一对多、多对一或多对多互动传播方式的数字化媒体。新媒体也常特指网络媒体,也称"第四媒体"。1998年5月,联合国秘书长安南在联合国新闻委员会上提出,在加强传统的文字和声像传播手段的同时,应利用最先进的第四媒体——互联网(Internet)。自此,"第四媒体"的概念正式得到使用。

从新媒体的发展来看,很多业界人士和学者提出了 Web1.0 和 Web2.0 的区分。Web2.0 是相对 Web1.0 的新的一类互联网应用的统称。Web1.0 的主要特点在于用户通过浏览器获取信息,以雅虎创造的门户网站模式为代表。Web2.0 则更注重用户的交互作用,用户既是网站内容的浏览者,也是网站内容的制造者。Web2.0 的应用形态主要包括:博客(BLOG)、RSS、百科全书(Wiki)、网摘、社会网络(SNS)、P2P、即时信息(IM)等。社交网站 facebook、视频聚合网站 youtube、微博网站 twitter、博客网站《赫芬顿邮报》

(Huffington Post)等都是当下最热门的 Web2.0 网站。当然 Web1.0 类网站现在还没有过时,某种程度上也还占据主流地位,同时这些网站一定程度上也整合了一些 Web2.0 的技术应用,具有 Web2.0 的技术特征,如新浪网集成了名人博客、新浪微博等一系列 Web2.0 的技术应用,但从网站整体架构上看还是属于 Web1.0 的网站。

和传统媒体相比,新媒体的特点正好相反:

1. 平等互动性

互联网的基本理念是平等。互联网在初始分配资源时,给每台电脑分配的资源都是相同的,充分地体现了平等的思想和理念,可以毫不夸张地说,新媒体一出生就代表着平民文化,彻底颠覆了传统媒体的信息等级机制。传统媒体的点对面、由上而下的传播机制转变为新媒体的多点对多点、全立体的传播机制,实现了传统媒体不具备的平等互动。传受双方界限和等级消除,任何人都可以参与到传播媒介中来成为信息的主角,例如通过博客和微博等手段,很多受众自身成为信息的发布者,信息的提供开始逐步走向自组织和自生产阶段。

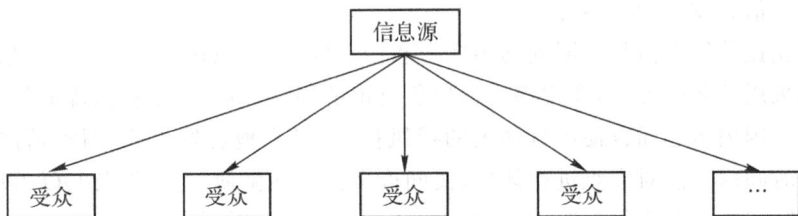

图 1-9 传统媒体传播机制图

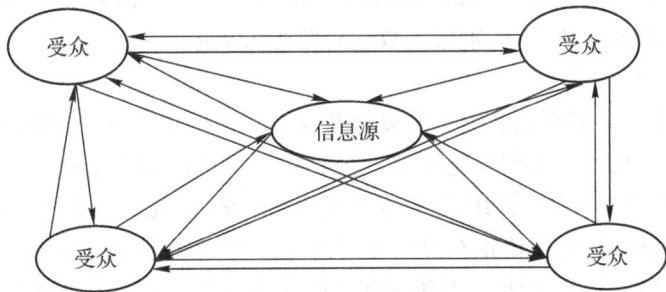

图 1-10 新媒体传播机制图

图 1-9、图 1-10 资料来源:郭全中《传统媒体与新媒体比较研究》,人民网—传媒频道

2.跨时空性

传统媒体受到时间和空间的限制,不能随时随地传播信息。而新媒体从根本上打破了时间和空间的限制,使全世界都可以进入完全自由开放的全球信息空间。通过互联网,时间和空间不再是信息的障碍,无限的传播范围使得传统意义上的国界不复存在,互联网打破了传统的地域政治、地域经济、地域文化的概念,形成了信息跨国界、跨文化、跨语言的虚拟空间。

3.信息海量性

网络媒体信息量庞大,传统媒体无法相比。从信息的容量来看,互联网上的信息可以用"无穷无尽"来形容,用户在互联网上对信息可以进行自由选择,单纯从获取信息的角度讲,网络媒体比传统传媒有更强的竞争力。互联网广阔的空间让用户更加深入地了解新闻背景、解释新闻,这使得传统的新闻报道方式面临着挑战。搜索引擎公司 Google 的董事会主席兼行政总裁埃里克·施密特(Eric Emerson Schmidt)指出:"如今每两天创造的信息等于从文明伊始至 2003 年所有信息的总和。这速度仍在不停增长中,UGC(User-generated content 用户创造内容)是其关键所在。"①

4.信息发布的匿名性

相比传统媒体具有明确的传播者和传播内容,网民在互联网上发布信息,大多采用匿名的形式,在实现言论出版自由的同时,也放大了传播虚假信息的风险。国内多起谣言便出自网民的捕风捉影,日本地震发生后,因灾情严重,在短时间内无法对灾难进行评估,民间许多谣言在微博、论坛以及 QQ 群中流传,其中"吃盐能防辐射"成为最受关注的一大谣言,造成了全国性抢盐风潮。这给互联网内容管理造成了很大的麻烦。现在网络内容监管一般有两种形式,一是靠网络技术进行关键词过滤,二是人工审核。像天涯等大型社区论坛、新浪等微博媒体,人工审核人数达到数十人至数百人之多。

5.多终端多形态

新媒体具有多终端多形态的复合传播能力。十几年来,新媒体终端演化突飞猛进,形成了三类数字化终端:电脑终端、手机终端和电视终端。这些数字终端形态各异,但基于 IP 技术的共融共通网络,实现了服务和功能的融合。

当下,新的媒介环境正在形成和建构过程中,新媒体表现了其颠覆传统媒体的个性特点,但新媒体在品牌影响力和公信力上和传统媒体相比还有相当的差距,新媒体常常是谣言诞生的温床,新媒体尚没有找到稳定的赢利模式。

---

① Google 老大:如今每两天创造的信息等于从文明伊始至 2003 年所有信息的总和那么多 http://www.guao.hk/posts/every-two-days-we-create-as-much-information-as-we-did-in-2003.html.

图 1-11　个人可能拥有的新媒体终端

三、媒介融合

(一)媒介融合的含义

媒介融合(Media Convergence)这个词被广泛用来描述传统媒体和新媒体发展过程中的趋势和关系。据宋昭勋考证,新闻传播领域中的Convergence 一词在大陆、香港和台湾通常来说有四种翻译法:汇流,融合,聚合,整合。他认为媒体融合、媒体整合更能贴切体现 Convergence 一词的本意。

这一概念最早出于美国马萨诸塞州理工大学浦尔教授 1983 年出版的著作《自由的科技》中提出的"传播形态聚合"(the convergence of modes),他认为数码电子科技的发展是导致历来泾渭分明的传播形态聚合的原因。随着传统媒体和新媒体在实践中关系越来越复杂,这个词的含义也越来越丰富,其意义和内涵超越技术层面,延伸到人类社会的其他领域。不同的学者从多维的视角提供了不同的见解。

美国新闻学会媒介研究中心主任 Andrew Nachison 将"媒介融合"定义为"印刷的、音频的、视频的、互动性数字媒体组织之间的战略的、操作的、文化的联盟",他强调的"媒介融合"更多是指各个媒介之间的合作和联盟。

李奇·高登(Rich Gordon)在《融合一词的意义与内涵》一文中总结了"融

合"在媒介组织中 6 个层面的含义①：

1. 媒介技术融合（Convergence in Media Technology）

即各类媒体拥有统一的技术标准，其网络可以互相接入，使得电视具有电脑的功能，电脑具有电视的功能，手机可以看电视、上网、收发邮件等，技术上的融合是其他一切融合的基础。

2. 媒体所有权合并（Convergence of Ownership）

即媒体所有者们产权的整合，通过相互参股，或者兼并重组，充分整合资源，实现最大的传播效能。1996 年美国修正并通过了新的电信法，解除了对传播产业跨业经营的限制，以开放竞争的方式，让传播业者跨行业经营其他种类的传播媒体，以适应新科技所带来的新的传播环境。传媒公司之间通过收购、合并等手段，进行产权、营运、产品上的整合，形成规模庞大的多媒体集团，从事具有规模效益的多媒体业务。这样，报纸、电视台、电台、电影和互联网站的生产作业得以打破彼此的界限进行互动性融合，进而达到资源共享并衍生出不同形式的信息产品。

3. 媒介战术性联合（Convergence of Media Tactics）

战术性联合并不需要媒体所有权合并，通常是指在不同所有制下电视、报纸、电影、网络等媒体之间在内容和营销领域的通力合作。媒体战术性合作的初衷是为了推销各自的传媒产品，实现受众、品牌、技术等资源共享。如电视媒体和广播媒体合作，广电媒体和报刊媒体合作，电视媒体、报刊媒体和网络媒体合作，比如新浪微博和各传统媒体合作，为他们开通微博账号，新浪微博获得了传统媒体的受众资源，而传统媒体们则扩大了自己的传播渠道，新增加了网络受众，实现了互利共融。

4. 媒体组织结构性融合（Structural Convergence of Media Organization）

随着媒体科技的融合及媒体所有权的合并，传媒从业人员的工作职责和媒体组织结构也会随之发生变化，尤其是传统媒体组织架构和新媒体组织架构之间的整合成为一大难题。例如，佛罗里达州坦帕市的"媒体综合集团"（Media General）将它旗下的报纸（坦帕论坛报，Tampa Tribune）、电视台（WFLA-TV）和互联网站（坦帕湾网站，Tampa Bay Online）全部集中在同一个建筑物中、同一屋檐下、同一新闻室中，各种媒体的采访人员互相配合、协调，合作采访新闻，甚至由同一名记者同时采访报章和电视新闻以及电子版的时事新闻，同样的信息通过不同的形式，包装成适合不同媒体的产品，扩大了市场，节省了成本，获取了较大的效益。

---

① 宋昭勋："新闻传播学中 Convergence 一词溯源及内涵"，《现代传播》2006 年第 1 期。

5. 新闻采访技能融合(Convergence of Information Gathering)

对一名记者来说,在新的传播环境里,他必须掌握传统媒体和新媒体的传播技能,在采访中他可以进行跨媒体工作,为不同的媒体采写新闻稿,成为所谓的"背包记者"、"全媒体记者"。MSNBC 网站的普雷斯顿·门登霍尔(Preston Mendenhall)是背囊记者的典型,他历时半月,横穿阿富汗,发回了大量的文字稿件、静态照片、录音录像等,在广播和网站播出。

6. 新闻叙事形式融合(Convergence of News Story Telling)

即针对某一个主题或事件,采用多媒体新闻报道的形式。网络媒体在新闻叙事上可以采用融合了文字、照片、声音、录像、动画和图表等多种形态的新闻叙事方式来报道某一事件,极大地丰富了新闻报道的形式,使受众感官获得了全方位的享受。

(二)国内媒介融合的实践

据 CNNIC 统计,截至 2011 年 6 月底,我国网民规模达到 4.85 亿,人们用于媒体消费的时间正在从电视、报纸、杂志等媒体流向各类新媒体。2010 年,中国网络媒体广告增长达到 279 亿元,同比增长 79.3%,[①]而报纸广告收入 381.5 亿元,同比增长只有 2.98%[②],网络媒体广告赶超报纸媒体广告指日可待。而 2010 年美国的网络读者数量和广告收入首次超过了传统的报纸媒体,美国报纸广告收入在四年内累计下降了 46%,新闻采编室的规模相比 2000 年缩小了近 30%。[③] 由于传统媒体特别是纸媒体行业日益受到网络新媒体的压迫,迫使其开拓新媒体领域,进行融合业务尝试。当下主要进行的媒介融合实践有三类:

1. 报网融合实践

报网融合的实践在国内外已经进行了十多年,经历了向新媒体网站提供内容,比如新浪等门户网站收取一定的费用,再到尝试自建网站,将报纸以 PDF 形式、电子杂志、手机报、数字报纸等形式发送到互联网和手机移动网上,再到探索报网互动实验,改造实体组织,如改造传统报纸的编辑部运作模式,试图融合传统报纸编辑和网站编辑模式,如国内《广州日报》在 2007 年 6 月率先成立滚动新闻部,随后国内《杭州日报》等报纸成立类似机构,国外的大报们亦在不停地探索报网互动的编辑模式,2010 年 11 月 16 日,《纽约时报》

---

① 陆绮雯:《2010 网络广告规模达 279 亿元将保持快速增长》,《石家庄日报》2011 年 1 月 17 日。

② 李雪昆:《2010 年中国报纸广告收入 381.5 亿元 同比增长近 3%》,《中国新闻出版报》2011 年 4 月 2 日。

③ 新浪科技:网络读者数量与广告收入首超传统印刷媒体,http://tech.sina.com.cn/i/2011-03-14/16575283530.shtml

为了更好地整合网络版及印刷版,宣布改组网络编辑部。从中外实践的效果来看,并没有达到预期的1+1大于2的效果,传统报纸市场日益窘迫,而报纸网站没有成为救世主,来自报纸网站广告的收入少得可怜,据统计,2010年美国报纸收入只有228亿美元,其中包含着来自报纸网站区区30亿美元的广告收入。《纽约时报》准备打算对网站内容进行收费,但是有三十多家报纸在采用了某种形式的网站内容收费模式后,仅有1%的用户选择了他们的服务。[①]报网融合还没有真正找到融合的模式。

2.台网融合实践

相对于报刊直接受到网络媒体的冲击,广播电视相对要小得多,特别是电视媒体依然是强势媒体,在中国等发展中国家,电视媒体的影响力还是非常之大。但随着网络媒体的逐渐壮大,特别是视频网站的崛起,青少年受众群远离电视荧屏,电视媒体也在受到受众群流失的巨大的压力。广电媒体最初也是将自己的视频资源卖给其他网络媒体,之后开始建立自己的网站,上传自己的节目,供网友点播;接着,有实力的广播电视台开始在网上实时直播电视节目,建立自己的视频数据库和用户数据库。建立一个拥有庞大数据库资源的视频直播和分享网站所需的费用远超一个普通的报纸媒体网站。

以央视为例,早在1996年12月就成立了旗下的央视国际网站,期间改版扩充了多次,内容和形式也变化了很多,但一直仅仅是电视台的附属和补充。2009年12月28日,央视国际升级为中国网络电视台(英文简称CNTV,域名www.cntv.cn),实现了独立运营。由国家投入巨资建立的国家网络电视台成为中国对外宣传的窗口和国内播控的中央级平台。央视节目全部实现实时的网络直播。至2010年10月,中国网络电视台日均视频发布量大约2300条,日均节目制作量超过500小时。最高网络直播访问量可达850万,网民日上传视频量约600条左右。而国内各省市广电台的网站大都没有什么影响,只有上海文广的东方宽频网、浙江广电的新蓝网、湖南卫视金鹰网等稍具雏形,具有直播和点播功能,能为旗下的各频率、频道或知名栏目提供导航入口。值得一提的是凤凰卫视控股的凤凰新媒体,风格独树一帜,以凤凰网为平台,发展了凤凰手机报、凤凰手机网等新媒体形态,聚焦新闻和精品视频,定位为综合资讯门户网站,特别是在2008年北京奥运会后一跃跻身五大门户网站行列,凤凰网的视频已经在免费点播和付费营业上成为业内领先者。

目前国内的台网融合还只是初级阶段,网只是台的附属,对台的简单补

---

① 新浪科技:网络读者数量与广告收入首超传统印刷媒体,http://tech.sina.com.cn/i/2011-03-14/16575283530.shtml

充。广电网站受众的忠诚度远没有广播电视的受众来得高,来自网站广告的收入非常微薄,付费点播业务基本没有开展,网台关系、网站的功能和赢利点等值得后续好好研究和开发。

3.三网融合实践

"三网融合"是指电信网、计算机网和有线电视网三大网络通过技术改造,能够提供包括语音、数据、图像等综合多媒体的通信业务。"三合"是一种广义的、社会化的说法,在现阶段它是指在信息传递中,把广播传输中的"点"对"面",通信传输中的"点"对"点",计算机中的存储时移融合在一起,更好地为人类服务,并不意味着电信网、计算机网和有线电视网三大网络的物理合一,而主要是指高层业务应用的融合。

和前面的几种融合实践相比,"三网融合"超越了个别媒介机构和企业的融合行为,涉及了几乎所有的广电媒体、电信媒体和网络媒体,是一项国家层面的社会媒介环境再造工程。如图 1-12、图 1-13 所示,包含四个层次:

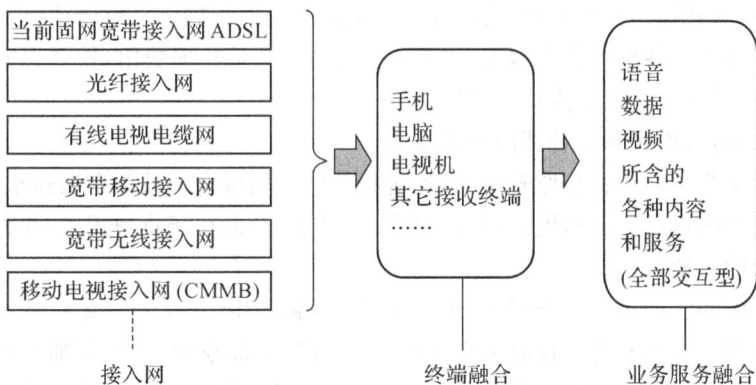

图 1-12　三网融合(1)

(1)网络融合

打破现在三网分立的局面,使电信网、广电网和移动网每张网都可作全业务传送网,并可接入当前所有的接入网,如固网宽带接入网 ADSL、光纤接入网、有线电视电缆网、宽带移动接入网、宽带无线接入网、移动电视接入网(CMMB)等。

(2)终端融合

消费者用户装置(如电话、电视与个人电脑)的趋同。现在我们用三根线分别连接电话、电视、电脑来实现通话、看电视、上网的功能,三网融合后用一根线便可以实现这三样功能,即用手机可以看电视、上网,用电视机可以打电话、上网,用电脑也可以打电话、看电视,而且实现不同终端用户们之间的双向

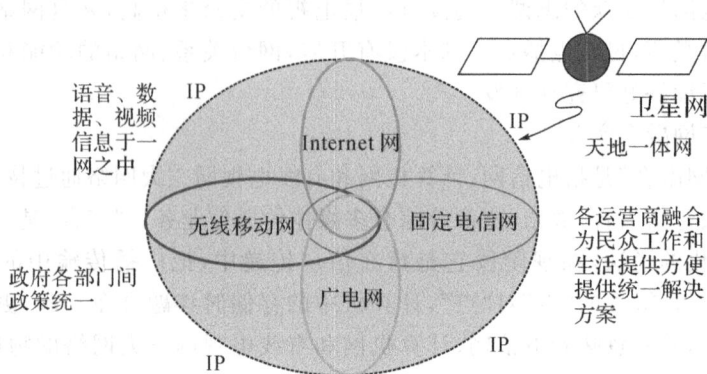

图 1-13　三网融合(2)

互动。

(3)业务与服务融合

即在网络融合和终端融合的基础上,各运营商们都可以经营语音、数据、视频等所含的各种业务和服务,进行充分竞争,降低各项费用,使得民众获得价格更为低廉、质量更为优质的服务。

(4)运营模式和监管部门政策融合

国家相关部门整合监管机构,确定权威的三网融合的政策和法律框架,各运营商调整自己的运营模式,使之更符合三网融合的市场竞争需要,更好地满足民众的需要。

中国的三网融合从 90 年代开始酝酿,直到 2010 年正式开始启动。2010年 1 月 13 日,国务院总理温家宝主持召开国务院常务会议,决定加快推进电信网、广播电视网和互联网三网融合。并确定了具体的时间表:2010 年至 2012 年重点开展广电和电信业务双向进入试点。2013 年至 2015 年全面实现三网融合发展,普及应用融合业务。然而,我国的三网融合在实际推进中面临着非常大的阻力,存在不少问题,[①]还在艰难探索中。

思考与练习

1.谷登堡的印刷术为什么能够取得成功? 其影响有哪些?

2.概述广播媒体在二次世界大战中的影响和作用。

————————————

① 参阅北京邮电大学三网融合研究所:"中国三网融合监管体制存在三大问题",《通信信息报》2011 年 4 月 14 日。

3.如何理解麦克卢汉"媒介是人的延伸"和"媒介即讯息"的断言？

4.媒介环境学派的学者们对媒介的环境属性有哪些观点？

5.从媒介环境学派观点来看，电视的负面影响有哪些？

6.试运用麦克卢汉的媒介四元律来分析"微博"媒体。

7.如何理解"三网融合"？

第二章　解读媒介文本

也许我们并不会留意到媒体文本的存在,这是因为它们无所不在的缘故。我们通常会把媒体文本视为理所当然的存在,因此会不加批判地看待它们。

——[英]格雷姆·伯顿

案例导入

媒介的形态千变万化,不断发展,但是无论怎么变化,人们都是可以进行辨认并且容易达成共识,电视就是电视,广播就是广播,报纸就是报纸。但是对于媒介呈现的内容,大家的看法常常大相径庭,有的甚至完全颠覆了原作者的意图,请看如下案例:

图 2-1　记者拍摄的原图

2004 年 3 月,昆明一女子企图跳楼自杀,被消防队员救下,协警将激烈挣扎的女子抬进岗亭。昆明《都市时报》一摄影记者抓拍了几张照片,将其中一

图 2-2　登报的照片和文字新闻

图 2-3　网上流传的篡改过的图片

张(图 2-1)放到摄影论坛上供网友交流,另外一张被编辑选为报纸的新闻图片(图 2-2)。此后,摄影论坛上的图片被网友不停地转发和重新解读,其主题已经变为"城管抓小姐"、"四川某地抓小姐"(图 2-3)等,被重新解读的图片在网上掀起轩然大波,有新锐艺术家由此获取灵感,创作雕塑作品"城管抓小姐"

图 2-4　艺术家获取灵感后创作的作品

（如图 2-4）。此图至今在网上流传已有 6 年，每隔一段时间就被人重新翻起炒作一番，作者通过各种渠道澄清真相，恳请网友不要再转载，但丝毫无济于事。

　　为什么报纸登载的新闻图片没有什么影响，而经过网友重新解读的图片会得到网络舆论的认同而引起围观和转载？套一句网络流行语"有图有真相"，但你所看到的图片及其解释一定是真相吗？

第一节　媒介文本的符号分析

一、文本和媒体文本

1. 文本和媒体文本的含义和类型

　　第一个引入的概念是"文本"。在《简明牛津英语字典》里，"文本"用来指"任何书写或印刷品的文字形式"，书写的或印刷的文档都可以是文本。在神学统治的时代，对文本研究最权威的是神学诠释学，按照神学家们的理解，上帝同时存在于每一句圣经经文里。因此，文本和文本的意义都是确定无疑的。而文本如《圣经》占据着神圣的地位，诠释者只是在文本前谦卑地寻找背后的神谕。其实也不单单是西方这样，东方也对某些文本奉若神明，如被认为中国儒家思想发源的孔子的《论语》,1916 年日本学者林泰辅刊行的《〈论语〉年谱》中著录了《论语》注本 3000 余种。这些大多还是民国以前的著作,到现在《论语》注本到底有多少,谁也说不清。

文本是传播事件的记录。文本要符合两个特点:

首先,它必须被记录,或可以被记录。比如,一个新闻报道,一个布告栏广告、一部电影、一个电视节目等。文本必须具有稳定和持续的意味,以便不同的个体可以阅读、欣赏或者对它的讯息作出回应。因此,人际传播中的面部表情,一次交谈,甚至是一次演讲,都不会形成"文本",除非它们被记录了。在这个层面上,文本可以看做是一个产品。

其次,文本必须被传播,也就是说,必须生成和交换意义。在第二个层面上,文本可以理解为一个过程,也就是说是一个从文本生产到接受、解码的意义制作过程。文本的意义是开放的,可以理解为,当在不同语境下解码时,会有不同的意义。因此,对不同的读者而言,一个文本可能持有不同的意义,或者,现在与 100 年后再阅读或编码,也有不同的意义。[1]

狭义上的文本可能只是一个单句,如口号、格言、广告语等,也可能是由一系列句子构成的相对封闭而自足的系统。到 20 世纪 80 年代,影像等视觉材料也被纳入文本的范畴。从广义上说,"在文化研究中,凡是那些帮助人们能够生产出关于自身、社会和信念的意义的客体都可以被视为文本。而媒体文本是指那些带有明显的吸引受众的意图的客体"[2]。媒体文本是隶属于文本的一个分支,是文本最独特的表现形式之一。

媒体文本的类型很复杂,可以根据各种不同的标准来划分。根据媒体的类型,可以分为电视文本、广播文本、报纸文本、电影文本、网络多媒体文本等;根据信息的类型和性质,又可以分为新闻文本、广告文本、小说文本、电视剧文本、纪录片文本等等,而这些文本也可以存在于电视、广播、报纸、互联网等媒体之中,根据研究需要可以更加细致地划分,如可以分电视新闻文本、广播新闻文本、报纸新闻文本、网络新闻文本等等;也可以根据文本接触的对象分为作者文本、读者文本。

媒体文本常常包含多重声音,具有跨文本特性,它包含了不同种族、民族、不同阶层和利益群体的声音、意见和意义。新闻学由于对客观性的追求,尤其重视这点要求。媒体文本必须发出多种不同的声音,以体现平衡性,这是新闻

---

① Bob Franklin et al. , *Key Concepts in Journalism Studies* , SAGE, 2005.
② [英]格雷姆·伯顿著:《媒体与社会——批判的视角》,史安斌主译,清华大学出版社 2007 年版,第 44—45 页。

专业主义特意强调的。媒体文本总是处于持续生产的状态中。例如，一部电影及续集，一组系列报道，一部系列剧中的下一集，等等。媒体文本是由源源不断的材料所组成的，所产生的也是源源不断的意义。

2. 文本和意义

文本和意义是一对难解难分的概念。它们的关系在学术界大致有三种公认的模式：

(1) 文本是意义的载体

此即中国人所说的"文以载道"，文本承载着意义，要么直接传输到受众的意识当中，要么会对接受者产生某种影响。以传播者为中心的模式，受众都是被动的、无意识的，只能接受传播者灌输和教育，此一模式根深蒂固，直到现在还是被很多人认同，并在主流媒体传播中实践。

(2) 文本是生产者和受众之间的一种刺激因素

罗兰·巴特①将文本分为"作者文本"和"读者文本"。读者文本当中具有一些为读者所熟悉的特征（即"成规"），使得读者能够较为"容易"地理解它。这种文本不具有挑战性。巴特认为，这类文本通常有某种叙事特征，它压制了读者选择其他意义的能力。这类文本通常都具有类型化的材料、鲜明的成规以及对读者理解文本的种种预设。相比之下，在作者文本当中，成规和可预测性表现得不那么明显。它激励读者进行反思，从而作出替代性阐释。从效果上说，读者也成为了能够生产意义的作者。媒体文本的意义因而是变动的、不稳定的，并且还允许质疑。而且，读者在进行阅读、解读的时候，不会抱着寻求终极意义（中心思想、段落大意等）的目的，不会关注普遍结构，而仅仅是个性化、创造性的阅读。

(3) 文本是读者据为己有的"战利品"

以受众为中心的后现代分析为此模式代表，由约翰·费斯克（代表作《电视文化》、《解读电视》、《理解大众文化》）、亨利·詹金斯（代表作《文本偷猎者》）等理论家提出的。费斯克认为电视文本是开放的，是"生产者式"文本。文本的意义就是读者"拿来"的对象。在菲斯克看来，生产者式文本如同读者式文本一样容易理解，但它同时又具有作者式文本的开放性，使读者能够在文本的间隙中创造出新的不守规训的意义，从而参与文本意义的建构。大众文本以毫无阅读障碍的平面结构，接纳了几乎所有的大众，任大众在其中纵情狂

---

① 罗兰·巴特(Roland Barthes,1915—1980)，法国著名文学批评家、文学家、社会学家、哲学家和符号学家，代表作有《写作的零度》、《神话学》、《恋人絮语》、《符号学原理》、《S/Z》、《文本的快感》，其影响包括结构主义、符号学、存在主义、马克思主义与后结构主义。

欢，并任意组装和拆解。菲斯克认为，大众文本不过是大众"权且利用"的一种"文化资源"，大众利用这个资源，进行自我文化的建设，凭借大众文本的场所，"建构我们的空间，并用他们的语言言传我们的意义"。生产式文本是属于大众的一种媒介文化。

一方面，文本是有组织的，是以各种方式，出于各种原因组织、建构起来，其编码方式对读者具有引导和控制的作用，因此文本不是完全中立的、任读者随意处置的货品。另一方面，读者解读文本即解码的结果是不可预知，读者也不是完全缺乏对文本进行批判性解读的能力，而文本的制作者也不是能够任意生产意义并且强加于读者的。对于有些文本而言，受众能够决定其终极意义；而对另一些文本而言，受众却很难做到这一点。

3.文本和意识形态①

媒体文本是意识形态传播的最佳载体，它隐含在媒体文本的意义中，不为人察觉，却潜移默化地影响着受众。

现在经常使用的"意识形态"一词源于马克思主义。在马克思主义的解释中，意识形态是在一定的经济基础上形成的对于世界和社会系统的看法和见解。意识形态在这里解释为通过政治、法律、艺术、宗教、哲学等加以实践的观念、价值、道德等信仰系统。它是上层建筑的组成部分，在阶级社会中具有鲜明的阶级性，为一定的阶级服务，因此意识形态也叫观念形态。马克思主义把意识形态看成是"一种某个阶级特有的信仰系统"，同时也认为意识形态是"一种可能与真实的或科学的知识相矛盾的幻想信仰系统，即伪思想与伪意识"。② 后来，以马尔库赛、阿尔都塞、阿多诺等为代表的西方马克思主义者发展了"意识形态"理论。在西方马克思主义者看来，意识形态建构和塑造了我们对现实的一种观念形态，仅仅是对现实的一种描述，而不是现实本身。意识形态建构和塑造了我们对现实的认识，不存在真实或者虚假问题。西方马克思主义的意识形态分析理论旨在透过建构和塑造的过程，揭示我们存在的现实与意识形态的关系。或者说意识形态是如何支配我们的存在。

著名的意大利马克思主义革命家安东尼奥·葛兰西（Gramsci Antonio，1891—1937）认为意识形态的形成是统治阶级运用"文化霸权"的结果。所谓"文化霸权"是指特定阶级、政治意识形态为维护自己的利益实施的普遍支配的情形。他认为，社会虽然由许多利益互相冲突的阶级构成，但是，优势阶级

---

① 参考李岩：《媒介批评：立场·范畴·命题·方式》，浙江大学出版社 2005 年版，第 40—60 页。

② 威廉斯著：《马克思主义与文学》，引自罗钢、刘象愚主编：《文化研究读本》，中国社会科学出版社 2000 年版，第 11—12 页。

能够运用霸权,使自己的利益很快变成社会的普遍利益,被社会认可和接受。各阶级尽管在文化、政治、价值、信仰诸方面不断发生冲突,但是,斗争的焦点是争夺意识形态的支配权。统治阶级由于在社会的各个方面一直拥有话语权利而享有声望,在争夺的过程中,总是站在优势之处。其观念、价值被作为常识,为众人所接受。而大众传播媒介类似公共论坛,为统治阶层也为其他阶层提供互相争论和谈判的场所。霸权的形成需要依赖被支配者的某种自愿赞同,依赖某种一致的意见的形成,这是一个博弈和斗争的结果。霸权不是通过剔除异己获得的,而是将对立一方的价值、利益接纳到自身予以维护。

法国马克思主义哲学家路易·阿尔都塞认为意识形态是"个人同他所存在于其中的现实环境的想象性关系的再现"①。通过个体与物质世界的关系、社会的表达系统两个方面界定意识形态。从个体与物质世界的关系看,每一个特定的个体由许多不同的类别加以说明或者界定。类别包括阶层、民族、种族、性别、年龄、职业等等。主要包括语言、社会、组织和家庭关系。从社会的表达系统看,我们对自己的确认依赖于教育我们的知识——语言和意识形态环境。也就是说,我们对我们的看法不是由我们自己产生的,它有赖于文化的建构,是文化赋予我们的。阿尔都塞重新探讨意识形态与人的关系,论述每个个体作为"主体性"存在的概念。他认为意识形态对于人的控制不是公开的,而是隐蔽的。意识形态从外部构筑了我们的"本质"和"自我",因此我们所说的"本质"和"自我"都是虚构的(非自然,非天性),占据在"本质"和"自我"位置上的是一个拥有社会身份(文化身份)的社会的存在,即一个主体性的个体。这个主体性与过去的主体不同,它不是统一的、个性化的和独立的,这个主体是矛盾的,并且随着环境和条件的改变发生变化。并且个体的无意识也是意识形态性的。无意识是内化了的意识形态。

阿尔都塞认为,现代资本主义国家包括两个部分:一是强制性的国家机器,如政府、军警、法庭等官方机构;二是意识形态国家机器,如宗教、教育、家庭、法律、工会、通信、文化设施等民间机构。为了明确意识形态国家机器与强制性国家机器的区别,阿尔都塞强调意识形态国家机器绝大部分散布于日常生活的私人领域。大众媒体作为意识形态国家机器的一种,与人们的私人领域亲密接触,因而更容易形成强大的渗透力量。在资讯发达的当代社会,人们的生活被媒体所塑造,媒体所推荐的"重要的、有特色的、值得关注的、符合潮流的、时尚的、科学的"事物,占据着我们生活的每个毛孔。作为意识形态国家机器的大众媒体就是通过话语的"生产",潜移默化地影响了我们的社会观和

---

① 罗刚、刘象愚主编:《文化研究读本》,中国社会科学出版社 2000 年版,第 13—14 页。

价值观。大众媒体的这种作用往往薄弱而隐蔽,甚至是象征性的,日夜进行,量积质变,被其降服而不能自拔。对于国家领导层而言,大众媒体的这种作用当然是有利于他们管理国家的。阿尔都塞发现,资本主义社会中劳动力的再生产不仅需要劳动技能的再生产,而且需要降服意义上的再生产——屈服于既定的统治秩序,大众媒体就是要传播此种技巧,并注意以特定的方式与国家主导意识形态保持协调。阿尔都塞用这样的比喻警醒世人:"大众媒体绝不仅仅是想带给你信息的满足与娱乐的快感,在大众媒体的头上悬着一把利剑随时监控着人们的所作所为。只有人们或被迫或自觉迎合着国家主导意识形态的笑脸,才能够保证利剑不会掉下来,也才能保证自身不被扼杀。"①

4. 文本和语境

文本不是孤立存在的,它存在于各种语境之中。语境是一个语言学概念,最早由英国社会人类学家马林诺夫斯基(B. Malinowski)在 1923 年提出来的。他区分出两类语境,一是"情景语境",一是"文化语境"。和媒介文本相对的语境应该是"文化语境"。格雷姆·伯顿将媒体文本的语境分为四类②:

(1)物质性语境

如果把某一篇新闻报道当做一个文本的话,那么这篇报道所在的报纸及所属的当天报纸版面便是构成这篇报道的一种物质基础,即是一种物质性语境,分析这篇报道必然离不开对此报纸编辑方针的分析。同样,某一电视节目作为一个文本的话,它所在的电视台及当晚所有电视节目都是它存在的物质性语境。

(2)环境性语境

所谓环境性语境,格雷姆·伯顿侧重指向文本和读者所处的媒介环境。比如一部影片,用 DVD 看和在影院环境看;在网络上看,在家看还是在公共场合看;一个人看还是和家人看、和一群朋友看是完全不同的,这些环境性因素会影响读者对文本的理解,比如,在家里用 DVD 看,你的注意力可能不那么集中,因为你可以暂停,也可以倒回去看,甚至可以反复地看,对内容可以反复揣摩读解,或者可以和家人探讨,而在影院看,观众注意力高度集中,影院音响和视觉效果远远超过 DVD 效果,对观众带来视听震撼力,但对影片更深意义的读解可能会削弱,影院的一次性观赏也常常使读者无法对意义进行完整读解。环境性语境常常影响读者所关注的内容和方式。

---

① 刘建明:《西方媒介批评史》,福建人民出版社 2007 年版。
② [英]格雷姆·伯顿著:《媒体与社会——批判的视角》,史安斌主译,清华大学出版社 2007 年版,第 47 页。

(3)体验性语境

体验性语境由受众的个体性经历及在读解媒体文本过程中所形成的无意识习惯形成的。媒体文本充斥着我们的周围,我们常常无意识地接触某些媒体文本,结合我们的日常生活经验,形成体验性语境。我们对于媒体文本和理解媒体文本方式的体验是不断地扩展或是积累的,我们会把这些体验无意识地带入对其他单个文本的理解当中,在似曾相识中完成对文本意义的读解。比如对于农民工的认识,凭借我们的日常生活经验和媒体接触习惯,可能会形成某种偏见,比如犯罪、粗鲁、肮脏、贫穷、没有文化等,因此在接触某一媒介文本时如果农民工形象和受众个体的体验性语境相符,就会加强这种认识,而不符时则会形成意料之外的冲击,但一般不会轻易颠覆这种经过长期累积形成的体验性语境。

(4)意识形态语境

即文本生产和消费文化所处的文化背景所倡导的占主导地位的价值观。这些价值观影响着文本的创作和阅读。这是一种由各种观念构成的语境。比如电影中的情色镜头,在西方国家会根据电影分级制度进行评级后一般予以保留,但放映范围局限于一定的人群和院线内,而在中国国内经过严格审查后这些镜头会被删除。由李安导演的华语电影《色·戒》在中国内地放映时虽然已经大量删减裸露镜头,但性爱镜头和女地下党爱上特务头子的情节违背了大陆社会的主流意识形态,从而引发社会巨大的争议。

5. 文本分析

文本分析是一个解构的过程,旨在探索文本的运作、构建及其生产意义的方式,并且最终确定文本的各种意义。[①]

"文本分析"是一个总体性的术语,包括了各种特定的研究方法。比如"内容分析",关注的是某些反复出现的特征及其出现的频率、它们在文本中的比例及其可能具有的意义。例如,针对《人民日报》对 SARS 疫情报道的内容分析,在某一时间段里对这些相关报道的类型、版面位置、主题、出现的频率等分析,可以揭示此报纸如何建构 SARS 疫情议程的。"符号分析"是把文本视为在不同符码的界限之内运作的符号(范式)与可能具有的意义的集合。"意识形态分析"聚焦于权力的意义,旨在揭示文本当中蕴涵的不同意识形态立场之间的矛盾。"叙事分析"则侧重于文本的结构或读者的定位。

文本分析具有破译文本意义系统的强大功能,是一种打破"自然性的外

---

① 〔英〕格雷姆·伯顿著:《媒体与社会——批判的视角》,史安斌主译,清华大学出版社 2007 年版,第 48 页。

表"的有效方法。但文本分析也有局限之处，它是在一种孤立的状态下进行的，既没有考虑到作为生产者的媒体机构，也没有考虑到作为接受者的媒体受众。

二、媒体文本的符号分析方法

文本是传播事件的记录，而记录文本的便是各种符号。符号学以各类符号系统为研究对象，以及不同符号系统沟通交流的方法、符号使用的规则等。包括文字、图像、动作、音像、物品、日常生活中的礼仪、仪式或表演等，甚至一个事件，在被赋予另外的意义之后，这个事件也成为一个特殊的符号。"文本的意义如何被创造出来"而不是"文本的意义是什么"，成为符号学阐释的重点。

大众传播媒体文本是由各类符号集合而成，这类符号我们称为"符码"。"符码"是一系列依据成规而运作的文本元素，可以认为是语言的一种类型。各类媒体的特点不同，其文本中的"主控符码"也不同。书面语言是书籍、报刊的主控语言，而在影视媒体上，其主控性就要差一些。口头语言是广播媒体的主控语言，在影视媒体中主控性要差一点。视觉语言是照片、影视等"形象媒体"的主控符码，我们可以用它来分析摄影和构图技巧。体态语言是媒体所再现的人际交流行为中的主控符码。这些类型语言借助媒体文本与受众交流，参与意义生产的过程。

1. 能指/所指

能指与所指是组成符号的两个基本要素，也是理解符号的基础概念。最早由瑞士语言学家索绪尔提出，他在考察语言现象时发现，语言带有两重性：一方面是声音—形象，即能指（signifier）；另一方面是内在含义，即所指（signified）。两者结合就是符号。反过来说，符号是音义的结合体。能指是符号的物质形式，由声音—形象两部分构成，在社会的约定俗成下和某种概念发生关系，在使用者中引发某种概念的联想。这种概念—意义就是所指。

索绪尔认为能指\所指的对应关系是武断的、随意的、约定俗成的。比如"小姐"这个词在不同的时代语境中指向不同的概念。据《辞海》中释义，在宋元时对地位低下的女子的称呼，后转为对官僚富家未婚女子的称呼。在现代社会，"小姐"开始被用在社交场合，不知姓名的年轻女性均可称小姐，男性则称先生。在当代，"小姐"的所指在不同的语境中更加复杂。比如"她是做小姐的"，这个句子里的"小姐"已经被约定俗成为"妓女"这个行当，具有贬义。而在"她获得世界小姐的头衔"这个句子里，"小姐"指称集智慧和美貌为一身的女性，成为一种荣耀。

2.明示义/隐含义

对于索绪尔的符号理论,法国学者罗兰·巴特(Roland Barthes,又译"巴特尔")作了进一步研究。他将能指\所指概念推及一切文本之中,扩大到针对社会大众文化的分析之中。另外,他发展了符号的所指概念,将符号所指称的意义进一步区分为"隐含义"和"明示义",或者称为"本义"和"引申义"。前者指向真实世界层面。"隐含义"由指称符号以及我们赋予其上的价值,或我们对它进行的社会文化和政治评价二者组合而成。在符号学中,"能指"使得符号具有某种"意义潜力",而"所指"代表了符号所具有的各种可能的意义,某个符号具有许多可能的隐含意义,因此它就具有许多不同的"所指"。最终符号的意义由语境确定,使得某种意义比其他意义更具合理性。这种语境涵盖了文本中的其他的符号,尤其适用于类型化的媒体文本。在这种情况下,读者在大量的媒体文本体验当中就形成了反复出现的成规和强烈的期待心理。

比如,"五星红旗是红色的"这个句子仅仅指向符号的明示义。而我们可以从上面的明示义中又可以读解出"因为五星红旗是由烈士的鲜血染红的,我们国家的建立是由无数革命烈士牺牲生命换来的"等符号的"隐含义"。我们很容易获得"五星红旗是红色的"这个文本的"隐含义"即"由烈士的鲜血染红、强大国家由烈士们付出生命建立起来",而不会将注意仅仅放在此文本的本义即"五星红旗的颜色是红的",因为我们从小就被爱国主义的意识形态语境所教育,我们从中学历史文本中知道了我们国家受到帝国主义的侵略,在反动派的极权统治下民不聊生,无数热血青年抛头颅洒热血,为了新中国献出了生命。在重大仪式时,我们被要求唱国歌,向国旗行注目礼。我们不断体验着这种意识形态所赋予的引申义。在各类媒体文本中,特别是在影视媒介中,"五星红旗迎风招展"的镜头常常和烈士牺牲镜头,和军人们出征、运动员们获得奖牌等镜头放在一起,一次又一次强化了由意识形态赋予而形成的引申义。

巴特认为不论编码者还是解码者对符号意义的感知在本质上并不是因人而宜,他们首先是臣属于一个文化群体,共同的文化背景为他们提供了互相影响的意识。不论是制码,还是解码,都可以意识"彼此传达信息的意向"。对符号的解读就是两个或者两个以上心灵彼此进入,然后获得"共享世界"。在文化平等、同一文化群体成员之间"进入性"越大。这种"共同性和共享性"既是历史的积累,也是时势的产物,它在历史的进程中,或当下的社会里,成为同一文化背景中所有成员共同感受的知识和经验。而不同文化背景的成员要想达成共同分享则难得多,甚至会引发冲突。2008 年,美国有线电视新闻网(CNN)节目主持人卡弗蒂在一档电视评论节目中为了提升收视率,对华人不惜贬低,声称"他们(China)基本上同过去 50 年一样,是一帮暴徒和恶棍"。这一言论触怒了海内外华人,引发一场声势浩大的网上签名活动——谴责卡弗蒂和 CNN 并要求其正式道歉,此事甚至引发外交风波,中国外交部数次提出严正抗议,要求 CNN 道歉。CNN 在报道中就卡弗蒂的言论予以辩解,称其言论是指向"中国政府而非中国人民",并以"多年来卡弗蒂曾对包括美国政府及其领导人在内的很多政府发表过批评性言论"来继续为其辩护。且不管这种声明是不是在狡辩,CNN 和卡弗蒂在这个事件中都犯下了大错。"China"和"Chinese"在美国人的语境中确实不一样,前者指中国政府,后者则是中国人民。CNN 和卡弗蒂也许认为攻击中国政府没什么问题,为了博取收视率,吸引那些对中国抱有偏见的人收看而故意出言不逊。因为在美国文化中,政府和人民是经常闹矛盾的,任何一个美国人都可以公开指责和攻击政府,甚至可以焚烧国旗,这是美国的文化和法律环境允许的,卡弗蒂的言论如果针对的是美国政府,那是没问题的,美国人习惯了这样,但如果针对中国绝对行不通。在中国人眼里"China"和"Chinese"是一体的,没有什么区别,"中国"和"中国人"这两个词在我们的文化语境是一体的,家国不分,有国才有家。中国很多民众的自我意识也其实就是国家意识、民族意识、集体意识,中国人的意识里存留着过去一百年间被外族屡次侵犯的记忆,而卡弗蒂的出言不逊恰恰激活了存留在中国人心底深处的耻辱记忆。

3. 隐喻/转喻

雅克布逊认为符号意义不论在哪个层面上运作,其表达意义的主要手段是"隐喻"和"转喻"。"隐喻"是指一个词(能指)以一种破除老套、非字面意义的方式,应用到一个目标物或动作(所指)之上,它强调能指与所指的相似(对应)关系。比如"他长得虎背熊腰"这个句子中的"虎背熊腰"就是形容他长得像虎和熊一样的结实,而不是真的长了虎的背、熊的腰,文本的意义取自能指和所指之间的相似性,即隐喻关系。

"转喻"指用某一物的某一属性或部分来喻指此物的全体,转喻强调毗连性关系。最简单的一个例子就是签字画押。你手签的姓名仅仅是一个符号而已,但它代表了你这个人的意志和意愿,是一个最有力的符号,你的合同、你的借条等重要文本由于有了这个符号而具有法律效力,你的签名就是代表你本人,和你本人就是一种"转喻"关系。

在视觉文本中,以隐喻/转喻手段传达视觉符号的意义更加自然和普遍。我们常常有一种眼见为实的心理,而恰恰在相片、视频、雕塑、图画等这类视觉文本中,创作者都是以部分代替总体来呈现意义,而受众也相信他们看到的是真的,在不同的语境中读解他们想要的意义,文本由此产生不同的"所指"。比如一部电影或电视中,出现这样的镜头,首先是五星红旗迎风招展的镜头,接着切换到一个镜头：一群战士在战旗的指引下正勇猛冲锋，许多战士中弹倒下了，被鲜血染红、被枪弹洞穿的战旗依旧飘扬……五星红旗迎风招展的镜头代表新中国，冲锋的战士和牺牲的战士代表革命先辈和先烈们，这里用的是"转喻"功能，而这两个剪切在一起的镜头暗示着"五星红旗是由烈士的鲜血染红、新中国是由先烈们付出生命的代价建立起来"的意义，显然是"隐喻"功能在起作用，而我们在一次次接触媒体过程中早就熟悉并且习惯了用隐喻/转喻来读解媒介文本的意义。

最后回到本章开头的那张照片，将它看做媒体文本。照片描述的是某一居民区的晚上，三个穿制服、戴着"值勤"红袖章的男人正抓着一个剧烈挣扎的红裙女子，雄赳赳、气昂昂迈着大步，两旁站着很多看热闹的，女子在反抗中露出了内裤……这是照片文本给出的能指部分，每一个视觉正常的人都可以看到的，没什么特别，但在解读这些符号的所指意义时，却出现了偏差，有的甚至完全背离了作者的本意。原作者拍此相片的目的是表现"协警救轻生女子"，最后却被解读成"城管抓小姐"、"四川某地抓小姐"。"所指"被误读原因很多，首先在于照片"能指"不清晰，事件发生的时间、地点、人物身份都无法从相片给定的能指系统中判断出来，为多重意义的读解提供了可能性。其次，照片中穿制服的男子和红裙女子之间的冲突给符号提供了一个"意义潜力"，读者很自然地进行"转喻"读解，将"制服"作为恃强凌弱的霸权象征，随之对"制服男子"的身份辨认便很自然地引向官方的某些职能机构，比如城管，而"红裙女子"则作为社会低层的弱者象征被指向"小姐"即性工作者。稍有常识的人都明白这两种身份的人一般不大可能产生冲突，因为"城管"的职能是城镇管理，整治市容市貌等，主要和违章搭建、街头商贩们产生冲突，对"小姐"没有处罚权，但在中国当下，不时有新闻曝出"城管"们的恶劣行径，引起公愤，"城管"在老百姓中的口碑较差，丑化"城管"、嘲讽"城管"蔚然成风，网上有大量顺口溜和恶搞图片。而"小姐"们则在国家强力部门扫黄打非中不时遭遇游街示众，引起争议成为公共事件。在这种社会语境中，"城管"和"小姐"终于借着这张图片被拼合在一起，在网上一再被传播，只要当下的现实语境不变，恃强凌弱的"城管"和被污辱和被损害的"小姐"这两种形象便一直根植在人们的心中，一有机会就会被激发起来，因为读者在大量的媒体文本体验当中形成了反复出现的成规和强烈的期待心理，网络上总有不明真相者会受这张相片蛊惑而被激发起这种心理。

在这起事件中，作者拍摄的另一张和新闻稿配在一起的相片则没有歧义，因为新闻稿补充了图片（如图 2-2），弥补了照片的"能指"无法完整再现现实的缺陷，同时该照片文本符号中"制服"们的动作是搀扶着红裙女，相对于网上流传的"制服"们"抬"着红裙女的相片,显然"搀扶"作为关键的"能指",其指向的意义比较清晰,引起的歧义也比较少。而"抬"作为关键的"能指"动作则易于指向在中国社会文化语境中久已存在的"游街示众"的潜在意义,网民们在缺少其他文本符号的补充下,则会根据自己所处的社会文化语境对此进行多元化解读,由此出现了"城管抓小姐"、"四川某地抓小姐"等解读就不足为奇了。

最后第三张图片是北京的艺术家根据此事件创作的雕塑艺术作品,雕塑艺术作品作为媒介文本,其能指和所指系统与照片文本的能指和所指系统完全不同,如果说新闻摄影照片的符号系统以纪实为特点,虽然它们并不可能完全做到这一点,但仍具有写实的特征,而根据新闻照片创作的雕塑作品经过了艺术家的抽象化处理,具有了超越照片的且独立的能指和所指系统。比如艺术家将三个"制服"男人染成刺眼的红色,而红裙女子则变成全身雪白,且被处理成没有穿内裤。红与白形成鲜明的对比,要求欣赏者脱离原来的照片符号系统,在艺术家构建的能指和所指系统中进行多元读解。因艺术作品的能指系统具有高度抽象性,因此所指系统具有开放性和包容性,可以进行多元性阐释。

第二节 媒体文本的话语分析

话语理论源于语言学,传统上,话语研究的领域主要是修辞学和诗学,随着广播、电视、网络等电子媒体的兴起,话语理论被引入到媒介话语研究,该理论主要关注媒介话语与权力、意识形态的关系以及话语的意识形态建构功能。米歇尔·福柯认为,"话语是在日常生活实践中,不管人们意识到与否,那些正在起作用的语句或知识。它表达了欲望,显示了权力,其本身就是一种权力/实践关系"[①]。在他看来,"在权力的多种运作方式体现得最明显、但也最难识别的地方就是话语,话语构成了一般的文化实践的基础部分。话语传播着权力的影响,在整个现代社会体系中,它们是权力的替代品"[②]。格雷姆·伯顿认为,"话语"这一概念与"意识形态"、"再现"、"意义"等概念紧密联系,涵盖了使用某种语言的、视觉的或其他的任何一种符码来描述某个对象的各种方式。媒体话语的意义是关于主导地位的信念和价值观,解读媒体话语意义即识别其包含的意识形态。

---

① 谭斌:"试论'话语'一词的含义",《兰州大学学报》(社会科学版)2002年第1期。
② 梁鸿:"话语、权力和主体——关于后结构主义者福柯的理论分析",《郴州师范高等专科学校学报》2002年第1期。

一、识别话语的存在

要认识话语的存在,读者在阅读媒体文本时必须认识到人们在讨论某个对象时"理所当然"的方式。这是媒体话语有意识地选择相关符码长期作用于受众心理的结果。比如我们的体育报道中,当运动员获得奖牌时,媒体或相关官员常常用"为祖国赢得了荣誉","为中华民族争了光、争了气"等语言表示赞赏,并且将运动员先感谢国家视为理所当然。许多运动员也常常遵循这种话语习惯在获得奖牌之后表示感谢党和国家的培养,感谢领导和教练栽培,感谢CCTV等,我们也习以为常,但2010年温哥华冬奥会短道速滑女子1500米比赛中国运动员周洋获得金牌,赛后有记者问"奥运会冠军对你意味着什么",周洋回答:"获得这枚金牌以后,可能会改变很多,以后会更有信心,也会让我爸妈生活得更好。"国家体育总局副局长于再清对此提出批评,表示"感谢你爹你妈没问题,首先还是要感谢国家"。后来周洋发表新的获奖感言,把国家放到了第一位。此事件在网上引起广泛争议,成了2010年网络公共事件之一。

从某种意义上说,话语是我们用来联系有关对象的符码,深深根植于我们的谈话和思考当中。比如我们对于好学生、好孩子的定义,媒体上常常用"品学兼优"、"四有新人"(有理想、有道德、有知识、有纪律)等词汇来描述,而长大想当科学家、军事家、企业家等成了好孩子们必须具有的理想,他们的志向是为中华崛起、为祖国富强而奋斗。媒体在塑造或报道好孩子、好学生典型的同时界定了好孩子、好学生的评判标准,将其确定为社会的一种主流话语,它将那些有个性的、离经叛道但其实有思想、有特长的孩子排除在好学生之外。比如在网络上有巨大舆论影响力、入选《时代》杂志2010年年度100位"全球最具影响力人物"候选人的韩寒便是这样一位。他因新概念作文大赛获一等奖曝得大名,但在学校却有多门功课不及格,自愿退学,走上了一条不同于一般的好学生、好孩子成长的道路,按学校和社会主流话语标准绝对是一个叛逆少年。2000年时中央电视台的《对话》栏目特地请了韩寒和其他三个符合主流好孩子标准的少女做了一期节目。节目中韩寒遭遇了节目中邀请的嘉宾,包括专家学者、现场观众的集体批判和质疑。十年后,三位当年的好孩子都在外国发展,她们都嫁给了老外,拿了绿卡,而韩寒成了中国互联网公共领域的意见领袖。

话语常常制造"二元对立"。在列维·斯特劳斯和罗兰·巴特的影响下,媒体文本分析越来越关注的是各种不同的意义对立的模式。列维·斯特劳斯注意到,有关原始部落的神话通常聚焦于人物之间的对立,这种对立通常与"善恶对立"的思想联系在一起。其他学者所作的叙事分析也从中心思想、主题和戏剧冲突等角度揭示了这种二元对立的模式。大众媒体文本充满了各种二元对立的范畴,比如自然/文化,男性/女性,高尚/卑鄙,美丽/丑陋,爱国主义/崇洋媚外,集体主义/个人主义,独立/依赖,等等,而这些或具体或抽象的价值范畴是由人物、场景、行为、服装、道具等各种虚构工具在不同的组合方式和相互关系中体现出来的。对某种意识形态立场的肯定态度通过对其对立面的否定得以进一步的强化,反之亦然。例如《对话》栏目对好孩子主流标准的肯定是通过对韩寒这个离经叛道的少年来突现;在国共内战题材的影片中对伟大的共产党肯定通过对反动的国民党否定得以体现;对007詹姆士·邦德的英雄主义塑造是通过其对立面人物的邪恶实现。在同一媒体文本内有时没有明显的对立,但和同一主题的其他文本相比照时则也存在着对立。比如,笔者通过内容分析法研究2009年《人民日报》对甲流疫情的报道,发现《人民日报》的报道中主要一个中心就是凸现中国政府对甲流疫情的积极防疫和布控,引用世界卫生组织相关人士评价中国应对得力,同时在另一些文本中则集中报道疫情在世界上其他国家和区域快速蔓延的态势,意在于突出社会主义的优越性,这一组文本构成了"二元对立"。

二、批评性话语分析

费尔克拉夫(Fairclough)提出了批评性话语分析的三大论点:

1. 语言是一种社会实践(social practice),它是社会秩序的一种永恒的介入力量,从各个角度反映现实,通过再现意识形态来操作、影响社会过程。

2. 在社会文化环境中,语言与价值观念、宗教信仰和权力关系之间是一种互为影响的关系。

3. 语言的使用可以促使话语的改变和社会的变革。批评性话语分析的独特之处就是它声称要帮助被统治和被压迫群体反对统治者。它公开表明自己的动机是为被压迫群体谋求解放。

费尔克拉夫(Fairclough)和沃达克(Wodak)以1985年12月17日BBC第3台播出的卡尔登对撒切尔夫人的采访为例,阐述了批评性话语分析在理论和方法上应遵循的8条原则[①]:

1. 批评性话语分析关注的是社会问题——对社会发展和矛盾在语言和其他符号中的表现进行剖析,而不是为了纯语言研究而分析语言的运用。批评性话语分析与传统的社会和文化分析是一种互补关系。

2. 话语反映权力关系——批评性话语分析强调权力关系在话语中的体

---

① 纪玉华:《批评性话语分析:理论与方法》,《厦门大学学报》(哲学社会科学版)2001年第3期。

现。权力关系通过话语得以巩固或变更。以媒体和政治之间的权力关系为例,从表面上看,采访者在很大程度上(如话题、角度、时间等)对被访者有控制权,但实际上被访者常常打破这种格局。采访往往变成争夺控制权的较量,被访者会打断采访者的问题或借回答问题之机大做政治演说。

3.话语是社会和文化的构成要素——话语与社会文化实际是一种辩证的同构关系,即互相包含、互相影响。语言运用对社会和文化(包括权力关系)的再现或更新有直接的关系,这就是话语权力。各权力阶层都想争夺这一权力。话语构成社会文化,因为它描写着世界、确定着社会关系和身份。任何语篇,哪怕只是语篇中的一个句子,都同时具有三种功能:表意(描写现实)、人际(建构社会关系和身份)和语篇(使语篇各部分相互衔接、连贯)功能。

4.话语是意识形态的工具——既然话语具有上述功能,它自然成为意识形态的工具,即通过特殊的方法描写和建构社会,再现权力关系(除了不平等的阶级关系,还有不平等的性别和种族关系)。但是,说"话语是意识形态的工具"并不等于说语篇中的所有观点(包括老百姓的常识)都具有意识形态的宣传性质。要就此作出判断,光凭分析语篇还不够,还必须考察语篇是如何被解释和接受以及它们产生了什么样的社会效果。

5.话语具有历史关联性——话语不可能在真空中产生,也就不可能在没有历史背景作参照的情况下得以解读。以撒切尔夫人的讲话为例,解读时必须考察她以及她所领导的政府以前说过什么,制定过什么法律和政策,采取过哪些具体的措施和行动,媒体曾做过什么样报道等。至于她讲话中提到的"40年代"、"戴高乐的远见"、"福克兰群岛战争"(the Falklands War)等,其联想意义的解读则更离不开相关的历史知识。

6.语篇与社会的关系是间接的——社会文化结构及其演变过程与语篇之间自然有关联,但其关联是间接的。其间充当中介的是"话语秩序"(orders of discourse),即与特定场合或情境相关的话语实践规则。英国政策、文化以及政治与媒体的关系有什么变化,都或多或少反映在政治话语秩序的变化之中,如撒切尔夫人把传统中在政治话语秩序中严格区分的话语(如保守和自由话语)体裁交织起来,把政治话语与日常生活话语秩序交织起来,把媒体采访与政治演说体裁交织起来。此类交织导致话语秩序和语篇体裁界限的变更,然而这种变更终究还得靠语篇的语言特征来实现。如此,语篇与社会通过话语秩序这个中介发生了间接的联系。

7.话语分析是解释性的——对不同的听/读者来说,由于情感、阶级地位、种族、性别、年龄、态度、认知图式以及信仰的不同,尤其是由于对有关背景所掌握的信息量不同,同一语篇可以有不同的解释和理解。如撒切尔夫人用了很多诸如"people"、"we"之类的字眼,意义模棱两可。"people"是指全体国民、中产阶级、下层老百姓还是大资本家?"we"是指执政党、所有政党、政府和老百姓还是大资本家?批评性话语分析家根据撒切尔夫人的基本立场和她演说中的上下文,得出这样的解释:它们指的是有权阶级,即贵族、政客和资本家。但应指出:没有绝对权威的解释,解释是动态的,一旦掌握了新的背景资料,便可以对过去的解释加以修正甚至彻底推翻。

8.批评性话语分析是社会行动——批评性话语分析是一种社会行动(social action),其宗旨是揭露不平等的权力关系,促进人类社会与文化的进步。由于批评性话语分析家的努力,许多国家都在推广使用非歧视性语言,改善了女性的社会地位和形象。另外,批评性话语分析家对医生与病人之间的对话所作的分析,导致了一系列规范当代医务人员的语言和行为规则出台,医生须在各种培训或研讨班上学习这些新规则。类似的规则在学校、机关、法庭等都有出台。上述社会文化进步都与批评性话语分析家的努力是分不开的。

三、当代中国社会阶层和媒体话语的分化

作为意识形态的社会话语实际上处于不断变迁之中的,特别处于转型期的中国社会更是如此。在改革开放之前,中国是一个高度政治化的社会,被称为"国家—社会一体化"的社会主义全能国家。民众对政治生活的高度关注,在政治、经济和文化等政策制定和贯彻执行上表现出自上而下的政令一致和集体行动。在阶级斗争为纲的年代,媒体中充斥着"阶级斗争要年年讲、月月讲、天天讲"这类话语。改革开放后,中国社会内部在各个层面上开始分化,表现在媒体话语的分化、对立和博弈上。

1.政治统治层面

在中国社会里,历来有官方和民间的区隔。官方代表统治者,民间代表被统治者。在相当长的一段时间中,媒体是"党和人民的喉舌"的定性,使得民间话语和官方话语几乎保持一致,即使有不同,也会被刻意遮蔽或被代表。官方的话语通过党的媒体来传达,各家媒体也几乎唯中央级媒体是瞻,几乎众口一词,铁板一块。在改革开放后,以南方报业为代表的市场化媒体有了一定的自主权和独立话语,在很多方面开始质疑官方的政策和措施。在很多话题上,传统媒体也常常引用读者来信、观众来电及微博、博客评论,为民间话语的表达提供相对宽松的言论空间。在互联网、手机等新媒体诞生后,民间话语的表达空间进一步拓展,借助 QQ、BBS、微博等自媒体形成的网络舆论在一定程度上可以看做民间话语的体现。在一些话题上,官方话语和民间话语、市场化媒体话语和非市场化媒体话语日渐分裂,争执加剧。

2011年年末,在是否马上公布PM2.5(衡量大气污染指数之一)数据这一问题上,大陆官方、民间及媒体发生了巨大争执。官方申明要到2016年才在全国范围内向社会发布监测结果,互联网上一片反对之声,各方媒体也纷纷表态,争执不已。冬天,首都北京雾霾天气加剧,2011年12月6日的《京华时报》用最大篇幅放上一幅图片展现"雾霾下的东三环",画面中的高楼大厦仅近处几幢能够看清;四字大标题为"中度污染",配发的文字简述中,编辑引用市环保局微博口径时专门加上了引号——"轻度污染"。在更高政治级别的《北京晚报》上,大标题仍坚守着"轻度污染"的定义。在这之前,美国驻华大使馆发布的北京空气质量指数表明中国首都的空气时常达到"有毒害"的程度,而以北京市环保局副局长杜少中为代表的官员则认为使馆数据不足以凭,中国公布PM2.5数据条件尚不成熟。《北京晚报》评论员苏文洋认为美国驻华使馆公布数据是为了"拿到更多的健康补贴"。新华社发稿称"由于在全国统一开展PM2.5监测涉及仪器设备购置安装、数据质量控制、专业人员的培训、财政资金的支持等大量系统的准备工作和能力建设工作,因此目前在全国范围内立即开展PM2.5监测工作还有一定难度,需要逐步推开"。而非市场化的《中国青年报》也在12月6日、7日连刊两论反驳官方:先是《PM2.5监测不能再"雾"里看花》,称冬天起大雾的一个罪魁祸首就是"PM2.5严重超标","一百年太久,只争朝夕。相关准备工作和能力建设需要五六年时间?太'慢'了";次日,则调侃一番《是不是该"抗雾救灾"了》,在例举了"大雾锁城,机场旅客滞留,高速公路封闭数十次,公交紧急备战,采血量陷入谷底,儿科门诊提升……"等民众不便后,将矛头指向官方迟迟不肯公布的PM2.5信息,感慨"一场大雾后,满地'口罩哥'。结构调整期的社会,空气质量一片形势大好,似乎反倒不可思议——公众并不是见不得污染,而是见不得对污染文过饰非的行径,以及不思改进的潦草态度"。《南都周刊》将2011年年度健康报告的主题定在"当空气也要特供",《南方都市报》发表社论《扫除政策灰霾,提升空气质量》,声称"老式的官僚作风和陈旧环境政策已经完全无法满足公众的需要"。在互联网上,广大网民对官方口径早已满腹狐疑和满腔怨气,"我为祖国测空气"以及"喝西北风也可能中毒"是城市居民们互相调侃的段子。民间意见领袖们批评2016年的时限设定毫无必要,华声在线就此发表李晓亮的讥讽:"民众早已过河,决策者就别假装摸石头了。洁净空气,时不我待。何况,决策部门不也和民众处于同一天空下,呼吸着一样的空气吗?哪怕为了自己健康,是否也能考虑早点荡清环境政策上的尘霾,让全民早日自由呼吸到健康清新的空气?"多数市场化媒体在这一问题上基本上和民间话语保持一致,向官方施加强大的舆论压力。

2.思想文化层面

自从新中国成立后,党在思想文化层面始终延续着"左"和"右"两种思潮之争,由此形成所谓的"保守派"(左派)和"自由派"(右派)阵营。左派普遍以社会公正为基本诉求,希冀以加强政府权力来节制资本,调节分配,以解社会底层之困。右派多主张以发展宪政民主和个人自由来制约公权力的傲慢和肆虐。① 随着改革开放的深入,20世纪90年代,中国社会的矛盾日趋紧张和突出,在这种情境之下,知识分子开始认真考虑中国的发展方向问题,中国的问题从根本上说出在哪里。精英知识分子在原来的"左"、"右"基础上,又形成了新左派和自由主义阵营,其成员在各个话题上的交锋。新左派知识精英的代表人物主要有崔之元、甘阳、韩毓海和汪晖等人,自由主义知识精英的代表人物主要有徐友渔、朱学勤、李慎之、刘军宁、秦晖等人。两派精英分别在《读书》、《天涯》、《东方》、《二十一世纪》等刊物上就革命与改良、文化与公共性、市场与计划、自由与民主、全球化与自由主义等话题展开激烈的论战。比如在市场和计划话题上,新左派认为,过度的市场化改革是中国贫富不均、分配不公现象的元凶,实行市场机制必然导致穷者越穷、富者越富的"马太效应",还造成了经济危机、权钱交易、生产的无政府状态、分配的不合理,加剧了特权阶层的特权、增加了奴役,使中国处在"到奴役的道路上"。而自由主义者则认为,事实与新左派的诘难相反,中国目前严重的分配不公现象并不是正常的市场经济的结果,而主要是掌握权力者凭借权力牟取巨额不当利益造成的,这恰恰与长期实行的计划经济体制及相应的政治制度有关,也正是市场化改革不彻底不充分、残余的计划经济和现行政治体制孳生出钱权交易的结果。

进入21世纪,两派及其盟友们将阵地挪到网络媒体上,左派的网站如"乌有之乡"②、"毛泽东旗帜网"等,右派的网站有"共识网"、"中国选举与治理"等,网络成为论战的主要场地。

近年来,左右两派针对"中国模式"展开了争论。尤其是在全球金融危机之后,尽管左派承认当前中国存在着社会不公等问题,但他们当中的一些人却认为是"中国模式"(或"中国道路")创造了中国奇迹,而政府和当下的政治体制在其中发挥了积极作用。部分左派学者对政府在社会公正问题上的不作为

---

① 展江:"左与右,泄怨恨不如寻共识",http://viewpoint. inewsweek. cn/commentary/commentary-1312.html。

② "乌有之乡"是一个政经评论网站,2003年开设于北京。由于长期发布左倾类文章,被公认为是政论网站中的左派,中国崇毛派的一个重要社区。2012年两会后,监管者认为网站发布违反宪法,恶意攻击国家领导人,妄议党的十八大的文章信息,要求其整改后再恢复。

的批评声音逐渐减弱,开始拥抱体制,为经济总量增长的成绩欢呼雀跃。右派学者则对"中国模式"持批判态度,要么认为不存在一个"中国模式",所谓"中国奇迹"是靠出口拉动的,这并非中国特有的;要么认为"中国模式"就是"威权政治＋权力市场经济",在推动经济总量高速增长的同时也造成了社会不公等问题。部分左派学者开始与国家主义合流,强调经济主权,强调"中国特色",反对普世价值。他们私下或者在网络上将部分右派学者视为"汉奸",并冠以"带路党"的称谓。①

在分析社会不公的原因时,左派认为是由市场经济的缺陷造成的,私有化和市场化是贫富分化之源。他们认为,这些问题在西方国家已出现过,是"西方病"、"市场病",中国不应重蹈覆辙;右派学者则指出,只搞经济改革,不搞政治改革,导致陈旧的权力机制与市场机制并存,权力压制市场并使市场扭曲,剥夺了人们在市场上的正当权利,这其实是"中国病"、"权力病"。针对现实存在的社会不公等问题,右派学者主张加强市场化和私有化,他们不反对"分蛋糕",但强调只有"做大蛋糕",才能真正增进福利。针对改革的停滞不前,现在他们更多的是在强调推进政治体制的变革以及公民社会的建立。只有通过政治上权力的制衡,以及公民社会的博弈,才能有效地制衡权力,确保社会分配的公正。与此同时,左派学者则主张政府应加强对市场的干预,他们强调"分蛋糕",只有这样才能实现公平。甚至于,有一批左派人士鼓吹回到"毛泽东时代"。也因此,他们对和毛泽东时代极为相似的"重庆模式"极为赞赏。

3. 社会生活层面

除了在政治统治层面、思想文化层面的话语分化外,随着多种经济成分的出现,新的职业身份和社会生产体造就了新的社会阶层,由此产生了多元化的利益诉求,中国社会各阶层逐渐分化。同时各地区社会经济发展不平衡,东部和西部、农村和城市等发展差距扩大,贫富分化越来越严重,在这样的社会现实中,社会生活层面的话语冲突集中地表现为新富阶层和贫困阶层、精英阶层之间,或平民阶层、权贵阶层和草根阶层之间,或经济发达地区和经济落后地区之间,或农村和城市之间的话语冲突。

新富阶层是指积累财富的时间比较短,通过知识、专业技能和社会资源获取财富、具有稳定的收入、有着新的消费理念的群体,他们和下岗工人、农民工、农村和城市贫困人口等处于社会底层人群形成了某种话语冲突,比如"仇

---

①②　参阅左小刀:"中国的左派和右派:共识与分歧",http://www.my1510.cn/article.php? id＝67995。

富"这个词,便是这种冲突的集中反映,这个词是富裕阶层用来指称那些用非理性的方式向富人表达愤慨、讨回"公道",更有甚者用肆无忌惮的手段向社会发泄"仇富"的愤怒情绪的一类人。但在各类媒体中,"仇富"一词存在被过度使用、被滥用或误用的情形,因而成了新富阶层的一种强势话语,它忽视了这些弱势阶层、贫困阶层对于社会公正、公平的诉求,掩盖了社会心理中对贫富差距及其所彰显的社会公正问题的关注。中国的电视剧、电影、新闻报道中对新富阶层的生活、消费、事业、感情等予以重点关注,他们因为有商业价值而成了各类媒体的宠儿,或充斥荧屏、银幕,或在报刊上被不惜笔墨地报道,而贫困阶层、弱势阶层的话语无法在媒体平台上得到平等表达。

而精英阶层则主要由各级政府中的技术官僚、民营企业家、高等院校教授、律师、下海经商的知识分子、外资企业中的白领阶层以及体制内得益的传媒工作者等人士构成,他们是这个社会中占有更多政治权力、经济权力和话语权的人。这个精英概念,显然不是衡量个人素质意义上的精英,而是根据掌握权力的状况来确定的,是社会分层意义的精英。这些人经常在媒体上抛头露面,发表看法和观点,他们凭借自己的政治和经济实力,依托广告、投资、公关、游说以及各类专家、学者知识精英权威观点,或借助新闻媒体呼吁,或利用既定的规则、惯例,或诉诸法律,或采取集体行动向政府施压,形成舆论强势,影响公共政策的走向。

权贵阶层是特权阶层和富贵阶层的集合,特权阶层或享有政治特权或享有经济垄断特权的一类人,他们属于中国官僚政治集团,他们在社会保障、医疗、教育和住房等方方面面享受着特殊的待遇,他们的后代甚至也比较容易获得官位,草根阶层称这些人为"官二代"。富贵阶层是在市场经济中通过各种合法和非法手段攫取超额财富的群体,他们的后代被草根阶层称为"富二代"。富贵阶层所拥有的财富量,让人望尘莫及。日前发布的全球奢侈品市场报告显示,中国已经超过日本,成为全球第二大奢侈品消费国。2010年,中国内地的奢侈品销售增长了30%,这或可看做富人消费能力的一个见证。权势和财富的结盟意味着腐败。权贵阶层和草根阶层的话语冲突日甚,在一些事件中,权贵阶层使用传统媒体来行使话语权,而草根阶层则以网络媒体为阵地进行反击。在2009年杭州飙车撞人事件中,网络草民们的满腔怒火因"富二代"撞死"浙大贫寒学子"而引爆,这种对权贵阶层的痛恨也集中在后续发生的2010年河北的"李刚门"事件、2011年西安"药家鑫事件"等等,成为某种社会普遍情绪,一遇到相关事件激发便爆发出来,成为重大网络舆论事件。

以河北"李刚门"事件为例剖析这种权贵阶层和草根阶层如何借助自己控

制的媒体进行话语权的争夺和博弈的。河北大学大学生李启铭在 2010 年 10 月在校园内醉酒驾车造成一死一伤后口出狂言:"有本事你们告去,我爸是李刚。"这一事件在网上曝光后,"我爸是李刚"马上成了网上最流行的话语。网友们由愤怒变为冷嘲热讽。猫扑网最先发起了名为"我爸是李刚"造句大赛的活动,参与者迅速过万,经典句子如"葡萄美酒夜光杯,欲见女友把命催,醉驾撞人咱不怕,李刚就是我老爸"。微博上也有网友发起此项活动,不少人借此改编名言名句,表达自己对权贵和特权阶层的愤怒与嘲讽。如普希金版:"不要悲伤,我爸是李刚";李白版:"床前明月光,我爸是李刚";凤凰传奇版:"我在仰望,月亮之上,我的爸爸是李刚";以及特仑苏版:"不是所有爸爸都叫李刚"等多个版本,有网友将李刚、李启铭植入古龙、金庸武侠小说中的经典段落,有的网友以"我爸是李刚"为名改编成网络流行歌曲。而中央电视台在此事件发生后,第一时间采访李刚和李启铭并让李刚出镜,向受害人及家属表示诚恳道歉,并深深鞠躬。采访中李刚多次哽咽,不能自已。中央电视台这一做法受到网民的抨击,认为没有采访受害者、让受害者出镜,被指帮李刚公关作秀。和外省媒体对此事件穷追猛打相比,河北当地媒体在此事件报道上一直保持低调,某些媒体在报道上甚至倾向为李刚、李启铭鸣不平。2011 年 3 月 28 日,在李启铭案判决生效后 4 天,《河北法制报》头版刊登长篇报道,题目为《"我爸是李刚"是怎样炒起来的——李启铭交通肇事案的前前后后》。文章说,保定市公安局调查表明"李刚有五套房产"、"李刚岳父是某副省长"等网上的爆料均系谣言,并以"校园车祸被网上热炒"、"真相还原"、"真相就这样被绑架、扭曲"等话语来指责网民们不负责,并引用李刚同事的话,评价他"李刚平日为人随和、低调,与大家关系融洽,办案很有一套"、"迫于舆论压力,曾向组织提出辞去职务"等。① 很显然,在"李刚门"事件中,网络媒体和中央电视台、《河北法制报》等传统媒体话语存在着较大的冲突和对立,显示了中国社会权贵阶层和草根阶层日趋对立和冲突的现实情景,民间社会要求公平、公正而主流意识形态则以稳定社会秩序、消除一切不和谐声音为主要诉求。

当下的中国,"阶级斗争"话语系统早已退出了历史舞台,"改革开放"、"经济发展"、"市场经济"、"GDP"、"致富"等词已经成为社会主流话语,如今又发展出了"可持续性发展"、"以人为本"、"绿色环保"、"低碳生活"、"中国梦"等新的代表性政治话语形态。但是转型期的社会话语常常是分裂的、不统一的,甚至严重对立,不同属性的媒体文本体现不同的话语诉求,有时同一媒体的文本

---

① 《广州日报》:"河北媒体回顾李刚事件始末称其随和低调",2011 年 3 月 31 日,http://news.sina.com.cn/c/sd/2011-03-31/041722211894.shtml。

包含着多种矛盾对立的"话语"。比如一份报纸在同一期既登载着该市招商引资发展重化工业带来 GDP 增长，而在该期其他版面报道中又在倡导绿色环保、低碳生活的理念，很显然发展重化工和低碳生活存在内在的冲突。当代中国社会话语的分化和博弈集中体现在报刊、广播、电视等传统主流媒体话语和网络媒体话语特别是博客、论坛、微博等新媒体话语的分化和对立；市场化媒体话语和非市场化媒体话语的分化；新闻事件所在地媒体话语和其他区域媒体话语的分化。

总的来看，媒体话语分析就是通过对语言和符码的识别来对媒体文本进行分析，从而揭示其所包含的话语及其意义。揭示文本背后蕴藏的意识形态，旨在对某个话语对象进行某种特定的读解。

第三节　媒体文本的再现分析

"再现"是理解媒体如何通过文本进行意义生产的核心概念。无论是从物质性的角度还是从意识形态的角度来看，文本实际上是再现的一种形式。从物质性的角度上看，媒体文本是制作出来的东西，是一种技术的产物，它或者是通过印刷技术将信息印制在纸媒介上，或者是通过复杂的电子技术将光影信息转化成电子信号传输并呈现在银幕或荧屏上。从符号学的角度来看，符号代表的媒体所再现的东西，无论客观事物还是主观想法，都不是事物本身。

一、反映说与写实主义

对于媒体文本的再现有两种争论，一种是"反映"说，另一种是"建构"说。在摄影、电影和电视等视觉媒体当中，因为其文本的"图像性"本质，人们常常倾向于"反映论"，即相信视觉媒体是"现实的镜子"。当然文字文本也能达到非常真实地反映现实的水平，但那是作者运用文字符号描述现实，而读者通过读解这些文字符号感受到了某种现实的真实，但每个人的感受总是不大一样。反映论和写实主义联系在一起，这一概念描述了一些文本所具有的品质和价值观，也可以用来阐明特定的媒体再现手段。在文艺创作和批评上，写实主义占有重要的地位，在 19 世纪西方的绘画和小说领域占主导地位的理念是让作品具有"生活般的真实"。在媒体研究中，所有媒体只是用来再现某个对象的传播形式。这个对象并不是我们体验到的真实生活，不过是一种想象出来的真实而已，是"媒体化"的现实，即一种传播行为在再现某个"事件"的过程中也在一定程度上改变了这一"事件"。格雷姆·伯顿认为对于写实主义的媒体文本分析，通常有三种：

一是物质性分析。这类文本采用了自然主义的创作手法,旨在让读者确信文本中反映的人物、事件、地点等都是真实的。作者的创作手法,即作者如何运用符号来反映这种显而易见的物质性的或行为性的真实成为分析的重点。

二是价值性分析。从写实主义的特点入手来确认文本的合理性,重要的一个指标就是真实客观。追求再现的真实性,强调真实性的写实主义成为媒体文本创作的一个传统。对写实主义的媒体文本作价值性分析,聚集于"真实"达到的高度,分析哪一种再现模式优于其他模式的。

三是哲学性分析。关注的是"真实"的概念以及用来获得这种真实感的风格。哲学性分析关注的是文本所蕴涵的思想,而不是其形式。换言之,它关注的是对非物质的世界的再现,探讨思想上的真实,而不是形式上的真实性。那些所谓"超现实主义"的文本与那些"自然主义"的文本相比,有时更能够达到"获得真理"的效果。比如在"表现主义"文本中,艺术家通过作品着重表现内心的情感,而忽视对描写对象形式的摹写,因此往往表现为对现实扭曲和抽象化,用来表达内心诸如恐惧、无奈、负罪、孤独、陌生等情感,以达到描绘内心的真实,揭示人类命运真理的目的。

然而,即使是"写实主义"媒体文本也是意识形态的产物,即便对于一个以"真实性"和"自然主义"为特征的文本而言,重要的不是它的外表,或者说不在于其再现物质性世界(甚至于社会性世界)的能力,而在于它支持了有关这个社会性世界的信念,以及蕴藏在物质性外表下面的价值体系。

二、建构说和身份/认同

"建构说"强调的是再现所具有的"虚幻性",以及对人物或者社会再现所蕴涵的意义的"虚假性"。媒体文本建构最常见的对象是社会中某类人物或某个社会群体。对人物的再现首先是对某些反复出现的表现特征——例如外貌和行为——进行分类,然后再通过重复的手法强化我们对某种类型的人物或群体的看法,成为某种类型化人物,根据可识别性和文化历史的底蕴,这些被再现的人物形象可分为三类:

1.原型人物

原型是指那些在各种类型的文本当中均可识别出来的人物。他们数量不多,但特征或性格鲜明,集中代表着人们对某类人物性别、性格、相貌、衣着、谈吐、阶层等看法或印象。在小说和电影当中,这类"原型"人物最为常见。比如在中国读者最为熟悉的鲁迅的小说中塑造了旧中国的各个阶层的原型人物,如《阿Q正传》里的举人老爷、《离婚》里的七大人、《祝福》里的鲁四老爷、《风波》里的赵七爷，他们是旧社会压迫者的原型，他们识字，有财产，地位高，说话牛逼，一般老百姓见到了都觉得气短。他们既占有话语权力，又拥有相当大的财力。还有如《祝福》里的祥林嫂，《药》里的华老栓，《明天》里的单四嫂子，他们的命运非常凄苦，逆来顺受，从来不会想到怎么样去改变，他们构成了社会中最大的底层，是受苦受难兼愚昧无知的人物原型。还有旧知识分子原型，如，《孔乙己》里的孔乙己等，最最著名的形象是阿Q，一个揭示中国人深层性格特征的人物原型，他的"自欺欺人"、"精神胜利法"，他的"欺软怕硬"、"自我作践"，直到现在都具有相当大的普遍性，成为一个跨越时代的人物原型。

2."神话"人物

这里的"神话"人物和古代神话传说文本中的人物完全不同。这里的"神话"人物指大众媒体具有制造"神话"人物的先天优势，盖因其掌控"文化霸权"。他们不是经过世世代代的口语传播诞生的，而是现代大众传媒强力塑造的结果。比如红色电影中塑造的革命烈士形象，他们通常为了革命理想放弃家庭幸福，经受敌人的严刑拷打、威逼利诱的考验，最后高呼口号英勇就义。好莱坞电影中的孤胆英雄，他们疾恶如仇，机智勇敢，英俊潇洒，身边总有女人会为他们赴汤蹈火，如著名的佐罗、007系列中的詹姆士·邦德、第一滴血中的兰博等等，他们的反面常常是搞阴谋诡计的政府、法西斯分子、商业公司、科技狂人甚至外星人入侵者，通过曲折的斗争，最后正义战胜邪恶，英雄取得胜利。虽然每部好莱坞大片的题材、时代不同，背景各异，但这类神话人物形象几乎不会改变，受众也是高度认同，并不厌倦，而一旦有意改变"神话"规则，则面临主流意识形态的强烈干预。比如李安根据张爱玲小说改编导演的电影《色·戒》，描写一个青年女地下党爱上了日伪汉奸头子，并且用大段的镜头进行比较露骨的情欲描写。这个女地下党形象彻底颠覆了以往影视中塑造的革命者的伟大形象，招致主流意识形态的严厉指责和批评，扮演女主角的演员在内地影视圈甚至遭遇了封杀，直到近年才被解禁。盖因"神话"人物通常代表着主流意识形态的理想和召唤，具有不可替换性和颠覆性特点。

制造"神话"人物不仅仅是电影、小说等媒体文本的本领，亦成电视娱乐节目提升影响力和收视率的绝招。如在各类电视真人秀节目中，普通的凡人可以在电视呈现的竞技舞台上尽显自己的本领来征服评委和观众，通过一轮轮煽情的PK，他们中的一些人终于取得最后的胜利，梦想成真。一介凡人成为众人崇拜的偶像，如超女李宇春，"我要上春晚"选秀明星"旭日阳刚"组合等。

在以真实、客观、公正为准则的新闻文本中，"神话"人物也屡见不鲜。如所谓的典型人物新闻报道。数十年来，中国官方新闻媒体如央视"新闻联播"，每过一段时间就会推出"道德模范"、"劳动模范"、"党的好干部"等典型人物报道。这些典型人物虽然分布在各行各业,但大多数是党员,具有数十年如一日全心全意为人民服务的精神,他们克勤克俭,舍小家、顾大家,为了工作,为了百姓的利益甚至付出生命的代价。著名的典型人物如雷锋、焦裕禄、孔繁森、任长霞等,作为个体,他们真实地存在,但在媒体化后,他们成了某种神话类型,成了供奉于道德祭坛的神像。

进入互联网时代后,网络媒体的"造神"力量比起传统媒体有过之而无不及,无数网络"神人"通过各种手段炒作,一夜成名。如因《遗情书》中出格的"性"观念而成名的木子美,因惊世骇俗的无耻言论而成名的"凤姐",因穿着和眼光犀利而成名的"犀利哥",等等。这些网络人物形象彻底颠覆了主流媒体的"神话人物"形象,呈现某种后现代语境下的反"神话"人物形象,但依然具备"神话"人物反常规、匪夷所思等属性。

3. 刻板形象

刻板形象指的是选择并且建构简化的、泛化的符号,用它们来对社会群体或是群体中某些个体进行区分。用来构建刻板形象的原始符号一般代表了相关群体的价值观、态度、行为和背景。刻板形象隐含着的事实是:被选择的符号对涉及的群体进行了普遍的预设。蒂姆·欧·萨利文认为,刻板形象与其他再现形式的区别在于:"它们对指示物或人做了无差别的判断。"刻板形象并不表现一个群体或社区中成员之间的差异和多样性,反而从他们本身简单的性质出发,将重点放在宽泛的相似性和相同特征上。媒体文本中的各种刻板形象更易隐藏在文本之中,不大容易为人察觉。经常受到刻板形象影响的社会群体有:意识形态和文化异质的国家、民族、种族及弱势群体、女性等。

(1)国家、民族、种族的刻板形象

在跨文化传播中,那些政治、经济和文化处于强势地位的国家常常无法平等地对待落后于他们的国家民族和种族,在他们控制的媒体上极易形成各种偏见和刻板形象,并以此来维持霸权的稳定。本章在前面提到的美国 CNN 主持人卡弗蒂对中国人的评价"他们(china)基本上同过去 50 年一样,是一帮暴徒和恶棍",便是典型的刻板印象,带有恶意的种族和民族歧视,必然会引发全体中国人的愤怒。萨义德在《东方学》中总结,19 世纪西方国家眼中的东方是没有真实根据的,是凭空想象出来的东方,西方世界对阿拉伯——伊斯兰世界的人民和文化有一种强烈的偏见。西方文化中对亚洲和中东长期错误的刻板印象为欧美国家的殖民主义特别是实施文化霸权提供了借口。其实不止19 世纪,迄今为止西方对东方的这种成见都没有本质上的变化。黎煜在《撒旦与家臣——美国电影中的华人形象》一文中认为:"美国电影的华人形象经历了一百年的变化,却始终无法逃脱傅满洲与查理陈这两个刻板形象,……如果华人不甘于被美国利用,则是罪大恶极的撒旦;假如华人心甘情愿被美国利用,则变成效忠的家臣。"①

(2)性别刻板印象

大众媒体还经常制造性别刻板印象,特别是女性的刻板印象。2005年底,首都女记者协会委托某专门课题组,对经常在电视中出现的4935条电视广告逐一分析研究,评选出"2005十大性别歧视广告",其中包括太太口服液、乐事薯片、福临门谷物调合油等电视广告,这些广告的一个共同点是,其内容除了传达产品信息外,还间接向观众灌输了各类与性别相关的价值观念,在观众的潜意识里留下有关性别的"刻板印象"。太太美容口服液的广告中,居家的妻子因为对自己的外貌不够自信,总是对忙碌在外的丈夫缺乏信任感,丈夫给妻子买来了太太美容口服液,让她重新焕发了美丽并因此找回了信心。在这则广告里,女性同男性的关系被界定在依顺、服从、服务、性吸引上,并以此得到男性的呵护、爱慕、供养、资助和指导,展现了男权中心主义视野中的女性刻板形象。在媒体对女强人的报道中,几乎是报道其事业成功的同时,都会顺带提出其家庭角色即作为妻子、母亲和女儿的责任义务履行如何。记者对女性事业成功者会提出你是不是个好妻子、好母亲,如果工作和家族有冲突,你会选择哪个等诸如此类问题。而一旦此女强人们牺牲了家庭,即使事业成功了也被认为不完美、留有遗憾等。相反,社会对于男性事业成功者则完全没有此类问题,并且普遍认同"每个成功男人的背后,都有一个伟大的女人",潜台词是成功男人可以不顾家,女人的伟大在于其帮助男人经营了家庭,解除其后顾之忧。

(3)弱势群体的刻板形象

大众媒体常常针对农民工、妇女、儿童等弱势群体制造刻板印象。有学者通过对《北京青年报》1992年到2004年之间关于农民工的全部报道进行分析,研究发现:在《北京青年报》12年的报道中,与农民工有关的报道非常少,一共只有340篇;报道中农民工的形象没有显著的特征,他们大多以一种或几种固定的形象出现,不具备多面性,作为一个特定的群体,农民工在媒体上形成了一种刻板印象,可简单归结为:农民工是值得同情的,但也是社会不稳定的因素。② 有人统计某晚报在连续数月内涉及民工新闻包括《一群民工当道"裸睡"》、《两拨民工对着干为争电话死一人》、《六民工洗劫金库97万元》、《3民工演"跳楼秀"被拘》、《关注民工性压抑3次杀人奸尸变态木匠末路之旅》、

① 黎煜:"撒旦与家臣——美国电影中的华人形象",《电影艺术》2009年第1期,第131页。
② 孟庆红:"浅析媒体对农民工形象的再现与刻板印象",《东南传播》2007年第4期,第17—18页。

《打赌吃鱼头骨鲠在喉———民工胜利在望时被鱼刺卡了个半死》等多篇报道。虽然事件的主角是民工群体中的个别,但在报道标题中贴上了"民工"的标签后,整个民工群体就成了"违法犯罪"、"愚蠢"、"冲动"、"变态"等代表。

这种用贴标签的手段制造刻板印象在国内很多媒体的新闻报道比比皆是,比如针对女性性服务者(国外即使不许卖淫,也称其为性工作者或性服务者),国内媒体一向以"卖淫女"称之,有时报道中还出现"娼妓"、"野鸡"等更加带有污辱性的称呼。这个群体常常遭遇记者的暗访偷拍,在观众前的形象常常是"衣着暴露"、"浓妆艳抹"、"不知羞耻"、"当街拉客"、"强行拉客"、"敲诈嫖客",甚至直接呈现其面部予以曝光。这个处于社会底层被污辱被损害的弱势群体竟成了某些媒体偷拍偷窥,供人围观猎奇的"猎物"。2010 年 11 月,公安部领导表示以后将不再使用"卖淫女"的称谓,建议改称"失足妇女"。在中国媒体上,除了"农民工"、"卖淫女"等比较突出的标签形象外,还有"残疾人"、"社会闲杂人员"、"治安高危人群"、"贫困生"等针对弱势群体的歧视性标签。在社会嫌贫爱富的大背景下,一旦被贴上"贫困生"标签,学生就被打入了"弱势群体",令学生精神背上包袱,自尊心等大受伤害。

上述这些媒体再现构建了有关社会群体的各种意义。媒体文本再现的人物或族群具有一定的现实生活参照,在经过艺术创造或者所谓的纪实报道等手段加工后,排斥或遮蔽了这类人物形象特征的多面性,置换成了主流意识形态认同的片面、单一的人物类型。

媒体再现的对象不仅仅是社会群体,"再现"这个概念所涉及的对象要广泛得多,比如社会历史、社会机构、社会实践或社会关系等都是媒体文本可再现的对象。限于篇幅,本文只论及媒体针对人物和社会群体的再现。另外,媒体再现是通过"自然化"的过程来完成文本意义的置换。媒体通过某种不易察觉的、自然而然的方式再现某个特定的社会群体,不易被受众察觉,反而认为合情合理,实际上媒体再现文本暗涵着媒体的成见或者偏见。媒体刻意突出了有关这个群体的一些看法,而省略了另一些看法,强化了占据主导地位的意识形态所具有的霸权,使得人们不加批评接受了其中所蕴含的态度和价值观。

4. 媒体文本中"缺席"的对象

在解读媒体文本时,除了关注被再现的对象外,我们还要探究这些文本中没有得到再现的对象。运用二元对立关系分析,可以挖掘出那些"被省略的意义"。法国有一本著名的女性杂志《她》,在某一期的封面上登有 70 位知名女性小说家的合影。罗兰·巴特说,看着照片,"不由得令我们相信,文学界的女性是一种特别的动物学的品种:她们生产混合小说与孩子。"在这幅男性不在场的照片里,男性并没有真正地消失,他反倒是在缺席的情况下注视着这一切,控制着这一切,主宰着这一切,他像是一幅画的画框,早在这幅画被制作出来之前就已经对画进行了规定和限制。《她》的世界里没有男人,但却是由男人的眼光组成,就像古罗马时代的闺房一样。原来,《她》是在不知不觉中制造着神话,而罗兰·巴特觉得他有责任去除这种神话。[①] 除了在小说、广告、影视剧中经常存在着对立面的缺席外,在新闻报道中对立面的缺席也很常见,比如只突出一种观点,而对立观点则缺失,只报道当事一方,而对利益不同一方则有意忽略,只报道积极、正面的影响,而消极、负面的影响则被遮蔽,等等。河北大学大学生李启铭在 2010 年 10 月在校园内醉酒驾车造成一死一伤后,央视在此事件发生后,第一时间采访李刚和李启铭并让李刚出镜,向受害人及家属表示诚恳道歉,并深深鞠躬。但并没有对事件的受害人家庭在第一时间进行采访报道。这个新闻报道文本中,受害者是缺席的,有网友和媒体质疑道:央视播发了 5 分钟左右的李刚哭着向全国观众道歉的镜头,不知道央视是否播放了晓凤一家人痛哭的镜头?作为媒体客观公正的立场何在?新闻报道对立面的"缺席"常常揭示了该媒体意识形态的立场及背后的各种权力运作。

三、文本再现与身份/认同

媒体对某个社会群体的再现帮助其成员形成一种身份/认同。媒体再现不但向作为"旁观者"的受众构建出一些意义,同时也为被"再现"者构建出了一些意义。这些意义由文化意识、归属感、与众不同的感觉和差异意识而产生的,属于身份/认同范畴,只能由被再现的群体成员感受到,别人是感受不到的。它与地方意识有关,即归属于某个地域或某个社群;与历史有关,即具有某种共享的历史背景,对历史事件的记忆和体验;它也与血缘和家族有关,家族的荣耀兴衰,祖先的经历等;它也同文化和宗教实践有关,从宗教仪式到节假日的仪式;它也与社会关系和角色相关,比如作为父母的各种体验和义务;它也和职业、性别等有关。一般来说,身份/认同是上述因素的综合体。

对于某些特殊类型的媒体文本再现,受众常常分裂成"旁观者"和"身份/认同"者,在解读这些媒体文本时,被"再现"者对自身所具有的身份/认同和差异的感觉可能是正面的,也可能是负面的。而"旁观者"在看待别人的身份/认同时也会采用正面或负面的看法。

1. 负面的身份/认同——他者

批判性研究往往聚焦于那些负面的建构,试图通过这些负面的再现来解释各种偏见和社会的分化与冲突。在上世纪 90 年代,有中国媒体研究者曾写

---

① 罗兰·巴特:《神话——大众文化诠释》,许蔷蔷、许绮玲译,上海人民出版社 1999 年版。

过一本书叫《妖魔化中国的背后》畅销书,曾经引起很大的轰动。该书提出在美国学术、出版、新闻、影视等领域有一股"反华"势力,向美国公众灌输一种妖魔化的中国形象。"妖魔化中国"成了一个流行的概念,成了中国读者在面对西方批评中国时最常用的定性用语。无论是赞成还是批判此书的,有一点是肯定的,即许多西方媒体在再现中国时,实际上还是采取西方中心主义或白人中心主义的立场,对于生活在海外许多华人产生身份/认同的负面感觉,极端的例子还是举 CNN 主持人卡弗蒂在节目中公然贬低中国人的言论,海内外华人出于对自己族群和文化的认同,皆感觉被侮辱,强烈谴责要求其道歉。媒体再现出于各种目的建构了某些有害的看法,从而将对象与其他人区分开来。也就是说,媒体再现通过构建"低人一等"的感觉来强化"他者"意识。媒体把其再现的对象视为"他者"。与旁观者相比,"他者"的身份/认同是不正常的,是不具备同等价值的族群。比如在主流意识形态语境下,大陆主流媒体对"小姐"的再现便是将这个群体建构为"他者",从流行的"卖淫女"(2010 年改称"失足妇女",但还是带有歧视色彩)称呼到对其涂脂抹粉、裸露躯体的丑化描述,到对其"拉客"、"勾引"等行为描写,皆是强调这个"群体"出于金钱,出卖肉体,下流无耻,低人一等,其结局大多悲惨,或者被警察抓捕罚款或者被人抢劫、谋杀。而对于这个群体为什么在严打下一直存在及产生的社会根源缺乏分析,同时在媒体文本中对于卖淫嫖娼行为中的男性主角以"嫖客"称之,这个语词比较中性,以"客"称之甚至某种程度上有维护之意,而遮盖了其作为违法分子身份。且在相关报道中常常只是一笔带过甚至忽略,成为缺席的"他者"。因此大陆媒体文本对"小姐"形象的建构是出于男权中心主义的需要,将"性"当做罪恶,把女人视为罪魁祸首,是社会问题的制造者,是没有好下场的。

2. 正面的身份/认同

在市场化和全球化的背景下,媒体文本对于再现者身份/认同的积极建构越来越多。下面以中国武术在西方媒体文本中的建构为例进行分析。中国武术在中国文化中源远流长,而在西方被称为中国功夫。西方人通过港台功夫电影传播,认识了中国功夫,认识了李小龙、成龙、李连杰等功夫明星。特别是李小龙,对西方的冲击特别大。李小龙为西方对中国功夫的文化想象打开了方便之门。在他主演的功夫片《唐山大兄》、《猛龙过江》、《精武门》等影像中,他朝着洋人拳打脚踢、长啸不断,在西方文化中制造了强震。李小龙的离经叛道是反传统文化的,符合西方精神,并获得了西方文化的认同,但李小龙的中国功夫中更多的却是隐含着一种东方民族自强精神,有着反殖民的丰富色彩,得到本民族受众的高度的身份/认同,成为殖民地挑战西方殖民者强权的影像符号,这又让西方感到难堪和难受。西方受众对"功夫"认识仅是"奇观"且多有误读,如"九阴真经"被匪夷所思地翻译成"nine woman story(九个女人的故事)","易筋经"——"change your bone(换你的骨头)"、"梯云纵心法"——"elevator jump(电梯跳)"。

李小龙以后,"功夫"被纳入好莱坞意识形态语境中,逐渐被建构为中国文化的表征。著名的功夫演员成龙、李连杰及功夫导演徐克、李安等利用好莱坞的剧本、资金拍摄了一系列功夫片,获得了西方主流社会一定程度的认可,李安导演的《藏龙卧虎》甚至获奥斯卡奖,但"功夫"渐渐远离了中国文化语境,成为西方语境中的"他者"文化符号。比如《藏龙卧虎》的"轻功"在国内备受指责,但获得了西方受众的认同,他们欣赏《卧虎藏龙》中李慕白的那种轻盈的空中飞行打斗,以及杨紫琼飞檐走壁的那种凌空绝技。功夫电影深刻地影响了西方对中国人和中国文化的认识和看法。大部分的功夫迷都认为中国人都会武功,人人都是侠义肝胆的"江湖中人"。他们认为中国功夫神奇至极,身边任何一样物具都能成为武器,上刀山下火海,飞檐走壁,刀枪不入,见招拆招,一身轻功飘云浮海。华东师范大学武术系青年教师杨阳在悉尼教一位澳大利亚小男孩中国功夫时,这个小男孩突然怔怔地问了他一句,"你会飞吗?"实际上,在海外教授中国功夫的"师傅们",几乎都会遇到这样一个问题。中国功夫成了西方普通民众对中国文化想象的重要符码。

随着全球化的进一步深入,以好莱坞大片为代表的全球化媒体文本这些年正采取置换、嵌入等策略,尽量弥合地域、族群、文化、意识形态差异,使得"旁观者"和被"再现"者融合。好莱坞为了商业目的而为全球化受众定制统一、正面的身份/认同。梦工厂出品的动画片《功夫熊猫》便是其中的代表作。在这部片子里,"功夫"仍是核心文化符号,但导演有意围绕着"功夫"构建了一系列中国文化符号图谱,从各种角色到所有背景几乎完全是中国的元素,如中国式的称呼师傅、乌龟、水墨山水背景、祥瑞动物、面条、功夫、鞭炮、鼓、书法、庙宇、灯塔、针灸、杂耍、青砖白瓦、店小二、轿子、包子、儒家道家思想等应有尽有,让观众难以辨别这样一部动画片源于好莱坞的梦工厂和受西方强势文化影响的导演之手。在《纽约时报》、《卫报》这样的国外主流媒体看来,阿宝只是一只"旗袍熊猫",能讲地道的英文笑话,满脑子冒险的想法,虽然套着中国元素,但却脱不开西方的思维方式。但就是这样一只学了点中国文化皮毛的熊猫,就在全世界大卖。《功夫熊猫》第一集在海外票房超过本土3倍,是梦工厂有史以来票房收入比最高的一部,在中国内地市场票房也超过1.81亿元人民币,创下内地最卖座动画片纪录。究其原因,这是一只兼有东方文化的壳和西方文化核、让东方人和西方人都能认同的功夫熊猫。

媒体再现(建构)中,被再现者的身份/认同不仅仅只限于一个层面上,在一个复杂的媒体文本再现中,身份/认同发生在文化、民族、种族、地域到性别、职业等各个层面上,经常呈现某种复合式身份/认同。比如2009年热播的电视连续剧《蜗居》既获得受众的高度认可,又存在大量争议。此文本对当下中国社会现实进行了再现,建构了"大学毕业生"、"房奴"、"二奶"、"拆迁钉子户"、"腐败官员"、"房地产开发商"等一系列社会人物形象,在受众中获得广泛的共鸣,纷纷对号入座,形成了强烈的身份/认同效应。

第四节　媒体文本的类型化分析

大众媒体在文化大生产中炮制了大量的"类型化文本"。最常见的有新闻文本、广告文本、类型化电影文本、类型化电视文本等。格雷姆·伯顿将"类型"定义为"公式化的素材"。[①] 费斯克将"类型"定义为"具有联想关系的公认套路,某种特定媒介(电影、电视、写作)的全部作品都被分门别类地纳入其中"。[②]

类型化文本充斥着各种再现,后者都蕴涵了某种意义的生产过程。类型元素的反复出现往往是指类型化人物、类型化场景、类型化情节的反复出现。

一、类型化文本的建构

(一)公式

公式(formula)是类型化文本建构的主要手段,是久经考验的公认的模式,它确定了类型化媒体文本建构的基本规范和准则,成为我们识别出某种类型的方式。从某种程度上说,类型化就是公式化。

1.新闻文本

新闻文本就是一类规范性很强的文本,具有一系列公认的标准,比如新闻消息文本要具备五要素才能构成一条完整的新闻,此五要素是发生新闻的主角(谁)、发生的事情(什么)、发生的时间(何时)、发生的地点(何地)、发生的原因(何因),这五要素是弄清每一个事实的阶梯,是保证事实准确的基础。一个完整的新闻文本由标题、导语、主体、结语和背景五部分组成。标题是新闻的眼睛,特别对于网络新闻而言,标题是重中之重。导语,一般指"消息头"后的

---

① ［英］格雷姆·伯顿著:《媒体与社会——批判的视角》,史安斌主译:清华大学出版社2007年版,第70页。

② ［美］费斯克等编撰:《关键概念:传播与文化研究辞典》,李彬译:新华出版社2004年版,第117页。

第一句或第一段文字,用来提示消息的重要事实,突出五要素中某些要素,使读者一目了然。导语之后的主体,是消息的主干,是集中叙述事件、阐发问题和表明观点的中心部分,是全篇新闻的关键所在。结语,一般指消息的最后一句或一段话,是消息的结尾,它依内容的需要,可有可无。背景,是新闻事件或人物的历史状况或存在的环境、条件,是消息的从属部分,常插在主体部分,也插在"导语"或"结语"之中。但不是每条新闻都是五脏俱全,有时一个新闻标题或一句话就可以构成一个新闻文本。在新闻公式的标准化定制下,形成了新闻文本特有的"倒金字塔式结构"、"时间顺序式结构"、"悬念式结构"、"并列式结构"等叙事结构,各类新闻文本的写作基本上都遵照这些标准来进行。关于新闻写作的更多知识将在第七章中进一步讲解。

2. 广告文本

广告文本要求保证广告信息传达的完整性和层次性,通常包括广告语、标题、正文、附文四个部分。广告文本具有适应性,通常构成广告文本的四个部分根据不同媒体的传播特点、不同受众的心态而有所变化。印刷广告文本中,受众可以同时看到广告语、标题、正文、附文,这四部分要求重点突出,错落有致,给人以很好的视觉效果;在电视广告文本中,标题、广告语、正文和附文可以以人物对白、画外音、字幕等形式相区别,而且广告语通常是在广告的结尾与附文同时出现,要求在较短的广告内将诉求信息有效地传达给受众,给人印象深刻。

广告文本的标题、广告语、正文和附文四部分具有严格的标准化定制。如标题都应带有产品带给消费者利益的承诺,在标题中加进新的信息,写进能产生效果的字眼,应该写产品品牌,写上你的销售承诺,标题中要有诱人继续往下读的东西,文字简洁、直截了当等等。广告正文要求对标题中提出的承诺或利益点给予解释和证实;对广告中企业、商品、服务、观念等特点、功能、个性等方面进行说明和介绍;要写明购买方式,即获得商品或服务的方法,如方法、途径、打折、奖励等信息;介绍广告中企业、商品、服务、观点等的背景情况等等。广告文本的附文要明确联系方式,如品牌名称、企业标志、企业全称、地址、邮编、电话、传真号码、网址及联系人,经销商及其地址等;要突出促销措施、强调利益承诺等。

3. 类型化电影文本

类型化是好莱坞电影取得辉煌战绩的法宝之一,类型电影是制片商在看到某部影片大受欢迎时争相模仿的结果,它是对第一部成功影片的模仿,在模仿中逐渐形成了一套公式化的定制元素,如英雄或恶棍等固定人物;固定的场景;具有象征意义的人物、物品或背景特征;戏剧化冲突的情节结构等。以好莱坞最著名的类型电影西部片为例,其固定的正面形象是行侠仗义的牛仔、尽忠职守的警长、保护驿车的好汉。同歹徒、草寇决斗时他们智勇双全,以寡敌众。反面角色与正面形象构成二元对立,他们是拦路打劫的草寇,是突袭村落的歹徒和鱼肉镇民的地头蛇。以戏剧化的情节冲突展开,英雄受到打击,通常落入某种绝境之中,但最后通过绝地反击,化险为安,正义得到申张,邪恶以失败告终。这些角色的行为准则是:好汉与歹徒、警官与盗匪争斗时均靠不成文的行为准则进行"公平竞赛"——双方恪守武器相同(刀对刀、枪对枪)、机会均等(正面攻击,不打黑枪)的原则,而英雄人物往往后发制人,置之死地而后生。他们活动在固定的场景中,要么是野外开阔地域,例如旷野、丛林、峡谷、长河等,要么是城镇中的酒吧、妓院、旅馆等场所;使用固定道具:马、牛仔帽、皮靴、左轮手枪、剑。

4.类型化电视文本

这类具有生命力的公式不仅在影视剧等虚拟文本中广泛使用,甚至也搬到电视真人秀娱乐类节目中。如著名的真人秀节目"幸存者(survivor)",将一群相互陌生的美国人流放到一个荒岛上生存,按照"鲁宾逊漂流记"故事,每星期淘汰一人,直到最后一人可以获得100万美元。游戏的主持人是叙事者也是规则的制订者,节目的戏剧冲突性主要通过两种方式得以实现的,一是人与自然环境的冲突;二是人与人的冲突。节目固定的场景是荒无人烟的小岛上,参与者为了生存,不得不用尽各种招数,自己砍柴、生火、搭房、造筏,过着吃昆虫老鼠、被虫咬、受蛇蝎惊吓的生活。人与自然的对立达到了高潮。而真正残酷的是人与人之间的冲突,16到20个不等的部族成员被限定在一个与世隔绝的自然区域内,分成人数相等的两个或四个部族,互相竞争进行豁免赛和奖励赛。比赛包括耐力、解决问题、团队合作、灵活性及意志力等多方面的较量。在豁免赛中失利的一队将召开部族会议,部族成员进行投票,票数最多者被淘汰出局。最后只有一个生存者,赢得了百万美元。这两种冲突不是凭空产生的,而是人为设置的,是建立在游戏规则的强迫性和巨额金钱诱惑性的前提基础之上的。

《幸存者》是真人秀电视节目的开山之作,因为《幸存者》的成功直接产生了一系列真人秀电视节目。中国的最成功的真人秀节目无疑是"超级女生"选秀节目,作为美国真人选秀节目"美国偶像"的翻版,参赛者被设定为青春年少、有梦想的平常女生,在参赛选手之间PK歌唱技艺来决定谁最后留在舞台上,虽然是演播厅舞台但刻意打造的冲突使之成了人生竞技场的舞台,成功者和失败者的舞台。舞台是如此残酷,但又是如此的温馨,幸存者和被淘汰者最后在舞台上总是相逢一笑泯恩仇,成为朋友。观众在体验到紧张刺激的同时,也如释重负,感到了满足。湖南卫视的"超级女生"催生了一批类似的选秀节目,如"加油好男儿"、"梦想中国"、"我型我 show"、"中国达人秀"、"中国好声音"等,受到观众的广泛关注。公式化定制是围绕着冲突来进行的,对冲突者、冲突的场景、道具、PK 规则、悬念等元素的运用已经成为影视娱乐节目常用的手段。

公式及其所具有的各种具体模式满足了受众对"可预测性"和"安全感"的需求,而创作者在公式基础上的各种变化在一个相对"安全"的框架下,满足了受众对"刺激性"、"风险性"和"出人意料的感觉"[①]。正是公式把媒体生产者和受众联系起来。

(二)成规

公式中的元素及创作者对这些元素的使用形成了"成规"。"成规"是类型化文本的建构规则,在受众中可以引发某种期待。比如功夫片中的武打场面,就是一种内容或情节上的成规。同时,它的使用方式——被用来展现英雄和恶棍进行对比——也是一种成规,而拳打脚踢、棍棒相交时的特殊音响和眼花缭乱的特技镜头,也是一种形式上的成规,旨在引发观众的兴奋感。观众如果事先对这些类型化文本中的"规则"有所了解,将有助于预测接下来会发生什么,如何发生。

成规的影响力主要表现在以下方面:能够按照一定的框架来构建意义,同时也使受众能够预测到这些意义。赋予文本生产者一定的权力,使得文本生产者能够操控读者对文本的理解,制造文本的"卖点"。可以这么说,类型化文本中的成规和象征性元素符合众多消费者的信念和快感,"成规"越来越成为媒体市场推广当中可以利用的手段之一。只要某部小说或电影、电视涉及某些元素,就一定会有好的销路。读者之所以愿意消费某个文本,是因为他们期望再次体验情感上的骚动。因此不难理解为什么 007 系列影片拍了一部又一部,主演的更换也丝毫不会影响到 007 粉丝的观影热情。但是,成规也把一定的权力赋予了读者,读者因为能够预测某些内容和叙事的发展进程,因而有了更多的自由去关注作者是如何处理上述这些元素的。读者们会变得异常挑剔,要求有新奇感,这对作者提出了更大的挑战。因此,作者利用成规并不能绝对地控制住读者,相反随着读者的读解水平的提高会反过来要求作者。

在后现代类型化文本中,还出现了作者故意改变一些成规而"戏弄"读者,让他们的期待落空的情况。而读者也知道作者是在"戏弄"他们,会对此提出

---

① [英]格雷姆·伯顿著:《媒体与社会——批判的视角》,史安斌主译,清华大学出版社 2007 年版,第 69 页。

自己的理解,类型化文本由此产生了颠覆性意义。比如昆汀·塔伦蒂诺黑帮片《低俗小说》便是其中的经典。作者对以往黑帮片的成规进行了刻意颠覆,在《低俗小说》中,已经没有了传统叙述的中心、连贯的叙事,剩下的只是碎片和拼接。作者有意违背线性次序,故事的情节顺序颠三倒四,由结尾重又生发成开端,对影片的情节的理解需要观众按照自己的理念进行组合。影片对黑帮片的成规之一——"暴力"进行了解构和颠覆。暴力就是血腥,就是冷酷,就是游戏,不负载任何的道德和政治责任。影片颠覆了黑帮成员强人形象,他们要么因偶发的因素死于非命,要么被同性恋者强奸,而以往的黑帮片中他们被塑造成为强大的恶人,被警察或英雄费尽九牛二虎之力才击败。

（三）互文性

互文性是类型化文本的一大特点。互文性即文本之间的相互指涉,这一概念首先由法国符号学家、女权主义批评家朱丽娅·克里斯蒂娃在其《符号学》一书中提出:"任何作品的文本都像许多行文的镶嵌品那样构成的,任何文本都是其他文本的吸收和转化。"其基本内涵是,每一个文本都是其他文本的镜子,每一文本都是对其他文本的吸收与转化,它们相互参照,彼此牵连,形成一个潜力无限的开放网络,以此构成文本过去、现在、将来的巨大开放体系。类型化文本特别适合表现互文性特征,因为类型片的粉丝们已经了解了各种类型文本的"成规"。在《低俗小说》中,可以看到鲜明的"互文性"色彩。黑色电影和硬汉小说中对待暴力和恶的冷漠态度、强盗片的人物设计和格局、香港电影的激烈动作、魔幻现实主义的奇迹与现实的混淆。抢救黑帮老大的情妇米亚时,在她胸口画点打针的情节就来自马尔克斯的著名小说《百年孤独》,奥雷连诺上校在自杀前,吩咐医生在他胸口找一个让他死得痛快和准确的记号。

约翰·菲斯克设计出了一个梯形状的文本构成形式,他将大众文本称之"三级文本"。他以麦当娜为例进行了分析:

麦当娜本身决不是一个自足的文本,她是意义的煽动者,她的文化效果只能在她众多的、经常相互冲突的流通中加以研究。大众文化以互文的方式,流通于我称之为初级文本(原初的文化商品,如麦当娜本人或一条牛仔裤)、与初级文本直接相关的次级文本(如广告、媒体故事和评论)和持续存在于日常生活过程中的第三级文本(如对话、穿牛仔裤的方式,居住在公寓中的方式,逛街观赏橱窗或在高中舞会上采用麦当娜的舞姿)之间。不论是初级、次级或是第三级的文本,所有麦当娜的文本都是不充分和不完整的。麦当娜是她的意义与快感的互文式流通；她既不是一个文本也不是一个个人，而是一组发生的意义。①

他阐述了媒体文本的"互文性"。在《电视文化》一书中，他认为互文性是媒体文本可以产生文化意义的主要成因，正是由于电视文本与其他文本之间的相似和相异之处，电视文本才能够为受众生产出意义和快感来。他将文本的互文性分为"水平面互文性"和"垂直面互文性"。

（1）水平面互文性

水平面互文性是通过类型、角色和内容等因素而运作的。例如，受众对恐怖片的理解就与他们平时所了解到的相类似的类型知识有关。同样的，"蝙蝠侠"这个角色曾出现在电影、电视与漫画中，还出现在各式各样的其他媒体如电脑游戏里。因此，他们能够超越各种文本类型而创造出意义来。再比如"孙悟空"这个形象，在吴承恩的小说《西游记》、动画片《大闹天宫》、电视剧《西游记》及周星驰主演的电影《大话西游》中形成了特定的文本意义，该角色的每一次出现都会对其他文本的意义产生潜在的影响。

（2）垂直面互文性

垂直面互文性指的是在原始文本如电视节目或连续剧等和其他不同文本之间的相互指涉关系。按照他的理解，当一个文本很明确地是在促销另一个文本时，垂直面互文性便清楚地展现了出来。例如，随着一部新剧情片的上映而出现的宣传素材。二级文本像广告、海报、期刊上的影评等都是用来推动与促销原始文本的偏好意义的流通。二级文本无疑会影响到电视观众对意义的深刻理解。作为原始文本的邦德就是一种互文性现象。邦德形象在不同的时期受到观众不同程度的喜爱，他所呈现出来的不同意义自然会受到二级文本等促销材料的影响。在19世纪50年代后期到60年代初期，邦德被看成是冷战的勇士，因为广告和书籍的封面突出了手枪和间谍武器。但是，10年后的邦德却成了新性感形象的化身，因为这个时期，无论是电影还是小说，广告的重点都放在邦德女郎身上，而叙述的重点谜团也都变成了邦德究竟能否征服邦德女郎和如何征服邦德女郎，而不是去征服或打败敌人。显然，这个时期的邦德把单身汉从理想婚姻中解放出来了；而邦德女郎也把新妇女从婚姻的性束缚中解放了出来。②

---

① 〔美〕约翰·菲斯克：《理解大众文化》，王晓珏、宋伟杰译，中央编译出版社2001年第1版，第150—151页。

② 陆道夫："试论约翰·菲斯克的媒介文本理论"，《南京社会科学》2008年第12期。

二、类型化、神话化与意识形态

类型是意识形态化的。它使得受众对某些社会角色的看法变得"自然化"了；它支持了有关政治、经济和社会权力的一些看法；它宣扬了什么是真理，什么是谬误。伯顿认为，类型是媒体与社会之间所具有的动态关系的核心元素之一。类型反映和宣扬了某些特定的意识形态立场。类型充分利用了来自社会的素材，并在一定程度上对它们进行重新塑造。与此同时，社会又通过"消费"类型化文本和利用其中的再现来强化某些看法（在一定的范围内也对这些看法进行评价）。这便是媒体与社会之间所具有的"动态"关系，是一种由"交换"和"转变"构成的相当复杂的互动过程。

以好莱坞科幻大片《变形金刚》为例，此片改编自80年代动画片，由通用汽车和美国军方赞助，呈现典型的商业逻辑和国家意识形态痕迹。霸天虎、汽车人是很多人儿时就熟悉不过的机器人卡通经典形象，邪恶的霸天虎要统治地球，要消灭人类，正义的汽车人和地球人联合起来打败了霸天虎。这是一个老掉牙的被无数好莱坞科幻片讲过的类型故事，观众熟悉得不用看就能猜得出来。影片借助高科技展示视觉奇观的同时，充斥了香车（通用公司的车）美女、性、火爆追杀、家庭伦理、青春爱情、善恶对决、邪不胜正、奇观外景等成规商业元素，呈现了一以贯之的美国国家意识形态。比如美军的强大，成为人类击败外星人拯救地球的决定力量。影片借助和外星人的作战，展示了包括F-22战机在内的美国最先进的军事装备，正是靠着美国海军的最后一炮击败了最厉害的机器人，取得了胜利。美国的国家战略和军事布局是全球性的，美国认为其他国家应当配合它的这一战略，从美军和汽车人在上海街头与霸天虎作战，到埃及空军配合美军攻击占领金字塔的霸天虎机器人，其实都可以看出美军的一种习惯性思维：无论是应对外星人进攻地球这种尚未发生的事情，还是对付来自地球内部的地区冲突或人类战争，以美国为核心的政治体系和以美军为中心的指挥系统，是保护世界安全和捍卫人类文明的最佳保障。电影宣扬了美国称霸全球的价值观，潜移默化地告诉着全世界的人们尤其是青少年：美国在世界各地驻军是合法的和正义的。同时影片意图美化美军士兵的形象，弥补其糟糕的中东形象。比如美军士兵与中东当地儿童结成亲密友谊、美军士兵与阿拉伯民兵并肩战斗，还牵着骆驼积极组织村民撤离，表现"军民鱼水情"。从《独立日》到《变形金刚》、《阿凡达》等无数好莱坞科幻大片都秉承这样一种美国国家意识形态：美国代表着正义，美军是不可战胜的，美国是世界的领袖。这类科幻片框架形成了关于正义、邪恶、领袖、自由、机器、科技等话语，随着历史的演进，这种话语经过无数次的反复和修正，被构建成为世界各国电影观众深信不疑的"神话":美军不可战胜,美国是世界的领袖。

格雷姆·伯顿认为"神话"是指由话语制造出来的有关社会和文化的各种占主导地位的看法。制造"神话"是媒体文本的本能,也是其负载意识形态的主要手段。在类型化文本中,"神话"借助文化,借助历史,借助"修辞",借助反复,将有关对象的看法加以"自然化"、"常识化",使得人们不会再对该对象产生别的想法。因此,任何一种媒体文本都与"神话"有关。而在罗兰·巴特的符号学中,"神话是一种言谈"。"神话是一种传播的体系,它是一种讯息……是一种意指作用的方式、一种形式"。在罗兰·巴特看来,一切事情都可以是神话,神话无时无刻不在,一本书、一幅图片、一个广告、一部电影、一套服装、一顿晚餐、一只玩具……都是神话。① 下面借助巴特的"神话"理论分析广告文本中的神话。这类"神话"通常把社会等级与拥有广告上的某件商品联系在一起。实际上这些"神话"不过是一些想法而已。一些奢侈品广告、一些豪华车广告都采用此种"神话"策略,将广告文本中拥有这类物品的人塑造为成功人士、富豪阶层,有品味的人士等,经过媒体一次次播放呈现,于是凡是拥有一个 LV 包的女人,一个驾着奔驰、宝马车的男人便是事业成功、拥有财富的上层人士,而不管这个包是真的还是假的,不管这个驾车的人是不是车夫,这便是"神话"的假象。巴特在《今日神话》中提出资产阶级神话的七种修辞手法,在《人造黄油的运作》一文中,以人造黄油的广告为例,揭示了"思想接种"这一神话的修辞手法是怎样起作用的。巴特认为,人造奶油是一个被广告美化成可以代替黄油的天然而又实惠的高度人造材料。广告先承认人造奶油的不完善之处,然后吹嘘它的好处,这种广告手法等于是提供了一个对其缺陷进行批评的接种预防。他认为,类似的运作也体现在对军事、教会、资本主义的讨论中:罗列出它们的局限性是为了突出其在维护社会秩序上的必要性和重要性。

显而易见,神话都是与幻象和假象有关。但即便这些类型化文本中的神话所蕴涵的思想并不是真实的,受众也会相信并且接受它们。类型化文本之所以受到人们的欢迎,正是因为它们缔造的神话最大程度地实现或满足了最普遍的心理愿望。美国偶像、超级女声之类选秀节目的火爆,正是此类文本的"造神"效应,试想,一个不被看好的女生一路过关斩将,从默默无闻的灰姑娘忽然变成受无数粉丝顶礼膜拜的女王,很多人都会想,如果我也像她这样,我也能成功。选秀节目满足了普通人渴望成功、渴望成名的心理。但事实上,"超女"的成功只是媒体制造的一个"神话"。"成功"是被媒体操纵下的一种"成功",只要唱好歌跳好舞,就有机会在舞台上获得巨大的成功,在媒体上这

---

① [法]罗兰·巴特著:《神话——大众文化诠释》,许蔷蔷、许绮玲译,上海人民出版社 1999 年版。

种成功模式被一再地呈现和复制,从而成为一个媒体制造的选秀"神话",而这个神话通常忽略或遮盖了其他的成功模式或成功路径,比如通过努力学习进入高等学校,或者在道德品质上严格要求自己,让自己成为公认的有道德的人,或者经过刻苦训练,在体育比赛中获奖等等。想当年《超级女声》在中国推出时,有很多高中女生请假停课甚至逃课去报名参赛可见一斑。

思考与练习

1. 概述格雷姆·伯顿对媒介文本语境的分类。
2. 试用符号分析方法分析某一媒介文本。
3. 批评性话语分析在理论和方法上应遵循哪些原则?
4. 选定某一媒体文本试对其进行话语分析。
5. 选定某一媒体文本,试分析其再现的对象或缺席对象。
6. 选定某一热门影片或电视剧,试对其进行类型化分析。

第二篇

接近和了解媒介

第三章 媒介组织和内容生产

案例导入

一个全媒体记者的日记

一个周六下午 3 点,我接到一个线人电话,杭州发生重大自来水事故:千吨沙山压爆城北主进水管,城北大面积停水。时值周末,出事地点在城郊结合部,这时叫摄影记者赶来,时间来不及,现场新闻肯定没了,我像往常一样,操起摄录机坐了一个多小时车赶往出事地点,我抢到了第一手的照片和视频拍了半小时后,现场就是另一种场景了。接着,我开始文字内容的采访。当晚回来,我先写供报纸刊发的文字稿,然后剪辑视频,当天就把视频和照片上传到杭州日报网,这时已是晚上 10 点。

——摘自《杭州日报》全媒体记者张蔚蔚日记

现代大众媒体都是采用组织化、专业化的方式进行大规模的信息生产和传播,报社、杂志社、电台、电视台、门户网站等都是具有独特传播属性和特点的高度组织化和专业化的媒体,但是传统的报刊媒体和广电媒体在时效性、互动性及新闻线索的收集上不如新兴的网络媒体,传统的报业、广电媒体面临着组织形态和采编流程的革新压力,报社全媒体记者的出现便是一种尝试,但是不是所有的记者都要学习多媒体制作技巧?记者能力是一专多能还是专心一样,还是样样精通?报刊和广电媒体在传统和革新之间如何取舍?

第一节 报纸媒体组织及内容生产

一、我国报业体制和机制的变革

改革放开 30 年来,我国报业经营由事业单位转向企业化经营再到产业化运作。1978年,财政部批准了《人民日报》等北京几家报纸实行企业化管理的报告。尔后,"事业单位企业化管理体制"在报界迅速推广开来,这使中国报业逐步开始与政府财政"断奶",最终走上自收自支、照章纳税、自负盈亏、自我发展的企业化经营道路。1996年1月15日,我国第一家报业集团——广州日报报业集团在政府的主导和推动下正式成立,借此拉开了我国报业集团化的序幕,报业市场中的竞争主体开始由报社变为报业集团,至今已经组建了49家报业集团,各地报业集团除了少数是由"报社+报社"合并而成的以外,大多是在政府主导下辅以市场手段,以党报为龙头加上若干子报、期刊以及各类多种经营公司的模式结合而成的报业联合体,这种组织方式对治理报业散滥差、提高市场集中度,加强对新闻宣传的控制与管理等起到了重要作用。随着市场环境特别是报业发展战略的变化,这种"主报+子报"的组织形式的弊端也越来越突出,比如产权不明晰、内部治理结构不完善;"集而不团",资源整合不够,没有产生预期的协同效应,不利于报业集团的跨媒体、跨行业、跨区域、跨所有制发展及向综合型传媒集团的战略转型。

30年来,我国的报业结构发生了显著的变化。报纸总数由少变多,报纸种类由以前单一的各级党委机关报,变为各级党委机关报与多种类型报纸并存的格局,我国报业结构依循着由单一走向多元的发展路径。

首先,根据报纸内容定位划分,可以分成综合性报纸和专业性报纸。综合性报纸内容广泛,以刊登政治、经济、文化、体育等社会各领域的新闻和新闻评论为主,面向整个社会,以普通读者为发行对象,不偏重某一阶层和行业。如《人民日报》、《南方都市报》等。专业性报纸以发表反映某一行业、某一系统或某一阶层的新闻和评论为主,以特定范围的读者为发行对象。如《人民法院报》、《体坛周报》、《中国经营报》等。

其次,以发行的范围划分为全国性报纸和地方性报纸。全国性报纸以全国的新闻为报道范围,向全国各地发行。如《光明日报》、《南方周末》等。地方性报纸以报道某一地区新闻为主,并主要向该地区发行。各省(直辖市、自治区)的党委机关报以及地、市、县报,都属于此类。

第三,按照出版时间可以划分为日报类、周报类和星期刊类。日报类还分为早报、晨报和晚报,如上海的《东方早报》、《新闻晨报》早上就出版,而《新民晚报》等在下午三、四点面世。日报类每日发行,以快速发布当日发生的新闻为主,而周报类媒体每周发行,以调查、分析、评论新闻背后的新闻见长。如著名的《南方周末》、《经济观察报》等。星期刊类一般在周末发行。如《中国青年报》的《星期刊》、《南京日报》的《周末》等。

第四,按照组织从属关系来看,有党报类和非党报类,机关报和非机关报。

机关报是党、政、军及社会团体的各级机关报,其言论代表机关并对该机关负责,经该机关认可并受其直接领导。不代表任何党政和社会团体机关的报纸为非机关报。党的各级领导机关主办的报纸为党报,党委机关之外的报纸为非党报。

第五,按照主要的出版经费和利润来源来看,分为市场类报纸和非市场类报纸。市场类报纸面向市场发行,以刊载广告收取广告费用为生存手段,像各类早报、晚报、都市报及很多行业报纸基本上归于市场化报纸行列。非市场类报纸则以各类党报、机关报为代表,其出版经费主要由所属单位机构安排发放。

二、传统报纸组织结构和岗位职责

大众传播组织一般都有三个系统,第一个是内容生产系统,第二个经营管理系统,第三个是后勤支撑系统。图 3-1 显示的是国内一家市场化报社的组织架构。其岗位设置及职责如下:

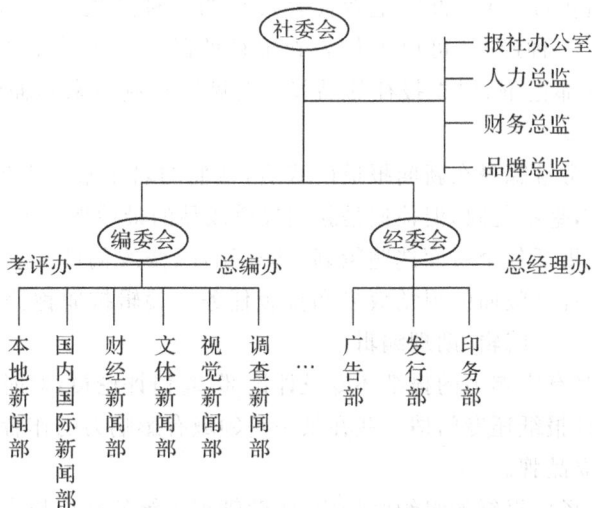

图 3-1　国内市场化日报的组织结构图

社长是报社组织的最高行政领导,一般是报纸的法人代表,负责报纸的全面工作,包括人事安排、财务管理、战略制定、任务考核、销售策略等。有的社长是编辑出身,可能会兼任一些总编辑的工作,有的社长是经营出身,可能更偏重于经营工作或资本运作。社长定时召集报社委员会成员商讨决策报社发展宏观事务。报社还设置副社长来协助社长工作,分管报社各个系统和部门。

总编辑负责整个报社的内容生产系统,管理各个新闻部门或新闻中心,定期召集报社编辑委员会成员,决定报社内容的采编策略、版面的去留革新。副总编协助总编辑工作,分工负责各个部门的内容生产,同时也会分工值班看稿子划版、定标题。各新闻部(或编辑部)主任,对所在新闻部(或编辑部)内容进行管理,在部门具有一定行政权力,受总编辑的领导。

记者是报社最基层也是最重要的岗位,常常在新闻事件发生的第一线冲锋陷阵,采写新闻。国内记者的工作通常根据社会行业、政府部门的条块来进行划分,称为跑线记者,如社会线、金融线、司法线、交通线、体育线、娱乐线等,还有不分条块专门承担调查任务的调查记者。从传播信息类型来看,很多报社还专门设有摄影记者、多媒体记者。从新闻记者的业务职称来看,可分为特级记者、高级记者、主任记者、助理记者。在上世纪 90 年代中期,很多国内都市报媒体参照西方媒体推行首席岗位制,设立首席记者。首席记者是报社里最优秀的记者和明星记者,首席记者在报社的地位、薪金待遇上要比其他的记者更高一些,首席记者代表报社的一种形象、一种追求、一种风格、一种品味、一种影响,可以说代表着报社的品牌。报社推出首席记者制有助于推动内部竞争,树立报社的品牌。首席岗位制后来延伸到广电、网络等其他媒体组织。

报社编辑常常隐身在新闻报道的背后,他们的名字常常出现在报纸的左上角或右上角,毫不起眼,但他们是新闻报道成品的最后加工者。报纸的责任编辑一般负责报纸各个版面选题策划、选择稿件、修改稿件和制作标题任务,美术编辑负责各个版面的视觉效果和排版任务。编辑按职称分为四级,即高级编辑、主任编辑、编辑、助理编辑。

此外,一些有影响力的报纸还专设评论部,聘请评论员,对时事发表评论,引导舆论;有的报纸还专门请一些在某一些领域有影响力的作者开设专栏,以扩大影响,树立品牌。

在现代市场化报纸的组织结构中,经营管理系统的地位越来越突出,它关系到报纸的生存和发展,报社成员的经济收入。一般由报社所聘总经理来负责,一些报纸可能由社长和分管副社长直接负责。总经理对报纸的营收负责,管理报纸的广告、发行、印刷业务及各种创收活动。印务部负责报纸的印刷流程,发行站长与发行员负责将报纸送达订阅和销售终端,如报摊、邮局等,广告业务员负责销售各个版面的广告位。

报纸组织中最后一个系统是后勤保障系统,这个系统在所有现代组织中都不可或缺,具有普遍性。这些保障支持部门包括人力资源部、财务部、品牌推广部及行政办公室等。后勤保障部门协助、支持报社的内容生产和经营活动,对社长或总经理负责。

三、传统报社的内容采编流程

报社的核心业务是内容采编,下面简要介绍一家晨报的内容生产流程①:

1. 早上 8:00 记者到岗,联系各部门获取新闻线索。

2. 9:00 各路记者出发,采访当日稿件或完成前一天策划选题。

3. 10:00 策划人首次汇集新闻线索,分析新闻价值轻重,初步确定重要稿件,安排记者采访,同时通知相关人员,准备图片、背景资料等等。

4. 12:00 首次将新闻监测内容提交各部门负责人,筛选落地新闻题材,确定是否联系外地互动媒体,展开深入采访或派记者赶赴外地。

5. 13:00 专刊、副刊版开始拼版。

6. 14:00 各采访部门首次编前会召开,有关部门负责人、策划人、编辑、记者参加,初步归纳现有稿件,确定重点稿件,展开补充采访。

7. 15:00 新闻版开始拼版。

8. 16:00 第二次新闻监测完成,主要为各地晚报及电子媒体内容,采访部门再次筛选选题。

9. 17:00 编前会召开,值班编委主持,全体采编部门负责人参加,各部门汇报当日重点稿件,初步确定导读版内容,评论员参加会议,确定当日"每日新说"选题。摄影提交备选头版图片。

10. 17:30 专、副刊版面签付。

11. 18:00 部分本地稿件截稿,采访部门确定第二天策划稿件内容。

12. 19:30 新闻版签付,交印刷厂开始印刷。

13. 20:00 最后一叠新闻版开始拼版,编辑不断补充调整新闻内容。

14. 22:00 编辑与美编研究新闻版面版式,统一各版风格。

15. 23:00 本地新闻基本截稿。

16. 24:00 外地互动媒体稿件陆续到位,最后一次新闻监测完成,确定上版稿件。头版导读、图片内容确定,开始拼版。

17. 1:30 最后一块版面签付,印刷厂开始最后一叠新闻版印刷,分发部门将各叠报纸分拣发放。

18. 5:30 零售报纸上市,投递员陆续到岗,开始订户投递。

---

① 攀登:《传媒新人手册》,海南出版社 2010 年版,第 106—107 页。

上述流程是比较传统的单张报纸采编、印务和发行流程,也是当下传统报纸媒体的主流模式。这个模式中,所有人员的工作都围绕着作为载体的新闻纸展开,具体概括为 9 个环节(如图 3-2 所示)。

> 设计和组织新闻报道→记者采访、摄影记者拍摄→分析、选择和编辑新闻稿件→制作图表→修改新闻稿件→制作新闻标题→配置新闻稿件→编排新闻版面→校对、签发

图 3-2　单张印刷报纸的采编流程①

四、数字化报业组织结构模式

互联网的崛起改变了媒体生态环境,对报纸等纸媒体带来强烈的冲击,同时也给报业启发,国内外很多报纸包括著名的《纽约时报》都在努力利用新媒体,再造报业组织结构和内容生产、发布流程,以求实现报网融合。为了应对电子媒体的竞争,报纸媒体在内容上正从"新闻纸"向"观点纸"、"服务纸"转变,形态上除了发行印刷报纸外还创造了网络报纸、手机报纸等电子形态报纸,尤其是和 iPad 等移动阅读终端合作,报纸的采编流程包括排版模式乃至经营模式都需要重新进行探索,传统报业正经历着复杂的转型,努力自救以求破除许多人对其作出的"死亡"预言。

2007 年 6 月,《广州日报》滚动新闻部成立,成为《广州日报》印刷版和广州日报新媒体(包括互联网、手机和视频在内)的跨媒体平台,负责报纸、手机和网站三个部门的联动发稿。滚动新闻部实际上是报业集团内部一个连接传统媒体和新媒体的沟通和协调部门。滚动新闻部的员工平时大部分工作就是向报社的采编记者要稿子,催促他们将刚刚写好并未见报的稿件发到滚动新闻部记者的手中,这些新闻经过简单的编辑,就能成为大洋网上即时滚动的最新新闻。但在重要新闻事件发生的时候,滚动新闻部要派记者去第一线采访,实现滚动播报。报道方式不但有文字、图片,还有音、视频。报道内容一部分可以通过大洋网传播,一部分可以通过《广州日报》刊登。滚动新闻部的采访对象既有新闻事件的当事人,也可以将报纸采访报道的一线记者和编辑作为采访对象。这是国内最早进行跨媒体融合尝试的报纸。随后国内许多报业集团都成立类似部门进行报网联动或报网融合的尝试,但《广州日报》的滚动新闻部仅是报纸和网络的部分融合,是一个存在于报纸和报纸网站之间的中间

---

① 参阅阮璋琼、尹良润:"媒介融合背景下报业集团的组织结构与流程创新",《东南传播》2011年第 10 期。

机构,在一定程度上对编辑和生产流程起促进作用,但这种转变还未触及报社编辑部结构的根本,也不是媒介融合的高级阶段。

根据国内外数字化报业组织架构和流程再造实践,具体有如下模式:

模式一:新媒体部门依附于编辑部模式

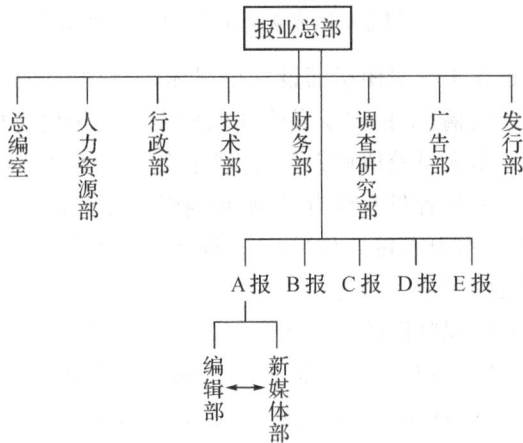

图 3-3　各报纸设立新媒体部独立运作模式[①]

和国内许多报业集团将旗下各个子报的广告、发行分开运营不同,这种模式在报业总部这一层面实现了发行和广告的整合经营,有利于资源整合,同时在每个子报都设立了新媒体部门,独立运作自己的网站、手机报等新媒体业务。其中编辑部与新媒体部又存在两种运作方式:一种是新媒体部的内容主要来源于报纸编辑部,但他们是两套班子,独立运作,只在某些突发事件或大型活动时进行联动;另一种是报纸编辑部也承担新媒体的采编任务,即一个班子运作两套系统,这样能节约成本,同时能提高效率,在配备先进全媒体采编系统的情况下,也不会给编辑部人员增加很多额外工作量。上述模式比较传统,没有体现媒介融合带来的一次生成、多次发布的优势。

模式二:全媒体信息中心统一调度模式

---

①　参阅阮璋琼、尹良润:"媒介融合背景下报业集团的组织结构与流程创新",《东南传播》2011年第 10 期。

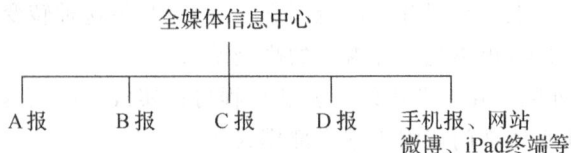

图 3-4　报业集团成立全媒体信息中心模式①

　　第二种模式是在报业集团层面设立全媒体信息中心,这个中心给集团的各个子报和新媒体供稿,子报和新媒体各取所需。这个信息中心的人员包括记者、制图人员、技术人员及协调人员,记者来自各个子报和新媒体,各子报和新媒体的编辑部没有记者只有编辑,只承担编辑职能,而且全媒体信息中心运转良好后,可以由成本中心转为利润中心,即不仅向本集团的报纸和新媒体供稿,还可以把内容销售给其他媒体。

　　这种模式在我国现阶段的报业实践中还鲜见,因为在我国,存在母报和子报行政级别的差异问题;还有子报们各自的利益问题,需要处理好母报和子报、子报和子报之间的竞争和合作问题,这是阻碍所在。

　　模式三:媒介融合中心共享数据库模式

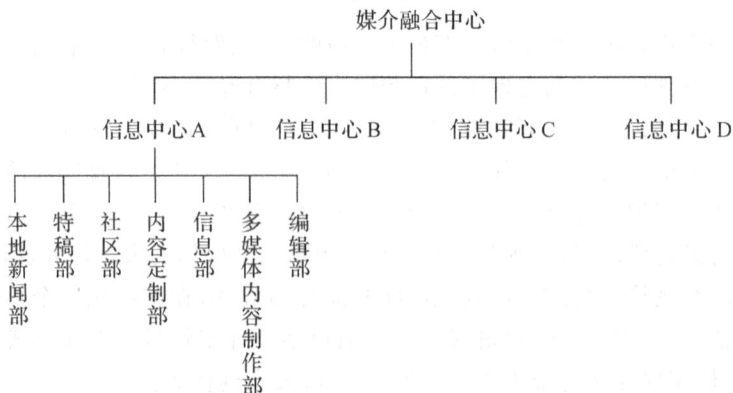

图 3-5　完全融合的组织结构模式②

　　这个模式根据美国甘尼特集团和《华盛顿邮报》为原型进行设计,完全颠覆了传统的以编辑部为中心的模式。媒介融合中心负责协调整个集团信息产品的制作、编辑以及在各个媒介平台的发布。每个报纸的编辑部都改成信息中心,信息中心包括七个功能部:本地新闻部,包括了文字、摄影和摄像记者,

　　①②　阮璋琼、尹良润:"媒介融合背景下报业集团的组织结构与流程创新",《东南传播》2011年第10期。

负责采访本地发生的各种新闻,记者一般都具备多媒体采访能力;特稿部,供应一些非事件新闻;社区部负责与所在社区的线上和线下交流;内容定制部,为一些特殊用户提供付费的特别内容产品;信息部,负责从数据库中为新闻报道提供背景资料及插图、表格等;多媒体内容制作部,为多媒体新闻信息的制作提供技术支持;编辑部,这是多媒体的编辑部,负责编辑一篇报道的所有版本,包括印刷版、网络版或者手机版。各个信息中心之间通过统一的集团数据库,共享很多采编资源,实现密切的互动。

五、数字化报业采编流程模式

在数字报业中,采编流程不再是各家报纸各行其是,而是跨媒介的团队合作,是对多种媒介新闻生产流程的重组和整合,由服务于纸媒体为基础的新闻采编系统变为以数字内容生产平台为基础的多媒体新闻、信息与服务提供系统,已经超出了传统采编的范畴。简单一句话就是多平台采集,多平台发布。

模式一:统一策划,分头采访,资源共享,分头发布。

设计和组织新闻报道→各媒体分头采访→进入待编稿件库→各媒体分头发布→进入已发稿件库→深度加工→各媒体再次发布

图 3-6 ①

这种流程模式以芝加哥论坛报集团为原型,这种模式的特点是各媒体的记者编辑在报道整个过程中紧密沟通,但每个媒体都对自己的新闻作品独立负责,独立做决定。各媒体遵循 U2 原则,即独特的和非复制的内容(unique and unduplicated content)。

模式二:统一策划,分头采访,资源共享,统一发布。

设计和组织新闻报道→各媒体分头采访→多媒体编辑整合→修改稿件→统一发布

图 3-7 ②

这种模式与前一种模式的最大区别在于,所有稿件经过多媒体编辑统一处理后,再统一安排发布。这是更符合媒介融合趋势的做法,但对于多媒体编

---

①② 阮璋琼、尹良润:"媒介融合背景下报业集团的组织结构与流程创新",《东南传播》2011 年第10 期。

辑的要求更高,目前这种模式还在摸索和完善当中。

模式三:统一策划,统一采访,资源共享,统一发布。

> 设计和组织新闻报道→信息中心统一安排采访→多媒体编辑
> 整合、修改稿件→统一分布

图 3-8 ①

这种模式是最为彻底的媒介融合尝试,以信息中心为核心来调度所有的采编资源,实现成本最小化,资源共享化,传播效果最大化。目前国外的顶尖传媒集团如 BBC 等正在摸索这种模式,当然这种模式也存在一些缺陷,例如可能会造成新闻报道视角的单一,多个媒体呈现的内容重复比率过高等等。

第二节 电视媒体组织及内容生产

一、我国广电媒体体制和机制变革

改革开放以来,在保证广电媒体国有属性的前提下,我国的广电媒体体制和机制一直在调整探索中。

1.四级办台

1983 年,中央在第十一次全国广播电视工作会议上明确提出:在全国实行中央、省、有条件的地市和县"四级办广播、四级办电视、四级混合覆盖"的建设方针。自此形成了现在的中央台、省级台、地市台和县区台四级混合分布的格局。从那时起,广电开始实行"事业单位,企业化管理",广播电视机构一方面靠广告自己养活自己,另一方面要保证正确的舆论引导。

2.并局升台,局台分离

地方广电媒体初创时,广播电台、电视台、有线电视台、广电报"四驾马车"各跑各的,电视节目大同小异,广告市场各自为政,管理部门机构重叠。上世纪末和本世纪以来,地方广电媒体开始整合,先是有线电视和无线电视两台合并,此后又合并广播电台实行三台合一,再后,有的地方成立广播电视总台,有的地方成立广电集团。在一些地方,广播电视与文化系统合并,成立"文化广播电视局"统管各文化、广播电视机构。这些措施可以形容为"并局升台,局台

---

① 阮璋琼、尹良润:"媒介融合背景下报业集团的组织结构与流程创新",《东南传播》2011 年第10 期。

分离"。并局,即将原广播电视局与同级文化局、新闻出版局合并,组建集文化、广电、新闻出版等行政管理职能于一身的新的政府部门——文化广电新闻出版局。升台,即合并电台、电视台,组建广播电视台(集团、总台),并升格为当地政府的直属事业单位。分离,即按照"政事分开、管办分离"的原则,局、台实行彻底分离,成为规格相等、互不隶属的同级机构。同时在广电媒体内部,尝试着将经营性功能和非经营性功能分开,即广告和发行是经营性的,可以完全按照企业模式运行,实行总经理领导;采编新闻部分是非经营性的,实行编委会领导。

3.制播分离

国内有条件的地方广电集团还尝试"制播分离",试图通过"制播分离"带动国有电视播出机构的整体改制、完成从事业单位向企业单位的过渡。在具体的实践中,有两种"制播分离"方式:一种是电视台把制作部门独立出来进行公司化运作,一种是利用社会上的独立公司为电视台提供内容。2008年12月2日,中央人民广播电台音乐之声开办6周年。同日,由中央人民广播电台控股的"央广智库广告有限公司"挂牌成立。音乐之声实行制播分离,成为中央广电媒体制播分离的最早实践者。天津电视台、吉林电视台、长春电视台等也将电视剧制作分离出来,组建面向市场的节目制作公司,实现了电视剧的制播分离。上海文广新闻传媒集团(SMG)与湖南广电成了全国地方广电机构制播分离与转企改制的标杆。SMG旗下的五大业务板块,即动漫少儿、新媒体、电视购物、财经以及娱乐将分别上市,其中新媒体企业"百视通"已完成借壳上市。

数十年来,我国的广电体制改革一直在矛盾中进行,一方面为了增强广电媒体的活动而加强其产业化和商业化的属性,将其推向市场,让其自负盈亏;另一方面因为担心商业化的改革会影响媒体的喉舌功能或公共利益,而强调其事业属性,不断加强行政干预和意识形态引导,致使广电媒体无所适从。由于四级办台体制,全国形成了数百个广电媒体利益主体,中央和地方广电媒体间、地方各级广电媒体间矛盾重重,使得广电媒体无法像电信企业一样形成一个拳头,在已经确立日程表的"三网融合"竞争中处于下风。被寄予厚望的"制播分离"改革也是困难重重,制播分离出来的内容制作公司在现有体制束缚下都无法很好地解决团队长期激励的问题,很多也没有解决好公司治理的问题,有的甚至连基本定位和发展战略的问题也还没有想好,大都停留在一套班子两个牌子的阶段,做着换汤不换药的表面文章。此外,广电媒体的公共性无法彰显,广电媒体一直实行行政化领导体制,不具备独立性,我国还缺乏世界范围内公认的公共广播电视媒体。

二、电视台的组织结构

图 3-9 为国内电视台简要的组织结构图,由于电视节目生产需要多部门协同作业,其组织岗位设置及职责也相较其他的媒体更为复杂。在国内广播电视业,尤其电视业中,存在三种不同的行政管理结构设计:①频道制,即以电视节目播出所占有的资源载体来确定行政管理方式。每个载体内部都有一个子系统,包括组织节目生产和编播,进行广告创收等,小而全。②中心制,即以电视节目形态来确定生产系统的行政管理方式。节目生产部门的人员组织及分配由统一的行政管理部门进行统筹安排。组织结构的设置层次比较简洁,以利于效率的提高。其管理专业化特点突出。③频道中心制,即针对电视台实际情况,对电视节目生产组织区别不同情况而采取比较灵活的权变管理。其结构设置取决于领导者的具体管理方式。

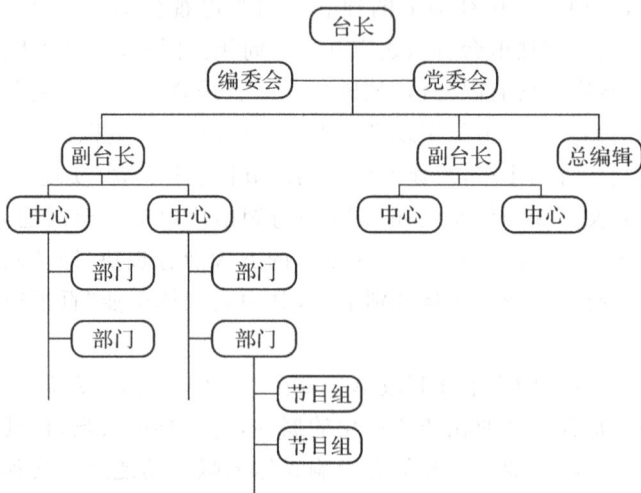

图 3-9 电视台的简要组织层级

1.管理人员

在我国,电视台的最高长官是台长,首要任务是保证政治安全和宣传工作到位。其次,台长要对整个电视台的财务状况负责,对广告部尤其重视。第三,台长要负责选人用人,人事安排。台长下面设有多个副台长,分别管理节目、运营、技术、财务等等。副台长的分工是根据管辖的内容区分的,比如有的副台长主管新闻、少儿、体育,有的副台长主管经济、社会、海外等等。台长和副台长都是行政岗位,业务岗位有总编辑和副总编辑,他们工作的机构叫做总编室。有时候副台长会兼任总编辑、副总编辑,这些高层领导会组成一个编委会,编委会负责决策所有关于节目的事项,比如新节目能否播出、老节目能否保留等等。这些高层领导还会组成另外一个机构叫做台党委会,电视台的一些重大问题都需经过党委会研究通过。比如要不要盖个新大楼、是不是进行公司化运作等等。副台长下面分别领导着不同的中心,中心的领导叫做中心主任。很多地方台也将中心领导改称总监。按照节目类型,电视台都或多或少设有几个节目中心:如新闻中心、文艺中心、社教中心等。大的电视台,如央视,有十几个中心,每个中心都拥有一个或多个下属频道,如新闻中心有新闻频道,体育中心有体育频道。中心主任负责整个中心的全面工作,保证中心节目制作、播出顺利,不出事故。关心下属电视频道的经营状况,关心本中心的节目收视率、重要岗位的人事安排和财务收支管理。央视一个中心主任常常要管理上亿资金。下面设有副主任,每个副主任又有自己管理的部门,比如青少年中心下面就又分别有青年部、少儿部、动画部,新闻中心下面会有社会新闻部、新闻评论部、时政新闻部、直播组等等。每个部门都有自己的部主任,部门主任向中心主任负责,直接领导各个节目组,负责选拔节目制片人,参与新节目的创新和策划。关心自己管辖的节目的收视率和经营状况。部门主任直接管理制片人和节目组。

2.一线从业人员

制片人和节目组成员是电视媒体真正的一线从业人员。现在很多电视台实行制片人制。

制片人制的主要特点是:①由制片人承包板块,对该栏目节目制作及财务、用人分配等一切事务全权负责。栏目中除制片人和少数几个正式职工外,大多数职工来自社会招聘。②收入上不再是平均分配吃"大锅饭",而是首先由制片人和编导协商出一个劳资标准,然后制片人根据编导的表现付给相应薪水,同时实施一种奖惩机制,这样编导之间的收入差距拉大拉开。③制片人有权解聘任何外聘人员。制片人相当于项目经理,是节目组里的最高领导。有的制片人是业务型的,喜欢做节目,因此会兼任编导的职位,也有的兼主持人。制片人承担着收视率和经营压力,尤其是前期投入的时候,节目前景不明朗,制片人需要筹备资金,确定播出平台,组建团队,优秀的制片人需要对电视节目的市场、定位、制作流程、人员管理和激励等都有较深入的了解。

节目组固定成员包括主编、导演、主持人、策划、编辑、统筹等。主编负责节目内容的把关,按时召开策划会,形成策划预案。并对中后期的工作进行指导和要求。主编一般是策划或编辑出身,熟悉节目的制作流程,富有创意,能够对节目的大方向和深度进行把握,有权力不通过预案。

导演在不同电视节目中的功能有着比较大的差异。有的导演权力相当大,比如春节联欢晚会的导演就有着用人、花钱的权力。纪录片几乎全部由导演负责,只需要在预算内完成节目就可以,自由度很大。综艺、谈话类节目的导演分为现场导演和切换导演,他们只是所有工作当中的一个技术环节,几乎不具有领导功能。最重要的是他们的技术和经验。现场导演负责节目现场气氛的调动和流程的运转,相当于演出时的舞台总监。切换导演坐在切换台旁边,将很多个机位的信号按照自己的想法切换到录制的带子上,这样不至于录完相之后每个机器都有一盘带子,给后期的编辑造成非常大的麻烦。切换导演通过话筒和耳机与现场导演和摄像进行联系,指挥各个机位的摄像给出不同的镜头。一个有经验的切换导演可以非常良好地配合现场,切换出来的作品流畅、规范,该有的镜头都会有,后期编辑的时候非常方便。

节目主持人的主要作用是在节目中进行引导和掌控。好的主持人参与节目制作的各个环节,在前期的时候就加入团队,贡献策划思路等,在录像的过程中会对节目进行创作,加入自己的风格和特征。这样的主持人不仅仅是帮助完成了每一次的录像,更是这个节目的符号和标志,甚至成为节目的品牌和核心价值,成为决定节目影响力大小的关键因素。

每期节目都有专门的策划(有的节目会将策划和编辑合一)人员对这期节目的策划创意负责。策划的任务是发掘节目素材、找到拍摄的人和物、进行节目创意、撰写节目文案、制订拍摄计划等等。并且要负责与节目中后期的各个工种一般是相关领域人员进行沟通,使自己的想法创意很好地得以实现。策划相当于单期节目的项目经理,是每期节目最核心的推动者。有的节目组聘请外来的顾问担任策划,一般是相关领域专家学者。

编辑是对节目进行后期编辑的人。会使用对编机、非线性编辑机等常用设备,通过编辑的工作可以使原本粗糙、拖沓的节目变得紧凑、细致。编辑需要对主持人的风格有着充分的了解和欣赏,并能够和策划、导演进行良好的沟通,知道节目的宗旨和目的。编辑是创作环节最后一道把关人,作用非常重要。

统筹是负责节目组行政事务、人事事务的工作人员,直接对制片人负责。统筹的工作相当繁杂,负责联系各级领导审片子,预约演播室,处理媒体事务,激励士气,组织评奖和各类文化活动,等等。

还有一些外围工作人员,比如化妆师、灯光师、音频技术、视频技术、置景人员、场工、车辆、餐饮、保卫等等。这些人不是节目组内部的人,但是每次录像都需要他们的介入。这些人员都有着自己专业化的分工,他们同时可以为很多个节目组工作。每次录像之前需要提前预约和沟通,才能达到最好的配合效果。

3.电视新闻的采编播流程

如果把电视台比作工厂,那么这个工厂的产品就是电视节目。一般而言新闻性及体育性节目的策划分别由新闻部与体育部负责,其他的娱乐性、社教性等节目的策划、编导等则由节目部负责。制作工程中心负责节目的制作,包括节目的拍摄、录影、剪辑及各种效果的制作。节目内容的好坏与节目的策划、编导有关,而电视画面与声音质量的好坏,则由制作设备及技术来决定,最后由工程部来完成节目产品的最后转输工作。电视节目的信号经主控制室以微波送到发射台,然后经由发射机,将信号送到各地转播站,再发射电波供大众接收。成功档的电视节目需要各方面的人员、条件密切配合,才能完成。下面以电视新闻节目的制作为例简要介绍。

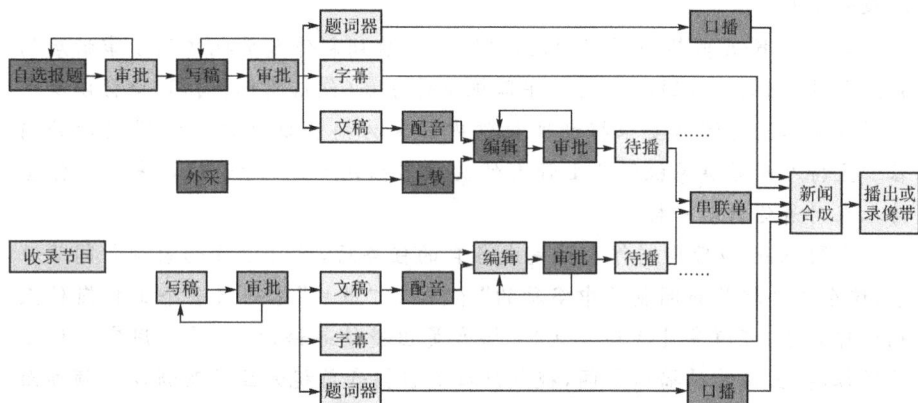

图 3-10　电视新闻制作流程图

电视新闻制作基本流程主要分为三个阶段,即前期准备、中期采访录制和后期制作合成。其中,前期准备和中期采访录制工作主要由新闻记者和摄像承担,而后期制作合成则主要由后期编辑和制作人员完成。图 3-10 一目了然地展示了电视新闻采编播各个环节和流程。下面以某电视台记者阿 Ken 的活动为线索,介绍电视台新闻节目的制作流程。

上午 8 点 30 分,阿 Ken 准时到达在电视台新闻中心记者办公室,作为记者,每天工作的第一件事就是寻找新闻选题。阿 Ken 打开电脑,输入新闻选题:"今天你哈欠了没?"很快,选题被领导审核通过了。

紧接着,阿 Ken 打电话预约了卫生部门的相关人员。同时,他的搭档摄像记者也准备去设备管理处领取摄像机以及磁带。

中午时分,阿 Ken 采访结束,火速乘车赶回电视台。扒上两口饭,赶紧开始撰写稿件。不一会儿,阿 Ken 的同事们也采访归来,大家开始使用新闻文稿系统进行新闻稿件的撰写。完稿后,阿 Ken 将稿件通过新闻文稿系统保存供领导审阅和修改。不一会儿,稿件就被审阅通过了。

接下来,阿 Ken 进行"新闻编辑三步曲",即让播音员根据文稿给新闻配音、将配音和录制的视频素材上载到视频编辑系统中,之后进行视频剪辑。编辑制作视频一般需要经过创作、采集、编辑、效果处理和保存五个主要的步骤。对于新闻来说创作就是采写新闻稿件;采集是指将摄像机拍摄到的视频素材和其他素材(如图片和配音等)通过数据线(一般为 IEEE 1394 连接)采集到计算机上;编辑则是指将这些捕获后的内容按照需要,重新排列并剪切顺序,还可以根据需要为视频加入转场特技、字幕标题以及音乐等效果,使其更加美观生动;保存就是把制作好的视频,用一定的格式(编码方式)存储在硬盘或者刻录到光盘。

就在阿 Ken 剪辑新闻视频的同时,新闻后期制作人员也拿到了审批后的新闻稿件,他们将按照要求使用字幕机制作字幕(包括图标、唱词、角标以及一些图表等),同时还需要根据新闻稿件内容来为播音员制作提词器显示的内容。主持人面对摄像机镜头上带有的提词器播送新闻,对于观众来说好像主持人在对着你讲话一样。

在阿 Ken 和后期制作人员完成各自的任务后,就可以开始录制新闻节目了,这个工作就是新闻制作中俗称的"串片"。"串片"是一项多个工作岗位互相协作的活,可谓多员联动。这时,播音员出镜读导语,字幕员使用字幕机上的字幕,播出工作站播出新闻,视频切换器在播音员视频画面及新闻视频画面之间进行视频信号切换,调音台调整音量的大小。在这些工作人员的共同努力下,最终输出的视音频信号在录像机处录制成新闻播出磁带,播出磁带可以拿到电视播出机房进行播出。

现在越来越多的电视台的新闻节目采用直播形式,将音视频信息直接变成发射信号,即时发送到受众的接受终端,这对主播等各个岗位人员素质提出了更高的要求。当新媒体出现后,电视荧屏不再是电视节目唯一的接受终端,视频网站、手机电视、公交移动电视、街头大屏幕等视频终端一同分享传统电视媒体的节目资源。有的电视台建立了自己的视频网站,号称网络电视台,将所有的节目资源都传输上网,比如中国网络电视台便是脱胎于中央电视台,它将全国各地卫视优质节目资源集于一身,同时将央视各频道节目同步网上直播,还吸引网民们自己上传视频内容。除了专业的电视媒体从业人员,越来越多的业余爱好者也熟练掌握视频制作技术,他们常常将自己摄制的视频内容上传到一些热门视频网站,如 youtube、优酷网、土豆网等,供大家分享,他们被称为播客一族,有创意的作品点击率往往达到数十万、数百万之多,像网络草根播客胡戈制作的视频《一个人血馒头引发的血案》曾经轰动一时,催生和推动了网络视频行业。当下,电视媒体虽然没有像报纸受到网络新媒体的冲击那样大,但越来越多的年轻受众痴迷于网络而远离传统电视,他们中很多人都是从网络上观赏电视剧等传统电视节目内容,传统电视媒体将遇到很大的挑战。

第三节 门户网站组织及内容生产

一、门户网站的类型

门户网站是应用最为成熟的网络媒体形态,它伴随互联网应用而诞生,其形态和类型一直在变化发展之中。

从业务的角度来看,门户网站可以分成综合性门户和垂直性门户二类。在国内,前者以传统的新浪、腾讯、网易、搜狐等为代表,实行多元化战略,主要提供新闻、搜索引擎、网络接入、聊天室、电子公告牌(BBS)、免费邮箱、影音资讯、电子商务、网络社区、网络游戏、免费网页空间等服务。后者又可以分成以行业领域细分和以地域细分的垂直门户。行业垂直性门户专注于某一领域如财经、IT、娱乐、体育,力求成为关心某一领域内容的人上网的第一站。例如:专注于IT领域的"中关村在线",专注财经的"和讯网",专注房产的"搜房网",专注汽车的"汽车之家"等都是典型的行业垂直门户,还有一类是针对省、市、县、区行政区域进行信息细分的垂直门户,这类网站也叫地方生活门户网站,力求成为当地居民吃喝玩乐信息的首选门户,如口碑网、赶集网、拉手网等。

从媒体性质角度来看,门户网站可以分成商业性门户和新闻网站门户。前者以新浪、腾讯等商业公司为代表,具有公司化经营组织结构,其中的佼佼者如新浪等早已实现了在海外上市的目标,所有业务都围绕赢利展开,这类网站没有新闻采访权,只有整合其他新闻媒体内容的编辑权,商业性是其唯一属性。新闻网站门户是指隶属于传统新闻媒体的网站,为了有所区别,现在约定俗成叫新闻网站。这类媒体又可以分为中央新闻门户网站和地方新闻门户网站,如新华网、人民网等9家中央重点新闻门户网站,后者如浙江在线、东方网、杭州网等省市级地方新闻门户网站,最初由地方宣传部牵头,在地方传统媒体协助下成立。这些新闻门户网站既具有事业属性又具有商业运营特点,政府提供一定比例的财政补贴,拥有独立的新闻采编权。

门户网站各类业务还在演变中,门户概念也越来越模糊。在中国,对门户网站的定义一直都不清晰。门户的英文（Portal）解释就是"入口"，类似最早雅虎那样的"导航"。但在中国，"门户"的内涵却逐渐演变成了综合性的新闻资讯网站，这是由中国特定的媒体环境造成的：传统媒体不发达和版权保护薄弱。门户的发展经历了几个反复的阶段。最早的门户就是 Web2.0 的，比如新浪最早是论坛，网易最早是个人主页，后来又退回 Web1.0 发展，大规模集成传统媒体的信息，现在又往 Web2.0 的方向发展，越来越开放，越来越趋向平台化，更加注重将"自媒体"①的内容和专业资讯提供者的内容进行整合。"自媒体"是指私人化、平民化、普泛化、自主化的传播者，以现代化、电子化的手段，向不特定的大多数或者特定的单个人传递规范性及非规范性信息的新媒体的总称，也叫"个人媒体"，是 Web2.0 时代最为活跃的新媒体。资讯门户网站发展的趋势是将传统媒体的新闻资讯和"自媒体"产品，如博客、播客、微博、SNS 等进行更加紧密和深入的结合，使得资讯服务功能变得更加高效，而应用性产品也具备了更强大信息生产功能，最后形成网站资讯和自媒体信息产品的良性互动。

二、门户网站组织架构

网站的组织架构及内容生产流程同传统媒体有很大不同。图 3-11 为某地方综合性门户网站的组织架构。综合性门户网站根据定位和需要常常将网站划分成很多频道，像新浪、腾讯、网易等这种商业巨型门户一般要开到五六十个频道，频道下面又设立无数个栏目，视运营情况随时添加和删减，内容生产完全围绕商业目的进行，如果是上市公司的话，由公司大股东担任董事，组成董事会，由董事会选举产生董事长，同时设立 CEO（首席执行官）、COO（首席运营官）、CFO（首席财务官）、CTO（首席技术官）等高级管理职位，聘请业内资深人士组成公司核心管理团队，负责公司的运营。而传统媒体旗下的新闻网站则更多地服务于政府的宣传功能，既有事业功能又兼顾商业运作。几乎所有的综合性门户网站都提供新闻资讯服务，因此都会设立网站编辑部，由总编掌管内容生产，总编地位大小取决于该门户网站内容生产在网站运营中的地位，像新浪，它营收的百分之七八十靠网络广告贡献，新闻资讯服务是其支柱，所有的资源都要围绕资讯内容生产来进行，新浪总编陈彤还担任新浪执

---

① 美国新闻学会的媒体中心于 2003 年 7 月出版了由谢因波曼与克里斯威理斯两位联合提出的"We Media（自媒体）"研究报告，对"We Media（自媒体）"下了一个十分复杂的定义："We Media 是普通大众经由数字科技强化、与全球知识体系相连之后，一种开始理解普通大众如何提供与分享他们本身的事实、他们本身的新闻的途径。"

行副总裁。而搜狐、网易、腾讯等门户还有游戏等其他产品带来的收入,这一部分占其营收比例非常高,而网络广告则相对较低。

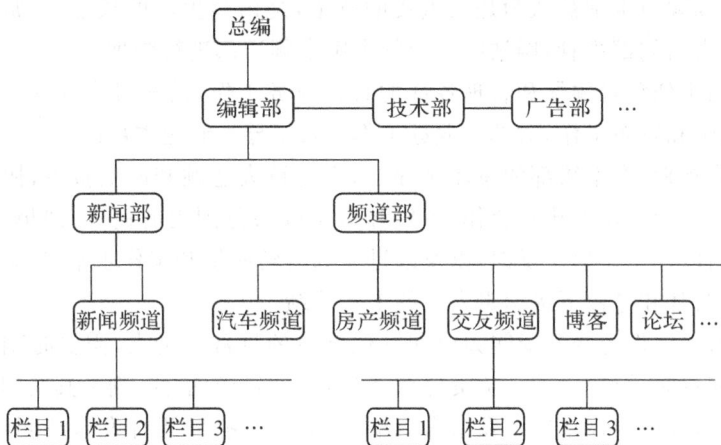

图 3-11　一家地方门户网站的组织结构图

总编是编辑部的最高负责人,对网站发布的新闻内容负全部责任,包括政治责任、社会责任和专业责任等。掌控网站的基本定位、运转状况、原则立场、风格特色等。网站总编的第一个任务是不断地改进网站表现形式。和报社总编时时强调本报立场不同,网站总编最重要的任务之一是改版,通过不断地改版美化网站页面,最大限度地满足方便所有受众,满足受众对页面的新鲜感。网站总编的第二个任务是不断地和技术部门沟通,完善发布系统、社区系统、用户系统以及各种数据库系统和功能模块的配合,不停地归纳总结提炼编辑部和受众的意见传达给技术部。由技术部门进行系统升级和改进。编辑部在内的网站的种种创新想法全都需要在技术部程序的基础上实现。程序决定了编辑部怎样使用互联网为受众编辑内容,程序也决定了受众怎样接受这个网站的内容。互联网公司用程序实现其商业模式,编辑在其中不过是商业模式一部分的维护者而已。从这个意义上说,技术开发要比内容更新更底层、更接近公司核心竞争力。和传统媒体相比,门户网站在内的网络媒体更依赖于互联网技术的进步。网站总编的第三个任务是对外进行内容合作。网站的核心竞争力是发布平台以及不断增长的访客数量,而非自己的编辑部比别人的强。网站总编的任务不是自己生产出更多的内容,而是将更多的内容合作到本网站的平台上。

有的网站在编辑部下面分设新闻部(有的叫新闻中心)和频道部,管理下属各频道,有的干脆不设这一层级,由编辑部直接管理各频道。门户网站基本上实行频道制,频道设置频道主编、高级编辑、助理编辑等职位(像新浪等没有"部"这一级,而是在每个频道里设置频道总监一职,让频道拥有更大的自由度)。新闻频道常常被认为是最重要的频道,是内容生产的核心,常常予以独立设置,由新闻部主管,网站的其他频道则由频道部进行管理。

部门主任负责领导和管理各部的日常业务工作,监管日常的网上内容的制作、编辑和发布工作,对部门业务工作进行指导。制定本部门业务的短期和年度工作规划,在编辑部的总体领导下,进行重大选题和网上报道;协调部门和部门之间的工作安排和合作;签发和审定权限范围内的稿件;搜集、回应和总结部门内外工作信息反馈,以及改进业务运转质量和工作水平;培训下级编辑人员,监督和考核下级编辑人员的工作业绩。

频道主编作为网站新闻频道和其他频道的日常负责人,需要时刻监控新闻主页和本频道首页情况;负责协调来自其他部门的稿件,判断其新闻价值并编发处理;按照授权来决策发布常规稿件和独家稿件;指挥发送新闻短信,监看热点专题质量;收听收看重要媒体的有关栏目的新闻;随时监视各主要媒体的新闻报道及其重大动作;发现重大新闻线索及时上报并着手处理;处理值班电话和值班信箱;在发生技术故障时,及时通知技术人员处理解决;对重头新闻和专题的跟帖进行审看和跟踪,并指挥编辑处理。

高级编辑职位一般要求是干了几年的编辑,能熟练制作网页专题,负责子频道、栏目的内容建设、专题的策划与实施。而助理编辑,一般是新手,协助高级编辑和频道主编完成栏目内容运转和更新的基本工作,也随时对栏目内容建设提出意见和建议,每天负责一定量的内容编选和处理,参加要闻、快讯的提供。如果是传统媒体旗下的新闻门户网站,在新闻部或新闻中心,还设有数量不等的专职采写记者,提供原创新闻,但记者数量远远少于传统媒体,网络编辑是网站的主要力量。

三、网络新闻的制作和发布流程

如图 3-12 所示,互联网上的所有机器不是服务器就是客户机。为其他机器提供服务的计算机是服务器,而连接到服务器上获取服务的计算机称为客户机。而门户网站通常拥有各种各样的服务器,如 Web 服务器、电子邮件服务器、FTP 服务器、视频服务器等为全世界的互联网用户提供各种各样服务。而网络编辑们正是通过后台信息发布系统,将文字、图片、视频信息编辑和制作好上传至相应服务器,用户们则通过客户机上的浏览器来游览网页信息,或者在网页上进行留言、参与网络调查等互动活动。单位、组织或公司内部的局域网称为内网,与之相对的公共互联网称为外网。

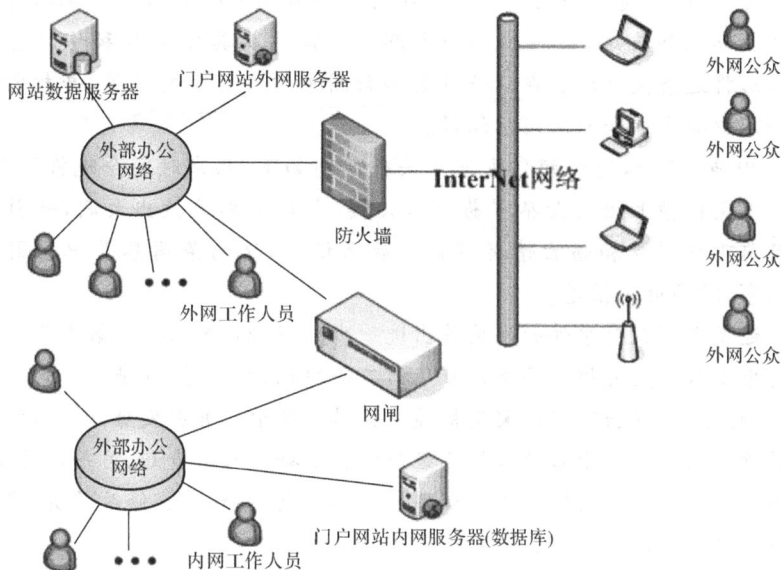

图 3-12　互联网信息传播的拓扑图

　　商业网站没有新闻采访权,编辑的主要任务是转载和改写新闻,制作网络新闻专题。一个门户网站一个频道每天发布的新闻在数百条以上,网络编辑们必须第一时间将报刊、广播、电视等传统媒体及其他网站的新闻资讯分门别类地集成到自己网站各个频道各个栏目中,通过对这些报道的标题、段落层次进行再编辑,形成网站自己的编辑风格和特色。编辑们不停地浏览相关网站,同时注意国内外电视新闻频道,发现一条好新闻后,新闻编辑迅速反应,快速发布。很多时候,新闻编辑获得的新闻素材只是一句话、一个标题,也要把新闻事实发布,其他内容后续再补充。发布新闻后,新闻编辑第一时间将新闻改到新闻频道的焦点区,然后再往新闻首页、网站首页进行推广,重要的新闻,马上通知专题部,参与制作专题,同时追踪相关媒体的后续报道。以下为时任新浪网新闻中心值班编辑在美国"9·11"恐怖袭击事件发生后的应对处理①:

　　1.2001 年 9 月 11 日晚 20 点 50 分左右,看到 CNN 正在播放一架飞机撞击纽约世界贸易大楼之后的画面,立即发布一条快讯,内容为:"快讯:一架飞机撞上纽约世界贸易中心。当地时间 9 月 11 日上午接近 9 时(北京时间 11

_____

　　①　"9·11事件"报道新浪值班编辑口述实录,http://vip. book. sina. com. cn/book/chapter_ 37530_22216. html

日晚接近 21 时），美国一架飞机撞上纽约世界贸易中心大楼。从现场可以看见大楼上部浓烟滚滚，被撞出一个大洞。目前飞机具体型号和伤亡情况不详。"随后将这条快讯放置在新浪首页和新闻中心首页重要位置，并打电话通知了新闻中心主编和新浪网总编辑。

2.20 点 59 分，通过短信发布了头条新闻如下：北京时间今晚将近 9 时，美国一架飞机撞上纽约世界贸易中心大楼，大楼上部被撞出大洞，并引发爆炸。目前飞机型号和伤亡情况不详。后来证明，这两条消息是中国国内对"9·11事件"的最早报道。

3.还没来得及对事件的发展作出进一步判断，21 点 03 分，第二架飞机撞上世贸中心另一座大楼。马上发布了第二条快讯，时间是 21 点 08 分（相差 5 分钟）。标题为："快讯：第二架飞机撞上世界贸易中心并引发爆炸"。此时，离公司最近的两位新闻中心的编辑已经赶回。安排一人做专题，另一人转发《中国日报》、新华网、中新网、人民网稿件。继续盯电视和外电，修改首页，同时通知所有翻译上线，翻译详讯。

4.21 点 30 分左右，新浪网总编辑陈彤赶到现场督战，并且已经和北美新浪网纽约办事处的同事取得了联系。按照要求，新闻中心的很多编辑已经纷纷从家里赶来公司。

5.此后事件的顺序是：21 点 37 分，第三架飞机撞击五角大楼，21 点 59 分，世贸中心南塔楼倒塌，22 点 28 分，世贸中心北塔楼倒塌，根据电视画面发布了快讯（21 点 47 分、22 点 03 分、22 点 29 分）。第二座大楼倒塌前，即 22 点 30 左右，已有十余名翻译和编辑投入工作。当时的情景是：电视播放着 CNN、凤凰卫视和台湾华视的画面（遗憾的是，中央电视台当晚没有对"9·11事件"作密集报道），根据电视画面和外电消息口述快讯并立即发布，所有编辑高声报告自己监督媒体报道的最新情况。

对于重要而不确认的消息，坚持了要有两个独立消息源的证实。一度有网友从美国打来电话，说美国电视报道说目前美国上空有 9 架飞机被劫持而不知去向，经过再三寻找和确认，没有编发这个消息。

6.23 点的时候，已经有 20 多位编辑投入"9·11"会战。平时在公司值夜班为北美新浪网翻译财经新闻的 10 位翻译全面转向翻译"9·11"新闻。网络系统部的同事增派人力给予技术保障（第二天一早，北京电信局特别拨出了 1000 兆的带宽给新浪网免费使用，所以"9·11"没有出现大规模的网络拥堵情况），销售部副总经理邓海麟也来到编辑部。23 点 39 分，新浪网总裁汪延也赶来看望值班编辑。

7.近 60 名员工奋战通宵，其"战果"是：编辑、翻译了近 400 条新闻及图片,第二天新闻频道流量超过 8000 万,创造了历史新高,头条短信订阅量多出平时十多倍。第二天早上 7 点前,下一班同事赶来接班。当天上午邀请了相关专家、学者进行网上嘉宾访谈,分析各种可能性。

传统媒体将传播者与受众分得很清,它们是"自上而下"、"点对面"的传播方式。具有 Web2.0 特征的新媒体不再有传者和受者的界限,每个人都是传者,每个人都能做新闻,"人人即媒体"。因此,网络媒体不大用"受众"一词,而更习惯说"用户"。传统媒体组织聘请专业新闻工作者,在重要的城市和区域内设立记者站收集信息进行报道,其花费和成本高昂,新闻来源受到限制。播客式自媒体的出现打破了时间、地域的局限,用户也能成为新闻的采集者和传播者。以 2009 年 2 月 9 日发生的"央视配楼失火"事件为例,央视大火发生半小时后,"草根媒体"先于主流媒体透露消息。一位叫"加盐的手磨咖啡"的网民,在事发时恰好路过现场,随即用带照相功能的手机拍下火场照片,这些照片于 2 月 9 日 21 时 04 分上传到网上。之后 12 小时内,这批照片的访问量超过 37 万次,跟帖 1700 多个。而另一位叫"msun msun msun"的网民于 2 月 9 日 22 时左右将一段现场视频上传到 YouTube 上。约 6 分钟后,新华社才在主流媒体中第一个发出了有关火灾的快讯。这类突发性事件的视频材料是主流媒体无法企及的,而传统意义上的"受众"成为了"新闻源"。相比十年前,像新浪、腾讯等综合性门户网站已经朝向更为多元的 Web2.0 方向发展,其信息集成不仅仅来自传统媒体,更是充分利用来自微博、博客、播客、拍客等自媒体的内容资源,进行重新编辑整合,更加强调互动性。无论是对传统媒体还是资讯门户网站来说,自媒体资源都是愈发重要的新闻源。

思考与练习

1.国内报纸媒体的一般组织架构是什么样的? 各岗位是如何分工的?

2.数字化报业可供选择的组织结构模式和采编流程模式有哪些?

3.电视台制片人制的特点是什么?

4.简述电视新闻制作的一般流程。

5.网站总编的主要责任有哪些?

6.在内容采编上,网络媒体和传统媒体有何不同? 概述二者的优势和劣势。

7.借鉴国外的经验,在互联网时代,国内报纸传统业务流程如何变革?

第四章 新闻自由和媒介控制

倘若一个国家是一条航行在大海上的船,新闻记者就是船头的瞭望者,他要在一望无际的海面上观察一切,审视海上的不测风云和浅滩暗礁,及时发出警报。

——[美]约瑟夫·普利策

案例导入

记者写稿遭跨省追捕背后:媒体曾收到公函①

2005 年 5 月,接到校友、时任长春龙家堡机场副总指挥张广涛的报料后,《第一财经日报》北京分社记者傅桦前往龙家堡机场采访,并撰写了一篇反映该机场建设质量的批评报道。两年后,举报人张广涛涉黑被拘捕,吉林警方来京将傅桦带走。昨天,涉嫌在上述报道中收受贿赂,傅桦在朝阳法院受审。(据 5 月 13 日《京华时报》)

最近,新闻界总是一波未平,一波又起。先是新疆天山网评论编辑王大豪因批评"要求学生背领导名字"而被迫离职,现又是《第一财经日报》北京分社记者傅桦因收受贿赂受审。

尽管两者性质俨然不同,但其背后的问题不得不令人反思而继续追问,新闻权利和尊严何在?

从"傅桦受贿案"不难看出,2005 年 5 月,《第一财经日报》北京分社记者傅桦接到报料,经深入采访之后撰稿《质量问题安全隐患凸现龙家堡机场延误交付背后》和《质量安全不能打折扣》,披露了吉林长春一机场建设过程中因质量问题返工、建设费用超标、附近大烟囱影响飞行等问题。让人觉得蹊跷的是,两篇报道见报后,《第一财经日报》接到了吉林省委宣传部的公

---

① http://news.sohu.com/20090513/n263939786.shtml

函。公函称:"如果这样的负面报道在媒体和社会上广泛传播,将会严重影响吉林省的形象。"公函还希望,《第一财经日报》不再对此做后续负面报道,同时协助删除有关的网上报道。就这样,两篇新闻报道最终被"和谐"了。更骇人听闻的是,两年后,举报人张广涛涉黑被拘捕,傅桦也遭跨省追捕,涉嫌收受贿赂受审。

也许在"傅桦受贿案"中,不少人关注的焦点是,抓人是否是采访者对傅桦的打击报复?吉林警方是否刑讯逼供?记者收受贿赂是多少?做何用处?然而,我也是一名新闻工作者,更最关心的是,这桩案件的背后,新闻权利和尊严被谁亵渎了。

记者,顾名思义,就是"记录者"。记者没有调查采访者之间是否存在个人恩怨和利益矛盾的必要,只要傅桦的报道客观、公正,从尊重新闻权利的角度,有关单位和部门理应积极支持和配合;即便报道的问题与真正情况颇有出入,也应本着解决问题的态度予以澄清;倘若记者的报道的确存在重大问题,应该向新闻主管部门反映,由其主管部门进行处置。而在"傅桦受贿案"中,有关单位和部门先是遮遮掩掩,担心影响吉林形象而要求撤稿,进而又采取打压之手段,跨省追捕记者。我禁不住要问,在处理这一问题时,有关单位和部门将新闻权利和尊严置于何地?

是的,记者在采访报道过程中收取财物是不应该的,也是不可取的。《第一财经日报》北京分社记者傅桦不管收受了多少财物,都已违背新闻工作者的职业道德,应当由相应主管部门进行相应处罚。但是,当问题被披露出来,有关单位和部门不是先澄清和解决问题,以重塑政府形象,而是对相关者进行追捕和打压。不得不令人怀疑,这其中是否存在不可告人的秘密?

媒介组织在内容生产过程中受到内部和外部各种因素制约,所谓的新闻自由、传播自由从来都是相对的,媒体作为特殊的社会机构即受到外部社会的政治、经济、法律、文化等诸因素的制约,又同媒介组织内部选择和加工传播内容的常规和程序有关,同时又和身为个体的记者、编辑等个人素养密切相关。图 4-1 显示了影响大众媒介组织信息传播的内外层次。

```
┌─────────────────────────────────────────┐
│  国际                                      │
│  ┌───────────────────────────────────┐   │
│  │  社会                               │   │
│  │  ┌─────────────────────────────┐   │   │
│  │  │  媒介 /产业 /机构             │   │   │
│  │  │  组织                         │   │   │
│  │  │  ┌───────────────────────┐   │   │   │
│  │  │  │  个人 /角色             │   │   │   │
│  │  │  │  （大众传播者 ）         │   │   │   │
│  │  │  └───────────────────────┘   │   │   │
│  │  └─────────────────────────────┘   │   │
│  └───────────────────────────────────┘   │
└─────────────────────────────────────────┘
```

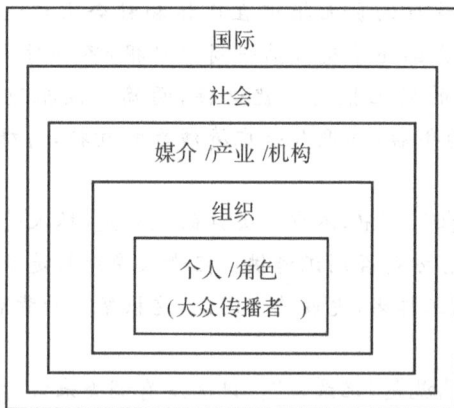

图 4-1　大众传播媒介组织:分析的层次①

第一节　新闻自由:从自由主义到社会责任论

　　西方新闻界称记者为"无冕之王",意思是说记者享有特殊的社会地位。"无冕之王"又称第四等级。"第四等级"一词据说由 18 世纪晚期英国的比尔克所创造,用来指称新闻界所拥有的政治权力,这种权力和不列颠王国的其他三种权力"阶层"——上议院、教会与下议院的权力相等。媒介权力来自它收集、发布或隐瞒、提供信息的能力。"第四等级"的确立,以自由采集、自由报道新闻为前提,即所谓新闻自由。新闻自由、个人自由的观念同自由功利主义式的政治哲学有密切关系,从 17 世纪开始经历西方众多启蒙思想家的阐释和新闻界实践的检验,一直在争论中发展。

一、西方启蒙思想家有关"自由"的经典论述

　　1.弥尔顿②的出版自由思想
　　谷登堡发明的活字印刷促进了欧洲出版行业,并使得各种异见思想附着在这些书本或小册子上迅速地传播,让统治者们无比惊恐。亨利八世是第一位把出版纳入管理的执政者。他采取四项措施试图控制印刷出版。第一,禁

---

　　①　丹尼斯・麦奎尔著:《麦奎尔大众传播理论》,崔保国、李琨译,清华大学出版社 2010 年版,第 224 页。
　　②　约翰・弥尔顿(John Milton,1608—1674),英国诗人、政论家,民主斗士。弥尔顿是清教徒文学的代表,他的一生都在为资产阶级民主运动而奋斗,代表作《失乐园》是和《荷马史诗》、《神曲》并称为西方三大诗歌。

止国外出版商,保护国内出版商。第二,任命皇家出版官员,负责出版。第三,授予特权保护及管制出版事业。第四,授予独占专利防止任何反对的出版品发生。[①] 1643 年,国会中代表大资产阶级利益和上层新贵族利益的长老会派,对日益高涨的革命热情感到恐惧,为巩固已到手的权力,下令实行书刊预先检查制度,禁止出版带有民主自由意识的书刊杂志。这等同于剥夺人们的言论自由,和专制王朝时期所实行的新闻制度一样。弥尔顿对此痛心疾首,难以容忍。由于他论述离婚的小册子触犯禁令,受到国会的质询,恼怒之余,慷慨陈词,于是便有了新闻传播史上里程碑式的文献《论出版自由》。弥尔顿的观点大致有三个方面:

第一,人之所以为人,在于人是有理性的,如果不否认理性是人的天性,是人性的标志,那么,人就完全可以并且能够分辨是非。因此,通过检查制度遏制出版自由,是不允许人们根据自己的理性进行判断,无疑就是扼杀人性。"杀人只是杀死了一个理性的动物","禁止好书则是扼杀了理性本身"。

第二,要发展人的理性并且使人们能够充分运用自己的理性分辨错误和正确,就不应该阻止人们自由地发表意见,恰恰相反,要让各种不同意见可以不受限制地自由讨论。所以,让人们"有自由来认识、抒发己见,并根据良心作自由讨论",就是"一切自由中最重要的自由"。

第三,自由讨论和交锋的结果,是真理的自然浮现。真理从来不惧怕和谬误的交锋,相反,真理总是在与谬误的战斗中得到最后胜利。"虽然各种学说流派可以随便在大地上传播,然而真理却已经亲自上阵;我们如果怀疑她的力量而实现许可制和查禁制,那就是伤害了她。让她和虚伪交手吧,谁又看见过真理放胆交手时吃过败仗呢?"[②]

弥尔顿是以"理性"为依据,来证明出版检查制度之荒谬野蛮。弥尔顿和其他西方启蒙思想家一样,都认为"理性"是人人共有的一种属性,是人之为人的共同标志,而且犹如人的其他一切自然属性一样,是与生俱来不能抹杀的。在自由主义理论中,"存在着一个所谓人身自由的领域,……其基础是思想自由——一个人自己头脑里形成的想法不受他人审讯——必须由人自己来统治的内在堡垒。但是,要是没有思想交流的自由,思想自由就没什么用处,因为思想主要是一种社会性的产物;因此,思想自由必须附带有言论自由、著作自

---

① 李瞻:《英国新闻自由的演进》,载李瞻著的《外国新闻史》,台湾学生书局 1979 年版,第 61—89 页。

② 弥尔顿:《论出版自由》,吴之椿译,商务印书馆 1958 年版,第 46 页。

由、出版自由以及和平讨论自由"。①

2.洛克②的宪政自由观

洛克和弥尔顿几乎是同一时代的人,他们的理论前提相同:人生而平等和有理性。都强调自然法则的作用,但是弥尔顿在《论出版自由》中只停留在对出版自由等自然权利的歌颂,对人的理性的张扬和对遏制自由、扼杀理性专制的抨击,有学者认为这有点"绝对自由"的味道,而洛克在《政府论》中则以自然法则为起点,探索政治和法律范围里的自由,即他是以"人生而自由"为前提,来证明社会国家保护自由的必然和必要。洛克提出的人所拥有的"自然权利"(natural rights)包括了生存的权利、享有自由的权利以及财产权。

洛克认为,在自然状态下,人们是生而自由的,受自然法约束,自由被定义为按照他们认为合适的办法,决定他们的行动和处理他们的财产和人身。而不受他人意志和上级权力的约束,但自然状态存在缺陷,而自然的自由只是从抽象自由向政治自由的过渡,因为人从来就不可能是孤立的。人们拟定契约,通过让出"完全放弃惩罚犯罪的权力"和"放弃保护自己和其他人而做他认为适当的任何事情的权力",组建起公民社会,进而委托政府保护人民利益。

洛克认为,在政治社会中,"自由是一个人在所受约束的法律许可的范围内,自由地处置或安排自己的人身、行动、财富以及全部财产。在这个范围内不受制于另一个人专断的意志,而是自由地遵循他自己的意志。因为,唯有认识到自身自由的人,才能承认其他人的自由,而在政治社会中,法律为人们提供了认识自由、追求利益的指导原则。同时这样的法律又是尊重人民自由权利,保护人民更好地实现自由的","法律的目的不是废除和限制自由,而是保护和扩大自由"。"哪里没有法律,哪里就没有自由。'法治社会中的法是公开、确定、有效的;是国家立法机关根据自然法制定基于人民同意的、颁布的'明文的法';法的最终或唯一目的在于实现个人的生命、自由和财产权"。这种法治与自由充分结合思想避免了极端个人主义思想,反映了洛克温和的宪政主张。

洛克的自由主义被美国奉为神圣,成为民族理想。他的思想深深影响了托马斯·杰弗逊等美国政治家。洛克对法国的影响更为激烈,法国后来的启蒙运动乃至法国大革命都与洛克的思想不无关系。洛克的思想为美国的《独

---

① 霍布豪斯:《自由主义》,朱曾汶译,商务印书馆1996年版,第11—12页。
② 约翰·洛克(John Locke,1632—1704),英国经验主义哲学的开创人,同时也是第一个全面阐述宪政民主思想的人,在哲学以及政治领域都有重要影响。代表作有《论宽容》、《政府论》、《人类理解论》等。

立宣言》和法国的《人权宣言》提供了直接的养料。1787年通过的美国宪法第一修正案规定:"国会不得制定关于下列事项的法律:确立国教或禁止信教自由;剥夺言论自由或出版自由;或剥夺人民和平集会和向政府请愿伸冤的权利。"宪法第一修正案是洛克思想在宪政框架下成功实践的标志。

从弥尔顿攻击专制的呐喊到受洛克思想影响的《独立宣言》、《人权宣言》等成文法的出现,不仅使言论、出版自由得到法律的保障,使理论观念进入了社会实践过程,更重要的是使自然法则和公民权利的互换顺利完成并得以实现。①

3. 密尔②的言论自由思想

密尔对西方自由主义思潮影响甚广,尤其是其名著《论自由》(*On Liberty*),更被誉为自由主义的集大成之作。密尔生活的年代,英国的资产阶级在政治上已经取得政权并已巩固了自己的统治;在经济上,资本主义已经发展到成熟阶段,并开始向垄断资本主义过渡。密尔担心,即使在法律条文上已经规定了人的自由,也未必人人都能得到自己那份自由。因为"运用权力的'人民'与权力所加的人民并不永是统一的;而所说的'自治的政府亦非每人管治自己的政府',而是每人都被所有其余的人管治的政府。至于所谓人民的意志,实际上只是最多的或最活跃的一部分人民的意志,亦即多数或者那些能使自己被承认为多数的人们的意志。"因此在《论自由》一书中,他开宗明义提出他所要讨论的是"公民自由或社会自由:社会可以合法地施加于个人的权力之性质和界限"。③他在这里把社会自由与哲学上相对于必然性而言的自由明确地区别了开来。

密尔指出他全书的要义就是两条格言:"第一,个人的行为只要仅涉及自身而不涉及其他任何人的利害,他就不必向社会承担责任。其他人在为了他们自己的利益而认为有必要时,向他提出忠告、指教、劝说以致回避,这些是社会对他的行为正当地表示不喜欢或责难时所能采取的唯一举措。第二,对于损害他人利益的行为,个人则需要承担责任,并且在社会认为需要用这种或那种惩罚来保护它自身时,个人还应当承受社会的或法律的惩罚。"亦即密尔认为,自由就是在不阻碍他人自由的前提下,做自己要做的事。正是基于这样的思路,他提出了颠覆前人的思想和言论自由观点:

---

① 黄旦:《传者图像:新闻专业主义的建构与消解》,复旦大学出版社2005年版,第45—46页。

② 约翰·斯图尔特·密尔(John Stuart Mill,又译为穆勒,1806—1873),19世纪英国著名哲学家和经济学家、自由主义思想家。代表作有《政治经济学原理》《论自由》《论代议制政府》等。

③ 黄旦:《传者图像:新闻专业主义的建构与消解》,复旦大学出版社2005年版,第46页。

如果全人类对某一问题意见一致，只有一人持相反看法，那么，人类要这一人沉默并不比这一人要使人类沉默更为正当。"迫使一个意见不能表达的具体的恶乃在于，它是对整个人类的掠夺，无论对后代还是对现有的一代都是一样，这对不同意该意见的人甚至比对持有该意见的人还要严重。如果该意见是对的，那么他们就被剥夺了以错误换取真理的机会；如果该意见是错的，那么，他们就失去了差不多同样大的收益，即从真理与错误的碰撞中产生的对真理更加清晰的认识和更加生动的印象。"密尔进而论证道，支持思想和言论自由的论点有两个：(1)我们永远也不能确信试图压制的观点一定是谬误；(2)我们即使确信它是谬误，压制它也仍然是个罪恶。就第一点而言，因为任何人也不能代替全人类来决定一个观点的真伪。尽管专制君主或惯于服从的人常常对某种观点的正确性确信无疑，但事实证明，这样的观点往往是错误的。而"现在流行的许多看法将被未来的时代所抛弃，就像现时代抛弃许多过去曾经流行的看法一样"。①

密尔的言论或出版自由思想同样起了承上启下的作用，一方面，他承继了洛克们关于公民自由的理念，另一方面揭示了"公民自由"的确立，并不能完全保证"自由"，相反，会发生多数人压制少数人的结果，由此开启了有关言论、出版乃至于新闻自由学术思辨的全新方向。

二、从个人言论自由到报刊新闻自由

起初，启蒙思想家为之疾呼的言论出版自由并不等于现在的新闻或报刊自由。即便是出版自由，一开始主要也是指书籍和小册子而不是报纸。从历史上看，自人权宣言以后，"一般民主国家的宪法，因为蜕化了人权宣言的精神，均认为人民有自由思想之权，而表达此项自由之方式分为两种：一为言论自由（包括言论讲学），一为出版自由（包括著作及刊行），而现在所谓之新闻自由，乃系出版与言论自由之延伸，所以，他们以为新闻自由之发展程序乃是这样的，先有了思想自由（freedom of thought），然后产生了言论与出版的自由（freedom of speech and expression），于是，延伸而有了今日的新闻自由（freedom of information）"。②

据现在考证，在 15 世纪末叶开始的某些记事性小册子可能是报纸的雏形。到 16 世纪末，手抄小报流行，不定期的带有新闻性的印刷品也时有出现，大多呈书本形式，被称为新闻书，也有单页的新闻传单。与此同时，16 世纪后

---

① 约翰·斯图亚特·密尔著，顾肃译：《论自由》，译林出版社 2010 年版，译者序言。
② 吕光："新闻自由与新闻法"，《新闻自由问题》，台湾学生书局 1975 年版，第 1—17 页。

期,定期、有固定名称的新闻印刷品开始问世。最后终于在 17 世纪初于德国产生了近代报纸。英国的新闻业在 17 世纪就已卷入政治,由于读者对报纸介绍的新政策和议会辩论情况怀有强烈的兴趣,因而报纸获得了广泛的支持。很多著名报刊(尤其是政治色彩深厚的报刊)上政论文章令人目不暇接。长篇的政治性文章,尤其是论战性文章而不是新闻充斥版面。大凡成就卓著的报纸都专门聘请著名作家撰写抨击性时文,以引起读者兴趣。1787 年,比尔克把新闻界比作"第四等级",显然是对报纸在政治方面表现的一种肯定和赞扬。

美国报纸踏入政治是由于印花税法。税率加重影响到报纸出版商的收入,为了自己的生计,他们不得不起来反抗。每周他们用能够得到的最能激起民愤的东西充斥版面,而把一切理性的探讨排除在外。报纸的宣传鼓动作用初步得到展现。反对印花税最后取得了胜利,这使得报纸更加大胆地反抗英国当局,而且也教育了政治组织和舆论操纵者,让他们懂得了报纸在政治中的作用。独立战争中,美国报纸在政治领袖们的鼓励支持下,或爱国或忠于英国,尽情发挥自己的舆论鼓动才华,政治利器的报刊观念进一步得到强化。独立战争以后,政治党派公开创办扶植自己的报纸,办报者主动参政从政。作为政党的代言人,美国报纸具有明显的党派色彩。执政的联邦党人和在野的反联邦党人,培植自己的报刊,从在报纸版面上的对骂直到总编们在马路边上大打出手早已闻名于世。

在欧美主要国家,报纸与政治、政党产生关系越来越密切,成了意见和思想传播的主要工具,报纸承担起以前主要由书本或小册子肩负的任务。于是就像原来禁止书籍、小册子印刷流传一样,当局或执政者把打击的主要目标转向了反对派报纸。就英国来看,执政者或用津贴或以诽谤法,软硬兼施扼制报纸。经过这样的演变,于是"言论和出版自由延伸到了新闻自由"。在 18 世纪中、后期,独立的报刊思想并不普遍,相反,依附于党派则是理所当然。这一时期报刊对新闻自由的理解,仅仅止于可以自由发表意见,至于站在什么立场帮谁说话,并不重要。帕克说:"我们读前一代的政论,'报纸的威力'来自于编者和社论,而非来自记者和新闻,……甚至现在我们谈起新闻自由,也是指表达意见的自由,而非调查、公布事实的自由。"①

大众化报纸的出现促使报刊和政府关系发生关键性转折。大众化报纸在西方各国出现的时间不一,美国是在 19 世纪 30 年代,英国大约在 19 世纪 50 年代,法国直到二次世界大战后,商业性报刊才逐渐成为主体。大众化报纸最大的一个特点是经济来源不依靠政府或政党。通过广告和销售,报刊不仅能

---

① 黄旦:《传者图像:新闻专业主义的建构与消解》,复旦大学出版社 2005 年版,第 56 页。

自食其力,而且可以盈利。可见新闻自由的前提是报纸的经济要自由。经济结构的转型,最终为现代报业在社会结构中的独立地位奠定了基础,提供了可能。和先前的政党报纸几乎截然相反,绝大多数大众化报刊都声称政治独立。《纽约先驱报》的贝内特就颇为张狂地说,唯有便士报能成为自由报业,"很简单,因为它无需屈从于任何一个读者,压根不在乎谁是读者或谁不是"。《巴尔的摩太阳报》声称以"公共利益"为目标,不管什么政党派别,为此没有畏惧和偏见。① 报纸的报道不再是原封不动地把口头演讲转录为文字,也不需要经过政治领导人严格审查及修改,大众化报纸在政治报道中甚至运用采访的技巧,政治无法再居高临下对待报刊,记者和报纸地位悄然发生着变化。

这时候开明的政治家也对政府、报刊和民意的关系进行了开拓性思考,如美国《独立宣言》的主要起草人、第三任总统托马斯·杰斐逊对三者关系的表述最有代表性:"人民是他们的统治者的唯一监督者;甚至他们的错误也有助于促使统治者恪守他们制度的真正原则。过于严厉地惩罚这些错误,就等于压制公众自由的唯一捍卫者,为了防止人民进行这些不合常规的干预,必须发展新闻事业,通过报纸使他们充分了解国家大事,并且努力使这些报纸深入到整个人民中间去。既然我们政府的基础是人民的意见,首要的目的就是要保持那个权利。如果让我来决定我们是应该有一个政府而没有报纸好呢还是有报纸而没有政府好?我会毫不犹豫地主张后者。"② 二战后,"知情权"概念被提出,经过广泛的讨论,被认为是新闻自由的内容之一。"知情权"针对的是个人有了解政府行政情况的法定权利,但在当时个人实际上无法依靠其微薄力量获取到自己所需要的大量信息,最终还是要通过报刊媒体来实现自己的权利。欧美报刊的地位和作用在民众中获得普遍的重视。

古典自由主义思想家的启蒙铺垫,大众化报纸的实践,再有政治家对民意的重视,民众对报刊的期望等诸多因素汇聚一流,欧美大众化报刊终于在政治社会中获得了合法化地位和权利资源。欧美大多数报刊已经深刻地理解了自己的作用和功能,一方面,要表达人民的意愿,对政府实行监督;另一方面,要为人民提供大量的信息和新闻,因为人民只有掌握充足的材料,消除了无知,才可能做出自己的正确的选择。待到报业成为一个报刊大王的私人领地和帝国时,报刊不再仅仅是一种工具,也不再仅仅是一个企业,而是社会政治体制

---

① 迈克尔·埃默里、埃德温·埃默里著:《美国新闻史》,展江、殷文主译,新华出版社 2001 年版,第 17 页。

② 杰斐逊著:《致爱德华·卡林顿》,刘祚昌、邓红风译,梅林文·D.彼得森注释编辑,《杰斐逊集》(下),三联书店 1987 年版,第 980 页。

的一部分,或者说其本身就是政治体制和政治势力,"第四等级"终于名至实归。这时候,欧美国家对新闻自由的一般性理解也已水到渠成:

1. 出版前免于检查,出版后除了对法律负责外,不受任何干涉。

2. 出版前无须申领执照或特许状,也无须交纳保证金。

3. 政府不得以重税或其他经济力量迫害新闻事业,亦不得以财力津贴或贿赂新闻事业。

4. 自由报道、讨论及批评公共事务的自由。

5. 自由接近新闻来源及保障采访的自由。

6. 自由传播新闻并免于检查。

7. 自由阅读、收听、包括不阅读不收听之自由。①

1951年,国际新闻学会对新闻自由进行了标准化界定,具体有四项:自由采访、自由传播、出版自由和表达自由。新闻自由在国际范围内被认同,成为一项普世性的基本权利。

三、新闻自由危机和社会责任论的出台

欧美大众化报刊选择商业路线从而摆脱政党的经济控制获得经济独立,其选择实质上也是一条不归之路。报业从此以后深深地陷入商业化泥潭,其号称的公共利益和商业利益始终纠葛在一起,无法撇清关系,同时报业也无法和政治势力彻底割断关系,从以前的明目张胆地依附变为背后的交易和操纵。

便士报时代的普利策和赫斯特的"黄色新闻"大战开了媒介恶俗化的先河。1895年,威廉·赫斯特收购《纽约新闻报》,开始同普利策的《世界报》展开竞争。在赫斯特进入纽约新闻界前,普利策的《世界报》以严肃的报道言论结合煽情主义策略,取得巨大成功。赫斯特为在竞争中迅速取得优势,将便士报时代的煽情主义传统发挥到极致。他以金钱购买新闻,大量报道犯罪新闻与社会丑闻,大量应用触目惊心的新闻图片,并煽动贫苦人群发动民权运动。为在竞争中击败对手,赫斯特重金将《世界报》星期日版的全班人马挖至《新闻报》,其中包括著名专栏画家理查·奥特考特。奥特考特在《世界报》的著名漫画专栏"黄孩子"也移至《新闻报》。"黄孩子"被《新闻报》挖走后,普利策十分恼火,不仅将赫斯特及其部属赶出《世纪报》大厦,而且又在法院控告《纽约日报》侵犯《世界报》版权,将赫斯特告上法庭。于是这场争夺"黄孩子"的战争在整个纽约引起轰动,两报借人们对此事的关注大肆策划刺激性报道,争夺受众。彼时的《纽约客》的著名记者华德曼将两报的新闻报道风格戏称为"黄色

---

① 黄旦:《传者图像:新闻专业主义的建构与消解》,复旦大学出版社2005年版,第53—54页。

图 4-2　黄色新闻的得名——黄孩子

新闻",很快被人们接受并沿用至今,成为专门的新闻学学术用语。

　　同赫斯特的竞争使普利策在这一时期违背了许多他所珍视的原则。《世界报》夸张的版面、吓人的手法、失实的报道使它落得了"黄色小报"的臭名。更为严重的是,两报争相挑拨美、西关系,将1898年美舰"缅因号"在哈瓦那爆炸事件归罪于西班牙,造成了错误的美西战争。美国为此付出了5000个生命的代价。普利策后来对《世界报》在美西战争中的煽情做法深表后悔,备感内心谴责,退出了黄色新闻大战。但赫斯特并未有所收敛,反而变本加厉。1901年,赫斯特因支持落选总统的共和党领袖布莱恩而公然在《新闻报》上煽动刺杀总统麦金莱。同年9月,麦金莱遇刺身亡,从凶手的口袋里搜出这份《新闻报》。赫斯特随即遭到社会舆论的严厉谴责,《新闻报》销量大跌。1906年,赫斯特不得不将《新闻报》解散,创办新的《美国人报》。随着《新闻报》的退出,黄色新闻逐渐衰落。而风格庄重的报纸如《纽约时报》等则迅速崛起,成为美国的主流大报。同时,小型报开始逐渐形成独立流派,新闻专业化产生了分工。

在《新闻报》和《世界报》的激烈竞争中发展起来的黄色新闻,以及这种新闻报道方式所带来的巨大利润,引起了美国全国报纸的效仿。1899 年至 1900 年,是美国黄色新闻发展的高峰。当时全国的主要报纸中约有三分之一是纯粹的黄色报纸。尽管目前美国已经没有严格意义上的黄色报纸,但黄色新闻理念在西方报刊实践中蔚然成风。如英国的《太阳报》、德国的《图片报》、香港的大部份综合报刊(包括《东方日报》、《苹果日报》、《太阳报》三份畅销报纸),均是具有黄色新闻性质的大众报纸。这类报纸通常面对社会大众,发行量巨大,有巨大的利润空间,如英国《太阳报》2004 年的日均发行量超过 450 万份,而严肃的《泰晤士报》仅不到 50 万份。①

普利策和赫斯特之间的"黄色新闻"大战尽管早已烟消云散,但其留下的命题即报刊和其他商业化媒体如何平衡事业化(公共事业)和商业化(谋利)的双重压力,一直困扰着新闻界。而且报纸市场化后,开始不断地兼并重组,导致小报被大报收编,一个地区的报纸数量急剧减少。大鱼吃小鱼一直是资本主义市场经济的游戏规则,在"意见的自由市场"也不例外,兼并的结果是意见的自由市场逐渐变成意见的垄断市场。施拉姆指出:"信息媒介的集中化已经改变了媒介、政府和民众的古老关系。如我们所知,在 18 世纪和 19 世纪,小型的、众多的媒介是作为人民的代表来监督政府,实际上也就等同于人民。但是这些更大、更集中的媒介,在某种程度上已经离开了民众,变成了一群独立的体系。这个和其他体系,如企业、政府那样的权力中心平行和类似的体系。"②

1942 年,美国芝加哥大学校长哈钦斯召集了一批学者专家研究普利策的困惑即"公共事业"和"谋利"能否统一,力图找到一条出路。这个组织即是新闻史上著名的报刊自由委员会,也叫哈钦斯委员会。1947 年,他们发表研究报告《一个自由的和负责任的报刊》,提出了报刊的"社会责任概念",对报刊自由作了重新阐释,列出了新闻界应该坚持的主要新闻标准:

第一,报刊要在揭示事件意义的情景下。真实、全面和富有理解力地解释每天发生的事情。

第二,报刊要成为交换评论和批评的论坛。

第三,反映出社会中各个组成部分的代表性画面。

---

① 黄色新闻,维基百科,http://zh.wikipedia.org/wiki/%E9%BB%84%E8%89%B2%E6%96%B0%E9%97%BB

② 韦尔伯·施拉姆等著:《报刊的四种理论》,中国人民大学新闻系译,新华出版社 1980 年版,第 5 页。

第四,反映和解释社会的目标和价值。

第五,使人民能完全接触到每天的信息。

这个报告扩大了原有报刊自由的含义。在他们看来,报刊自由理论包括两种含意:"不受什么的自由(Free from)和为了什么的自由(Free for)"。前者,指报刊必须克服任何政治的、经济的及其他各种压力的威胁和诱惑,保证内容的独立。这种自由实际上是意见发表者的自由,是之前的报界普遍认同的自由。而后者,则考虑到了公众的自由,要求报刊的观念、功能和操作,都要满足社会需要出发,而不能出于自身或某一集团的私利。于是报刊新闻自由在委员会的阐释下成了"负责任的自由"(Accountable Freedom),即"发表意见者的权利必须融合进消费者权利和公众利益"之中。① 在委员会看来,媒介所有权是一种公共的信托或管家形式,而非一种无限制的私人特许经营权。委员会希望通过强化媒介自身的职业意识,使媒介成为独立的具有明确事业责任感的公共服务机构,而政府和公众则成为推动和完善这一过程的辅助力量,在某些情况下,政府可能需要介入以捍卫公共利益。它们的角色是:前者主要是督促、帮助和扶持,后者则是监督、批评和鉴定者。② 委员会的报告遭到了当时的业界和学者的猛烈攻击,但"社会责任"理念在西方传媒业影响深远。在美国以外的许多国家,尤其是二战后二三十年间在西欧被坚定有效地付诸实践。"社会责任论"拓展了建立在古典自由主义哲学基础上的新闻自由理念的内涵,在肯定资本主义市场经济的前提下,设想了传者自由和公共自由统一的愿景。但委员会开出的药方,在现实中也无法包治百病,传媒业的病根依旧,不时地爆发。

2011 年 7 月,传媒大亨默多克旗下的英国小报《世界新闻报》陷入"窃听"丑闻被迫关闭。《世界新闻报》是英国销量最大的报纸之一,已有 168 年历史,以刊登名人消息为办报特色。为了满足读者的窥探欲,借此刺激销售,追逐企业利润,该报采取非法手段获取信息,并将之常态化。为了找出 2002 年被绑架后遭撕票的 13 岁女生道勒的家人,该报记者和雇用的私家侦探不惜窃听道勒的家人和朋友当年在她的手机上的留言,甚至为了腾出空间而删除留言,导致警方误以为她还活着并继续使用手机的行径。这个行为终于触犯众怒,这不但冲破了社会公认的道德底线,侵犯了西方人最为重视的隐私权,甚至就是赤裸裸地违法犯罪行为。默多克父子被迫接受英国议会的质询,并向受害者道歉,默多克说:"这是我一生中最卑微的一天。"据伦敦警察局透露,《世界新

---

① 黄旦:《传者图像:新闻专业主义的建构与消解》,复旦大学出版社 2005 年版,第 128 页。

② 黄旦:《传者图像:新闻专业主义的建构与消解》,复旦大学出版社 2005 年版,第 131 页。

闻报》窃听行为的受害者可能多达 4000 人。美国、澳洲都启动了对新闻集团在本国业务的调查。《世界新闻报》的窃听事件不仅引发了默多克传媒帝国的大地震，还触动了英国人对"媒体良心何在"的拷问。

100 多年前，普利策为自己在黄色新闻大战中违背新闻精神而忏悔，在临终遗言中声称一直秉承"公共事业"精神来创办和经营报纸。因此他有着比"谋利"更为崇高的办报动机。人之将死，其言也善。观其一生，除开黄色新闻战的污点外，他主导下的《世界报》倡导了一连串的改革运动，如反对美国纽约中央公司、美孚煤油公司、贝尔电话公司的专利，为《反托拉斯法》的通过立下了汗马功劳；它发动有声有色的募捐活动，使法国赠送的"自由女神"雕像成功地于 1884 年在美国"安家"；它的高质量的社论版犹如一面旗帜，对公众造成了深远的影响；该报的许多倡议都被写入美国法律，可以说《世界报》充当了当时的舆论领袖角色。他捐助哥伦比亚大学 200 万美元建立了世界上第一座大学新闻学院，还设立了一个 50 万元的基金会，作为优秀的新闻、历史和戏剧作品的奖金和年度奖，这便是举世闻名的普利策奖。他曾在《北美评论》(1904年 5 月号)上发表《新闻学院》一文，他写道："只有最崇高的理想，兢兢业业的正当行为，对于所涉及的问题具备正确知识以及真诚的道德责任感，才能使得报刊不屈从于商业利益，不寻求自私的目的，不反对公众的福利。"[①]这可以看做他对后来者的警醒和希望。同样极具传奇色彩的当代传媒大亨默多克一手打造了全球性跨媒体帝国"新闻集团"，其影响力远远超过普利策控制的几家小报，不知他会不会为"窃听门"而忏悔。

第二节　影响媒介内容生产的内部和外部因素

一、媒体组织的内部控制因素

1.勒温的"守门人"概念

德裔美籍社会心理学家库尔特·勒温(Kurt Lewin，有些书翻译成卢因)于 1947 年首先提出 Gatekeeping，它来源于英文的"守门人"的概念(gatekeeper)。因此，有些书将把关称为守门，将把关人称为守门人。在《群体生活中的渠道》一文中，他研究了家庭主妇如何决定购买食物以及向家庭成员推荐食物的过程，他发现食物总是沿着某些包含有"关卡"的渠道流动，在那里，根据守门人的意见决定着信息是否被允许进入渠道或继续在渠道里流动，

---

① 田小琴："普利策的人生传奇"，《人物》杂志，1999 年第 11 期。

他进而推论道:这种情况不仅存在于食品选择渠道中,且适用于解释新闻如何通过传播渠道而在群体中传播。他认为,在群体传播过程中,信息总是沿着包含着"门区"的传播渠道流通。每个门区都是把关人所处的位置,在那里把关人对信息是否进入传播渠道,或是否继续在传播渠道中流通作出判断。勒温的研究开启了传播学控制研究的新的方向,之后的许多研究受此启发,将控制研究推向深处。

2. 怀特的把关研究

1950年,勒温的学生怀特在《把关人:一个新闻选择的个案研究》中,对一家报纸的电讯编辑工作进行研究时发现,该报接收到的通讯社的稿件中90%的稿件被编辑淘汰。他认为,编辑个人在信息的流通中起着绝对的把关作用。怀特揭示了个体主观偏见在把关中的作用,提出了"守门人"的怀特模式。如图4-3所示。这里的 N 代表新闻来源如通讯社,它发出一系列不同的信息为 N_1、N_2、N_3、N_4 等,这些信息在到达守门人所在的门区时,有的被舍弃如 N_1、N_4,有的被放行如 N_2、N_3。怀特的模式最明显的缺陷在于他将把关人当做一个孤立的因素来考察,过分强调把关人的独立权限,而忽略社会因素对把关活动的影响。

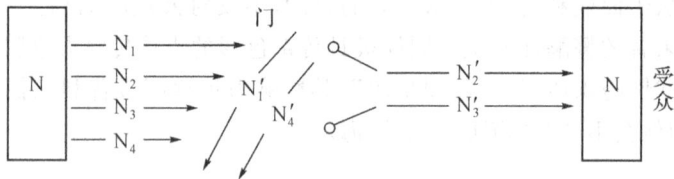

图 4-3 怀特的"守门人"模式图

3. 麦克内利的把关研究

怀特的把关模式只有一道"关口",一个"守门人",但是在实际的新闻信息传播中,往往存在着一系列的把关环节,就好像一条运输线路上设有许多关卡,对怀特的模式进行修正的是麦克内利的把关模式。

这一模式上的 C_1、C_2、C_3、C_4、C_5、C_6 等都是把关人,不妨把他们依次视为采访对象、通讯社驻外记者、外国分社编辑、国内总社编辑、报社电讯编辑、总编辑等,这一系列把关人相继处在新闻事件与新闻受众之间,对经过他们的大量信息一层一层地加以筛选、过滤和加工,然后分别发出 S_1、S_2、S_3、S_4、S_5、S_6 等互不相同的信息。麦氏的模式纠正了怀特模式的单一化缺陷,揭示了整个信息传播过程中存在着诸多关口组成的把关链,但它把这些关口的作用都等同起来,人们无法看到哪些关口最重要、最关键、最让人注目。

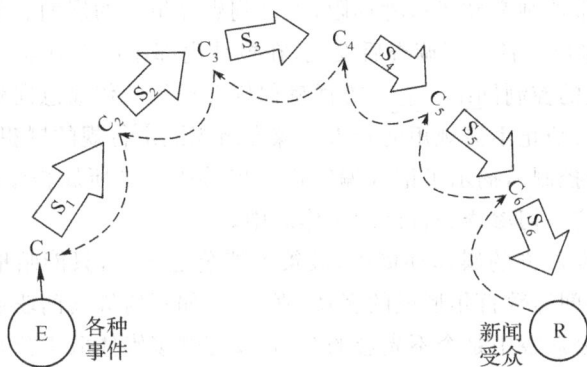

图 4-4　麦克内利的模式图

4.巴斯的"双重行动模式"

对麦克内利"模式"进行完善的是巴斯的"双重行动模式"。他认为,信息流通中的把关环节虽然很多,事实上每个参与传播的人都可以看做是把关人,但最关键是把关人还是传播媒介。他将传播媒介的把关活动分为前后相连的两个阶段、两个步骤,这就是他所说的"双重行动"。图 4-5 是巴斯的双重行动把关模式图。第一阶段的把关活动是新闻采集,这里的把关人主要有记者,记者在采写新闻时根据自己的主观判断有选择性地挑选素材。第二个把关阶段是新闻加工,把关人主要是编辑,无论是新闻,还是社论;无论是文字,还是画面镜头;不论是版面设计,还是标题制作,都得经过编辑关口。巴斯认为编辑的把关活动比记者的把关活动更具有决定性意义。如果说记者主要是决定人们在信息的海洋中能够看到什么,那么编辑则决定人们怎么看,如何看,用什么观点看。

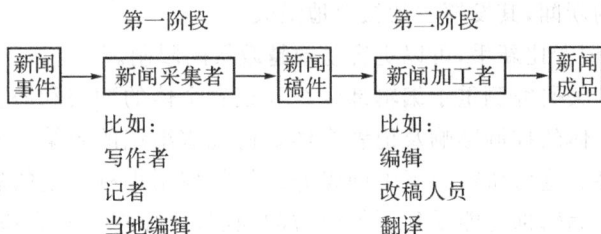

图 4-5　巴斯的双重行动模式

5.布里德的新闻编辑部里的社会控制研究

自怀特以后的"把关人"研究,分析揭示的重点都是围绕着个体如何进行新闻选择,是具体的行为,可以说是操作层面和微观角度考察信息流通中的控制问题,而布里德则突破了这种局限,上升到媒介组织的层面。他对美国数十家报纸、100多位记者进行调查后发现,在报社内部始终存在着一张十分微妙而又非常强大的控制网络。它一方面确保媒介组织的传播意向顺利地贯彻下去,另一方面又防止不懂规矩的新人对媒介组织既定行规的冒犯。在《新闻编辑部里的社会控制》,揭示了记者编辑们如何接受自己所属报纸的政策、规则和传统,并把这一切渗透到自己的工作之中。

他发现,在西方的媒体环境中,政策不能公之于众,只能暗地里操作。它常常和西方新闻界数百年形成的客观、真实、不偏不倚等新闻职业道德准则相抵触,政策在公众眼中是个不光彩的东西,没有哪家媒体敢于公布所谓的家法而冒着受到歪曲新闻报道的指责,一般通过潜移默化来形成所谓的惯例。他在文章中总结,报纸的政策通常是能被遵循的。因为记者的酬赏不是来自读者,而是其同事和上司。与其执著于社会的和专业的理想,不如把自己的价值依附于编辑部更为实用的层面上。这时,他不仅获得了自己的地位,而且能被这个从事于有趣的、变化的,有时很重要的工作的团体所认同和接受。但新闻职业道德通常是抗衡政策的天然屏障。新闻记者的主观能动性也常常能绕过政策的限制:

(1)政策的规范并不总是完全清楚,有时甚至模糊和没有明文规定的,这时候记者就有较大自由度。

(2)主管们对一些特殊的事件不甚了了,记者们可以利用自己专业优势避开政策。

(3)对一个很好的新闻事件,记者如果不方便自己出手,可以让其他的报纸或通讯社相识的人写上一稿,然后再推荐给自己的媒体。

(4)新闻线索来源不同,决定了记者采集新闻的主动权不大一样。若是记者自己发现的新闻,其发挥主动权余地最大。

(5)大牌记者比新手,可以更容易逾越政策的限制。[①]

布氏的把关研究侧重于编辑部组织和记者个体的冲突和协调,揭示了编辑部对记者个体的控制影响及记者个体如何规避组织的政策,一定程度上发挥主观能动性。这对研究当下中国媒介组织的控制也有一定的启发,即虽然国内媒介组织编辑部可能受到更加严厉的控制,比如将一些有违新闻职业道德的家法在编辑部内明文传达,而编辑记者至少还有"客观"、"公正"等职业准则相对抗,甚至可以用自己的专业素养和主观能动性来进行规避。比如著名的《南方周末》一度以其锐利的深度报道而名动天下,但触动利益集团的后果

---

① 黄旦:《传者图像:新闻专业主义的建构与消解》,复旦大学出版社2005年版,第193—194页。

是编辑部不断地改组,不断地变换主编,虽然对编辑部记者编辑的控制不断加强,但我们可以看到,这份报纸在总体上还是坚持独立立场,敢于进行批评性报道。这是新闻专业主义对非新闻专业主义的一种博弈和坚持。

6.组织中的传播仪式研究

编辑部的控制不仅仅是布里德所谓的政策,新闻选择还必须遵守一些共同的规则,休梅克称之为传播仪式。传播仪式是指模式化、常规化和反复进行的媒介工作形式。在"仪式"的工作形式中,把关人受制于由整个大众传播历史演进而来的选择规则。当把关人允许这些规则——建立起来的行为模式——来指导自己的选择,他们就更多是代表职业和社会,而不是一个个体的决策者。

滕斯托尔建议把编辑部和媒介组织分开,前者可以称之为新闻组织,后者则是一个包容性单位。前者是非常规性组织,后者则是常规性组织,这两种组织不时产生冲突。查利斯·本兹等三位学者的研究表明,电视新闻受到多种历史的、技术的和偶然性的因素影响,这些因素也限定了电视组织的可能性范围,并助长了新闻传播常规化倾向。推动新闻活动常规化的主要有五个要素:新闻从业人员的性质、技术的发展、新闻顾问的影响、利润的考虑,以及组织产品的限制。他们把新闻组织称为"新闻工厂",把它比作一条受雇者各司其职的混合组装线。传播常规的存在,以及"新闻工厂"的特点,给新闻组织带来以下的结果:1.缺少弹性,2.在新闻产品中缺少个人创造发明,3.新闻工作成为了概念的评估,4.新闻从业人员的工作期盼和实际不符。更严重的是,个体传播者无法控制最后的生产成果。在这样的情形下,更多的个体被仪式要求牵着鼻子走,按照规定的要求完成自己的职责而已。[①]

7.休梅克的把关联合模式

20世纪90年代初,休梅克总结了前人的把关研究成果,提出了把关的五个层次:个体层次,传播常规层次,组织机构层次,超强媒体、社会机构层次和社会系统层次,对把关理论从宏观和微观进行整合,提出了联合模式。在消息选择上,她认为有五个决定性的因素:个体经验、生活态度和对生活工作的期望,技术和组织的作用,同事的影响,官方和非官方关于编辑工作的规定,新闻社的通告。除此之外,她本人更强调媒体消息传播过程中媒体外部的影响。如图4-6所示,媒体内容生产是同时受外部和内部因素影响的动态的、系统的复杂活动。

---

① 黄旦:《传者图像:新闻专业主义的建构与消解》,复旦大学出版社2005年第1版,第196—199页。

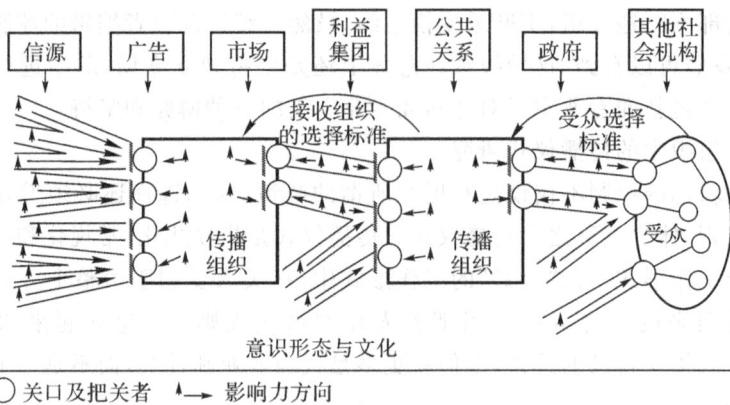

图 4-6　休梅克的联合模式

二、媒介组织外部的社会压力因素

新闻生产除了受到编辑部或媒介组织的把关控制外,更是受到外部社会环境的多方面影响。影响媒介组织运营和内容生产的外部压力因素很多,图 4-7展示的主要有 8 个:

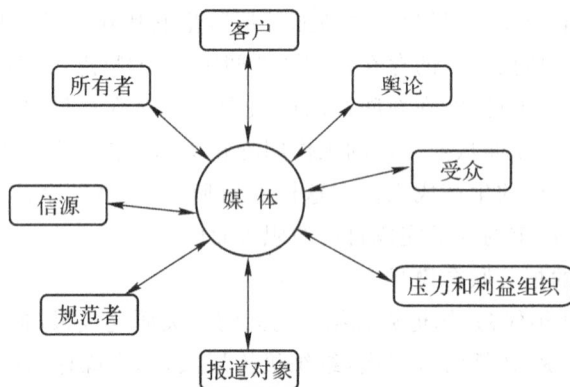

图 4-7　影响媒介内容生产和组织运营的外在压力因素

(一)客户因素

这里的客户因素,是指对媒体产生经济控制作用的因素,一般指广告商、赞助商、缴费用户等,是媒体的衣食父母。虽然"客户是上帝"在市场经济中早已深入人心,但即使在商业媒体中也会作严格的区分,比如新闻产品并不以市场为导向,它要遵行新闻专业主义原则,对公众利益负责。而娱乐等其他产品则以市场为导向,争夺受众眼球从而吸引广告客户投放广告。新闻媒体一般实行编辑部和经营部分离的架构,新闻选择和广告刊登各自独立进行,直到整张报纸出来以后,记者才知道新闻旁边是什么广告,这使得新闻选择可以免受广告的压力。总编行使独立的编辑权,总裁、经理等经营部门的头头在一般情况下不能直接干预。

但这不是说广告主或赞助商不能对内容进行干预,在当事企业或个人(常常是公众人物)面临负面报道进行危机公关时,常常以购买广告版面或时段或通过其他赞助为由,要求媒体能尽量正面报道,或者澄清事情,或者干脆要求将负面报道撤版或不再播放,或在论坛、页面中删除,这早已是媒体圈中公开的秘密。还有一类以新闻报道形式发布的软文广告越来越盛行,有些媒体的主编们甚至亲自策划,受众不易分辨软文广告和真实报道的区别,常常信以为真,这实际上严重损害了媒体的公信力。

(二)所有者因素

所有者是媒介集团的资产所有者或控股者,对媒介经营理念、报道风格等直接有影响。从世界范围看,媒体所有制可以分为三类,一是国有国营制,一是私有私营商业制,最后一类是公有服务制。

以广播电视媒体为例,国有国营的广播电视制度规定,广播电视事业为国家所有,由政府部门经营。社会主义国家和许多第三世界发展中国家采用这种制度。这些国家把广播电视作为国家的宣传工具,以严格的意识形态尺度实行强有力的政治控制和行政干预。媒体在经济和政治上都无法做到独立,因此内容生产也无法独立自主,而受制于政治干预。

在私有私营商业制度下,虽然广播电视的频谱资源属于公共所有,但媒体的资产却属私人所有,上市后归股东所有。媒体经营完全按照商业公司的方法来运作,以追求利润为主要目标。美国是采用这种制度的典型国家。在商业化的运营环境下,所有者常常表现出两种矛盾的价值取向:一是为了追逐利润,常常会突破道德尺度,以庸俗、媚俗、恶俗的内容来刺激受众,达到最大规模吸引眼球的目的;二是将媒介视为社会的公器,担负公众利益看门狗(watchdog)重任,因此又奉行严肃新闻的宗旨。

公共服务制又称国有公营制,是指国家采用委托的方式由公共受托人来行使广播电视经营,一般是由政府任命或批准的一个半独立性的媒介机构,例如英国的BBC、日本的NHK等,但政府不直接经营日常的广播活动。在这种体制下,公共体系的经费来源主要靠电视机执照费以及部分国家财政拨款。国家一般禁止这类广播电视机构播放广告。英国BBC在网站上明文公布自己的行为准则:1.不偏不倚,以平衡及不偏颇的方式反映各种不同的看法;2.准确及真实性,核实消息,查找和利用各种资料来源;3.公平及隐私,公平对待所有提供资料人士,尊重人与文化;4.尊重,为我们的受众制作庄重的节目;

5.独立性,不受任何政治或商业利益的影响。

在这些公共广播电视体制的国家中,同时也存在商营广播电视公司,公共服务和商业经营并举。例如在英国,商营的独立广播电视系统(ITV)与从事公共服务的英国广播公司(BBC)系统平分秋色,形成互补并存格局。上述每种制度都有利弊,没有一个国家的制度堪称完美。几十年来,各种媒介制度既互相竞争,又互相借鉴、吸收、融合。演变的结果,各国制度都已不属"纯粹",而具备了多种成分和因素。比如我国正在进行中的广电制播分离改革,出版集团、报业传媒集团、广电网络公司上市计划,既是将事业性媒体资产和经营性媒体资产进行分离的尝试,究竟成功与否,还得拭目以待。

(三)受众因素

受众是指收听、收看、浏览或购买媒介产品的人,直接关系到媒体经济利益和社会影响力。也许广告主不是记者编辑们的上帝,但受众们肯定是,媒体的社会影响力和经济效益全靠受众带来。大众媒体最中心的任务是争夺受众,提升收视率、收听率、页面浏览量和报刊发行量。当下的传统大众媒体面临着严重的受众流失问题,有了网络媒体,有了自媒体,受众们不再依赖传统媒体的传播。因此传统媒体尝试向数字媒体转型,尝试报网互动,探索媒体融合等等。因为受众们不再是模糊不清的大众,受众们向分众化、小众化发展,因此媒体的内容生产也尝试着向小众化、分众化的方向发展。数字电视上各类主题频道越分越多,网上从专业机构到业余播客提供各类数字音频服务更是数不胜数,个性化的内容服务越来越成为媒体相关产品生产的选择。受众和媒体的关系将在别的章节详述。

(四)报道对象因素

报道对象是指作为个人或是作为组织群体被媒体报道的人们。报道对象对媒体内容生产的影响如下:

一是报道对象压力会影响记者、编辑、主持人在报道中的立场、角度或遣词造句。如果对报道对象带有某种偏向或歧视,或者引述断章取义不够完整,或者触及隐私,侵害肖像权等都会引起抗议,吃上官司,甚至引发国际纠纷。如 CNN 主持人卡弗蒂攻击中国人事件。为了避免不必要的麻烦,许多西方媒体都在内部规定若干禁用词。加拿大《国家邮报》在引述路透社的一份新闻材料时,将文中"4 年来一直参加反抗以色列占领运动的阿克萨烈士旅"一句改成了"4 年来一直参加反抗以色列占领运动的阿克萨烈士旅这一恐怖组织"。为了凭空多出的"恐怖组织"几个字,路透社大为光火,并进行了严正交涉和警告。路透社随后透露,禁止在文章中使用"恐怖分子"、"恐怖主义"之类的字眼是该社新闻准则之一。路透社国际部总编戴维斯解释说,他担心类似的篡改会引起"误解","会对我们驻动荡地区的记者产生威胁,我的职责是保障我们新闻工作者的安全,保障新闻的客观性"。

二是报道对象的打击报复和公关活动干扰媒体的舆论监督。一些国家的媒体在进行舆论监督时常面临风险。中国的揭黑记者常常遭遇打击报复和司法诉讼。一些个人和单位对记者恨之入骨,甚至还提出"防火防盗防记者"的"口号"。除了在采访时公然阻拦,破坏采访器材,还采取措施限制记者人身自由,甚至有的地方政府动用警力对记者进行跨省追捕,下狱迫害。近几年来,暴力伤害记者的事件屡见不鲜,记者已成为仅次于警察和矿工的第三大危险职业。

即使记者们采取各种手段千辛万苦完成采访和节目制作后,被报道对象还是可以动用公关手段,用权力和金钱摆平事件,导致节目不能正常播出或报道、不能如期刊载。《新闻调查》在中国拥有巨大影响力,其栏目制片人张洁在节目开办 10 年之际坦言:几乎每一期舆论监督节目,都有公关行为出现,有一段时间,节目的播出率只有 50%,有一些最终未能播出的节目,被贴上橙色标签永远锁入了柜子。《新闻调查》播出的每一期有影响力的舆论监督节目,都是全台上下,甚至还可能是电视台之外更高层领导抵抗公关的结果。

(五)信源因素

信源即信息来源,指提供包括新闻来源、娱乐制造、体育及文化产品内容的个人或组织机构。信源是媒体的生命线,是其进行内容生产的最初源头,对信源的争夺是媒体间竞争的常态。在争夺信源的战争中,媒体面临的风险和困境有三点:

一是信源的虚假问题。客观、真实原则是媒体生存的底线,媒体的第一条戒律是杜绝虚假新闻传播,媒体要求记者编辑对信源进行查证,至少有两个以上的信源,而且至少有一个是权威信源。但是在网络传播时代,许多网络媒体为了抢时间并不对信息源进行核查,即使所谓的权威媒体也未必能严格遵守,于是以讹传讹,假新闻以光速传递,一瞬间地球人都知道了。2007 年弗吉尼亚理工大学爆发枪击事件,国内网络媒体马上根据外电报道事件凶手为中国人,这条新闻通过手机短信、电视媒体、广播媒体等迅速传遍全国,造成很大的负面影响。而事后证明这是一条假新闻,真凶是一名韩裔学生。

二是信源合法性问题。由于媒体同质化竞争,新闻源重合越来越严重,有些媒体欲求独家新闻,不惜用金钱购买信息,甚至用偷拍、窃听等非法手段来采集独家信息,这样就引起媒体侵犯隐私问题,侵害了媒体标榜的独立、客观、公正等新闻专业主义理念,对媒体的公信力造成了严重的损害。因"窃听门"危机而被迫关闭的《世界新闻报》便是其中的典型。

三是信源版权问题。毫无疑问,新闻、影视作品、音乐作品、小说作品等信息产品都是具有版权利益的产品,相关媒体如果使用这些产品谋利时应该支付相应费用。但是在中国的媒体观念和实践里,无偿使用根深蒂固,这伤害了原创者的利益和积极性,也会引起司法诉讼风险,不利于可持续性发展。在我国,由于网络媒体尚无独立的新闻和信息采编权,它们还不是完全意义上的新闻单位,其所需的海量新闻与信息依赖于报纸等传统媒体。网站大量转载报纸作品曾引起过许多官司,TOM网站对《新京报》的转载就是一个典型例子。新京报社在2006年5月发现,TOM网站自2003年以来,在未获得自己授权的情况下,擅自转载使用其作品竟达2.5万余篇。

百度文库收录了中国数百名著名作家的作品,供人免费下载阅读。2011年"3·15维权日",韩寒等50位作家联合署名发表《三一五讨百度书》,抗议百度侵犯著作权。百度被迫将文库中的文学作品由原来的280万份删减至163份,缩水幅度超过99%。同年10月,盛大文学告百度侵权一审胜诉,法院认为百度公司侵犯了盛大文学网站上的《斗破苍穹》、《凡人修仙传》等作品的著作权。百度公司存在间接侵权和直接侵权行为,赔偿盛大文学经济损失人民币50万元以及合理费用人民币44500元。

(六)舆论因素

舆论(public opinion)也称民意,指公众对社会问题和社会事件的意见和议论。舆论的形成,有两个相反相成的过程。一是来源于群众自发,二是来源于媒体有目的引导。媒体的重要功能就是反映舆论并且引导舆论、影响舆论。正是媒体有此重要功能,它被政党势力和社会其他势力所利用,舆论不仅被引导,而且可以被直接操纵,通过操纵媒体来操纵人们的意识,引导人们的意向,从而控制人们的行为。于是诞生了"宣传"(propaganda)这一特殊的词来形容操纵舆论的行为。尤其在战争等特殊时刻,舆论基本上以国家安全为名被严格控制。

当然从积极面来看,媒体也可以反映民意,通过舆论监督,来兴利除弊,弘扬正气,推动社会变革。媒体能否发挥舆论监督的积极性关键是看媒体是不是具备独立性。媒体是"党和人民的喉舌"定性使得媒体无法对执政党进行深入有效的监督。当下中国媒体舆论监督的现实是:中央级媒体一定程度上可以对地方进行舆论监督,而地区媒体无法对本区内的党政机关进行有效监督,只能靠上级媒体、异地媒体和网络媒体进行监督,从效率上看网络媒体舆论监督效率远远超过传统媒体舆论监督。

但是新兴网络媒体也面临着舆论操纵的严重危机。比起传统媒体,众多势力操纵网络舆论的手法更加隐蔽和多样,政治势力和商业势力雇用网络水军、网络打手在网上各个论坛兴风作浪,炮制谣言,打击对手,吹捧自己,这种操纵手法已经是公开的秘密。据《IT时代周刊》调查,国内知名论坛几乎都在网络舆论操纵者掌控之中,论坛总访问人数中,70％以上都是"推手"或"打手",每天各大论坛中的帖子至少一半以上都被人操纵。他们的客户至少有几万家,其中甚至不乏世界五百强企业。很多网络舆论操纵者把自己装扮成网络公关公司,招聘大量兼职人员,并通过 QQ 群等方式,组织其密集发帖。他们一会儿是"推手",吹捧客户及其产品;一会儿又是"打手",诋毁客户的竞争对手。对于传统媒体来说有时很难判断网络舆论是真是假,这些操纵者也借操纵网络舆论之际来影响传统媒体报道,甚至影响司法机关判案。

(七)压力和利益组织因素

欧美社会的组织系统发育比较充分,除了政府组织、政党组织外,还有各类非政府组织(NGO),如宗教组织、劳工组织、女权组织、同性恋组织、少数族裔组织等等,这些组织通常具有相当的活动能力,常常通过公关策划活动,让自己成为具有新闻价值的热点,借机吸引媒体的关注来达成某种目的,此即通常所谓的媒体公关(publicity)。比如国际上著名的环保 NGO 绿色和平组织,其媒体动员模式非常专业化,通常情况下,绿色和平会提前半年到一年进行项目设计,而媒体策略成为整个项目设计中非常重要的因素,比如说,"怎样设计项目才能得到更多的媒体关注"。在绿色和平一份完整的媒体策略计划书上,往往会列明目标受众、目标媒体、媒体框架方式、故事版本等多项内容。恰当的媒体策略运用,使得它在公民利益维护、利益集团博弈以及政策倡议等方面都取得了出色的成就。[①]

另外,媒体也不敢轻易得罪此类组织,对涉及组织、团体报道尽量小心谨慎地遣词造句,避免歧视性语句,否则的话极易引火烧身。2007 年,哥伦比亚广播公司(CBS)著名主持人伊穆斯在其主持的《晨间伊穆斯》节目中用"粗犷女孩,身上有刺青"的言辞形容在美国大学生篮球联赛(NCAA)中败北的拉特格斯大学女子篮球队队员,并说她们像"卷发妓女"。由于该队队员大部分都是黑人,伊穆斯的不逊之辞在美国社会引起轩然大波。著名民权活动家率队抗议示威,声称将发动更多广告商来抵制伊穆斯主持的节目。在各方压力下,CBS 被迫解雇了这位名嘴。而伊穆斯是 CBS 的摇钱树,《晨间伊穆斯》前一年共赚取 2000 万美元的收入,占 CBS 广播部总收入的 1％。

(八)规范者因素

是指对媒介起引导作用的政府管理者或法律制定者,体现政治势力对媒体的控制。在所有的外部因素中,政治因素的影响力最大,它几乎可以对其他

---

① 曾繁旭:"NGO 媒体策略与空间拓展——以绿色和平建构'金光集团云南毁林'议题为个案",http://justice.fyfz.cn/art/165421.htm

外部因素都可以产生直接或间接的影响。规范者的手段主要有两种：一是通过法律手段来规范媒体行为，即由立法部门制定专门的法律法规，或在相关的法律法规中设置相关条款；二是通过行政手段对传播者施加直接与间接的压力，从而达到控制传播的目的。不同的历史阶段或者不同意识形态的国家对媒体采取的控制手段有所不同，形成了不同特色的传播制度。关于媒体的监管问题将在下面一节详述。

第三节　国内外的媒介监管机制

为了让媒体发挥积极的影响而避免消极影响，针对媒体的一些控制、限制和规定是必要的，东西方不同社会制度的国家都会建立起一套对媒体进行有效监管的机制。这套监管机制必须综合考虑影响媒体运行的内外因素，它既能维护新闻自由，又能维护公众利益，适合所在国家和地区的政治制度和意识形态。

一、"报刊的四种理论"和"发展"理论

施拉姆等三人在《报刊的四种理论》一书首次从大众传媒和社会政治结构的演进历史中，总结分析了四种控制观念及其所统辖的四种控制体制，提出了报刊的四种控制理论：威权主义理论、自由主义理论、社会责任理论和苏维埃共产主义理论。

1. 威权主义理论

威权主义盛行在 16、17、18 世纪，西方社会在封建专制王朝威权统治之下针对新兴的书籍、报刊、宣传手册等印刷媒介实施严格的控制和垄断，其手段主要有向印刷商颁发经营许可证、对有关出版物的内容进行事前审查及严惩那些"违法犯纪"的传播者，如罚款、抄没财产、逮捕监禁、刑讯拷打直至处以极刑。威权主义宣扬国家安全高于一切，为保卫国家安全、维护国家利益，就必须严格控制自由讨论和信息的传播，这种观念对后世影响深远。从当代来看，它还在许多缺乏民主制度保护的发展中国家盛行，即使在民主国家，在特殊的情况下，比如战争状态或者恐怖袭击状态下，统治者通常又会沿用威权主义那一套，比如美国在发动伊拉克战争、阿富汗战争中的新闻管制。

2. 自由主义理论

自由主义盛行于资产阶级革命的年代，本质上体现了自由资本主义时代的特征。理由一是人是具有理性的动物，即使错误也可以"自我修正"，二是"检验真理最好的办法，是让思想的力量在市场公开竞争自动获取承认"。即

"观点的自由市场"。自由论者坚决反对对传播活动实施的任何形式的限制，鼓吹让传播媒介随意报道任何事实，不受任何干预，畅所欲言，自由行事，为社会大众提供尽可能广阔的选择空间和判断余地，从而使他们能够得出尽可能真切的结论。在自由主义思想影响下，诞生了自由报业的控制模式，成为欧美国家的主流选择，并且在国家宪法和国际宪章有所规定，例如，《欧洲人权条约》(ECHR,第 10 条)，出版自由被神圣地供奉为一条原则。[①] 为了保证出版自由，欧洲多国在公共政策上通常倾向于采用税务的优惠、贷款及津贴等经济措施来扶植报业，和媒介集中化趋势对抗，因为媒介集中化减少了公民接近出版渠道和进行选择的机会。当然政府立法部门还会采用制定反集中化的法律法规来限制其他国家的企业享有所有权。

3. 社会责任理论

社会责任论(详见本章第一节)则是在哈钦斯委员会发表研究报告《一个自由的和负责任的报刊》基础上形成的。是对报刊自由主义理念的修正，强调报刊为了社会公共利益负责，而不是滥用权力破坏受众自由。允许政府在必要时可以适当干预媒介的行为，但还是强调媒介应自律为主。社会责任论并没有发展成同自由论传播机制相比肩抗衡的一套新的传播控制机制，但它经常成为政府干预和限制媒介传播的借口和理由。

4. 苏维埃共产主义理论

苏维埃共产主义理论则被施拉姆描述成：大众传播媒介与组织传播媒介不可分割；大众传播媒介是作为党和国家的工具来使用的，并作为党实现统一思想的工具、发布"指示"的工具；它们几乎是专用于宣传和鼓动；传播者被强制性要求承担严格的宣传责任；由国家经营和控制；传播者的自由与责任也不可分地连在一起。这一理论被认为带有强烈的冷战思维，是美苏对抗的产物。

这部书自上世纪 50 年代出版以来，一直争议不断，其影响力延续至今，所谓的四种理论依然可以作为分析当今世界各国媒介制度的基础。在攻击和赞赏之外，还有许多人企图加以改写或延伸这四种"理论"。麦奎尔、艾尔舒尔、哈其顿等学者提出发展中国家的媒介控制理论——发展理论。他们认为，很多发展中国家从欠发达和殖民主义到独立过渡的社会，通常缺乏金钱、设施、技术和受众，来维持一种广泛的自由市场的媒介体系。出于国家发展的需要，比较现实的做法就是政府有选择性地分配资源，并且用某种方式来限制新闻

---

① 丹尼斯·麦奎尔著,崔保国、李琨译:《麦奎尔大众传播理论》,清华大学出版社 2010 年第 1版,第 190 页。

自由,社会责任优先于媒介权利和自由。①

二、欧美国家的媒介监管机制

在对媒体功能及性质深刻认识的基础上,欧美国家从自由主义和社会责任两个基本价值观出发提出了一套多元化的媒介监管目标:

1.保护国家的根本利益,维护公共秩序,包括防止对公众造成损害。

2.保护个人利益。

3.满足媒介企业的需求,建立稳定的、扶持性的运作环境。

4.促进自由和其他传播类型的发展以及多元文化价值的实现。

5.鼓励技术和基础设施标准。

6.制订技术和基础设施标准。

7.履行国际义务,包括对人权的监控。

8.鼓励媒介承担责任。②

与这些目标相对应的是一套媒介监管体系和问责框架,图 4-8 是根据正式/非正式、外部/内部两种主要的维度建构的监管构架。这种监管框架不仅包括正式的应遵守的规则,还包括无数非正式的机制,包括媒介内部和外部控制因素。很显然,西方的媒体监管体系是建立在法制基础上的,其核心是一整套的法律法规,另外是一系列约定俗成的惯例。

	正式	非正式
外部	通过法院、公共监管机构实施的法律法规	市场力量:游说团体;舆论、讨论和批评
内部	管理:公司或行业自律;企业文化	专业主义:道德行为准则

图 4-8　媒介监管的主要形式③

---

① 丹尼斯·麦奎尔著:《麦奎尔大众传播理论》,崔保国、李琨译,清华大学出版社 2010 年版,第 144 页。

② 丹尼斯·麦奎尔著:《麦奎尔大众传播理论》,崔保国、李琨译,清华大学出版社 2010 年版,第 188—189 页。

③ 丹尼斯·麦奎尔著:《麦奎尔大众传播理论》,崔保国、李琨译,清华大学出版社 2010 年版,第 189 页。

在这个监管体系基础上形成了四个媒介问责框架。所谓问责框架即为一种参阅框架,其中包括了与行为相关的期望,提出了责任并表达了对责任的诉求。框架也提出和规定了这些诉求被处理的方式。[①]

（一）法律和法规框架

法律和法规框架分成两块,一是所有影响媒介结构与运作的公共政策以及法令规章。近代欧美国家逐步废止对于新闻报刊的事前检查制度,除了电影之外,其大众传媒基本上受制于刑法与民法。一般与大众传播有关的法律法规有:电信法,传媒法,著作权法,诽谤罪法,保障隐私法,反垄断法,广告管理法,许可证申请法,广播、电视与电影管理法,图书出版法,新闻法等。二是执行这些法律和法规的行政机构。欧美主要针对广播电视媒体设立的专门监管机构,这些行政机构一般是国家独立性行政型管制与监管机构,通常以宪法及跟传媒相关的法律为依据,在司法、立法、执法的共同制约下,直接对议会负责,奉行表达自由原则,强调公共利益,尤其是多元主义、多样性以及公众获取与使用媒介的权利,鼓励竞争,反对垄断,保护个人权利、推动新技术发展,规范广播电视传播行为,分配频率,颁发与更新执照,实行处罚,等等。就形态而言,这类机构大体可以区分为综合性的(电讯类)与专门性的(广播电视类)。前者如美国联邦通信委员会(FCC),属于综合性的电讯管制与监管机构。后者如法国最高视听委员会与英国广播公司理事会。

在美国,根据宪法第一修正案保护和政府管制程度的不同,传播媒体被分为3类:印刷媒体(报纸、书籍、杂志、小册子)、广播媒体(电视、电台)和公共运营(电话、电报、邮局),第一类印刷媒体经过"《纽约时报》诉沙利文案"[②]等一系列司法判案,已经拥有最大限度的自由,宪法保护最力。而政府则以广播媒体的资源稀缺为由,加以行政管制。下面以 FCC 为例,剖析美国广电媒体行政监管机制。

美国联邦通讯委员会(FCC)主要任务是处理州际间的电讯业务,管辖范围涉及传统广播电视、有线电视、卫星电视以及绝大多数发展中的视像技术(如数字电视、多媒体网络广播等),另外还包括电话、电报等,但不涉及不在电讯网络上运行的声像设施。FCC 成员 7 人(1983 年改为 5 人,其中 1 人为主席),由总统提名,经参议院批准,任期 5 年,来自同一政党的人员不得超过 3

[①] 丹尼斯·麦奎尔著:《麦奎尔大众传播理论》,崔保国、李琨译,清华大学出版社 2010 年版,第 170 页。

[②] 详见安东尼·刘易斯(Anthony Lewis)著:《批评官员的尺度——〈纽约时报〉诉警察局长沙利文案》,何帆译,北京大学出版社 2011 年版。

人,其下设有 6 个局、10 个办公室。FCC 实行管制和监管的基本原则大致可以概括如下:

第一,保障电讯空间的物理秩序,最初对广电的管制出于技术方面,或是为了确保频谱等稀有资源公平分配和对垄断的控制,尽管随着电讯技术的发展,资源稀缺论在 20 世纪 80 年代被抛弃,但仍是 FCC 合法性的主要依据。

第二,保护并促进表达自由的宪法权利。美国宪法第一修正案是 FCC 制定法规的基础,1934 年《通信法》及其后续修正案都规定不得干预言论自由。

第三,无权审查新闻,但是应当依法控制内容。FCC 坚持不对节目安排进行事前干预,认为此事应该由市场调节,一直拒绝公众与某些社会团体的此类要求,美国联邦最高法院支持这一立场。在 1978 年 FCC 诉太平洋基金(有限)公司案的判决中,美国联邦法院支持 FCC 依法控制内容的合宪性以及法律限度:"禁止审查制度的规定和对在广播中淫秽、猥亵语言进行惩罚的规定都来源于 1927 年《无线电法》中的一个单独法条。国会这样做是希望以上两个规定都能有意义。因此,我们要尊重立法原意,在解读禁止审查制度的规定时,将其理解成这个规定不适用于禁止广播电视使用淫秽、猥亵语言的规定。"①另外,在儿童电视节目与电视暴力内容、新闻节目的真实性、政治性节目等方面,FCC 也进行一定的控制,例如,限制儿童节目广告的时间长度,禁止不公平对待总统、副总统、国会参众议员这类政治候选人,等等。

第四,依据市场经济、意见的自由市场、多元主义新闻哲学理念,美国联邦通信委员会奉行所有权的多样化原则,防止经济与思想文化的垄断。对于传媒所有权的限制涉及产权、种族、性别等,20 世纪 60 年代以来,特别是注意护助少数群体、女性等,禁止外国人拥有许可证,控制其在美国广播电视公司的持股数量与人员结构等。传媒大亨默多克的国籍是澳洲,为了打入美国市场,组建自己的电视网,他在 1985 年加入美国国籍。

第五,保障地区自治原则,协调联邦与州的分工协作,FCC 的行政管理限于州际,这反映出美国社会的结构特征。②

在美国,对于新兴的互联网媒体,非常重视建立健全互联网管理的法律法规。自 1978 年以来,美国政府各部门先后出台了 130 多项法律法规,其中有《计算机犯罪法》、《计算机欺诈和滥用法》、《互联网免税法》、《国家信息基础设施保护法》、《儿童在线隐私保护法》、《数字千年版权法》、《反域名抢注消费者

---

① 唐纳德·M.吉尔摩等著:《美国大众传播法:判例评析》,清华大学出版社 2002 年版,第 753 页。

② 金冠军,郑涵著:《当代传媒制度的变迁》,上海三联书店 2008 年版,第 135—136 页。

保护法》、《未成年人互联网保护法》、《反垃圾邮件法》等。这些立法既有联邦立法，也有各州立法，涵盖了互联网管理的方方面面，美国也因此成为世界上拥有互联网法律最多的国家。① 但在对网络言论自由的立法控制和反控制上，却是经历了一段曲折。美国 1996 年通过的《通信规范法》（CDA，The Communications Decency Act），因为对性材料的网络传播和言论表达进行了限制，因而受到网络用户、互联网服务提供商和公民自由组织的联合挑战。费城的 3 位联邦法官为此写下了长达 175 页的备忘录。他们在备忘录中宣称，互联网是一种具有历史意义的媒介，这种民主的交流渠道应该得到进一步培育而不是压制。"如同互联网的力量来自其无序，我们的自由也依赖于无序以及由第一修正案所保护的无拘无束的言论的不谐音调。"美国司法部不服这一判决而上诉，在随后的宪法诉讼中，这一法案于 1997 年 6 月被最高法院宣告违宪。在此案中，美国政府意图援用以前对传统媒体进行限制与审查的案件来为 CDA 法案的合宪性辩护。但大法官们指出了网络传播方式和传统媒体的两个重大区别：

（1）传统媒体无论是广播和电视频道，还是报刊出版物，都具有一种"稀缺性"。政府对某种言论的适当限制与这种稀缺性相关。但互联网几乎不能被认为是一种稀缺的言论表达媒体。"互联网上的内容就像每一个不同的人的思想一样丰富多彩。"因此没有任何理由将对于传统媒体的限制照搬到网络上来。

（2）传统媒体的言论表达具有一种"主动侵入性"，受众是被动接受和随时随地受其影响。但互联网并不具有侵犯性，网上的信息和正在进行的信息交换不会自动侵入个人生活空间，更不会自动出现在某人关闭的计算机屏幕上。因此，网络用户必须去主动寻找那些不良信息；而在广播电视中，用户可能无意中就会碰到类似信息。

史蒂文斯大法官写下的多数派意见认为，互联网上的言论表达享有第一修正案的最大限度的保护。这意味着，对互联网的保护超过了对广播和电视的保护。Internet 上的发言者将享受印刷媒体所拥有的自由。②

麦奎尔认为，法令规章运用在结构上，如所有权问题，会比在内容上容易，因为内容牵涉到表达自由的问题，要加以限制是困难的，同时法令规章对那些

---

① 陈子文：《健全法律法规！依法管理互联网已成世界各国惯例》，http://world.people.com.cn/GB/12483605.html

② 胡泳：《众声喧哗——网络时代的个人表达与公共讨论》，广西师范大学出版社 2008 年版，第 324－325 页。

有钱有势者比较有利,尽管其目的是保护所有人民的利益。当法令过时的时候,也难以变更或取消,它们也可能会变成既得利益系统的一部分(例如,在提供补贴或发行执照等方面)。[①]

(二)市场框架

市场框架来源于"意见的自由市场"这一传统,但它并不是对媒介问责的一个重要机制。西方认为市场是一种平衡媒介组织/生产者以及媒介客户与受众之间利益的重要手段。其机制来源于资本主义市场经济中供给与需求的一般过程,被认为在客观上会造成推"优"限"劣"的行为表现。而媒介产品和其他的工业产品一样,具有商品属性,对受众来说具有消费属性,它把问责的主动权交给了受众,即消费者,实行优胜劣汰的市场法则。权威的媒介受众调查报告提供一系列可以比较的收视率、收听率、发行率、点击率等数据,作为广告主投放广告的依据,也是媒体调整内容生产的行动指南。

"市场问责"的内容很多,其核心是媒介产品的品质。媒介市场推崇"内容为王",实质上是崇尚内容的品质,一切有损产品品质的行为都会招致消费者抵触,比如虚假的信息、无聊的内容、时效性差的内容、陈旧的内容、歧视性的内容等都不是好品质的内容。品质也不仅仅和内容有关,也和硬件产品的技术、创意相关,比如苹果公司,它不是传统意义上做内容的媒体公司,它生产的苹果系列产品属于媒体终端产品,掌门人乔布斯却把它的产品在技术和艺术上做到完美的融合。每一款苹果产品的推出都会在全球范围内受到大众的疯狂追捧,2011 年 8 月苹果成为全球市值最高公司,这是市场对它最好的回报。

西方普遍崇尚市场框架的自我控制和自我校正,认为供需法则能够确保生产者和消费者的利益保持平衡,外在的规约或控制没有介入的必要,也有很多人认为市场框架决定了媒介的高度商业化,因此媒介无法保持所谓的"品质",为了追求利润可以不惜一切手段来迎合受众的需要,导致媒介内容的庸俗化。另外,当媒介市场的竞争变为私人垄断出现的时候,就会缺少有效的平衡力量来遏制只想获得最大利益的垄断寡头,因此市场框架根本无法独自胜任问责的重任。

(三)公众责任框架

公共责任框架的机制与程序主要由压力团体的活动组成,包括各类非政府的公民团体组织,包括媒介消费者组织以及通过民意调查所呈现的一般民意。在一些国家里,有常设的报业或广播委员会存在,而且也有处理公众抱怨

---

① 丹尼斯·麦奎尔著:《麦奎尔大众传播理论》,崔保国、李琨译,清华大学出版社 2010 年版,第171 页。

的程序。政府也会临时建立一些委员会调查和评估媒介的表现。公众可运用公民角色、某些利益团体或少数族裔成员的身份来对媒介进行质询,媒介处于回应的压力之下,不得不作出必要的处理,来缓和矛盾。哥伦比亚广播公司(CBS)著名主持人伊穆斯因不当言辞而遭民权人士抗议,CBS不得不忍痛砍掉了这棵摇钱树。征战美国NBA的华裔球员林书豪在一场比赛失利后,ESPN移动平台首页上出现不恰当的攻击言论,其中的Chink有"中国佬"蔑称意思,同时ESPN一档体育节目主持人也说出了类似的短语,这种明目张胆的种族歧视遭到大批网友的指责。迫于压力,ESPN解雇了对此事负责的移动平台头条新闻的有关雇员,对有关主持人作停职30天的处理。

在西方广播电视体制中,除了纯粹商业运营的广电媒体外,还有一类公共广播电视媒体,如英国的BBC、日本的NHK、美国的PBS等。虽然其类型各异,但具有一些共同特征,麦奎尔归纳出公共广播电视七大体制特征:服务普遍性、内容多样性、编辑独立性、社会责任至上、品质独特的文化内容、公共财政、经营的非盈利性。具有宪章基础的英国BBC是西方公共广播电视体制的范例。它以保障公共利益为根本宗旨,独立自主,覆盖面广,适合多种多样的受众趣味,注重少数派和弱势群体,关心民族特性和社区生活,以视听费为主要经济支柱,鼓励节目制作上的自由竞争,强调传播自由和坚持节目的文化价值。① 公共广播模式为公众直接提供了大量的公开辩论、评估和批评的机会,充当了各种社会群体表达意见的平台,形成了对私人商业广电媒体的强大压力。

公众责任框架是非常开放且民主的,它通过营造一定的舆论来对媒体,特别是商业媒体形成问责压力,如果这种舆论可以通过正常的公开的渠道能被更多的受众关注,那么它确实是一种行之有效的问责手段,但这种框架也有局限性:除了一些竞争对手或公共广播媒体愿意提供这类表达意见的平台外,更多的媒介常常以新闻自由为借口而拒绝充当受托者角色。不过现在随着博客、微博等网络自媒体的发达,这类公众问责的威力越来越大,也因此越来越成为趋势。

(四)专业责任框架

"专业责任框架"发源于媒介从业人员(如记者、广告主、公关)的自重和伦理观念的发展,这些人会设定一套良好行为的标准。这种模式也可以运用在所有权人、编辑人和制作人协会上,以通过自我约束来保护媒介产业的利益。

这一框架的机制与程序主要包括一套公开的伦理准则。这些准则被媒介

---

① 金冠军,郑涵著:《当代传媒制度的变迁》,上海三联书店2008年版,第60页。

专业团体的成员所采纳,还包括那些针对某些媒介行为的抱怨与主张的倾听与仲裁。这一框架所处理的问题可以是与这些准则有关的任何问题,但通常是对个人或某些团体所造成的伤害或侵犯。

电影是西方大众媒体中唯一要求进行事前审查的媒体。其主要理由是为了保护未成年人和青少年的发展教育,通过区分电影等级和适宜度,起到指导看片的作用。而制订及执行电影分级审查标准的主体一般是各国的电影行业协会。如美国电影协会(The Motion Picture Association of America 即 MPAA)这个组织成立于 1922 年,最初是作为电影工业的一个交易组织而出现的。如今它涉足的领域不仅有影院上映的电影,还有电视、家庭摄影(home video)等。MPAA 委员会的主要成员由美国最大的七家电影和电视传媒巨头的主席和总裁构成,如迪斯尼、索尼、米高梅、派拉蒙、20 世纪福克斯、环球影像、华纳兄弟等。MPAA 制订的电影作品分级标准如下:

1. G 级(GENERAL AUDIENCES)

大众级,适合所有年龄段的人观看——该级别的电影内容可以被父母接受,影片没有裸体、性爱场面,吸毒和暴力场面非常少。对话也是日常生活中可以经常接触到的。

2. PG 级(PARENTAL GUIDANCE SUGGESTED)

普通级,建议在父母的陪伴下观看。有些镜头可能让儿童产生不适感,一些内容可能不适合儿童观看——该级别的电影基本没有性爱、吸毒和裸体场面,即使有时间也很短,此外,恐怖和暴力场面不会超出适度的范围。

3. PG-13 级(PARENTS STRONGLY CAUTIONED)

特别辅导级,13 岁以下儿童尤其要有父母陪同观看,一些内容对儿童很不适宜——该级别的电影没有粗野的持续暴力镜头,一般没有裸体镜头,有时会有吸毒镜头和脏话。

4. R 级(RESTRICTED)

限制级,17 岁以下观众要求有父母或成人陪同观看——该级别的影片包含成人内容,里面有较多的性爱、暴力、吸毒等场面和脏话。

5. NC-17 级(NO ONE 17 AND UNDER ADMITTED)

17 岁以下观众禁止观看——该级别的影片被定为成人影片,未成年人坚决被禁止观看。影片中有清楚的性爱场面,大量的吸毒或暴力镜头以及脏话等,不适宜在影院播放。

美国所有进入影院流通的影片都必须提交 MPAA 进行审查,MPAA 委员会成员投票表决确定影片的级别,供观众尤其是父母判断。美国电影分级审查制度虽然争议不断,遭到好莱坞导演们的抗议,认为限制了他们的艺术创作自由和表达自由,但还是得到相当多家长的支持。电影分级审查制度也在西方其他国家及我国的港澳台地区流行,具体做法大同小异。对于分级制度的作用,MPAA 一位官员的话挺有代表性,他说:"分级制并不能解决我们的社会病,但它可以指导我们选择电影、电视、网站音乐带、录像带和电脑游戏。高质量的媒体分级标准能够提供充分的信息,帮助我们为自己和我们的家庭作出明智的选择。"

媒介专业主义框架的优点是:它的发展通常受到政府和其他公共机构的支持,而且也受到大学新闻教育和训练的支持。它既是自愿的,又符合媒介与从业者本身的利益,具有非强制性优点,它鼓励自愿的自我改善和自我控制。它的局限在于,应用范围狭窄,通常无法对势力强大的媒体产生足够的压力。

三、我国的媒介监管机制

我国大陆的政治体制和意识形态不同于西方国家,因此媒介监管体系有别于西方国家,如图 4-9 所示,现阶段我国的媒介监管体系呈现一种金字塔的结构,各层的影响力和控制力从高到低递减。

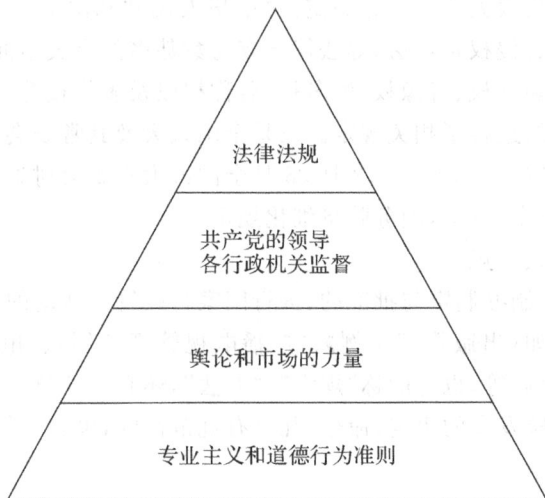

图 4-9　我国媒介监管的外部机制

(一)法律法规监管

1.我国的新闻立法情况

法律和法规居于监管体系的顶端,因为建设社会主义法制国家是我国社会发展的一大目标。我国还没有专门的新闻法和传播法,和新闻传播相关的法律法规散见于宪法、法律、行政法规、行政规章、地方性法规与规章、法律解释等。

(1)宪法相关规定

宪法是我国的根本大法,是其他法律法规制定的基础。它规定了我国新闻事业的领导原则和方向原则:一是党的领导,二是坚持为人民服务、为社会主义服务的方向。宪法还明确了国家依法对新闻传播事业实行行政管理,具体部门为国务院和县级以上各级人民政府。

宪法还规定了公民享有言论出版自由和文化活动自由的权利。宪法第三十五条明文规定:"中华人民共和国公民有言论、出版、集会、结社、游行、示威的自由。"第四十七条规定:"中华人民共和国公民有进行科学研究、文学艺术创作和其他文化活动的自由。"

宪法第四十一条还规定了公众和媒体拥有舆论监督的权利:"中华人民共和国公民对于任何国家机关和国家工作人员,有提出批评和建议的权利;对于任何国家机关和国家工作人员的违法失职行为,有向有关国家机关提出申诉、控告或者检举的权利,但是不得捏造或者歪曲事实进行诬告陷害。"

(2)法律相关规定

法律主要有三类:一是基本法律,由全国人民代表大会制定。二是一般法律,由全国人民代表大会常委会制定。《中华人民共和国刑法》、《中华人民共和国民法通则》、《侵权责任法》等法律含有为数甚多的有关新闻传播活动的规定。对名誉权、隐私权、肖像权、姓名权、名称权以及著作权等民事权益进行界定,并对侵权后果进行了相关规定。三是全国人大及其常委会所作的、具有规范性的决议、决定,如2012年12月28日全国人大常委会讨论通过的《加强网络信息保护的决定》草案,国务院将细化规定。

(3)国家行政法规

由国务院法制办制定与批准的、进行国家行政管理活动的规范性文件,大部分称"条例",如《出版管理条例》、《广播电视管理条例》、《电影管理条例》、《互联网管理条例》等,也有的称"规定"、"办法",还有一部分称某某法律的"实施细则"。国务院发布的决定、命令,凡具有规范性的,也属于行政法规之列。

(4)行政规章

由国务院各部、委以及其他直属机构根据现行的法律与法规、在自己的职权范围内、按照法定程序制定并发布实施的规范性文件,称为规定、命令、指示、规章等。例如,中华人民共和国新闻出版总署制定与颁行的《报纸管理暂行规定》、中华人民共和国广播电影电视总局制定与颁行的《有线电视管理规定》,等等。

(5)地方行政法规与规章

地方性法规是由省、直辖市和自治区以及省、自治区人民政府所在地的市、其他国务院批准的较大的市的人民代表大会及其常委会制定的、仅适用于本行政区域内的规范性文件,如《浙江省信息化促进条例》。地方性规章是由上述各类行政区的人民政府制定的规范性文件,如《昆明市新闻监督事项督查实施办法》、《徐州市计算机信息系统安全保护条例》等。

(6)相关法律和司法解释

主要由最高人民法院出台的可操作性法律和司法解释。如《最高人民法院关于审理名誉权案件若干问题的解释》等。

2.我国新闻法制建设中存在的主要问题

应该说改革开放30年来,我国在新闻传播立法方面取得了很大的进展,但同时还存在很多问题和缺憾,表现在:

(1)立法不足,法律法规体系不全,一直没有专门的新闻传播法

新中国成立以来,一直没有专门的新闻传播法,只能依靠宪法以及民法、刑法等法律的有关条款和一些政策、行政法规来规范。这些法律法规零散、繁芜,盲点、空白很多,不具备可操作性,无法满足迅猛发展的社会现实的需要。在实际的行政执法中,多数按照本部门制定的各种政策法规、条例,甚至是行政命令、行政措施、意见等来进行,主观性、随意性比较大。法律的缺失导致政府监管的法治化、制度化程度低。

(2)下位法相关规定与上位法的相关规定存在矛盾

我国《宪法》规定了公民享有言论出版自由和舆论监督权利,但是在实践中如何保障公民和媒体行使这些权利以及如何预防和制裁妨碍新闻舆论监督的行为,在民法、刑法等下位法中并无明确和具体的规定,而且许多法律法规公然违背宪法精神,限制媒体的报道自由和公众的言论自由。

比如刑法第二百二十一条中规定的"损害商业信誉、商品声誉罪":捏造并散布虚伪事实,损害他人的商业信誉、商品声誉,给他人造成重大损失或者有其他严重情节的,处二年以下有期徒刑或者拘役,并处或者单处罚金。国内案例中,公安局检察院常常可以依据这条法律拘捕记者。记者的报道自由根本无法得到保障。如《经济观察报》记者仇子明被浙江省丽水市遂昌县公安局以"涉嫌损害公司商业信誉"为名,列为刑拘在逃人员,进行网上通缉。比如2009年6月颁布实施的《徐州市计算机信息系统安全保护条例》规定:"未经允许,擅自散布他人隐私,或在网上提供或公开他人的信息资料,对发布者、传播者等违法行为,最多可罚款5000元;情节严重的,半年内禁止计算机上网或停机;一些违法的单位,还可能面临吊销经营许可证或取消联网资格的处罚。"这项规定被认为是针对腐败分子谈之色变的网络"人肉搜索"的公然禁令。从陕西"华南虎事件"开始到当下正闹得沸沸扬扬的"郭美美事件","人肉搜索"

都扮演了反腐败的重要角色,虽然它也有侵犯普通人隐私权的现象,但在中国传统媒体舆论监督效率低下的当下,它还是起了相当大的积极作用。如果以法律法规的形式加以禁止的话,无异于把孩子和洗澡水一起倒掉。而且作为一个地级市的行政法规,它明显违反了《立法法》《宪法》等上位法的基本规定。

(3)缺乏规范新闻侵权行为的统一法律标准,法官自由裁量权过大

对于新闻传播活动中的侵权行为没有专门的法律进行系统的规制,而现有法规内容太过含糊,对于一些新出现的概念,如"公共兴趣"、"公众人物"等,法律并无明确界定,使得新闻侵权和舆论监督边界一直不甚明晰,造成新闻侵权执行困难。

据统计,现在中国每年发生约4000件新闻侵权案,且呈上升趋势。中央人民广播电台法律顾问徐迅的团队对近年发生的800起媒体侵权案例进行了研究,这些司法判案缺少共识,判断侵权的要件仅仅是看报道内容是否"基本真实",法官拥有巨大的自由裁量权,同一篇文章,在湖北打官司胜了,在北京居然就败了。[①]

(4)在立法中,对媒体的舆论监督功能和"喉舌"角色没有进行明确的辨析

新闻媒体在监督党政机关等公权力机关时,处在一种矛盾的位置:一方面,新闻媒体肩负着舆论监督的宪法重任,另一方面,却充当着政府机关的"喉舌"角色。这样一来,媒体与被监督的政府机关关系时常陷入矛盾和纠结之中。

最高人民法院在2009年12月推出的《关于人民法院接受新闻媒体舆论监督的若干规定》,这部规定的第九条列举了追惩媒体的五种情况:恶意有倾向报道在审案件的,泄露国家或商业秘密的,损害法官名誉及诉讼参与人权益的,干扰审判及执行的,严重损害司法权威、影响司法公正的。传播学者陈力丹教授认为:"这个规定是法院站在维护自身利益的角度,在为新闻界制定规则。法院是制订者、判断者,又是执行者,法理上不通。"他认为,这五条追惩媒体的条款带有明显的主观色彩,比如什么叫"损害国家安全和社会公共利益"等,法院可以自由地解释,但法院的身份只是当事的一方,决定是否侮辱、诽谤、歪曲事实等等,需要另外的机构主持审理,这时的法院,不再是作为审判机关的法院,而只是原告的一方。[②]

---

① 黄秀丽:"中国记协:媒体应享有四项言论豁免权",《南方周末》,http://www.infzm.com/content/36600

② 陈力丹:"就高法《关于人民法院接受新闻媒体舆论监督的若干规定》答记者问",http://blog.sina.com.cn/s/blog_4a5940370100g8vm.html

（二）党的领导和行政部门的监管

在我国的媒介监管体系中,党的领导和行政部门监管具有重大的实际影响力和控制力。党的领导是核心,对行政部门监管起着引导和指导作用,各行政部门除了依法监管外,还要在党委宣传部的领导下把握党的路线、方针、政策。

1. 党领导传媒

在新闻实践工作中,把坚持中国共产党的领导,包括政治领导、思想领导和组织领导,称之为新闻工作的党性原则。新闻工作的党性原则由中共中央宣传部及各级地方政府党委宣传部门主抓落实。

党的政治领导表现在为新闻事业确定正确的政治方向,即把马克思列宁主义的普遍真理与中国的具体实践结合起来,在革命和建设的各个发展阶段上,为新闻事业制定并实行正确的路线、方针和政策。

党的思想领导是要求新闻媒体坚持马克思列宁主义、毛泽东思想和邓小平理论的指导地位,在媒体中加强党的理论工作和思想政治工作,督促新闻媒体向人民群众宣传党的路线、方针、政策,提高人民群众的思想觉悟,把党的主张变成人民群众的自觉行动。

党的组织领导是指党在新闻媒体组织中按照民主集中制原则和组织制度,建立健全党的组织,培养、选拔、使用和监督媒介组织的主要党员干部。

2. 传媒的行政监管

（1）我国传媒行政监管模式

我国传媒业的行政监管模式主要是一种分业分层监管模式。分业,即按照传统的传播媒介形态来分工负责的:文化部门负责舞台艺术等口语媒介形态,新闻出版部门负责报纸、图书、期刊、音像、电子出版物以及网络出版等六大媒介形态,广播电影电视部门负责传统的广播、电影、电视、音像等媒介形态及新兴的互联网音视频媒介形态,信息通讯部门负责互联网、手机等数字媒介形态。分层,即负责监管的行政部门可以分成三个层次:即主要监管部门、协助监管部门和主办单位或主管单位。

第一层是主要监管部门,如国家新闻出版总署、国家广播电影电视总局、文化部、信息产业部、国务院新闻办公室等。这些部局级单位在地方政府行政结构中也设有相同职能的厅局级单位相对应。在文化体制改革中,有些基层市级和县级政府把文化局、广电局和新闻出版局整合一块,形成文化广电新闻出版局,并形成统一的执法机构即文化市场综合执法局。上述国务院下属的部、局、办负责本部门领域的行业法规的制定、技术标准的确立、运营牌照的发放、内容审查、准入审批、违规行政处罚等。

第二层是协助监管部门。这一层次的监管部门比较繁多,例如公安部、安全部、外交部、教育部、国家药品监督管理局等也在其职权范围内负责传媒监管工作。如1997年公安部发布了《计算机信息网络国际联网安全保护管理办法》,其第三条规定:"公安部计算机管理监察机构负责计算机信息网络国际联网的安全保护工作。"

第三层是主管单位和主办单位。根据我国现行法律法规,大部分传媒组织只有单位才能设立或者申请设立,并且这些单位对其设立或者申请设立的传媒组织有监管职责。以新闻出版为例,报纸、杂志等媒体的主管单位、主办单位是当地的新闻出版局,它与新闻出版单位之间是领导与被领导的关系,对出版单位有管理之责。

(2)我国媒介行政监管的问题

第一,缺乏法定、独立的监管机构,政出多门,九龙治水,不利于传媒业的发展。

我国现行的传媒的行政监管体系还是在计划经济时代形成的,呈现一种纵向割裂、横向割据的情形,越来越不适应现代传媒业的发展。纵向上,按照传播媒介形态分设管理部门,并互相构筑行业壁垒,造成了传播价值链的人为割裂。横向上,按照行政层级来设立和管理传媒机构,并按照行政区划和行政级别来划分传播范围与传播层次,造成了管理和传播效能上的双重衰减。迅猛发展的传播科技打破了媒体间天然的区隔,促使了媒介形态的融合,传统媒体和网络媒体相互融合,出现你中有我、我中有你的态势。媒介受众、媒介市场也随着分化整合。但由于监管部门职能交叉或者管理缺位,形成多层执法、多头执法、相互扯皮现象。这种现象一方面造成了传播内容的失序,监管的失效,另一方面又提高了经营成本,降低了市场的效率。

第二,监管方式上多采用运动式行政专项整治行动,缺乏长效机制。

我国在传媒的行政监管上喜欢采取集中式、运动式专项整治行动,常常由一个中央职能部门领衔,其他职能部门协助,在一段时间内集中打击违法违规现象。如2009年12月到2010年5月底,中央外宣办、全国"扫黄打非"办、工业和信息化部、公安部、新闻出版总署等9部门在全国范围内联合开展深入整治互联网和手机媒体淫秽色情及低俗信息专项行动;新闻出版总署从2011年4月15日至2011年7月25日集中开展报刊记者站专项治理"百日行动";国务院新闻办、工业和信息化部、公安部、文化部、工商总局、广电总局、新闻出版总署等7部门在2009年1月开展为期一个月的整治互联网低俗之风专项行动等等。这种经常性专项整治行动具有一定的震慑作用,在一定的时间段内取得既定效果,但常常无法根治,一旦专项行动结束,高压解除,违法违规现象又会死灰复燃。

第三,行政监管过度或越位干扰抑制了媒介市场的自我调节作用。

国内监管机构对媒体进行过度监管或越位干扰,如对媒介市场准入设置了内资和外资、国资和民资的区别。这些限制超越了其应有的弥补和克服市场失灵的范围,抑制了市场经济内在活力和正常发展,造成资源配置的扭曲,使得这些行业竞争不足,企业效率低下,并为寻租活动的产生提供了土壤。

(三)舆论和市场的监管

在中国,公众的意见及市场的力量对媒介的影响虽然不是主要的控制因素,但随着公共意识的觉醒,媒介市场化、产业化进程的深入,这种影响越来越显著。

在传统媒体受到严格控制的情况下,中国还没有严格意义上的公共媒体,同时非政府组织(NGO)发育也不充分,独立的社会公益组织几乎没有,这些组织几乎都挂靠在政府主管部门下面,因此所谓的公共舆论无法形成和行政力量分庭抗礼的组织性力量。但迅猛发展的网络媒体却让公众找到了发声的舞台,网络空间在某种程度上充当了西方所谓的"意见的自由市场",各种论坛、博客、微博、播客,众声喧哗,自由辩论,成了培育中国民众公共意识的训练场。2012年11月,江苏教育电视台一档娱乐节目《棒棒棒》邀请了网络红人干露露等母女三人到场,在录制过程中现场观众遭到三人的百般羞辱和谩骂。现场视频在网络上流出后引起了轩然大波,国家广电总局监管人员看到后马上作出反应,第二天便令江苏教育电视台停播整顿。国家广电总局这种监管执法速度也是以往从来没有过的。

在层出不穷的官员贪腐事件、环境污染事件、公益组织假公济私事件等都是最先在网上传播形成舆论效应,引起了传统媒体的注意、追踪。在当下中国,相当一部分市场化媒体很好地和公共舆论结成同盟,市场化程度越高的媒

这三个以公开宣淫为荣,狂骂观众的恶之花,就应该像过街老鼠,人人痛打之!//@我是□周:广电总局,你若视而不见,你也是SB+2B!//@我是报纸佬://@费明微博://@丰乳肥臀□广电部的官员们,你们都在做什么?允许这三个疯逼到处散播,毒害下一代吗?

@丰乳肥臀v
【这骚B越来越嚣张了!居然现场大骂现场观众。。】http://t.cn/zjbcyoW

11月27日21:44 来自新浪微博   (31) | 转发(2825) | □□□□

体,越重视舆论,反映舆论,建立自己的品牌和公信力,一批经过市场化洗礼的报刊脱颖而出,如《南方周末》《南方都市报》《财经》杂志、财新传媒等在重大的舆论事件报道中总是一马当先,身先士卒,这便是市场的力量。当然媒介市场的力量在中国还不够强大,行政控制的力量依然起着主导作用,但这种力量均衡正在逐渐被打破,优胜劣汰的市场力量在中国传媒行业必将确立起来。

当然市场化带来的也不总是精品,它也会迎合受众低级趣味,引发媒体"恶俗化"、"庸俗化"、"媚俗化"的现象,但正像西方的媒体不仅仅依靠一种力量进行控制,而是通过外在的、内在的,正式和非正式的控制系统来监管媒体,不能因为市场带来负面的影响而拒绝市场化。

（四）新闻专业主义和道德自律

新闻专业主义和道德自律是国内媒体界正在成长起来的一种控制力量,它在当下我国的监管体系中是最弱的,但也是最有希望和力量的。新闻专业主义作为西方媒体行业形成的传统,在我国的新闻实践中引入时间并不长。中华全国新闻工作者协会是我国具有官方背景的媒体行业自律组织,拥有包括中央新闻单位、各省级记协及专业记协等在内的两百多家团体会员和16个下属社团。先后制定了《中国新闻工作者职业道德准则》、《禁止有偿新闻的若干规定》（与中宣部等联合发布）,连续4年和中宣部等联合召开五次职业道德建设电视电话会议,并受理了有关记者违反职业道德的社会投诉。

这几年我国媒体市场化改革不断深入,各类媒体直接面临市场的激烈竞争,经营的压力增大,不少媒体从业人员不顾职业道德,不惜以"三俗"内容取悦受众,同时假新闻层出不穷,"有偿新闻"丑闻不断,有人总结记者的八大"病":

一是手质增"伸"病,病状表现为采访之余伸手向基层单位要这要那,顺手牵羊。

二是软骨病,一辈子只写表扬稿,一辈子只写所谓的"正面报道"。

三是富贵病,下基层时时在意享受所谓的"记者待遇"。

四是膨胀病,以"大腕"自居,每到一处,牛气冲天,指指点点。

五是懒惰病,懒于现场采访,懒于实地采访,甘于做"材料记者"。

六是谎言病,习惯性造假和说谎。

七是势利病,采访对象是官员、老板、明星时,抢着去;而碰到农民、贫困职工、社会弱势群体等人群,能躲就躲。

八是虚荣病,每逢记者节等节日公开吹嘘自己的成就。①

---

① 黄山:"中国记者八大'病'",http://news.qq.com/a/20090319/000783.htm

虽然存在各种问题,但新闻专业主义素养和职业道德操守越来越为广大媒体人所认同。报业市场化改革以来成长起来的一批揭黑记者、公益记者,如前《中国经济时报》首席记者、调查报道部主任王克勤,被誉为"中国调查记者第一人"、"中国的斯蒂芬斯"(美国著名揭黑记者)等美誉,虽遭受黑社会 500 万买人头的恐吓及其他势力的打压,仍矢志不渝,甘愿清贫,为社会弱势群体呼喊奔走,对社会黑暗批判揭露。调查揭黑记者在业内和民间享有很高的声望,很多调查记者因为一篇报道而被载入史册,这是新闻行业树立新闻专业主义和道德自律的内在动力。而大学的新闻专业教育,也越来越重视大学生新闻专业主义职业训练和道德自律教育。道德自律和新闻专业主义事实上已经成为国内媒体行业公认的职业追求和理想。

思考与练习

1. 西方的新闻自由思想是如何发展起来的?其内涵是什么?
2. 请选择一家媒体,了解其内容生产的把关和审查机制。
3. 舆论因素如何影响媒体内容的生产?试举例分析。
4. 概述施拉姆等提出的报刊的四种控制理论。
5. 概述西方的媒介监管机制,评析其优点和缺陷。
6. 简述美国的电影分级标准,中国大陆实施电影分级可行吗?
7. 我国传媒行政监管中的问题有哪些?

第五章 大众传媒的传播效果

真正的说服者是我们的偏好,我们的恐惧感,尤其是我们的虚荣心。技巧高明的宣传人员能激起和把握这些内在的说服因素。

——埃里克·霍弗(Eric Hoffer)

案例导入

1938 年引起美国恐慌的广播剧《火星人入侵地球》

1938 年 10 月 30 日,美国人从广播中听到了一个令人震惊的消息:一颗巨大的陨星落到了新泽西的一个农场里,纽约正面临火星人的进攻!人们惊恐万状,向报社、广播电台和警察局询问该如何逃生,该怎样预防来自外星人的袭击,电话都打爆了。其实当晚人们听到的这个消息是假的,它是哥伦比亚广播公司根据英国科幻小说家威尔斯的科幻小说《星际战争》改编的广播剧《火星人入侵地球》。只不过,广播剧运用了逼真的音响效果,一个名为奥森·威尔斯的演员和他所在的水银剧团演播得绘声绘色。《纽约时报》在头版的报道中描述了听众的恐慌:"极度恐慌的听众塞满了道路,有的藏在地窖里,我在枪中装满子弹。在纽约的一个街区,20 多个家庭中的人们都冲出房门,他们用湿毛巾捂住脸,以防止吸入火星人的'毒气'。"据普林斯顿大学事后调查,整个国家约有 170 万人相信这个节目是新闻广播,约有 120 万人产生了严重恐慌,要马上逃难。实际上,广播剧播出时,开始和结尾都声明说这只是一个改编自小说的科幻故事,在演播过程中,哥伦比亚广播公司还曾 4 次插入声明。①

这个广播剧成为新闻史上最有名的由大众媒介造成的恐慌事件。自此,

---

① 参阅人民网:"《火星人入侵地球》1938 年引起恐慌的广播剧",http://scitech.people.com.cn/GB/25509/54887/54889/3825911.html

大众媒介的强大威力进入学者们的研究视野,最后发展成传播学中一个特殊的研究领域——传播效果研究。传播效果指传播行为产生的有效结果。狭义上,指传播者的某种行为实现其意图或目标的程度。广义上,指传播行为所引起的客观结果,包括对他人和周围社会实际作用的一切影响和后果。具体来说指带有说服动机的传播行为在受传者身上引起的心理、态度和行为的变化。尤其是传媒的活动对受传者和社会所产生的一切影响和结果的总体。

学者们对大众媒介的传播效果研究时间并不很长,数十年来争论不断,一种主流的观点认为:至今为止,效果研究经历了魔弹论、有限效果论、适度效果论到强大效果论四个阶段①,不同的观点在不同时期轮番占据主流地位。

第一节　大众传媒的魔弹效果

魔弹论也称"靶子论"、"皮下注射论"、"枪弹论"或"机械的刺激——反应论",是盛行于 20 世纪初至 40 年代的一种认为媒介威力强大的理论。这种理论认为,受众就像射击场里一个固定不动的靶子或医生面前的一个昏迷的病人,完全处于消极被动的地位,毫无反抗能力,只要枪口对准靶子,针头扎准人体某部位,子弹和注射液就会迅速产生出神奇效果。受众消极被动地等待和接受媒介所灌输的各种思想、感情、知识,大众传媒有着不可抗拒的巨大力量,受众对大众传媒提供的信息产生大致相同的反应,受众的性格差异并不重要,重要的是讯息,讯息直接改变态度,而态度的变化即等于行为的变化。

一、魔弹论产生的背景

"魔弹论"形成的直接根源是两次世界大战前后的大规模的宣传心理战以及由此引起的研究宣传的热潮。一战后,一些德国人认为,德国士兵不是在战场上被打败的,而是受协约国的宣传欺骗而投降。同时传播学先驱拉斯韦尔等学者开始致力于对宣传问题的研究。二战前后,法西斯纳粹主义的宣传一度取得成功,产生很大效果,更加深了人们普遍怀有的对大众传播媒介宣传威力的敬畏和恐慌。

在两次世界大战之间的几十年内,大众传媒如报刊、电影、广播等迅速发展并普及,对人们的日常生活产生了巨大的冲击力,人们普遍认为大众传媒具有惊人的强大效果,传播研究者认为大众媒介具有"魔弹式"的威力。这种观点产生的理论背景是西方盛行的本能心理学和大众社会理论。本能心理学认

---

① 本教材采用赛佛林和坦卡德在《传播理论:起源、方法与应用》中的观点。

为,人的行为正如动物的遗传本能反应一样,是受"刺激—反应"机制主导的,施以某种特定的刺激就必然会引起某种特定的反应。大众社会理论是在孔德、斯宾塞的社会有机体思想和韦伯等有关工业化社会理论的基础上形成的。他们认为,大众社会中的个人,在心理上陷于孤立,对媒介的依赖性很强,因而导致媒介对社会的影响力很大。

二、宣传研究

(一)东西方语境中的"宣传"

"宣传"一词在中国古已有之,它的运用与军事和战争活动关系密切。《三国志》中多次出现:"延熙五年,还朝,因至汉中,见大司马蒋琬,宣传诏旨,加拜镇南大将军。""先主亦以为奇,数令兼宣传军事,……""进城中强弱相陵,心皆不定,以为宜令新降为内所识信者宣传明教……"在上述语句中,"宣传"的含义为宣布和互相传布。

在西方,宣传的对应语是 propaganda,它来自于罗马教皇格雷戈里十五世于 1662 年创办的"信仰宣传传圣教会",该机构的宗旨是维护天主教的统治地位,对抗风起云涌的宗教改革运动。Propaganda 源自拉丁文"to sow",最初是一个中性词,意思是"散布或宣传一个思想",直到 1914 年第一次世界大战爆发前,Propaganda 这个拉丁文词汇还不是一个大众用语。但在第一次世界大战以后,它往往被赋予一种否定性的含义,宣传信息被认为是"不诚实、操纵性的和洗脑子的"。

经历过二次世界大战,西方人对"宣传"——Propaganda 有了重新认识,认为以控制人的心灵为目的的宣传对于战争成败和社会稳定具有举足轻重的影响,因而对于可能与专制相联系的宣传产生了一种恐惧心理。在今天相当多的西方人眼中,宣传常常与党派私利、偏见等相联系。当一个人被称为宣传家(propagandist)时,他是很难获得公众信任的。因此,在很多语境下,宣传一词被弃之不用,而代之以"公关"、"促销"、"广告"等字眼。美国新闻界认为,客观性与宣传是格格不入的。新闻界推崇的客观性(objectivity)要求新闻媒介遵守三个基本原则:(1)将事实和观点分开;(2)报道新闻不带感情色彩;(3)公正平衡,使双方均有机会使用向受众提供充分信息的方式进行答复。[①]

在前苏联和社会主义中国,宣传工作被视为国家和社会稳定的基础。前苏联将宣传细分为宣传和鼓动。两者的区别在于:宣传表示广泛地传播需要

---

① 参阅展江、田青:"《世界大战中的宣传技巧》与'宣传世纪'",http://www.people.com.cn/GB/14677/22100/41466/41467/3028298.html。

深入而有详细讲解的思想、理论和学说,它"以形成一定的世界观为目的",它更多地诉诸理智;鼓动是"通过演讲和各种群众性报道手段传播一种思想,以影响群众的认识、情绪和社会积极性",鼓动的目的不是对鼓动的学说进行系统的叙述,"鼓动比任何事情都密切地与现实群众运动相联系",它诉诸感情。

从前苏联的实践来看,宣传鼓动工作在苏共中央宣传部的直接领导下,为维护国家政权的稳定和抵御外敌入侵作出了突出贡献。同时应当看到,前苏联的宣传体制是一种高度集中统一而缺乏活力的体制,宣传工作在和平建设时期暴露出种种弊端。这主要表现在:宣传鼓动强调意识形态至上,对马克思主义实行僵化和教条式的理解;宣传鼓动没有将党、国家和人民的根本利益结合起来,甚至成为鼓吹个人崇拜、推行霸权主义的工具;宣传鼓动全面取代新闻媒介的新闻信息传播,出现"《真理报》上无真理,《消息报》上无消息"的政治笑话。[①]

我国长期以来的宣传体制和新闻体制,是沿袭战争时期和前苏联模式。其优点和弊端与苏联时期极为相像。改革开放后,党和国家领导人要求改变宣传工作简单化倾向。江泽民提出,为避免宣传流为不看对象、不讲效果的空洞说教,适应形势的需要,宣传必须提高艺术性。十六大,以胡锦涛同志为总书记的党中央提出"贴近实际、贴近生活、贴近群众"的要求,成为党和人民喉舌的新闻媒体从事新闻报道过程中必须遵循的原则之一,也是新闻报道为人民群众所喜闻乐见,从而达到以正确的舆论引导人,以高尚的精神塑造人,以优秀的作品鼓舞人,并牢固占领舆论阵地的法宝。2011 年 8 月,在中央指示下,全国新闻战线开展"走基层、转作风、改文风"活动,大量来自基层一线的鲜活报道,给新闻媒体带来清新之风,受到社会各界的欢迎和好评。

(二)拉斯韦尔[②]对宣传术的研究

拉斯韦尔的博士论文《世界大战中的宣传技巧》被认为是魔弹论的研究成果。拉斯韦尔采用了经验学派的研究立场,坚持价值中立的态度,运用经验材料来对社会现象进行考察。他着眼于一战中的宣传技巧,对美、英、法、德等参战国的宣传技巧进行了系统的总结,指出这些国家宣传系统的得失直接影响了战争的胜负,展示了战争驱动下媒介宣传的强大魔力。

在他看来,宣传是"仅仅指通过重要的符号,或者更具体但是不那么准确

---

① 参阅展江、田青:《世界大战中的宣传技巧》与'宣传世纪'",http://www.people.com.cn/GB/14677/22100/41466/41467/3028298.html.

② 哈罗德·D.拉斯韦尔(Harold D. Lasswell),美国著名的政治学家,传播学四大奠基人之一,提出了传播的三大功能,他著名的"5W"模式,独创了内容分析法。代表作有《世界大战中的宣传技巧》、《传播在社会中的机构与功能》等。

地说,就是通过故事、谣言、报道、图片以及社会传播的其他形式,来控制意见。宣传关注的是通过直接操纵社会暗示,而不是通过改变环境中或有机体中的其他条件,来控制公众舆论和态度。"①后来,他将宣传定义修正为:"宣传,从最广泛的涵义来说,就是以操纵表述来影响人们行动的技巧。"②在他看来,广告和公告都属于宣传范畴,宣传本身无所谓好坏,对于它的判定依赖于一个人的观点,取决于宣传信息是货真价实的还是弄虚作假的。

拉斯韦尔在这本著作里对各个层面的宣传展开了详尽的考察。这一过程中他认识到强调宣传者及其受众的身份是极为重要的。因此他将宣传活动的参与者分为四个主要群体,他们是每一个国家的发言人都会提及或直接讲到的,即:"我们"国内的受众、"我们的敌人"、"我们的(或他们的)盟友"和"中立者"。作者还指明了宣传的作用,"到目前为止,宣传最有效力的作用是动员社会成员仇恨敌人,维持与中立国及盟国之间的友好关系,促使中立国转而反对敌国,以及粉碎敌人坚不可摧的抵抗。"

拉斯韦尔反对无限制地夸大宣传作用的做法,尽管如此,他最终得出的结论仍然是宣传具有强大的效果:"但是,即使在考虑了这些限制因素并彻底去除了所有过高的估计之后,事实仍然是:宣传是现代社会最有强力的工具之一。宣传取得现在这样的显著地位是对改变了社会本质的环境变化综合体的回应"、"宣传是对现代社会的广阔性、理性和随意性的本能反应。它是新的社会发动机……"③

作者总结了为实现宣传目标所应采取的诉求方式:要想煽动起人们对敌人的仇恨,就要把对立国家描述为危险而凶残的侵略者,即恶魔;要瓦解敌人的斗志,就要用新仇取代旧恨;为保持与盟国的友好关系,最重要的是我们在战争进程中付出艰苦卓绝的努力和衷心认同盟友崇高的战争目标;要想赢得中立国,则要引导该国认识到他可以从击败我们的敌人这件事中获益。在这场宣传大战中,作者认为"德国是在用纸板与钢板在抗衡",除了缺乏前文中指出的统一体系外,死板、拘于陈规、缺乏对戏剧化和人情味作用的重视以及笨拙的表达方式等对德国人的刻板成见也被认为是导致德国在这场宣传战中惨败的原因。

在此书中,拉斯韦尔对宣传抱着"价值无涉"的态度,通过许多案例展示和

---

① 哈罗德·D. 拉斯韦尔著,展江、田青译:《世界大战中的宣传技巧》,中国人民大学出版社 2003 年版,第 22 页。

② [美]沃纳·J. 赛弗林、小詹姆斯·坦卡德:《传播学的起源、研究与应用》,福建人民出版社 1985 年版,第 103 页。

③ 同①,第 177 页。

分析了种种宣传技巧。对宣传怀有极端恐惧的美国人视之为异端,一位评论家称其为"一本马基雅维利①式的教科书(即教唆权术的书),应当马上予以销毁"。值得指出的是由于"宣传"一词有了否定的含义而不太常用,宣传分析逐渐被纳入了传播研究的一般体系之中。也就是说,在拉斯韦尔那里被称为宣传的许多东西今天也会被称为大众传播。

(三)李和李对宣传技巧的总结

一战后,第一个学术性宣传研究机构"宣传分析研究所"成立(1937 年)。该所出版的《宣传的完美艺术》(李和李)一书归纳了七种常用的宣传方法②:

1.辱骂法:给某种思想贴上一个不好的标签,使我们不经检查证据就拒绝和谴责这种思想。辱骂法不常用于广告,普遍用于政治活动和其他领域的公开活动中。如"恐怖主义"、"暴君"、"独裁者"、"右派分子"等都是根据贴标签的人的观点而定,或是贴标签的人支持哪一边而定。

2.光辉泛化法:也称为晕轮效应、光环效应。它将某事物与好字眼联系在一起,借好事物的光,使人们不经验证而接受或赞同另一个事物。此法在政治、商业和国际关系中被广泛运用,如罗斯福的"新政"、广告中的产品名称和促销等。

3.转移法:将某种令人尊敬的事物的权威、影响力、声望转移到另一事物上,使后者更容易被接受。转移法通过联系过程起作用,像是"牵连赏识"。传播者的目的是将某种观念、产品或事业与人们赞赏的东西联系起来。如商业中的名人广告。

4.证词法:通过某些令人尊敬或使人讨厌的人评论某种观点、项目、产品或人,影响公众的态度。如名人广告、政治宣传。

5.平民百姓法:指某讲话人企图让受众相信他或她的想法是好的,因为这些想法是"人民"的想法,是"普通老百姓"的想法。如平民代言广告、政治人物展示的平民形象等。

6.洗牌作弊法:选择采用陈述的方法,通过事实或谎言、清晰的或糊涂的、合法的或不合法的叙述,对一个观念、计划、人或产品作尽可能好或尽可能坏的说明。如电视广告中对产品评论的选择。

7.乐队花车法:宣传者告诉人们"每个人——至少我们所有的人——正在做它"。利用这种宣传技巧,宣传者试图使人们相信,人们所属团体的所有成

① 意大利政治家和历史学家,著有《君主论》,以主张为达目的可以不择手段而著称于世,马基雅维利主义(machiavellianism)也因之成为权术和谋略的代名词。

② 参阅百度百科词条:宣传 http://baike.baidu.com/view/193752.htm

员都接受它的计划,因此所有人必须跟随大家"跳上乐队花车",接受宣传者的计划。此法用于商业广告、战时动员、政策宣传等。

三、魔弹效果的局限性及产生的条件

有关魔弹论的研究大都是建立在观察基础上的结论,比如人们很容易把广播剧《火星人入侵地球》引起恐慌当做魔弹论的有力证据,却并未经过严密的科学调查与验证。魔弹论过分夸大了大众媒介的影响力,同时也忽视了受众的主动权。此外,这一理论还忽视了影响传播效果的各种社会因素。传播效果与当时当地的社会环境、媒介环境、群体心态、政治军事经济及文化背景密切相关,不能把传播效果放到"真空"中去考察。施拉姆也指出,"魔弹论"实际上不是一种学者的观点,它虽然曾广为流行,但从未得到第一流学者的拥护,而只是一种记者的"发明"。

然而在具体应用中,用"魔弹论"来分析第一次世界大战当中的传播现象,却又是贴切可用的。实际上,正如"战时共产主义"只适用于特定时期和特定地点,"魔弹论"也在某种程度上有其适用的场合。在诸如战争、灾难、困境等情况下,当人的切身利益受到威胁的时候,传播往往能达到令人惊异的效果。因为在这种时候,大众往往变得神经质、迷信权威和从众心理严重。

魔弹论作为一种传播效果理论流行的时间很短,但媒介的魔弹传播效果却并没有消失,在满足一定的条件时便会显露出来。学者尹连根总结了魔弹效果产生的两个必要条件和三个辅助条件[①]:

必要条件一:单一的信息源,"一言堂"的传播环境。

现代社会,大众媒介作为社会信息的主要传播者,成为民众了解新闻和资讯的主要渠道。媒体如果受到外部势力(金钱或权力)的制约,只向受众提供单一的信源,只让受众听到一个声音,"千报一面","万台一腔",就会形成"一言堂"的传播环境。在这种传播环境下,受众无法利用其他的独立信息来源来进行求证或扩展思考,只能被动地接受单一信源的讯息,就形成了被单一信息像枪弹一样横扫而无法质疑的现象。这种现象在战争时尤其被合法化和爱国化。比如美国在伊拉克战争中的新闻控制,为了保持"一言堂"的传播环境,不允许媒体对敌方伊拉克当局进行采访。2003 年 3 月 31 日,NBC 下属的 MSNBC 电视台解雇了阿内特,理由是他接受了伊拉克国家电视台访问并公开表示美国战争计划已经失败。英美媒体异口同声说萨达姆政权拥有核武器,为战争开打制造舆论借口,而战后媒体却披露这是个彻头彻尾的谎言,民

---

① 尹连根:"试论'魔弹论'",《社会科学研究》1995 年第 6 期。

众在媒体和政客的合力操纵下上当受骗。

必要条件二：受众缺乏独立自主的批判意识。

在传播活动中，如果受众的批判意识淡薄，社会免疫能力很弱，不具有独立自主地分析、判断、提出见解的能力，对接受的信息不经过认真、仔细、深入的思考、研究，则往往会形成盲目地全盘吸收传者所传信息的"魔弹现象"。一是受众缺乏相应的媒介素养，且在阅历和知识储备上都欠缺，二是可能受到利益和欲望的驱动，无法保持正常的理智。虚假广告和电信诈骗之所以屡屡得逞，并不是因为这些欺诈者有多么高的水平，很大原因是因为上当受骗者们缺乏独立自主的批判意识。

辅助条件一：社会动荡，人心惶惶。

社会动荡，人心惶惶，不是魔弹效果形成的必要条件，但是如果受众生存的社会环境变得恶化，谣言四起，自己无从判断真假，局势变得动荡不安，自己的物质利益甚至身心都受到威胁时，这种背景下，出于维护自身利益的强烈动机，人们对信息的选择、吸收往往显得有点"饥不择食"，极易出现无法逃脱信息"魔弹"的现象。比如在 SARS 病毒肆虐大陆的最初阶段，官方为了维稳的需要采取隐瞒策略，结果谣言四起，发生社会骚乱，后来采取信息公开披露的策略后，立即就把局势稳定下来。2011 年，日本大地震时，几乎所有新闻媒体都对日本的核泄漏进行了持续、大力的报道，但初期媒体没有提供足够多的核辐射常识，大家的心理恐慌越来越强，谣言四起说日本核辐射已经影响到中国了，于是互联网上一则盐能预防核辐射的帖子被广为传播，引起了恐慌性抢购食盐的风波。

辅助条件二：信源具有权威性。

信源权威性程度大小往往直接关系到人们对信息的选择、接纳、吸收。权威性信源传播的信息，往往更易"击中"人，这是由其权威性的地位决定的。人们对信源越依赖，就越容易接受其传播的信息，越容易心服口服，甚至发展到登峰造极的地步：盲从、迷信。

辅助条件三：传播信息时浓厚的主观色彩。

传播信息时，对信息的选择、表述，总难免会受到自身倾向性的影响。这种倾向性是客观存在的。在一言堂的传播环境里，若传播者在传播信息时，有意识地把自己的主观判断暴露于信息之中并传播给受众，常易挑起受众不正常的偏激情绪。最典型的例子莫过于文革时期，主政者通过媒体来挑起受众非理智的狂热，一轮一轮发动各种政治运动。

第二节 大众传媒的有限效果

1938年,哈德利·坎特里尔(Hadley Cantril)主持对广播剧《火星人入侵地球》引起恐慌事件进行研究,这是对魔弹论的最早挑战之一。该研究发现这个广播节目之所以使许多听众受到惊吓,是由于如下原因:

1.美国公众长期以来形成了对广播的信任。广播成为了当时美国人的首要的新闻来源,公众认为广播会用来发布重要的声明。

2.所处的历史时期。这个节目播出时,美国正在长期的经济危机中挣扎,并且面临着即将到来的另一场大战的威胁。

3.节目高超的表演技巧——特别是独创性地运用了"现场报道"方式和"专家"访问。

4.转台的时间太晚。错过了开头的声明,没有听见后面的节目是改编自小说的科幻故事。

这个研究还发现不同受众之间的差异:具有批判能力的人很有可能发现,这是一个广播剧而不是一个新闻报道;具有强烈宗教信仰的人容易相信侵略是真的;不安全感、病态性恐惧、缺乏自信和宿命论等人格因素也非常重要,那些明显具有上述特征的人更容易相信入侵确有其事;个人对广播内容的接受,还受到特殊的收听情境的影响。例如,一个被惊慌失措的朋友通知收听的人就与因其他原因而收听者的收听条件(期待)有所不同。

从20世纪40年代到60年代,魔弹论被有限效果论取代。这种观点认为大众传播没有力量直接改变受传者对事物的态度,在人们作出某种决定之际,许多其他因素起着重要的作用,其中包括个人的政治、经济、文化、心理的既有倾向受传者对信息的需求和选择性接触机制,群体归属关系和群体规范,大众传播过程中的人际影响等等。

有限效果的代表学者是拉扎斯菲尔德、霍夫兰、卡兹和克拉帕等。他们进行了一系列富有建设性的研究,取得了许多成果。如20世纪30年代初(1929—1932年),佩恩基金会有关电影对儿童影响的系列研究,霍夫兰等人在1942—1945年间的新兵电影教育研究和1946—1961年间的"耶鲁传播与态度变迁计划",1947年库柏和雅霍达的"比格特先生"漫画研究、拉扎斯菲尔德等人的《人民的选择》(1944)、卡兹等人的《人际影响》(1955)、克拉帕的《大众传播的效果》(1960年)等,以下对其中的两项重要成果进行简要介绍。

一、对"意见领袖"的研究

意见领袖是指在人际传播网络中经常为他人提供信息、意见、评论,并对他人施加影响的"活跃分子",是大众传播效果的形成过程的中介或过滤的环节。由他们将信息扩散给受众,形成信息传递的两级或多级传播。意见领袖是有限效果论时期的重要发现,研究者揭示了大众传播过程中人际传播的影响,"意见领袖"这个概念已经成为一个比较流行的词语,为大众所熟知。

(一)"意见领袖"的发现

20 世纪 40 年代初,"子弹论"和"皮下注射"还非常盛行。受此观念的影响,拉扎斯菲尔德[①]等人在 1940 年美国总统大选期间,围绕大众传播的竞选宣传,对伊里选民进行调查,以证实大众传播媒介在影响选民投票方面将具有非常强大的力量,但调查研究的结果却让研究人员非常意外:大多数人早在竞选运动之初就已经作出了怎样投票的决定,只有约 8% 的人由于竞选运动改变了投票的意向,而这批人之所以中途改变主意。也并不是听从了大众传媒的宣传或劝服。主要是因为亲戚、朋友、团体的劝服影响。这就是说大众传播并没有左右选民投票意向的力量,它只是众多的因素之一。而且不是主要的因素,与大众传媒同时发生作用的还有选民的家庭、亲戚、朋友等因素,而且这些因素的综合作用远比大众传媒的作用大。

这次研究还有一个完全出人意料而且意义重大的发现,即传播过程中的两级传播现象。拉扎斯菲尔德等人意外发现,大多数选民获取信息并接受影响的主要来源并不是大众传播媒介,而是一部分其他的选民。这一部分选民与媒介关系密切,频繁地接触报刊、广播、广告等媒体,对有关事态了如指掌。于是那些经常与他们交往的大多数选民便从他们那里间接地获得了竞选的所有重要信息,并且听取他们对许多竞选问题的解释。这一部分选民就被拉扎斯菲尔德等人称为"意见领袖"(又译为"舆论领袖")。拉氏据此认为在传播过程中存在两级传播,就是说大众传播并不是直接"流"向一般受众,而是要经过意见领袖这个中间环节,再由他们转达给相对被动的一般大众,其模式如下:大众传播——意见领袖——一般受众。

后来,拉扎斯菲尔德等人又对购物、流行、时事等领域进行了多次调查,同

---

① 保罗·拉扎斯菲尔德(Paul Lazarsfeld),美籍奥地利人,美国著名社会学家、实验心理学家,对研究方法作出了重要贡献,被称为传播学研究的"工具制作者"。他通过不断改进抽样调查技术和量化分析方法,为传播学赢得了来自其他科学的尊重。其代表作有《人民的选择》、《传播研究》和《个人的影响力:个人在大众传播中的作用》等。

样证实了意见领袖在这些领域的存在。意见领袖作为媒介信息和影响的中继和过滤环节,对大众传播效果产生了重要的影响。事实上,这种传播方式不仅只是在两个层次间进行,而且常常是"多级传播",一传十,十传百,由此形成信息的扩散。在生活中由于种种原因,许多受众并不经常接触媒介上的信息,其信息来源往往是那些意见领袖。有的信息即使直接传达到受众,但由于人的依赖、合群、协作心理促使他们在态度和行为上发生预期的改变,还须由意见领袖对信息作出解释、评价,在行为上作出导向。这也是意见领袖存在的原因。

在拉扎斯菲尔德提出意见领袖的概念后,学者们对意见领袖的一般特征、形成因素等进行了系统的研究,揭开了意见领袖的神秘面纱。

(二)意见领袖的一般特征

1.意见领袖与被影响者一般形成一种松散的平等关系而非特定组织中的上下级关系。意见领袖未必都是名人和大人物,他们也许是我们生活中所熟悉的人,也许只是网络上未曾谋面的网友。但是因为其价值观、信仰、见识或者某种特长而形成某种权威性和传播说服力。

2.意见领袖并不集中于特定的群体或阶层,而是分布于社会上任何群体和阶层中。所谓"三人行,必有我师",指在三个人以上形成的群体中必定会有值得自己学习的人,这不仅仅是提倡一种谦逊的学习态度,更是表明了小群体传播的特点,种地的农民、工地上的建筑工人、开车的司机、烧菜的厨师等都有可能成为各自小群体的意见领袖。

3.意见领袖的影响力一般分为"单一型"和"综合型"。在现代都市社会中,意见领袖以"单一型"为主,即一个人只要在某个特定领域很精通或在周围人中享有一定声望,他们在这个领域便可扮演意见领袖角色,而在其他不熟悉的领域,他们则可能是一般的被影响者。如一个对时事政治拥有广博知识的人可以在时政问题上给予他人指导,而在流行或时尚方面则接受其他行家的影响。在传统社会或农村社会中,意见领袖一般以"综合型"为主,例如有声望的家族对当地社会往往有普遍的影响。

4.意见领袖社交范围广,对大众传播的接触频度高、接触量大,拥有较多的信息渠道,特别关注自己圈子里的事件和新闻,并时常主动发表观点影响周边或圈子里的人,其信息和观点、甚至行为容易被追随者传播和效仿。从某种程度上,微博的传播结构就是由无数大大小小的意见领袖节点架构而成,它使每个注册的人都有可能变成潜在的意见领袖。

(三)意见领袖形成因素

试图揭示意见领袖及其影响力形成的所有因素,是十分困难的。因为就像信息时生时息一样,意见领袖也是有生有息、不断变化的。随着时空条件的变换、人际关系的变化、社会地位的升降、社会参与频率的增减、人员背景的改变,等等,这些都可能促使此时此地此事的意见领袖成为彼时彼地彼事的被影响者。

1.价值

意见领袖传播的信息一定会给追随者带来某种价值,其价值是多种多样的,有的偏向经济价值的信息,有的偏向生活动力和目标取向价值的信息,有的具有哲学宗教观念价值的信息,有的是偏向知识趣味性价值的信息,等等。比如在中国股市中,存在着大大小小、真真假假的股市意见领袖,他们宣称根据自己专业的研究或者灵通信息渠道能准确预测股票信息涨跌,吸引大批的追随者,不少人冒充意见领袖进行诈骗,将轻信者骗得倾家荡产。

2.信源

信源会决定意见领袖的形成和消亡。在欧洲,古登堡发明机械印刷机印制《圣经》之前,对普通民众而言,教会人士是他们获得上帝信息的唯一信源渠道。教士们是上帝的代表,是传播解释《圣经》的权威,教会主宰着普通民众的思想情感和生活方式。印刷术使得《圣经》变得普及,普通民众也可以方便地阅读和解释《圣经》,教士们的传教并不是唯一的渠道,这样便引发了宗教改革,推动了基督教新教的崛起和欧洲文艺复兴运动。意见领袖掌握的信源越多,越是独家,其传播能力越强。

3.个性化

意见领袖传播的信息中并不是完全转播其他信源的信息,而是会有一些个性化的信息,常常是经过自己思考总结综合而成观点。要对追随者产生影响力,不仅信源要多元,还要有较强的读码、释码(如解释与理解)能力,会思考和总结,形成自己的独家判断,在某些专门的问题上要有较多的研究和较广阔的知识。

4.责任感

意见领袖常常是利益集团的代言人或小群体中的头头。他们讲义气,敢于打抱不平,富有同情心和责任感,能带头为群体和成员个人利益讲话,因而容易获得集团内或小群体内成员的好感与信赖。

5.人际交往

通常,意见领袖有较强的人际交往和社会活动能力以及关系协调能力。这些人活跃好动,能言善辩,幽默风趣,人缘好,交际广,有向心力和吸引力,周围常有一批追随者。

6.社会地位

这里的社会地位,一是指意见领袖在其活动的那个群体之内所占有的社会地位,二是指在群体之外可以获取各种所需信息的社会关系,而这两点又往往与其经济地位的优越与否密切相关。只要一个人不仅仅在群体内也在群体外有较好的社会地位,那么他的意见就能对其追随者产生较大的影响力。[①]

二、说服和态度研究

说服和态度研究是由霍夫兰[②]开创的,霍夫兰毕生研究人的心理对人的行为的影响,研究说服与态度的关系、态度的形成与转变、说服的方式、技巧与能力等。霍夫兰对传播学最突出的贡献,一是将心理实验方法引入传播学研究;二是通过研究揭示了传播效果形成的条件性和复杂性,对否定早期的"子弹论"效果观起到了很大作用。1946年到1961年间,霍夫兰领导的"耶鲁传播与态度变迁计划",完成了超过50项实验。他们将研究成果结集出版,诞生了一批关于态度问题的耶鲁丛书。1953年出版的《传播与说服》一书,描述了这些研究的理论框架和结果,启发了后来者继续跟进研究。

(一)传播者

1.知名度

同一内容的信息,如果出自不同的传播者,人们的接受程度不一样,获得的传播效果也不同。一般来说,信源的权威性知名度越大,其可信度就越高,传播效果就越好。所谓的名人效应,就是利用名人的知名度达到传播最大效果,在广告中请名人露脸宣传推广产品,在影视作品中选用名演员、名导演拍摄吸引观众,一般来说都会取得比较好的效果,但是如果产品本身出了问题,则会造成对名人的反噬,会损害名人好不容易累积的信誉,名人或成为票房毒药,或者要承担相应的虚假宣传的责任。

2.可信度

1951年,霍夫兰对信源的可信性与说服效果的关系进行了实证考察并提出"可信性效果"概念:即信源可信度越高,其说服效果越大,可信度越低,说明效果越小。对传播者来说,树立良好形象争取受众的信任是进行传播效果的前提条件。对政府和官员来说,承担对全体国民的信托管理责任,本来是最具

---

① 参阅百度百科 http://baike.baidu.com/view/368550.htm

② 卡尔·霍夫兰(Carl Hovland,1912—1961),美国实验心理学家、传播学奠基人之一,他是将实验心理学引入传播学研究领域的第一人,是宣传与传播研究的杰出人物。二战期间和战后,霍夫兰和一批心理学家进行了大量实验,对态度与说服进行了细致研究,提出了众多影响颇大的理论。他们形成了"耶鲁学派"。代表作有《传播与说服》、《态度的形成和改变》等。

公信力的传播者,但官员如果不守信用,假公济私,政策法令老是出尔反尔,朝令夕改,那么其权威性、可信性便大打折扣。公信力丧失的后果便是民众不再相信政府,甚至会上行下效,整个社会遵循尔虞我诈、弱肉强食的丛林法则,社会秩序便会大乱。

3.睡眠者效果/休眠效果

信源的可信度与传播效果之间是一种变动关系,低可信度信源发出的信息,由于信源可信度的负面影响,其内容本身的说服力不能得以马上发挥,处于一种"休眠"状态,但并没有消失,当其传播的内容累积到一定的数量或者其他的信源也在传播同样的信息时,低可信度就会变成高可信度。纳粹宣传部长戈培尔有句名言叫"谎言重复千遍就是真理"。而纳粹德国便是以此给国人洗脑使其接受纳粹思想。我国古代成语"三人成虎"说的是三个人都说街市上有老虎,别人便以为真有老虎。比喻谣言一再反复,就会使人信以为真。

4.动机

传播来源的动机与传播活动的效果二者也有关系,当传播者的动机同他本人的利益相反而同被劝服者的利益一致时,他的劝服力量才最大,即使传播者的威信不高,也常常能让人们的态度改变。公益活动是企业营销的有效手段之一,企业捐款捐物给慈善机构或被捐助者,往往引发公众和媒体的关注,可以增加品牌的美誉度。"钢铁大王"卡内基在《人性的弱点》中说:"天底下只有一种方法可以促使他人去做任何事——给他想要的东西。"[①]他认为"希望具有重要性"是所有的人都渴望得到的,因此"真诚地赞赏他人",让他们觉得自己受到了重视,往往会取得异乎寻常的效果。

(二)传播方式

1."只说一面"与"两面都说"

(1)"只说一面"仅向说服对象提示自己一方的观点或于己有利的判断材料,观点集中,简洁明快,但易产生心理抵抗。"只说一面"对于原来就赞同此观点和受教育程度较低的人有较强的说服效果。

(2)"两面都说"在提示己方观点或有利材料同时也以某种方式提示对立一方的观点或不利于自己的材料。给对立观点发言的机会,有"公平感",可消除心理反感;但论旨复杂,理解难度增加,不易把握。"两面都说"对于原来反对此观点和受教育程度较高的有较强的说服效果。

2."先说有利,后说有利"

施拉姆认为首先提出论点在引起注意上是有利的,而最后提出论点在被

---

① [美]戴尔·卡耐基著,袁玲译:《人性的弱点全集》,中国发展出版社2008年版,第17页。

记住上是有利的,新闻写作中的倒金字塔结构有利于唤起人们的注意,金字塔结构则有利于加深人们的印象。

3."结论由传者提出还是由受众自己得出"

耶鲁研究表明:"明白"优于"含蓄",直接表述更有效。但相反的观点认为:受众自己得出结论容易记忆,效果更好。因此得出结论:对于通情达理者含蓄暗示更有效,对于轻信盲从者直接给出结论的方法更有效。

4."情感诉求与理性诉求"

研究表明,动感情的诉求方式较之逻辑理性的诉求方式更可能导致态度的改变,然而现实一般是两者并用。在现实的传播内容中往往既有情感因素,又有理性因素,前者打动受众的感情,改变其态度,后者使受众认识深入,改变其观念与行为。将二者结合,即"动之以情,晓之以理",劝服的效果最佳。

(三)传播对象

1.听从性

听从性大的人容易被劝服,决定听从性大小的是对自己的主观评价,自我评价高的人听从性弱,自我评价低的人听从性强。

2.诉诸恐惧(警钟效果)

所谓恐惧诉求,是指在劝服信息中夹杂有威胁性成分,使受众产生惧怕心理,借以达到预期的目的。至于威胁性成分多少和程度如何才是有效的劝服手段存在不同的意见:贾尼斯刷牙防牙病实验说明"轻度"诉求效果最好,"中度"、"重度"最差;霍华德等人的实验证明最强的恐惧最有效;另外一种主导的观点认为:中等程度的恐惧诉求导致最大的态度改变(如倒"U"形状曲线)。实际的情况多种多样,而决定恐惧度强弱的主要因素又在于具体的传播内容。

3.预防接种理论(防疫论)

预防接种理论又称防疫论,美国学者威廉·麦奎尔 20 世纪 60 年代进行实验,寻求抗御态度改变的有效方法,经研究提出预防接种理论,并提出"防疫"一词。其基本观点包括:

当说服对象接触到对于基本信息的攻击,以及这些攻击的反驳(即反宣传)时,原先接受单方面讯息的几乎都受到了相反观点的影响,而那些原先接受正反两方面讯息的人的态度却没有发生明显的变化。

因此,要增强一个人思想上的防疫力,可以使用滋养法,即让一个人事先接触支持其基本信息的观点;也可使用接种法,即让一个人事先接触一种弱性的、为刺激其防卫的反面观点。一般的,接种法较前者有效。经过预防接种的人在接触到了对于基本信息的攻击(反驳)时会形成一种通用的免疫力,这种免疫力足以使这些基本信息在接触到另一种攻击时也不至于改变。

霍夫兰的研究成果具有很强的实用价值,但由于其在实验室中完成,和现实传播环境还是存在很大的差距。同时他的研究并没有采用大众传媒的资料,但其发现有助于我们更了解说服的过程——这是大众传播研究中很重要的课题之一。研究中提出的一些概念,如可信度、对宣传的免疫力、恐惧诉求、睡眠效果等等,都是引导后来研究的起点。

第三节　大众传媒的适度效果

20世纪60年代到80年代,学界认为大众传播对于受众虽然没有枪弹论所认为那样直接的、立竿见影的效果,但是也不像有限效果论说的那么不堪,它仍然是具有一定影响的,这种影响应该从受众这个角度来衡量,并且从长期效果来衡量。这便是大众传媒的适度效果理论。有限效果论强调了大众传媒的局限性,而适度效果论则是向大众传媒强效果论回归的开始。适度效果模式诞生了一批较有代表性的研究和理论成果:卡茨等人的"使用与满足"理论,罗杰斯和休梅克等人的"创新与扩散"理论,麦库姆斯和肖的"议程设置"理论,格伯纳等人的"教养"理论(涵化理论),蒂奇纳、库克等的"知识沟"假说等。

一、"使用与满足"理论

"使用与满足"理论的产生是传播研究史上的一个重要转折点。之前传播研究大多站在传播者的角度,而"使用与满足"理论则把研究焦点转移到了受众身上。传统的理论认为媒介在传播过程中的主要任务是说服受众,受众是被动的,而"使用与满足"研究把受众看做是有着特定"需求"的个人,他们的媒介接触活动是有特定需求和动机的,并且是一个得到"满足"的过程。

使用与满足研究以20世纪70年代为分水岭,分为传统和现代两个时期。传统时期的研究试图了解人们为什么使用某些媒介内容。60年代后期,该理论进入了一个新阶段,即现代时期。这一阶段中,学者们在研究了人们的动机、期望及传媒作用下人的行为后,开始重点解释它们之间的关系。1959年,卡茨在《大众传播调查和通俗文化研究》中首次提到"使用与满足"研究(uses and gratifications approach)。1974年,卡茨等的经典论文《个人对大众传播的使用》总结了当时"使用与满足"领域所做的研究,将媒介接触行为概括为一个"社会因素＋心理因素—媒介期待—媒介接触—需求满足"的因果连锁过程,提出了"使用与满足"过程的基本模式,其中有些因素到现在都值得我们重视:

1.人们接触使用传媒的目的都是为了满足自己的需要,这种需求和社会因素、个人的心理因素有关。

2.人们接触和使用传媒的两个条件:a.接触媒介的可能性;b.媒介印象即受众对媒介满足需求的评价,是在过去媒介接触使用的经验基础上形成的。

3.受众选择特定的媒介和内容开始使用。

4.接触使用后的结果有两种:一种是满足需求,一种是未满足。

5.无论满足与否,都将影响到以后的媒介选择使用行为,人们根据满足结果来修正既有的媒介印象,不同程度上改变着对媒介的期待。

从 20 世纪 70 年代开始,在"使用与满足"类型研究领域,学者们开始把使用类型与社会的需求和社会心理的需求联系在一起。最为著名的就是麦奎尔、布鲁姆勒和布朗的研究,他们把受众看电视的动机归纳为以下 4 个方面:

1.转移和消遣(逃避或感情释放);

2.人际关系(电视可以代替社会交往,为个人提供陪伴,并且可以用于与他人交往);

3.个人身份(将电视中的人物和事件作为参照,探索现实,强化既有价值观);

4.环境守望(获得信息和新闻)。

许多研究显示,人们对传媒的种种满足与许多传媒带来的效果有关。这些效果包括知识水平、对传媒的依赖性、人们的态度、对社会现实的认识、议程设置、讨论以及不同的政治效果变量。1981 年,温达尔提出"使用与效果"模式,呼吁将效果研究和使用与满足研究结合在一起。在使用与满足的媒介效果中,"对媒介的依赖"受到人们关注。温达尔发现人们越是渴望从媒体那里获得满足或是认为他们获得了满足,他们就越会依赖这个媒体。传媒技术的迅速变革给人们带来更多的选择。使用与满足的研究者们需要重新思考理论框架,以适应新传播技术发展的需要,探索新媒介带给人们的新的满足。

二、创新与扩散理论[①]

"创新与扩散理论"是美国学者埃弗雷特·罗杰斯(E. M. Rogers)提出的。罗杰斯教授研究了 3000 多个有关创新扩散的案例,发表了《创新扩散》一书,提出了著名的创新与扩散 S-曲线理论(S-shapedcurve)。

他提出"创新"是"一种被个人或其他采纳单位视为新颖的观念、行为方式或事物"。创新扩散的传播过程可以用一条"S"形曲线(图 5-1)来描述。在扩

---

① 参阅 MBA 智库百科:"罗杰斯的创新扩散模型",http://wiki. mbalib. com/wiki/Multi-Step_Flow_Theory

散的早期,采用者很少,进展速度也很慢;当采用者人数扩大到居民的 10%~25%时,进展突然加快,曲线迅速上升并保持这一趋势,即所谓的"起飞期";在接近饱和点时,进展又会减缓。整个过程类似于一条"S"形的曲线。在创新扩散过程中,早期采用者为后来的起飞作了必要的准备。这个看似"势单力薄"的群体能够在人际传播中发挥很大的作用,劝说他人接受创新。在罗杰斯看来,早期采用者就是愿意率先接受和使用创新事物并甘愿为之冒风险的那部分人。这些人不仅对创新初期的种种不足有着较强的忍耐力,还能够对自身所处各群体的意见领袖展开"游说",使之接受以至采用创新产品。之后,创新又通过意见领袖们迅速向外扩散。这样,创新距其"起飞期"的来临已然不远。

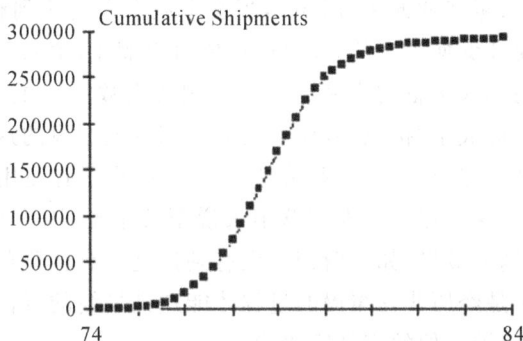

图 5-1 创新和扩散的 S 曲线

罗杰斯把创新的采用者分为革新者、早期采用者、早期追随者、晚期追随者和落后者。罗杰斯指出,创新事物在一个社会系统中要能继续扩散下去,首先必须有一定数量的人采纳这种创新物。通常,这个数量是人口的 10%~20%。创新扩散比例一旦达到临界数量,扩散过程就起飞,进入快速扩散阶段。饱和点(saturated point)的概念是指创新在社会系统中一般不总能100%扩散。事实上,很多创新在社会系统中最终只能扩散到某个百分比。当系统中的创新采纳者再也没有增加时,系统中的创新采纳者数量(绝对数量表示)或创新采纳者比例(相对数量表示),就是该创新扩散的饱和点。

罗杰斯认为创新扩散包括五个阶段:1.了解阶段:接触新技术新事物,但知之甚少。2.兴趣阶段:发生兴趣,并寻求更多的信息。3.评估阶段:联系自身需求,考虑是否采纳。4.试验阶段:观察是否适合自己的情况。5.采纳阶段:决定在大范围内实施。

创新扩散总是借助一定的社会网络进行的,在创新向社会推广和扩散的过程中,信息技术能够有效地提供相关的知识和信息,但在说服人们接受和使用创新方面,人际交流则显得更为直接、有效。因此,创新推广的最佳途径是将信息技术和人际传播结合起来加以应用。

创新扩散理论是多级传播模式在创新领域的具体运用。这一理论说明,在创新向社会推广和扩散的过程中,大众传播能够有效地提供相关的知识和信息,即大众传播在个人的获知阶段较为重要,对于初期采用者比晚期采用者更为重要,而在说服人们接受和使用创新方面,人际传播则显得更为直接、有效。因此,罗杰斯认为,推广创新的最佳途径是"双管齐下"将大众传播和人际传播结合起来加以应用。这一观点已得到大部分人的认可。

创新与扩散理论被广泛运用在新产品的营销、新技术的推广领域。苹果iPhone 刚刚在中国大陆出现时,需要投入大量的广告经费去做推广,在广告营销的攻势下越来越多的人买 iPhone,当这个数字大约达到整个消费群体的15%~20%时,便会促使更多的人跟风,形成时尚潮流,苹果 iPhone 产品成了身份的象征,时尚达人必备的物品。后面使用者人数增加主要不是由于广告营销推动的,而是形成了"扩散"效应。促使大部分人跟风的这个点,即突然爆发增长的点叫做"引爆点"。它往往介于最终达到的所有使用 iPhone 人群的15%~20%之间。这个点对于推广营销来说至关重要,因为是否能达到这个点会决定整个营销的效果,如果营销并没有到达这个点就草草结束,可能会导致两种结果,一种是经历非常缓慢的过程才能达到最终的目标用户数量,另一种是还没有达到就被其他的产品所取代。

三、议程设置假说

(一)议程设置假说的学术渊源

议程设置(agenda setting)的基本思想最初来自于美国新闻工作者和社会评论家沃特·李普曼(Walter Lippmann)。1922 年,李普曼在其经典著作《舆论学》(*Public Opinion*)谈到大众媒介塑造我们脑中图画的角色。李普曼曾提出一个"准环境"(Pseudo environment)概念,认为目前的时代,个人耳目所涉及范围有限,环境中的各种发生事件,必须依赖大众媒介来告知,人们通过大众媒介来了解;因此,个人所接受的信息事实上是经过选择、编辑的二手资料。这种"二手真实"(Secondary Reality)表现在政治、经济和全国性、世界性事件的传播中。"准环境"即是由这些二手真实形成;貌似真实的环境,影响个人的认知,并引导个人的行为。这成为议程设置理论的雏形。

1963 年,伯纳德·科恩(Bernard Cohen)在《新闻与外交政策》一书中提出:"在多数时间,报纸或评论不能让读者怎样想,但在让读者想什么上却是惊人的成功。"这是议程设置理论的最直接来源。

(二)议程设置假说的提出和发展

1968年,麦库姆斯和肖在北卡罗来纳州查珀希尔(Chapel Hill)针对当时一小群尚未做出投票决定的选民进行研究,对他们的议题议程与他们通常了解选举情况的媒介所报道的公共议程进行了比较研究,发现媒介加大对某些问题的报道量或突出报道某些问题,能影响受众对这些问题重要性的认知,从而证实了前人的猜想成立。议程设置假说自诞生以来发展到今天。在全世界范围内已有400多①项关于议程设置的研究,成为传播学研究的一个经典性理论学说。

1972年美国总统选举期间,麦库姆斯等在夏洛特(Charlotte)进行的研究再次证实了这个猜想,并且从受众角度引入了"导向需要"(need for orientation)概念,解释了影响媒介议程设置效果强度变化的因素:需求小产生弱效果,需求大产生强效果。同年在《舆论季刊》上发表《大众传播的议程设置功能》一文,将媒介的这种传播效果正式命名为"议程设置"。

此后,麦库姆斯等在对1976年美国总统选举的研究中将传统议程设置效果发展到属性议程设置效果。媒介不仅引导我们将注意力投向各种各样的"对象"(objects),比如说公共议题或政治人物,而且引导我们关心这些对象的"属性"(attributes)。麦氏称之为议程设置效果的第一层级和第二层级。他指出,在传统议程设置效果关注的主要领域——"注意力"层面,"议程"被抽象地定义为一系列客体,而这些客体也各有自己的"属性"(attributes),就是可以用来描述它们的很多特征和特性。当新闻媒介报道一个客体时——以及当人们谈论和思考一个客体时——客体的一些属性被突出强调,而另一些属性则被一带而过。对议程中的每一个客体来说,都有一个属性议程,而这个属性议程会影响到我们对该客体的理解。

20世纪90年代以后,麦库姆斯认为将属性议程设置和框架理论结合起来,可以解答"在什么情况下,特定属性——即构建客体的特定方式——会主导人们思考和讨论这些客体的方式","媒介不仅能成功地告诉我们去想什么,而且能成功地告诉我们如何去想"②。塞尔玛·甘耐姆(Salma Ghanem)考察了20世纪90年代初期发生在得克萨斯的一个现象:当时,新闻媒介对犯罪案例的密集报道造成公众对犯罪现象的畸高关注程度,从而犯罪被看成是当时国家面临的最严重问题。不过,在同一时期得克萨斯的实际犯罪率却是在下降的,且已经持续下降多年。她对新闻中报道犯罪的各种框架方法进行考察,

---

① 蔡雯、戴佳:"对话麦库姆斯:议程设置研究的历史、现状与未来",《国际新闻界》2006年第2期。
② 麦库姆斯:"议程设置理论概览:过去、现在与未来",《新闻大学》2007年第3期。

揭示出公众议程中对犯罪问题的显著关注和新闻报道对特定犯罪行为(该行为令普通人深感个人安全受到威胁)的报道频率紧密相关。

在麦库姆斯等的研究基础上,学者们对议程设置进行了深入研究,取得如下成果:

1."议程设置"作用机制的三种模式

(1)"0/1"效果或知觉模式:传媒报道或不报道某个议题,会影响到公众对该议题的感知;

(2)"0/1/2"效果或显著性模式:对少数议题的突出强调,会引起公众对这些议题的突出重视;

(3)"0/1/2…N"效果或优先顺序模式:按一定优先顺序的不同程度报道,会影响公众对这些议题的重要性顺序所做的判断。

2.议题的类型相互影响,最后融合

公众的议题在本质上受到传媒议题的影响,"个人议题"和"谈话议题"始终一致,而"公共议题"在初期相差甚远,后期三者则不断接近几乎融为一体。

3.各类媒介的议程设置特点不同

报纸对较长期议题的重要性顺序排列影响较大,电视的热点化效果较突出;报纸形成议程的基本框架,电视挑选出最主要的议题加以突出;报纸可以进一步对"个人议题"产生较深刻的影响,电视主要提供"谈话议题"。

4.受众属性影响议程设置的效果

(1)受众对各种议题的经验程度(经验越间接,影响越大);

(2)受众对媒介信息的接触量(量越大,影响越大);

(3)人际传播的频度(抑制和强化);

(4)人口统计学上的属性(知识水平、政治关心程度、社会职业层次越高,影响越小)。

5.谁设置了媒介议程

大通讯社对报纸、特别是地方报纸有影响;另一些主要的新闻性机构,如《纽约时报》也影响着新闻议题的取舍;同时新闻机构之间和新闻工作者之间存在这种情形;新闻来源,如总统和政府部门,特别是美国总统,也影响媒介的议程。

在美国,如今议程设置研究从新闻与公共舆论研究的传统扩展到新的领域。包括企业声誉、职业体育、课堂教学以及宗教信仰等。其中一些研究关注的是媒介议程的特殊形态;另一些关注的则是其他社会机构的议程。公众的范畴也多样化,从最为广泛的普通大众到极其有限的少数群体。

议程设置理论以传统媒体为中心,关注大众媒体在形成舆论方面的作用,体现的是媒体议程单向地影响公众议程,忽视或者无法考察公众议程对媒介议程的影响。以互联网为代表的新媒介的出现改变了传统的传播环境,媒介生态发生了根本的变化。人人都可以上网,人人可发声,每个个体都有一个独特议程,受众变得分散。公众议程开始分化,一些个人议程——意见领袖的议程开始变得强大,在博客、微博等新媒体传播环境中表现得比较突出。媒介议程和公众议程、个人议程相互影响的情况越来越多。议程设置理论面临诸多挑战。许多研究者也在探索在数字化传播环境下议程设置理论的出路。

(三)国内新闻媒体如何运用议程设置

议程设置理论对新闻媒体而言有非常实用的价值,媒体人恰当地运用议程设置原理可以有效地引导公众舆论,为社会稳定、和谐做出自己的贡献。

从"把关人"理论我们了解到,媒体内部有着各种"关口",把关人按其新闻价值标准将包罗万象的信息进行取舍整理后,提供给不同的受众,这种筛选信息的价值取向决定了信息的重要程度。经过筛选的信息经分门别类,以其主次进行排列。于是成了某报、某个电台、电视台和某个门户网站的头条新闻,于是有了 CNN 和 CCTV 的头条、《人民日报》和《纽约时报》的头版、新华网和新浪网的首页区别。报道什么、怎样报道、报道篇幅、报道频率、何时报道,用不用图片、怎么用、标题怎么写、版面位置、字体等问题,无不是围绕着预先设置的议程进行。

在新媒体传播环境下,传统的舆论引导和议程设置控制手法面临着挑战,我们的媒介监管部门应该创造性地运用议程设置,引导好公众舆论。有学者总结了如下经验[①]:

1. 直面问题,正视问题,"鸵鸟政策"无补于事。引导舆论热点良性发展,最根本的办法莫过于直面问题、合理解决问题。在面对突发性敏感公共事件时,宣传部门习惯于封锁消息,要求主流媒体不要宣传报道,避免刺激大众。但是互联网上的微博、即时聊天工具、各种论坛等无数的信息源早已传得沸沸扬扬,真实的和虚假的信息混杂在一起,谣言满天飞,常常把事情真相弄得扑朔迷离,有时甚至出口转内销,政府的公信力受到了损害。比如 2007 年的 SARS 病毒传播,最初对媒体进行封锁,引发了民间的恐慌和国际社会的不满,最后决定将信息完全公开,让新闻媒体完全介入,充分宣传防疫常识,报道抗击 SARS 的感人事迹,以稳定人心、鼓舞人心,同时将每日感染者和死亡人数公开,新闻媒体为最后抗击 SARS 胜利立下了功勋。

2. 敏锐观察,接种预防。对待一些舆论热点,应当具有敏锐的洞察力和前

① 刘训成:"议程设置、舆论导向与新闻报道",《新闻与传播研究》2002 年第 2 期。

瞻预测能力,可以提前告诉人们可能会出现什么问题,而且讲明这些问题是不可避免的,让人们事先有思想准备。这样当问题出来时,人们就会有一定的心理承受能力。比如对于金融危机后我国投入4万亿来刺激经济,很多媒体都进行了正反两方面的分析,好的方面是刺激经济增长,以保持社会稳定,促进就业等,不利的方面则是会引起通货膨胀,导致物价上涨。媒体为后来出现的通货膨胀提前进行了预测,可以说是为民众进行了接种预防。2008年以后,果然CPI(反映物价水平的指数)上涨明显,虽然民间有不满情绪,但大多数民众因为知道了是什么引起了物价上涨,心理有了准备,加上政府积极平抑物价的努力,很好地缓和了公众的舆论压力。

3. 情感劝服,缓和矛盾。有些突出的社会问题,是改革开放过程中必然出现而且较长时间内无法根本解决的。比如社会转型期造成的贫富分化问题,媒体应该对弱势群体、低收入群体进行关怀,反映他们的问题,尽可能地解决他们的问题,比如央视关注西部小学生的午餐问题、失学儿童问题,表现党和政府对这些问题的重视及探讨解决策略。号召民众关心这些弱势群体,为他们捐款捐物。运用情感劝服,有利于暂时化解社会问题造成的心理隔阂,创造解决问题的舆论环境,而不是用情感劝服取代解决问题,欺骗人民。

4. 控制媒介冷调处理。在我国,由于媒体至今还是作为"党和人民的喉舌"发挥作用,民众习惯了主流媒体的权威性,对一些敏感问题实行必要的控制,如民族分裂问题,本来只是几个人或少部分人闹事,打着民族问题的招牌鼓动分裂,这些问题本来没有什么市场,若经传媒报道,反而会增加舆论强度,引起不必要的怀疑猜测。传媒强调什么,受众就注意什么,相信什么。我国传媒对敏感问题所具有的强度效应,决定了它对非主流非本质问题、没有定论的问题实行控制的必要性。对新闻的冷处理或热处理完全出自国情需要。

5. 选择时机正面引导。社会转型期,各项改革措施都在博弈中进行,在时机还没有成熟时,尚存在很大争议,高层还没有形成共识下定决心推动时,媒体不能火上浇油。最有效的办法是转移注意力,待时机成熟时,再激发公众的改革热情,动员大家推动改革前进。这也是中国的渐进式改革特色决定的。

四、教养理论(涵化理论)①

在大众传播高度发达的现代社会,人们的行为与三种意义上的"现实"发生着密切的联系:一是实际存在的现实,即客观现实,二是传播媒介有选择地提示的"象征性现实"(即拟态环境),三是人们在自己头脑中描绘的"关于外部

---

① 参阅中文百科在线:涵化理论,http://www.zwbk.org/MyLemmaShow.aspx? lid=117720#2

世界的图像",即"主观现实",亦即人们的现实观。在传统社会里,主观现实是对客观现实较为直接的反映,而在媒介社会,人们对客观现实的认识在很大程度上需要经过媒介提示的"象征性现实"的中介。那么,传播媒介对人们的现实观究竟具有什么样的影响？这种影响是如何发生的？传播媒介在提示"现实"之际具有什么样的倾向性？对这些问题进行了实证考察的,是以美国学者G.格伯纳(Gerbner)为代表的"培养"理论研究。

"培养"理论,也称为"培养分析"(cultivation analysis)或"教化"分析、"涵化"分析,这种研究起源于 20 世纪 60 年代后期。当时,美国社会的暴力和犯罪问题十分严重,美国政府专门成立了一个"暴力起因与防范委员会"来研究解决这些问题的对策,格伯纳主持的"培养分析"就是在该委员会的支持和赞助下开始的。这项研究不仅关心电视节目中的暴力的量,也关心它的质。格伯纳还发展出"暴力指标"(Violence Inedx)的概念。电视的"涵化"效果即潜移默化的效果。

"培养理论"的基本假设是:长时间收看电视的人,其对社会现实的看法更加接近于电视所呈现的景象。即电视通过长时间潜移默化的影响,"培养"了电视观众的"现实观"与"社会观"。培养理论用实证的方法证实了媒介的长期效果,对受众世界观、价值观的影响来说,媒介具有正反两方面的效果。一方面,如果媒介对客观世界进行客观的、真实的、全面的反映,提供受众正确的信息,就可以对培养受众健康全面的世界观价值观有积极作用。另一方面,如果媒介对客观世界进行了偏颇的描述,就会歪曲人们对客观世界的认识,从而形成不正确的世界观价值观。

"培养理论"基本观点有:

第一,在现代社会,大众传媒提示的"象征性现实"对人们认识和理解现实世界发挥着巨大影响。由于大众传媒的某些倾向性,人们在以上中描绘的"主观现实"与实际存在的客观现实之间正在出现很大的偏离。同时,这种影响不是短期的,而是一个长期的、潜移默化的、"教养"的过程,它在不知不觉当中制约着人们的现实观。

第二,社会要作为一个统一的整体存在和发展下去,就需要社会成员对该社会有一种"共识"。大众传媒在形成现代社会的"共识"方面发挥了巨大作用,尤其是电视。通过对象征性事物的选择、加工、记录和传达,电视等大众传媒取代了多样的社会因素,使人们共享相当同质的社会真实。

第三,大众传媒具有特定的价值和意识形态倾向,通过"报道事实"、"提供娱乐"等形式传达给受众,从而潜移默化地形成人们的现实观、社会观。大众传媒的"教养效果",主要表现在形成当代社会观和现实观的"主流",而电视媒介在主流形成过程中发挥了强大的作用。

第四，主流化与共鸣。当大量看电视导致不同社会群体的意见趋同化时，就会发生主流化的后果。当教养效果在人口的某一特定群体中非常突出时，就会发生共鸣。

第五，电视媒介在形成当代现实观和社会意识的"主流"中，发挥着重要作用。这是因为：①电视拥有最多的受众，每天的接触时间最长；②不需要接触印刷媒介所必需的识字能力；③电视把视听觉手段结合在一起，拥有强烈的目击感、现场感和冲击力；④现代人从幼年时代就与电视生活在一起，很难把"电视中的世界"与现实世界加以区别；⑤电视广泛渗透到社会的各个部分（包括儿童、低学历者以及贫困阶层）。电视的这些特点，使得它发挥着历史上其他媒介所未曾有过的巨大威力。人们在电视中看到的场景同现实生活中遇到的场景有重合时，对电视的认同性会大大提高。

第六，"教养"是一个"双向吸引"过程。"主流化"作用并不是对所有人都有影响，而且其效果也是因为传播的内容而异。

"培养"理论证明了大众传媒对受众具有潜移默化的长期效果，从提出至今，新的研究结论层出不穷。其中既包括支持"培养"假说的研究结果，也不乏部分甚至全部否定"培养"假说的研究结论。据统计，在美国传播学界围绕众多理论模式发表的大量论文中，有关涵化研究的论文在数量上仅次于"议程设置"而居第二位。

五、"知识沟"假说①

2013 年 1 月春运期间，广州铁路公安部门对外通报称查获广东今年以来最大"黑票点"。一对结婚三个月的叶某夫妇利用自己熟悉电脑的优势，帮附近农民工网上订票和取票，并收取每张 10 元的"服务费"。铁路公安人员在现场查获车票 212 张，票面价值人民币 35402 元，以及购票使用的身份证213 张。

对这一消息，有网民认为农民工不会网络订票，帮助农民工订票并收取一点费用并不为过，是在帮农民工忙。但公安部门表示，"代刷代取"行为不仅违法，而且对农民工来说暗藏信息泄露等风险。铁路公安部门认为，叶某夫妇的

---

① 参阅蒂奇诺等与"知识沟假说"，http://www. zijin. net/news/resources/chuanboxue2/2008-1-10/n08110886K49EH33HFE6IFC. shtml

行为属于违法倒票行为,并对其采取了刑事拘留。①

　　大量农民工对新兴的网上购票不会或不熟悉,不得不花钱求人代购,暂不论叶某夫妇是否违法倒票,行政主管部门对农民工群体利益的忽视却是明摆的事实!在社会日益进入网络化、信息化的当代,那些没有受过多少教育,在城市从事低端劳动的农民工群体显然已经"out"了,他们面对日益加深的"知识沟"、"信息沟",何去何从呢?政府行政部门应该对农民工等弱势群体予以特别关照,而不是逼着他们花钱找人代购!20世纪60年代,美国政府为回应社会上要求教育机会平等的呼声,拍摄了一部电视教育节目《芝麻街》,该节目作为政府学前启蒙项目的一个尝试于1969年播出,目的是为那些家庭贫困儿童提供学前启蒙教育的机会,缩小贫富儿童学前教育的差距,以缓解儿童由家庭经济状况而造成的受教育机会不平等。但结果却事与愿违,《芝麻街》播出后,虽然对贫富儿童都产生了良好的教育效果,但总的实际效果却是扩大了贫富儿童之间在学习能力和成绩方面的差距,因为对节目接触和利用最多的还是那些富裕儿童。

　　美国传播学者蒂奇纳为主的"明尼苏达小组"在一系列实证研究的基础上,于1970年在《舆论季刊》上提出了"知沟"理论。"知沟"理论假说认为,"由于社会经济地位高者通常能比社会经济地位低者更快地获得信息,因此,大众媒介传送的信息越多,这二者之间的知识鸿沟也就越有扩大的趋势。"

　　除了接触媒介和学习知识的经济条件外,蒂奇纳认为,还有五个因素是造成"知沟"扩大的原因:

　　第一,传播技能上的差异。受教育程度高的人具有较强的理解能力和较大的阅读量,这有助于他们对公共事务或科学知识的获取。

　　第二,知识信息储备上的差异。从先前的大众传媒和正规教育渠道得来的知识越多,这些见多识广的人,对新事物、新知识的理解与掌握也就越快。

　　第三,社会交往方面的差异。教育通常意味着日常行动圈子较大,参与更多的社会团体,人际交往更多,由此扩大了与他人讨论公共事务话题的机会。社交活动越活跃,交往的范围越广,获得知识信息就越快、越多。

　　第四,对信息的选择性接触、接受、理解和记忆方面的差异。对信息的选择性接受和记忆,可能是态度与受教育程度综合作用的结果。大众媒介的研究始终发现,人们往往以符号(既有信仰又有价值观)的方式解释记忆信息。也就是说,个人生活的水准、层次与大众传媒的内容越接近,对媒介的接触和

---

　　① 《大众日报》:"网上购票　别忘了农民工",http://news. sina. com. cn/c/2013－01－17/
041926053070. shtml

利用程度就越高。

第五,发布信息的大众媒介系统性质上的差异。迄今为止,传播有一定深度的关于公共事务和科学知识的媒介主要是印刷媒介,其受众主要集中于高学历阶层。这与当今的广告不同,科学知识、公共事务和新闻一般重复较少,而重复有利于社会地位低的人群对话题的学习与熟悉。

"知沟"理论认为,当上述五大因素中的一个或多个因素起作用时,社会经济地位高的阶层都处在有利的地位,这是造成"知沟"不断扩大的根本原因,"知沟"也就尤为明显。

1974年,N.卡茨曼从新传播技术发展的角度着眼,提出了"信息沟"理论,其主要观点有:

1.新传播技术的应用必然会使整个社会的信息流量和信息接触量都有所增大,但并不是每个社会成员都能够均等地获得新技术应用所带来的利益。

2.现有的信息富裕阶层通过及早采用和熟练使用这些先进的信息处理机器,能够拥有相对于其他人的信息优势。

3.在社会信息化过程中,新的媒介技术会不断出现并以逐步加快的速度更新,因而"信息沟"的发展趋势可能会是"老沟"未平、"新沟"又起。

蒂奇纳提出的"知沟"理论的积极意义在于,它揭示出造成"知沟"的根源在于人们的社会经济地位高低不同。日本学者儿岛和人认为,在社会信息化过程中,知沟、信息沟的存在是一个事实,它不仅表现在贫富阶层之间,而且会广泛地表现在性别、年龄、职业、行业、群体、地区、民族、国家以及文化之间。这些或许是蒂奇纳和卡茨曼在分析"知沟"、"信息沟"的原因时所忽略的一个方面。

在网络技术一日千里的现代,社会群体间的"数字鸿沟"不断扩大,"知沟"、"信息沟"理论无疑对指导现实具有深刻的意义,为了缩小"知沟"、"信息沟",有许多学者提了两个方面的对策:

第一,从硬件方面,必须对不发达地区或低收入者阶层制定特殊的扶持政策,例如对一定收入以下的家庭或地区实行价格优惠,以推进电视、电脑等媒介硬件在全社会的普及程度。

第二,在"软件"方面,必须提高社会成员的"媒介使用的能力"。此外,还有学者提出要充分发挥人的主观能动性,要激发他们强烈的欲望,培养他们的勤奋、持之以恒的意志品质。如果他们没有强烈的求知欲望,没有勤奋、持之以恒的意志品质,仅仅把电脑、电视等传媒当成娱乐消遣的工具,缩小"知沟"、"信息沟"的目的是难以实现的。

第四节 大众传媒的强大效果

"强大效果"论,是赛弗林和坦卡德对 20 世纪 80 年代后传播效果研究现象和态势所作出的大胆概括。他们认为,传播学界对传播效果强度的评价正迅速回升,虽不是返回起点,也是向强大效果方向逼近。他们根据麦戈比和法夸尔(N. Maccoby and J. Farguhar)等人的研究报告和德国传播学者伊丽莎白·诺埃尔·纽曼(E. Noelle-Neumann)在《重归大众传播的强力观》(1973)一文中的观点,对能够获得强大效果的某些重要原则作了如下归纳:(1)在一段时期内,反复传播的信息会比只传播一次的信息更有效果;(2)传播的目标应该十分明确,而不同的媒介所制作的信息必须联系这些目标;(3)必须认定并瞄准某些特定的受传者作为传播对象;(4)在大众传播中,累积性、普遍性与和谐性的有机结合比各自为政的传播效果要强有力得多。

支持"强大效果"论的有诺埃尔·纽曼的"沉默的螺旋"研究、菲力普斯·戴维森的"第三者效果"研究、美国"国家电视暴力"研究等。

一、"沉默的螺旋"研究

2013 年,张高平与侄子张辉因涉强奸致死案蒙冤入狱 10 年,冤情曝光后轰动全国,无数媒体约访他们。冤案当事人之一张高平在接受央视"新闻1+1"主持人白岩松采访后,又接受《南方都市报》专访。但其表述并不一致。请看下面张高平接受《南方都市报》的采访片断:

3 月 30 日早上,安徽黄山市歙县七川村。叔侄俩回来三天了,张家门口燃放的爆竹纸屑仍铺满一地。看到记者来,48 岁的张高平从楼上下来迎接,心神却有几分不定。他说,昨天央视白岩松和他做了一个电话连线采访,结果他一时激动,说错了话,非常后悔。

姜英爽:为什么后悔?

张高平:他(白岩松)问我,对那些对我刑讯逼供的人怎么看。我当时说,我不想追究了。我当时怎么能那么说呢?

姜英爽:你真实的想法是什么?

张高平:我恨他们。我怎么能原谅他们呢?

姜英爽:你想过原谅吗?

张高平:我想过,但是我做不到。我要起诉他们,尤其是那个"女神探",在没有任何证据的前提下,断定我们涉罪,我永远也不会原谅他们。应该按照国家的法律来办。

张高平为什么前后表现如此矛盾呢？他在电视上接受采访说的都不是自己的真实想法，而是假装表现出一种宽容的心态。在我国的社会环境下，许多人在电视媒体上不愿意说真话，这几乎成了一种习惯，而一旦有人打破这种社会话语潜规则，就像"皇帝的新衣"中的那个小孩成了大家瞩目的焦点。央视记者曾以"你幸福吗"为主题进行街头采访，受访者中的九成人称自己"幸福"，一位中年男子面对提问先是推托："我是外地打工的，不要问我。"记者追问："你幸福吗？"中年男子回答："我姓曾。"这段有点"黑色幽默"的问答播出后迅速走红网络。上述现象在大众传播研究中被称为"沉默的螺旋"。

"沉默的螺旋"（The Spiral of Silence）最早见于德国女传播学家伊丽莎白·诺埃勒－诺依曼（E. Noelle-Neumann）1974 年在《传播学刊》上发表的论文《重归大众传播的强力观》，1980 年以德文出版的《沉默的螺旋：舆论——我们的社会皮肤》一书，对这个理论进行了全面的概括。

"沉默的螺旋"理论描述了这样的现象：人们在表达自己想法和观点的时候，如果看到自己赞同的观点，并且受到广泛欢迎，就会积极参与进来，这类观点越发大胆地发表和扩散；而发觉某一观点无人或很少有人理会（有时会有群起而攻之的遭遇），即使自己赞同它，也会保持沉默。意见一方的沉默造成另一方意见的增势，如此循环往复，便形成一方的声音越来越强大，另一方越来越沉默下去的螺旋发展过程。如果这个过程有大众媒介参与，螺旋往往形成得更快、也更明显。

1."沉默的螺旋"理论的基本观点：

第一，个人意见的表明是一个社会心理过程。人作为一种社会动物，总是力图从周围环境中寻求支持，避免陷入孤立状态，这是人的"社会天性"。

第二，意见的表明和"沉默"的扩散是一个螺旋式的社会传播过程。也就是说，一方的"沉默"造成另一方意见的增势，使"优势"意见显得更加强大，这种强大反过来又迫使更多的持不同的意见者转向"沉默"。如此循环，便形成了一个"一方越来越大声疾呼，而另一方越来越沉默下去的螺旋式过程"。

第三，大众传播通过营造"意见环境"来影响和制约舆论。根据诺依曼的观点，舆论的形成不是社会公众的"理性讨论"的结果，而是"意见环境"的压力作用于人们惧怕孤立的心理，强制人们对"优势意见"采取趋同行动这一非合理过程的产物。"意见环境"的形成来自所处的社会环境、大众传媒，而后者的作用更强大。

2.从舆论学和传播效果研究的角度而言，"沉默的螺旋"具有以下两个特点：

第一，这个假说中的"舆论"（public opinion）与传统的舆论概念不同，与其说是"公共意见"或"公众意见",倒不如说是"公开的意见"。由此不难看出,"沉默的螺旋"理论强调的是舆论的社会控制功能。舆论的形成与大众传播媒介营造的"意见领袖"有直接关系。因为大众传播有三个特点:第一,多数传播媒介报道内容的类似性——由此产生共鸣效果;同类信息传播的连续性和重复性——由此产生累积效果;信息到达范围的广泛性——由此产生舆论效果。这三个特点使大众传媒为公众营造出一个意见领袖,而人们由于惧怕社会孤立,会对优势气候采取趋同行动,其结果,造成"一方越来越大声疾呼,而另一方越来越沉默下去的螺旋式过程"。

第二,从传播效果研究的角度而言,"沉默的螺旋"理论强调大众传播具有强大的社会效果和影响。这里所反映的"强大影响"已经不止于认知阶段,而是包括了"认知→判断→行动"的全过程。这个假说认为传播媒介具有"创造社会现实"的巨大力量。

3."沉默的螺旋"发生的条件

"沉默的螺旋"假说提出以后,许多传播学和社会心理学者,例如美国的卡兹(1981)、马丁(1986)和日本的池田谦一(1986)等,都对这个假说进行了较系统的理论探讨和实证考察。争议的焦点主要集中在这个假说的理论前提上。也就是说,"沉默的螺旋"的重要理论前提之一是个人"对社会孤立的恐惧",以及由这种"恐惧"所产生的对"多数"或"优势"意见的趋同行为。

(1)假说中所强调的"对社会孤立的恐惧"(趋同行为的动机)不应是一个不变的常量,而应是一个受条件制约的变量。所属群体的支持,对自己见解或信念的确信程度。

(2)"多数意见"的压力以及对它的抵制力,按照问题的类型和性质应有程度上的不同。在有关社会伦理道德、行为规范的争议,技术性、程序性的问题上,与自己是否有直接的利害关系等几方面,其压力和抵制力是不同的。

(3)"多数意见"产生的社会压力的强弱受到社会传统、文化以及社会发展阶段的制约。

英国的丹尼斯·麦奎尔和瑞典的斯文·温德尔在他们1981年出版的《大众传播模式论》一书中指出,该模式表述的思想就其本身来说并不新鲜,尽管以新的方法将这些思想归拢在一起,使他们与依赖电视为主要信息和思想来源的情形有了新的联系。他们指出了沉默螺旋理论奏效的两个必要条件:(1)个人不能相互交流私人意见;(2)媒介意见和受众的观点具有特定的一致并产生预期的意识积累,持不同意见的人才产生沉默的螺旋。

4.网络传播时代对"沉默的螺旋"效应的争论

第一种观点:"沉默的螺旋"效应在网络传播环境里消减。

从心理学的角度来说,从众心理的产生主要是由于对孤独的惧怕,但这种心理可能是在人们的生活圈子较小的时候表现得比较强烈,这时一旦人在意见上陷入孤独,往往也意味着他在其他方面也陷入孤独,而且这种局面没有积极的办法可以扭转。但是,当人们的交往能力随网络技术得到扩展时,人们的交往空间也得到了极大的扩展——除了现实世界外,还有网络世界,因此,消除孤独的方式也变得多种多样。如果一个人在网上的某一个社区里得不到承认,他可以转向其他社区,这时,他采取的往往不是以消极的从众措施保护自己,而是积极地在网络中去寻找同盟者。

另外,在网络传播过程中,受众具有匿名性,人的心理状态会更接近他的"本我"。在传统社会环境中的恐惧心理已经被一种"无所谓"的心理代替,而且,受众不需要对自己的言行负任何责任,因此,就基本不存在"自己的意见"和"公开的意见"矛盾的问题,但是受众对网上意见的认知,会发生比在现实社会中的认知更大的偏差,因为受众通常同自己意见相同的人结成讨论小组,因而会在较大程度上将自己的意见视为也是其他人的意见。此外,网络时代被认为是一个尊重个体的时代,它更承认人们个人意见的表达与个性的发展,所以相对来说,传统的从众心理可能会表现得较弱一些。

第二种观点:"沉默的螺旋"效应在互联网时代得到了强化

有研究者认为,网络传播具有比其他传播方式更即时、更广范围的传播优势,使得其他传播方式可以借助网络这个平台,对更多的受众进行"链接";而网络传播的匿名性,使得那些网络上的活跃者可以更加肆无忌惮地表达自己的观点,甚至因此而不负责任地用极端言语抨击与自己不同的观点。而且在匿名的掩护下,别有用心者会组织"网络水军"变换马甲操纵网络舆论,公然驱逐异己意见者,不允许理性的争论,以达到别有用心的目的。类似经济学中的"劣币驱逐良币"现象,在互联网的意见市场上也存在。

在互联网上逐渐形成了一种令人忧虑的"沉默的螺旋"现象。即情绪极端者不断得到鼓励,声音变得越来越大,势力越来越强,言辞也变得越来越激烈;而那些理性的温和者则不断遭到打压,声音变得越来越微弱,也越来越感到势单力薄和信心不足;而介于前两者之间的、人数众多的中间派则在极端言论的"耳濡目染"中逐渐走向了偏激。于是,互联网成了极端言论的天下,极端的少数正在左右沉默的大多数,形成了网络传播中的暴民现象。

互联网时代和传统媒体时代的传播环境迥然不同,"沉默的螺旋"效应并没有消失,但变得更加复杂,诺埃勒-诺依曼的理论需要与时俱进,进一步修正和完善。

二、"第三者效果"研究

1."第三者效果"现象

有人炒股,看到电视新闻说今年冬季国内煤炭消耗大增,将面临短缺的局面。他据此推测,明天煤炭板块股票很有可能会上涨,因为股民们都会看到这条消息,很有可能会买入煤炭行业的股票,从而推高股价。于是他赶紧打开电脑开始研究煤炭板块股票,最后选中一家买入1000股。

2011年2月24日,日本发生地震造成核泄漏。作为新闻热点,在短时间里吸引了国内各类媒体大量聚集,央视等电视媒体开足马力进行连续地直播报道,无形中营造了某种核危机扩散的传播环境,对民众心理造成极强的心理暗示。3月16日起,中国各地忽然爆发市民抢购食盐"盛况",在极短时间内从超市到小卖部食盐都销售一空。因为网上谣传:吃盐防辐射,核辐射污染海盐。虽然政府部门和新闻媒体及时辟谣,事件在短时间内得到平息,但如此荒唐的谣言却在极短的时间里让全国范围内的民众中招,甚至还波及海外华人社区,创下了记录。

上述现象在生活中比比皆是,即人们总是倾向于认为,各种传播信息对别人的影响要比对自己的来得大。

2."第三者效果"假说①

20世纪80年代,美国哥伦比亚大学教授戴维森(W. Philips Davison)对此现象进行了实证研究,在《传播的第三者效果》(1983年)一文,提出了"第三者效果假说"(the Third-Person Effect Hypothesis)。其中包括两个基本的假说:知觉假说和行为假说。

(1)知觉假说

第三者效果的基本假说是:整体而言,人们倾向于认为,大众传播信息对他人的影响,会大于对自己的影响。这可以从两个方面来解释这种社会认知的成因,第一种解释即认为人们之所以会对传播信息产生第三者效果的认知,是由于高估了大众传播媒介对他人的影响力;另一种解释方向则认为第三者效果主要起因于人们低估了媒介内容对自己的影响力。这两种解释方向看似矛盾却并不排斥,因为,人们很可能一方面高估了媒介对他人的影响,另一方面又低估了媒介对自己的影响,因而产生显著的第三者效果认知。

(2)行为假说

第三者效果不仅仅解释人们的一些行为模式,反映民众心理趋向的形成

---

① 罗卓群,曾励:"论'非典'传播中的第三者效果",《当代传播》2003年第4期。

过程,更为重要的是,人们不但倾向于认为大众传播的信息对他人较能发挥说服效果,而且会求证他人会被某些传播信息说服后所产生的行为,是否会影响到自己的权益或福利。如果求证结果确实如此,个人可能就会采取对应行动,以维持个人利益;在某些状况下,即使人们也许会否认传播信息会对自己造成显著影响,但最终还是会在行为层次上对信息产生对应行动。如一般人对于媒介的属性、媒介的社会功能、媒介在人们日常生活中扮演的角色等问题,都有常识性的看法,大多数的受众会根据这些理念,和媒介保持一致性的、能让自己满意的互动方式。在人们对于有关媒介影响力的信念中,其认知结构认为,能够吸引人们注意、激发受众想象力的鲜明信息,特别能够改变人们对信息主题的态度。同时,人们还会认为,一般受众并不是很有主见,容易被媒介内容说服。并且,在面临天灾人祸等负面事件的威胁时,人们出于自我安慰的动机,借此减轻紧张的情绪,往往会出现一种心理调适过程,即会拿自己的遭遇和比自己更不幸的人来相比,好让自己好过一点,亦即中国俗语中所言的"比上不足,比下有余"的心态。

3. "第三者效果"的成因[①]

第三者效果理论认为,人们之所以低估媒介内容对自己的影响程度,主要在于认知和动机两大类因素。前者主要是指人们因为认知能力的不足,而无法正确评估媒介对自己的影响力;后者则指人们基于自我保护、维持或提升自尊的动机,而刻意强调自己不受媒介影响的能力。当今时代,人们觉察到大众传播事业在社会中蓬勃发展,接触传播媒介已经成为一般公众日常生活中不可或缺的行为模式后,自然就产生了传播媒介对社会大众有显著影响的认知;但另一方面,人们被要求评估媒介内容对自己有何影响时,却由于无法精确内省自己对传播信息的认知过程,又不一定认为媒介内容和自己的态度或行为倾向之间有明显的因果关联,因而表示媒介内容对自己并未造成显著影响。

在动机的解释方面,常被学者们提到的是——基于"自私自利的偏差"而形成的"基本归因谬误"。即人们在为自己的行为或他人的行为分析原因时,会将行为原因区分为个人因素和环境因素,并会有两种认知倾向:一是认为自己比他人更能认清影响人们行为的环境因素,特别是可能对自己造成负面影响的环境因素;其次就是人们乐于表扬自己的成就,但不愿承担行动失败的责任。但在观察他人的行为时,却只强调他人应为行动失败负责,而不愿轻易承认他人也可以和自己一样,凭个人条件而有所成就。有研究表明,人们在接触媒介信息时,如果认为信息对自己有害,便会对信息产生较强烈的第三者效果

---

① 罗卓群,曾励:"论'非典'传播中的第三者效果",《当代传播》2003年第4期。

认知;反之,如果认为信息对自己有利,则多半不认为信息对自己或他人会产生什么不同的影响。

三、美国"国家电视暴力研究"①

自 20 世纪五六十年代以来,电视成为美国最有影响力的大众媒体,电视强大的传播效果吸引了众多研究者的注意,其中对电视暴力引发的社会问题成为研究的热点。几十年来,来自不同学科领域的专家学者对媒介暴力进行了多层次多角度的研究,诞生了一些重要的理论成果,如格伯纳(Gerbner)的"培养"理论等。到了 20 世纪 90 年代,美国传播学界对于电视暴力进行了一项全国范围的大型研究——"国家电视暴力研究"(National Television Violence Study),成为近年来各界广为引用的权威证据来源。

"国家电视暴力研究"项目是由美国国家有线电视协会资助,历时 3 年整,由美国 4 所大学的研究机构,共 300 多人合作完成,共研究分析了近 1 万小时的电视节目,有 1600 多人参与了 5 个独立的实验。该报告称"这一研究是电视研究历史上的一个路标,此前从未有如此之多的电视内容被抽样作为研究对象"。

和格伯纳等研究不同,"国家电视暴力研究"不是一个电视暴力对观众影响的效果研究,其研究的宗旨是"鼓励更加负责任的电视节目制作和收视"。在现实的社会环境下,唤起制作者和观看者的重新思考。这一宗旨决定了其研究方向与策略,不是回答"为什么",而是"怎样"的问题。此项目回顾了上世纪 90 年代中期之前的关于电视暴力的文献,给出了一个十分明确而且操作性很强的定义:暴力是对一个生命或一群生命用体力施以确定的威胁或行动,且能导致身体伤害的一种公开的描述。暴力同时也指用一种看不见的形式,使得一个生命或一群生命产生一系列的身体伤害的过程。在这个定义中,三种形式的暴力:确实的暴力威胁、暴力行为以及看不见的暴力伤害都包括进去了。

根据连续 3 年的调查研究发现,美国有持续 60% 的电视节目包含着暴力,在 3 年中其统计差别只有 3%:1994—1995 年间是 58%,1995—1996 年间是 61%,1996—1997 年间为 61%。该研究报告断言,暴力已然浸染了整个美国的电视,这对于广大的社会公众具有警示作用。主要基于以下四个基本判断:

---

① 廖卫民,陈桂兰:"被美化、淡化的电视暴力——美国'国家电视暴力研究'介绍及启示",《新闻记者》2006 年第 4 期。

第一，多数电视节目里的暴力行为被美化了。报告描述道："好人经常是暴力的施行者，他们很少能痛悔自己，或者尝试到暴力的恶果。根据此项3年的调查，有接近40％的暴力行为是这些角色要显示其吸引力而发生的。各种年龄的观众都倾向于模仿那些有魅力的人物形象。"

第二，大多数暴力节目的影响被淡化净化了。报告称："电视节目经常忽略和低估了暴力对受害者的伤害。事实上，有大约一半的暴力行为显示出对受害者没有身体上的疼痛和创伤。这一结果，在3年内的调查是一致的。这种伤害不仅仅是短期的伤害，还有长期的创痛。有低于20％的暴力节目显示出暴力对受害者的家庭、朋友和社会的长期破坏和影响。"

第三，多数的严重暴力行为被轻描淡写化了。报告称："电视里的暴力行为实际上常常是性质严重的。根据这3年的研究，有过半数的电视暴力行为如果是真的发生的话，在现实生活中是会致人死亡或残疾的。尽管这些行为的后果如此严重，但大多数的情况下，在电视里面被幽默所掩盖了。至少有40％的暴力行为中有幽默的成分。反复播放此类镜头，会使观众麻痹，产生脱敏，觉得这类暴力无足轻重了。"

第四，非常少的节目强调反暴力的主题。报告称："一个电视节目可以借用暴力镜头教育观众，而不是危害观众。比如，暴力行为对被害者造成了很大的伤害，或者用非暴力的镜头来提供给观众以教益。在此项调查研究中，有少于5％的暴力节目中有反暴力的信息出现。换句话说，在我们调查的5000多个节目中只有232个节目是这样的。"

值得注意的是，该报告还特别提到了并不被大家注意的卡通节目，指出对于小于7岁的儿童，卡通节目中存在高风险的暴力表现，这些高风险的暴力表现包括：

1. 一个罪犯被描绘成有魅力的偶像或英雄；
2. 暴力显得很公正；
3. 暴力不受惩处；
4. 受害者若无其事；
5. 暴力十分现实，并不遥远。

卡通节目对年龄大的人影响小，是因为他们一般不把它当真。但是年龄小的人，特别是小于7岁的孩子，他们不能清楚分辨想象与现实社会的差别。所以，学龄前儿童对这些节目会模仿，会当真地来学习。这必须引起社会的关注。

思考与练习

1. 如何看待现阶段我国新闻媒体的宣传工作？如何改进？

2. 许多人将著名的 80 后赛车手、作家韩寒当做互联网时代的"意见领袖"，你怎么看？

3. 劝服效果受哪些因素影响？试概述。

4. 请选择一家报纸，考察其对日本大地震及中国抢盐风潮的报道，评析该报在此议程上的设置情况。

5. 什么是"知沟"理论假说？在网络时代，举例说明社会上存在的"知沟"现象，如何缩小它？

6. 什么是"沉默的螺旋"？其基本观点有哪些？

7. 请选择国内某一热门儿童动漫片，分析其暴力展示情况。

第六章 媒介与受众

受众参与传播就好像在自助餐厅就餐，媒介在这种传播环境中的作用只是为受众服务，提供尽可能让受众满意的饭菜（信息）。至于受众吃什么，吃多少，吃还是不吃，全在于受众自身的意愿和喜好，媒介是无能为力的。

——［美］施拉姆

案例导入

2009年12月23日早晨8点47分，上海电台动感101《音乐早餐》节目正在直播。与往常一样，两位主持人晓君和小畅在播放流行音乐间隙，使出浑身解数，用上海话聊天逗笑。这时一位听众给节目热线发了一条短信，短信内容为："求你们不要说上海话了，我讨厌你们上海人！"主持人晓君将听众的短信一字一句念了出来，然后语调认真地说："……请你以一种团成一个团的姿势，然后，慢慢地比较圆润的方式，离开这座让你讨厌的城市……"①上海电台主持人在节目中，以这种不带一个脏字的句式，要求一位听众"滚蛋"，此事在上海乃至全国成为街谈巷议的热门话题。

"团团说"虽然没有带任何脏字，但依然难掩"以牙还牙"式的敌意，作为掌握话语权的媒体主持人在直播时面对上百万受众，这样明显带有区域歧视的回答会不会误导了其他听众呢？受众给节目发偏激短信是媒体经常遇到的事情，作为媒体人，遇到这样的事情是仅仅将受众的行为视之为"挑衅"，还是更应当站在媒体责任和受众的角度去反思节目是否确实存在不足？媒体面对受众的意见，是本着"有则改之，无则加勉"的包容态度去理解和处理与受众的关系，还是利用媒体的话语特权，在失控的情绪中把问题激化？

大众传播诞生以来，媒介的信息传播观念大致经历了从"传者中心"到"受

---

① 2009年12月26日《楚天都市报》。

众中心"的转变,有的媒体甚至喊出了"受众就是上帝"的口号,传播技术和受众心理的变化,呼唤着新型的平等互动的媒体与受众关系。那么新时期的传受关系到底是怎么样的? 从观念上来说,作为传播者的媒介对作为传播对象的受众持何种态度? 受众对媒介的期待与要求又发生了哪些变化?

媒介受众观集中反映了传播者与受众的关系,也可以说是围绕这种关系展开的新闻传播活动。它包含了媒介对受众角色、身份和地位的观念意识。一方面,媒介受众观反映了媒介与受众的关系,甚至从更广泛的层面上来说,反映了媒介在整个社会互动中扮演的身份、角色和发挥的作用,同时,媒介的发展也离不开受众观的进步和指导。受众作为信息传播的目的环节,构成传播过程的两极中的一极,在传播活动中占有十分突出的地位,是考察大众传播效果的基点与立足点。在由传媒、社会与人的复杂关系建构起来的大众传播理论中,受众是一切问题的交叉点。缘于此,媒介与受众的关系成为媒介素养研究的重要领域。从对受众选择条件的不断改进到给受众制造一个良好的选择环境;从对受众种种需要的了解到分析受众选择时的心理,都是传播媒介、传播者所要认真研究的课题。

第一节　受众概说

"受众"(audience,又译"阅听人")一词来源于传播学的"受传者",最早出现在施拉姆的著作《传播学概论——传媒、信息与人》一书中。译者给"受众"一词下的定义是:"在传播过程的另一端的读者、听众与观众的总称"。在传播学上,所谓受众即指媒介信息的接受者或传播对象,它既包括大众传播中的信息接受群体——报刊杂志的读者、广播的听众、电影电视的观众和多媒体网络的点击者等,也包括小范围信息交流中的个体——参与者和对话人。[①] 一般说来,受众的概念多用于公众传播和大众传播,而很少用于人际传播。在大众传播过程中,受众是大众传播产品的消费者,它是传播活动的目的地,是传播内容的归宿,同时它又是传播活动的积极参与者。没有受众的参与,传播活动就不完整。所以,受众在传播过程中占有很重要的地位。

一、受众概念的演进

事实上,从人类整个历史来看,"受众"这个形象不仅存在于现代,从人类文明诞生起,人们就不自觉地作为受众存在着。按照英国传播学者丹尼斯·

---

① 邵培仁:《传播学概论》,高等教育出版社 2007 年版,第 276 页。

麦奎尔的说法,今天的媒介受众,起源于古代体育比赛的观众,以及早期公共戏剧与音乐表演的观众。古代受众有固定的"受众席位",这种接收是在现场进行的受众接收的行为,"看或听"都是在现场进行,而传输行为则是伴随着受众"看听"行为同时进行,此时受众可以即时公开表达自己的感受,用一种现场的方式,例如"口哨"等方式,这是一种即时的"反馈"行为。根据麦奎尔的分析,"前媒介"受众的某些特征仍然保留了下来,并影响到我们的理解和期待。受众是这样一个大众集合,通过个人对愉悦、崇拜、学习、消遣、恐惧、怜悯或信仰的某种获益性期待,自愿做出选择行为。受众在一种给定的时间范围内形成,它受到统治者可能的或实际的控制,因而是一种集合行为的制度化形式。[①]

大众媒介意义下的"受众"主要伴随着印刷书籍的出现而产生,经历了从读者到听众、观众、网民等几个阶段的发展。读者、听众、观众、网民都是受众,作为信息的最终接收者和使用者,他们的媒介接触行为和目的有相同相似之处,也有着明显的不同。

印刷术问世之后,受众概念得到首次重大的历史补遗:出现了"读者大众"的概念并逐步壮大发展。从空间和时间维度上看,印刷品能够有效地实现远距离、延时性传播,以及更加私人化的使用。文字的识别能力是阅读报刊杂志的首要条件,因此作为报刊杂志的受众——读者,一般文化程度较高,对信息的接受和理解比较主动,在文字的阅读中不断加入大脑的想象和加工。也因为个人阅读行为产生了对特定作者和风格类型(包括报纸)的崇尚和趋附。当社会在印刷时代开始经历社会和政治变革时,读者大众还促进了教育、宗教和政治等方面的总体发展,并奠定了正在形成的公众概念。[②]

广播的出现,将受众从"读者"转变为"听众"。听众的一大特点是收听状态比较随意,一心二用。广播只诉诸人的耳朵这一器官,对受众的"占有率"非常低,所以人们一般是边收听边干活、开车或者做其他的工作。另一方面,听众也像读者一样,在接收信息过程中,要充分发挥想象力,对收听到的信息在大脑中进行想象和加工。

电视集视听为一体,通过影像、画面、声音、字幕及特技等多种手段传递信息,给受众以强烈的现场感和冲击力,一出现就成为大众传媒的"霸主"。电视将受众转变成"观众",调动了人的眼睛和耳朵,使观众较难分神去做其他的

---

① 丹尼斯·麦奎尔:《受众分析》,中国人民大学出版社 2006 年版,第 3—4 页。

② Kaufer, D. S. , & Charley, K. M. (1993) *Communication at a Distance*. Hillsdale, NJ: Lawrence Erlbaum.

事,所以观众的收视状态一般比较专注;电视强烈的现场感也容易使观众产生"我在场"的感觉。电视对文化的要求不高,各种知识层次的人都可成为观众,因为电视媒体拥有最庞大的受众群。

伴随着因特网的出现,新型受众即"网民"登上了受众舞台。传统媒体中受众作为信息单向接收者的被动地位已经改变。网民可以通过网络充分发表自己的意见、要求和愿望,并直接参与到各种热点问题的讨论中来。

二、受众的角色

受众在大众传播中扮演着非常重要的角色。受众能够决定传播能否最终完成,并且检验传播效果。甚至可以说,受众决定着新闻媒介内容的取舍、风格的定位、变革的方向和进程。在媒介传播过程中,受众扮演着多种角色,如媒介产品的消费者、传播符号的释码者、传播活动的参与者、传播效果的反馈者和传受活动中的权利主体。

1. 媒介产品的消费者

D. 麦奎尔认为,如果从市场的角度考虑问题,受众可以定义为特定的媒体或讯息所指向的、具有特定的社会经济侧面像的、潜在的消费者的集合体。把受众看做市场或消费者的观点,建立在以下几个基本认识的基础上:第一,大众传媒是一种经营组织,必须把自己的信息产品或服务以商品交换的形式在市场上销售出去;第二,要做到这一点,必须使自己的产品或服务具备一定的使用价值或交换价值,即能满足消费者的各种需求;第三,传媒活动既然是市场活动,那么各种传媒机构之间必然存在着激烈的竞争关系,而竞争的对象自然是消费者。①

新闻传媒业在市场经济条件下具有意识形态与产业形态双重属性。从信息产品的性质和功能来看,不论是报刊、书籍,还是音像、电子出版物,它们所刊载的内容都是政治、经济、文化、科技、艺术、社会生活等方面的信息和知识,是人类各种社会活动和精神活动的具体反映,属于精神产品,具有社会教化功能。而从市场经济的角度审视,这些信息产品必须销售出去以谋求利润,归根结底它们又是商品。大众传媒作为一种经营组织,努力满足消费者的各种需求,以期在各传媒机构的激烈竞争中赢得受众。作为媒介产品的消费者,受众阅听和接受大众传播媒介中的信息,亦即消费信息产品,必须付出一定的金钱或代价。不论是文字传播媒介——书籍、报纸、杂志,还是声音传播媒介——

---

① Mcqail,Denis,*Mass Communication:an introduction*,Sage Publications,London,1983,Chapter 6

录像带、CD、唱片、广播，还是声像传播媒介——录像带、VCD、电影、电视，还有互动性传播媒介，它们首先是以商品化的客体进入传播、消费渠道的，受众只有花钱订阅或购买，才能占有或接触信息产品，满足自己的接受需要。

把受众当作消费者和大众传媒的市场，这种观点产生于 19 世纪 30 年代以后西方大众传媒向企业经营形态转变的过程中，是一切商业性媒介最容易接受也最愿意信奉的受众观。正如鲍德利亚在《消费社会》一书所指出的：在消费社会中，对大众传媒来说，观众（听众）就是"消费者"。"消费者"是一个没有中心、超越了梯度、抹平了等级的概念。它的特点就是消费。这样，对于电视台来说，收视率决定了一切；对报纸来说，发行量决定一切。大众传媒和观众（听众）的关系就是市场经济下的供求关系。在传媒产业日趋市场化的今天，这种受众观更为普遍。在这种受众观下，媒介作为企业，执行利润最大化原则，高扬消费者至上的旗帜，虽然也高举满足受众需要、捍卫受众权利的旗帜，但最终目的，在于通过争取受众即消费者，进而争取广告，最终获取利润。在这个过程中，存在着二次买卖和消费，受众不仅消费了媒介产品，同时也不自觉地消费了媒介刊登的广告，成为广告商品的潜在消费者。

2.媒介信息的"解读者"

在大众传播过程中，传播者将采集到的信息编制成符号，使其成为可以传播的讯息。然后讯息进入传播媒介为受众所接收，受众对符号进行还原或"翻译"，赋予意义并接受。无论是报纸、电视、广播还是网络，提供的都是一种信息文本，而受众是这一文本的解读者。信息文本提供的只是潜在的待开发的意义，意义是特定的受众在特定的解读过程中产生的。信息文本和受众之间是互动的。受众不仅是接受信息的一方，而且是使用信息、解释信息的一方。受众对信息的使用是一个能动的过程，受众的选择性理解能够赋予信息新的含义。

英国文化研究学派代表人物斯图亚特·霍尔在《电视话语的编码与解码》一文中，运用了语言学、符号学的模式对受众进行了分析。霍尔提出，大众传播需要通过受众的解码过程才能发挥作用，文本的意义不是传播者"传递"的，而是接受者"生产"的。从这一理论观点出发，霍尔认为编码与解码没有必然的一致。霍尔提出了三种假设的受众解码方式：其一是"主导—霸权立场"，即从信息所揭示的预想性意义来理解，解码者完全认同和接受制码者的意图，意味着编码与解码互相和谐；其二是"协商代码或协商立场"，这似乎是大多数受众的解码众场，结合了顺从和对抗两个因素，既承认主导—霸权符码的合法性，同时又保持自身的特殊性和个体性，即对传播内容既不完全同意，也不完全否定；其三是一种颠覆性的解读，受众"有可能完全理解话语赋予的字面和内涵意义的曲折变化,但以一种全然相反的方式去解码信息",①也就是根据自己的经验读出新的含义。

由此可知,信息产品只被受众占有或接触是远远不够的,还必须被"翻译"、"还原"为一定的意义,才能变成"现实的"信息,成为社会意识和个人意识不可分割的一部分。否则,它只能作为一个潜在的信息而存在着。受众这种主动解读的过程将导致不同受众对同一信息文本产生不甚相同乃至迥异的理解。举个例子,2011 年 10 月 13 日发生的"佛山小悦悦被撞事件"中,现场监控显示,佛山 2 岁的女孩小悦悦被一辆面包车撞倒后肇事司机逃逸,随后 18 个路人先后经过,但都视而不见。此事经媒体报道后,引发了全国观众热议。然而同样一则新闻,观众的反馈却截然不同。有的指责 18 位路人太冷漠;有的认为是社会和法制大环境所致,为路人开脱;有的痛斥肇事司机;有的赞扬最后扶起小悦悦的拾荒老人陈贤妹,也有人将矛头对准小悦悦的家长,指出他们有失监护之责……之所以会产生多种多样的解读,是因为受众的文化水平、知识结构、社会阶层、人生阅历等各不相同,从而使他们拥有了独特的理解文本的能力。受众解读的过程就是一个"对话"的过程,极富主动性。

费斯克在他 1987 年出版的《电视文化》(*Television Culture*,*John Fiske*,1987)一书中,引入分析文学作品的符号学、结构主义等理论来阐述"通俗"的电视作品,提出电视文本是开放的,这就是"生产者文本"的观念。受众能够根据自己的社会经验重新解读文本,生产出自己的文化。受众的阅读行为是"在已有的文化知识与文本之间建立联系"。作为接受媒介产品信息的个体,受众在接触媒介时,自然而然地成为了信息选择与加工的主体。他们对媒介讯息的解读结果可能各不相同,与其知识经验、阅历以及所处的社会环境密切相关。

3. 传播活动的参与者

受众不仅是人际传播参与者,而且是大众传播和互动传播的参与者。没有受众的参与,传播活动等于没有发生。参与既是指具体的接受活动(读、听、看),也是指对传播活动的隐性或显性介入甚至参加。

在"阅读"、"观看"和"收听"的过程中,受众不仅调动自己的知识结构和背景经验对媒介产品内容进行理解、想象、加工等一系列积极的心理活动,还直接或间接参与媒介产品的制作和播出过程,以各种方式向大众传媒反馈他们对传播内容的意见、建议,或者直接参与到节目中使节目完整。比如,向传媒

---

① 斯图亚特·霍尔:《编码解码》,罗钢、刘象愚编《文化研究读本》,中国社会科学出版社 2000 年版,第 358 页。

打电话、写信、发邮件等,表明自己对传播内容、方式的看法;或者在互动节目中发短信进行竞猜游戏、打电话点播自己喜欢的内容,投票支持自己喜欢的明星或节目等等。

4. 传播效果的反馈者

信息的传播过程,不是单向传递而是双向沟通,不是强行灌输而是合作互动,受众也不是消极吸收,还有积极反馈。"反馈是一种强有力的工具",是接受者对传播者"报道"的回应,是受者与传者就新闻作品所进行的"对话"。"如果不存在反馈,或者迟迟才作出反馈,或反馈是微弱的话,那么,这种局面就会引起传播者的疑惑和不安,并会使传播对象感到失望,有时在传播对象中会产生对立情绪",因此,媒介和传播者必须认真对待受众的反馈信息,甚至有必要展开受众调查,了解或征求受众的想法和意见。

三、新媒体时代受众的变化

中国互联网络信息中心(CNNIC)发布的《第 28 次中国互联网络发展状况统计报告》指出,截至 2011 年 6 月底,中国网民规模达到 4.85 亿。① 其中博客和个人空间的用户规模为 3.18 亿,社交网站用户规模为 2.30 亿,微博用户数量达到 1.95 亿,网络论坛用户达到 1.45 亿。在网络论坛、社交网站、博客、微博上迅速聚集了大量基于共同兴趣、共同信仰或者共同利益,以网络为媒介联系或者组织起来的、有相对稳定的成员或者会员、有相对固定的活动方式的网民。最为著名的有人民网强国论坛、天涯社区、人人网、开心网、新浪博客、新浪微博等。

从传统媒体时代的读者、听众、观众到网络传播中的网民,都是信息的接收者和使用者。他们的媒介接触行为和目的始终有相同相似之处;但另一方面,随着互联网传播技术的改革和创新,特别是网络和手机的紧密结合,新媒体时代的受众彰显自主、自立、自强的个性,与传统媒体时代的受众表现出明显的阶段性的不同。新媒体改变着受众的生活、学习和交往方式,受众由单一的信息接受者转变为集传受合一的角色,对于信息的发布和传递更加主动和自觉,也由传统媒介社会下隐身的大多数变成了显现在新媒体平台上的活跃者。

1. 主体地位提升

博德韦杰克和范·卡姆将受众分为四种类型:训示型、咨询型、对话型和

---

① 中国互联网络信息中心,http://www.cnnic.net.cn/dtygg/dtgg/201107/t20110719_22132.html

注册型。①

其中训示型代表的是传统大众媒介单向传播中的受众,传播方向基本是单向线性的,这类受众反馈的可能性受到限制。而咨询型受众是媒介的积极使用者,他们拥有了较大的选择权,这类受众不再被视为归属于某一媒介源,而是积极的搜寻者。对话型受众的出现,则让传播者和接受者的角色分别不再存在,二者处于一种积极互动的关系之中。"由训示型向咨询型和互动型的发展,代表了互联网时代受众变迁的大势所趋。"②

实际上,咨询型和对话型受众已非真正的受众,他们已由单纯的接受转变为主动的搜索和积极的与媒体互动。如此,在现代传媒的发展中,传统的位居中心的传播者与处于边缘的接受者之间支配与反支配两种力量的关系极有可能得以平衡。随着网络技术的日新月异,新媒体时代传者与受众的界限正在慢慢消融。

可以说,互联网真正是人类历史上第一个全球化的、全民性的"大众媒介"。互联网为普通大众提供了平等参与的机会,消除了种族、性别、年龄、职业、财富、权势甚至容貌的区别,使传播权在人类历史上第一次得到了真正的普及。因此,互联网不仅是一场科技革命,而且是一次大众传播受众观的革命。从媒介诞生之日起,传播者一直位居信息传播的中心位置,受众只能在媒体为之设置好的议程中进行有限的挑选,被动地接受大众传媒传递的信息。网络和新媒体的发展使得受众与媒体进行自由平等交流成为可能。网络的便捷让受众具备了转换角色的条件,受众的地位逐渐提高。随着"网络时代"的到来,在信息全球化的语境中,受众不仅相互之间可以进行信息的共享,还可以主动发布信息,与大众传媒进行平等的交流。受众的角色由单一的受者变为集传受合一的角色。新媒体时代的受众,更是传播内容的直接生产者。获得了实实在在的主体地位。通过网络投票、新闻评论、博客留言、BBS讨论等,受众不仅拥有选择权、参与权,更拥了生产文本、决定文本规则的权利。网民们在浏览网页、接受他人信息的同时,也经常会通过留言、跟帖、发帖、"开博"等方式表达自己的意见和想法,甚至通过"曝料"、"恶搞"等手段成为网络明星,进而在现实世界中引起广泛关注。互联网发达的今天,使得一些处于社会底层的人成为草根的"英雄"、"网络红人"。网络的交互性强化了受众介入、反馈、选择、接近和使用媒介的能力,动摇了以往的受众经验,并使之多样化,将受众的主体地位提到了前所未有的高度。从某种意义上来说,"以受众为中

---

① 丹尼斯·麦奎尔:《受众分析》,中国人民大学出版社 2006 年版,第 13 页。
② 丹尼斯·麦奎尔:《受众分析》,中国人民大学出版社 2006 年版,51 页。

心"的受众本位论在网络时代才真正实现。从近年来一系列的网络热点事件,如厦门"px事件"、云南"躲猫猫"案、"郭美美事件"等引发的网络热议及对社会管理所起到的推动作用,我们可以深切地感受到新媒体时代受众地位的提升。

新媒体受众的这种传、受身份的双重性,一方面有利于言论的自由传播和信息的沟通顺畅,另一方面也为网络传播的规范和管理造成很大困难。新媒体传播主体多元化将信息传播带入了"众神狂欢"的时代。在平等自由的同时,信息把关功能的减弱,也将大量不良信息带入了新媒体平台,出现了良莠不齐、鱼龙混杂的局面:虚假新闻、黄色新闻、谣言等污染了新媒体信息源。

2.接受方式改变

新媒体技术改变了媒介传递信息和受众接受信息的方式。而信息接受方式的改变也会给媒介带来很大的影响。

(1)从推到拉信息

在传统大众传播时期,传播流是单向线性地由传播者传给受众,是一种以传播者为中心的"Push(推)"型信息传递模式,受众只能被动地接收,并没有多少选择的余地,即传来什么就接收什么,也难以与传播者形成互动,而今天,情况已发生很大改变。网络和手机的普及提供了传受双方自由便捷交流信息的可能与机会,传播流方式由传统的"Push(推)"型向以受众为中心的"Pull(拉)"型信息传递模式转变,受众对媒体的接收已从自然式的"被动地看"逐渐转入动态式的"主动地选"。很显然,在新媒体技术不断发展的情况下,受众可以自主选择想要接收的信息,也可以通过选择不同的媒介进行接收,媒介的多样性使传播者对受众的影响力弱化了。

(2)从阅读到浏览

科技进步和网络普及使人们的阅读方式和阅读习惯发生着深刻的变化,即时在线浏览正在取代传统的精深阅读,以快餐式、跳跃性、碎片化为特征的泛阅读正成为新趋势。

泛阅读产生的背景是新媒体的发展和信息量的爆炸,电子技术使我们的感官膨胀,互联网时代的资讯每天刷新人们的记忆。信息海量膨胀,生活节奏加快,我们接触的事情、需要处理的事情越来越多,而每个人的时间、精力有限,在这种情况下,人们为了有效把握环境的信息和变化,就需要一种迅速的方式来掌握这种海量变化的信息,泛阅读由此产生。网络和手机媒体催生了搜索式阅读、标题式阅读和跳跃式阅读。搜索引擎技术使定制成为泛阅读的一种方式。它要求你用"关键词"进行思考和检索。

3.需求变化

传统的大众媒介基本上是单向传播信息的,即使有反馈的渠道也是比较少而且效率低下的,很少有机会让受众充分地"自我表达"。随着因特网以及手机的发展与普及,受众的自我意识和自主导向意识大大加强,受众渴望通过媒体进行广泛自由的信息交流。同时,随着网络受众文化水平的提高,判断思考能力的加强,主体参与意识正处于不断成长发展过程中,他们渴望参与,渴望有一定的话语权。越来越多的用户渴望在新媒体的使用中体现出自主参与。因此,新媒体时代受众的参与需求、社交需求和个性化需求更加鲜明。①网络论坛、社交网站、博客、微博等多种形式也进一步满足了受众渴望自我表达和渴望别人倾听和交流的心理需要。同时,新媒体是营造个性化空间的最有效工具,每个受众的爱好和独特品位都不必受到压制,能够得到最大程度的满足。新媒体内容丰富多样,每个人都可以根据自己的需要制定"我的媒体",从媒体形式到媒体内容,每个人都可以自由选择。网络上各种俱乐部、网络社团的出现就是受众社交需求和个性化需求的具体表现。

虽然受众概念在不断演变,但与其最初的语义——接受信息的人没有完全脱离。有评论指出,正在发生的情况是,无论在人文科学还是社会科学领域,传播研究中受众一词的所指对象正在消解(Biocca,1988)。在网络信息传播中"受众"的概念并不是那么清晰,重要原因之一就是网络活动参加者同时承担着信息传播和接受的双重角色。现在所流行的微博,通过撰写、相互转发、相互评论这样一个重复而不简单的操作,使得"受众"含义扩大,形成一个群体,同时他们又是时刻变动的,细看就如流水一样,每一刻都在发生变化,难以捉摸。但是从宏观上把握,完成这些活动的都是人,无论如何他们始终作为社会"受众"的一员。受众主体意识的觉醒所导致的私人化趋势,并不能完全颠覆受众本身。

第二节　几种主要的受众观

受众是传播活动的目的地,是传播内容的归宿。但是,在传播活动这个大舞台上,作为构成传播过程的两极中的一极,受众所扮演的角色绝对不是配角。因为受众更是传播活动的积极参与者,是传播链条中的一个重要环节。可以说,对于受众的研究是研究大众传播学的重要组成部分,它不仅能够影响传播的效果,而且是传播媒介、传播者进行信息传播的"晴雨表"。20 世纪 20

---

① 易艳馨:《新媒体适应受众变化对策研究》,优秀硕士学位论文库。

年代以来,西方的传播学者开始了系统的受众研究。时至今日,已形成几种基本的受众观。

一、受众附属论

早期受众观的形成基于对"大众社会"的一种流行看法,当时不少大思想家如德国的韦伯、法国的杜尔克姆等,都把他们所处的工业社会视为由"乌合之众"所组成的大众社会,其中的各个成员犹如互不相干的一盘散沙。被资本主义媒介当成"靶子"或者"商品"。

1."靶子论"

20世纪20年代以来,大众报刊的普及以及电影、广播的发展使社会对媒介的利用达到空前的程度,同时,第一次世界大战期间宣传机器显示的巨大成功,加深了人们对媒介具有强大影响力的认识。在早期传播学者看来,受众没有辨别力和免疫力,他们是被动的、无知的、丧失自我的,是缺乏凝聚力和抵御力的"乌合之众"。只要接收到大众传播媒介传播的信息,受众就会像中弹的"靶子"一样应声而倒。在大众传播媒介巨大的威力面前,传播者可以把各种各样的思想、知识、情感灌输到受众的头脑中,而受众只能"惟命是从"。这就是在前面章节论述过的所谓"魔弹论"或"枪弹论",从受众的角度来说就是"靶子论"。

靶子论来源于对大众传播力量的敬畏。受众被认为是由本能控制的,缺乏理性的。他们生活在新的大众社会形态之中,但却是分散的、原子化的、同质的且是流动性的。他们作为一个群体但却并非是一个整体,没有真正合理的纽带将他们连接在一起,个人完全处于各种形式的宣传或说服活动之中,时刻感受到传媒的巨大威力。他们深陷工业化、城市化以及商业化的现代性洪流之中,因而十分依赖大众媒介提供的信息,现代社会的压力和竞争耗尽了他们的精力,他们为生存奔忙,而无暇顾及他事,因此在面对大众媒介的信息时理智封闭了,理所当然地将媒介描述的世界当做真实存在,身陷"拟态环境"却毫不知情。早期的效果研究基于这一"预设立场"上进行的,被认为是大众传播效果研究起点的佩恩基金研究正是在子弹论基础上展开的。这项研究进行于19世纪20年代,正是魔弹论风行之时。对于这次研究的结果,德弗勒总结道:"如果现在要把这次大型调查的结论进行解读,我们会面临一个复杂的图画,但在那时,结论似乎比较清楚!电影把新的想法带给孩子们,影响他们的态度,刺激他们的感情,向他们展示与多数成人不同的道德标准,影响睡眠,并且影响他们对世界的理解和行为。"①

2."商品论"

除了"靶子论"外,"商品论"也是受众附属论的典型理论。不过,受众商品论是批判传播学派的观点,是站在批判资本主义媒介的角度上提出的观点。"受众商品论"是由加拿大传播政治经济学者达拉斯·史麦斯提出的一个经典理论,试图从媒介、受众、广告商三者之间的关系中揭示资本主义媒介及其产品的实质。达拉斯·史麦斯指出,在资本主义社会中,大众媒介基本上都是商业媒介,作为商业媒介,其广告收入是最主要的经济来源。这些商业媒介表面上生产的是一些新闻娱乐节目,但事实上这些节目并不是媒体"免费的午餐",他们是把观众吸引过来的饵料,受众被捕获后,就被出售给广告商。于是,在这种理论视野中,受众成为了商品。斯麦兹的经典论文《传播:西方马克思主义的盲点》代表着这一理论的正式确立,以后它受到了许多学者的关注,并且其学生进一步发展了该理论。今天在传媒业界颇为流行的"媒体二次售卖规律"(即现代商业媒体的市场运作需要遵循如下规律:首先,将制作加工好的信息产品以较低的价格出售或者是免费提供给受众,其次,将受众卖给广告商以换取利润。前者被称为"第一次售卖",称后者为"第二次售卖"),与此可谓一脉相承、如出一辙。这一理论目前在国内逐渐受到重视,但它把受众完全视为被操纵的对象,剥夺了受众的主体性选择,显然存在缺陷。

把受众视为商品的观点只能是传媒一方的观点,只能使人从传媒角度考虑问题,而不是从受众的立场出发考虑传受关系。这种观点把传媒视为信息产品的主导人和提供者,受众只能在被提供的商品范围内进行选择,并且出让自己的注意力来供大众传媒出售。

二、受众主动论

随着大众文化的发展,人们逐渐对这种把受众视为成分单一、各自为战的"乌合之众"的说法产生了越来越多的质疑。大众传媒的"强效果论"地位在20世纪30年代的美国开始下降。研究者把社会理论引入到传媒效果研究之中,例如社会心理学、符号互动理论的引入,在研究中,受众的理性开始回归,传统经验研究的缺陷在社会理论的映照下显露无疑,强效果论的理论建构很快遭到批判。以后的研究主要显示,大众传媒效果不是一击即中的刺激/反应模式,受众也不是单纯的注意力商品,而是社会公共事务和传播过程的参与

---

① 〔美〕洛厄里(Shearon A. Lowery)、德弗勒(Melvin L. DeFleur)著,刘海龙译:《大众传播效果研究的里程碑》,中国人民大学出版社 2004 年版,第 38 页。

者,是拥有传播权利的主体。大约从 1940 年代起,关于受众的认识出现变化,尤其是到了 1950 年代以后,受众研究取得了不小的成果,新型的受众理论模式不断涌现,由此开始了对传统受众观的批判与当代受众观的理论转向。有关这一时期的研究,被美国大众传播学者德弗勒概括为"影响不一理论",其中主要涉及三个相关研究范式,即个人差异理论、社会类型理论和社会关系理论。另外还有受众参与论、文化规范论等,也承认受众的主体能动性。

1. 个人差异论

个人差异理论最早由传播学四大先驱者之一霍夫兰在 1946 年最先提出,1970 年经德弗勒修改成型,它强调的是不同的个人对相同信息的不同反应。个人差异论以"刺激——反应论"的心理学模式为基础,从行为主义的角度描述受众。认为不同的受众成员对大众传播信息的不同的接受行为,取决于个人特性的千差万别。由于受众的先天条件不同,后天环境和心理结构也不同,所以受众的个人特性存在巨大差异。受众的个人差异影响着其对各种信息的选择与解释。个人差异论认为,大众传播媒介在设计传播前,需要先弄清受众的兴趣、爱好、需要、价值观、态度等,再挑选与之相应的信息进行传播。

这一理论的意义在于认识到了受众的主观能动性,引导媒介从分析受众成员的心理入手开展对受众的传播。当然,大众媒介的受众广、杂、散、匿,测量受众的心理因素非常困难和复杂,在这种理论框架下从事应用性媒介受众研究,并不容易。

2. 社会类型论

社会类型论,又称社会类别论或社会范畴论。美国学者约翰·赖利与蒂尔达·怀特·赖利在论文《大众传播与社会系统》(1995)中,揭示了受众基本群体在传播过程中扮演的角色。社会类型论以社会心理学为基础,注重各社会群体的特性差异对受众成员的媒介信息接受行为的影响。这一理论认为,按照一些因素(如性别、年龄、文化程度、工资收入、职业等),可将受众划分为不同的社会群体类型,同一群体的成员具有大致相同的经验、价值观和社会准则,所以对大众传播内容会作出大体一致的反应。大众媒介据此有针对性地采写、设计、制作、传播,就能提高传播效果。

这一理论的意义在于指导人们研究分析可变因素与受众信息接受行为之间的联系,进而指导媒介的决策者或者传播者根据不同受众群体的不同特点设置和制作信息产品。缺陷在于没有完整描述出大众传播中受众行为有所不同的根据,没有对受众现象作更深入的分析,因此不能解释这样的现象:同一群体的受众成员并不见得一定会对同一媒介信息做出同一的反应。

3.社会关系论

受众并不是孤立的存在,而是群体社会的成员,分属于不同的社会集团或者群体,有着不同社会背景和社会关系。受众的群体背景可以分成两个方面,一是人口统计学意义的群体,包括性别、年龄、籍贯、民族、职业、学历等等;二是社会关系意义上的群体,如家庭、单位、团体、政治、经济和文化的归属阶层,宗教信仰群体等等。群体背景是决定受众对事物态度和行为的重要因素,有时甚至超过大众传播的影响。

社会关系论以社会学为基础,认为社会关系对人的行为有影响。提出受众成员的种种社会关系(如师生关系、上下级关系、朋友关系等)左右着他们对媒介信息的选择,从而制约着大众传播的效果。这就指导人们从社会关系角度研究信息接收行为。不过,社会关系可以影响和制约人的信息接收行为,但不见得可以决定信息接收。

4.社会参与论

又称社会介入论,认为大众传播媒介应是公众的讲坛,而不是少数人的传声筒;公民及其团体既是讯息的接受者,又是讯息的传播者;时代在发展,受众在变化,许多人已不满足于消极地当一名接受者,一种试图积极参与报刊的编写、广播电视节目的制作和演播的自我表现欲望正在增长;让受众参与传播,正是为了让他们积极接受传播;参与传播也是受众表达权、反论权的具体体现。

5.文化规范论

这一理论在麦克卢汉"媒介即讯息"理论的影响下产生。文化规范论主张传播内容会促使受众发生变化,使受众产生新观点,并按照媒介所树立的文化道德规范行事,进行是非判断。不过,受众形成这种规范并非是完全被动的,而是具有主动的选择性。

三、受众本位论

1964 年,哈佛大学心理学家鲍尔发表《固执的受众》一文,至此,一种新型的受众理论彻底颠覆了传统的认识。鲍尔指出,长期以来,传播研究总是站在传播者一方,这是一个错误,应该站在受众的角度,研究受众如何处理信息。施拉姆指出,正是这篇文章"为魔弹论唱了最后的挽歌",并且"证明了几十年前就已经得出的结论人民并不是射击场上的靶子:当他们受到宣传弹的射击时并不是随之倒下。他们能排斥枪弹;或是抵拒它们,或是对之另作解释,或是把他们用于自己的目的。受众是固执的,他们拒绝倒下。而且传播的讯息并不像枪弹,它们并不是射向接受者,而是放置在接受者可以爱怎么处理就怎么处理的地方。"①这一理论把受众视为传播的主动者,是意义的积极创建者,这种强调受众在传播中应占有主导地位的受众理论,我们称之为受众本位论,代表理论包括顽固受众论和自助餐理论。

1.顽固受众论

顽固受众论是受众中心论的代表理论之一。该理论指出,受传者在传播的大量信息中,总是选择他感兴趣、同他的立场一致、与他的信仰吻合、支持他的价值观的信息。其结果是,与之相反的信息对他不起作用,与其一致的信息又强化他的立场观点,这样,受传者便越来越顽固。这一理论要求传播者要从受众的角度出发传播信息,以受众的利益为重。

2.自助餐理论

在当代受众观形成过程中,"选择性理论"的提出以及对"使用与满足"的研究发挥了积极作用。相关研究认为,受众接受信息行为的根本特征是选择性的,其选择过程包括对信息的选择性注意、选择性理解和选择性记忆。选择性理论的核心是提出了自助餐理论(又称使用满足理论),也是受众中心论的重要内容。主要观点是,受众面对大众传播并不是被动的,实际上受众总是主动地选择自己所偏爱的和所需要的媒介内容,而且不同的受众还可以通过同一个媒介信息来满足不同的需要,并达到不同的目的。不同的社会群体与个人都会从同一种大众文化产品中,得到适合于各自需要的不同解释和满足。一句话,人使用媒介以满足自己的需要,就像吃自助餐一样各取所需。这一理论承认受众的主观能动性,指导传播者传播信息应该多样化。威尔博·施拉姆在《传播学概论》一书中打了一个形象的比喻,来加深对"使用与满足"理论的认识。施拉姆说:"受众好比在自助餐厅里的就餐者,媒介是自助餐厅,而传播者是厨师,厨师提供尽可能让受众满意的饭菜(信息),至于受众吃什么,吃多少,吃还是不吃,全在于受众自身的意愿和喜好,媒介是无能为力的。"②这个比喻说明,在整个传播活动中,真正的主角是受众,他们为满足自己的特定需要而利用媒介,就像人们为满足食欲而使用自助餐一样。

第三节　受众需要与受众权利

受众需要是受众与传播资源和传播服务之间的一种利益关系。新闻传播不是任何个人、群体或组织单方面的事,而是媒体与受众双方建立共知、共识、

---

① 李彬:《传播学引论》,新华出版社 1993 年版,第 181 页。
② [美]威尔博·施拉姆:《传播学概论》,新华出版社 1981 年版。

共感的过程,两者是互动的。对受众需要的分析和把握,直接影响到媒体的传播主张及行为;而要分析、权衡某种传播资源、传播服务能否满足受众的需要,符合受众的利益,首先就要明确受众需要的有关内容及其主、客观依据。从主体特征上看,受众需要的主体及其利益关系与公民权利的主体及利益形态有很多相互对应的一致性。仅以个人主体为例,大部分传播服务活动和传播资源的受益者是相互平等的、分散的个人,他们之间的利益关系主要是平向的、自利的;而法定个体权利主体中占绝对优势的"公民"也是一个单数的概念,公民这一身份体现了个人同国家的直接的法的联系,公民与公民之间的关系主要也是一种平等的横向的利益关系。因此,受众需要的主体同公民权利的主体基本是同构的,后者的利益目标能够成为评估前者主观需要的有效标准和理论根据。

一、受众的基本需要

受众的需求实际上就是受众接受媒体信息的目的或动机。受众接触媒介是有其特殊目的和动机的,受众阅读报纸杂志、收听广播、收看电视节目、上网浏览,都是为了满足自己的某种需求。作为媒介,不可能强迫受众接受自己单方面传送的信息,而只能尽可能地满足受众的需求。每种媒介的存在都是以受众的需要为前提和基础的,正因为人们对媒介有着持续不断的需要,所以媒介的存在形式不断得以强化。

人类一切活动的基础,说到底是满足各种需求。经济学意义上对商品的需求是物质层面的需求,而传播学意义上的受众需求是心理、文化、价值体系等精神层面的需求。人是有需要的动物。马克思说过:"没有需要,就没有生产。"人的需要具有不同的层次,美国著名人本主义心理学家马斯洛曾将需要分为七个层次,即生理需要、安全需要、爱与隶属的需要、尊重的需要、求知的需要、求美的需要和自我实现的需要。这七个层次的需要主要包括物质需要和精神需要两个方面。在大众传播活动中,受众的需要说到底是一种精神的需要,它包括信息的需要、社会化的需要、调节生活的需要。

受众是一个广义的社会概念,其构成包括全社会的各民族、各阶层、各行各业的男女老少。由于知识结构、文化素养、年龄阶段、个人兴趣爱好等差异,加上地区不同,因而不同层面、不同地区的受众的需求目的存在着明显的差异性。受众这种受社会诸多因素的影响,决定了受众对媒介产品的需求是多种多样的。但受众的基本需求可以概括为以下五种。

1.信息需要

在快节奏的当今时代,人们离开了信息就寸步难行。竞争求生存的环境使得受众不得不主动到媒体选择自己所需要的信息,接触媒体成为必需。因而,人们迫切希望能在各种媒体上一目了然地了解自己想知道和所需要的知识与信息。尤其是一些文化水平低和工作繁忙的受众,希望能在媒体固定的节目中快捷、简洁、清晰地了解自己所关心的事情。例如与人们生活工作密切相关的新闻类节目。监测环境是人们观看新闻节目的主要动机,而其他类型的节目也可以在不同程度上满足人们的信息需求。通过媒介接触,受众可以获得与自己的生活直接或者间接相关的各种信息,如商业信息、房产信息、法律信息等,及时把握环境的变化。

一般的大众传播媒介传播知识有着自己的特点,即它总是传播最新的知识、最常用的知识、最受公众欢迎的知识。通过媒介告知的内容,受众了解世界的变化、人类的进步和社会生活中出现的各种新现象、新事物;从而针对环境的变化采取相应的措施。在大众传播出现以前,受众获得信息主要通过口头传播、群体传播和传单、小册子、告示牌等,而现代受众主要通过大众媒介来周期性更新认知和知识。大众媒介不仅告知新近发生或刚刚发生或正在发生的社会事实,还可以预报某些即将到来的危险或变化。现代社会中,如果不能迅速、真实、准确地获得与自身利益密切相关的重要信息,受众就不能及时根据形势变化采取相应对策,不能很好地保护自己的权利和利益,甚至会遭受重大的人身和财产损失。例如,2003 年我国出现的"非典"事件表明,知情权的缺失会给信息社会里的全体公民带来重大的消极影响,而这种损失在政府及媒体真实地公开相关信息的情况下本来是可以减少或避免的。在重大突发事件发生之初,如果不能及时准确地发布真实的信息,或者发生迟报、漏报、瞒报的现象,只能失去人民对媒体的信任。

2. 表达需要

所谓表达,就是人们通过媒介和符号表述和交流自己的思想、观点和情感。古人就特别重视内在信息的交流和表达功能的释放,唐代大诗人白居易就说过:"感人心者,莫先乎情,莫始乎言,莫切乎声,莫深乎义。"(白居易:《与元九书》)。作为大众媒介的传播者,他不仅应该客观地报道周围世界所发生的各种变化和叙述自己的所见所闻,而且也有理由向人们表达自己对某些事件的态度和观点,以及日常生活中的所思所想、所爱所恨。同时,他还有责任将人民群众的愿望、要求和痛苦的真实情况通过适当的传播方式表达出来,以引起有关方面的重视,使问题得到解决。作为接受者的广大公众,他们也同样具有利用大众传播媒介或通过大众传播媒介(以及其他媒介)表明自己意见、思想的权利。作为"大众媒介的负责人,应该鼓励他们的读者、听众和观众在传播中发挥更加积极的(表达)作用,办法是拨出更多的报纸篇幅、更多的广播时间,供公众或有组织的社会集团的个别成员发表意见和看法。"大众传播媒介应当成为人民群众表达感情、沟通思想的工具,而不应当只是少数人的传声筒。

3.社会化需要

媒介的传播功能帮助人们正确地把握社会关系和认识环境状况,并把它们转化成个人的内在本质和自己的社会性质。可以说,传播尤其是大众传播,它的最重要的使命和功能就是造就一定类型的、符合某个阶级或某个社会集团的利益和需要的个人。在受众学习作为社会成员的行为方式、思维方式的过程中,父母、家庭、老师、同伴等都起到了重要的作用,而大众传播媒介等在受众行为与心理的发展及定型中也起着不可忽视的作用。媒介通过告知消息、表达观点、解释缘由、公开劝服,对受众的思想和行为所产生一定的方向性指点和引导的作用。通过媒介传播,受众认识到判断是非善恶的标准,处理人情事务的方式,也获得了各种角色的概念和知晓了日常生活的规律。媒介报道中的人物、事件、状况、矛盾冲突的解决方法等等,可以为受众提供自我评价的参考框架,通过这种比较,受众能够引起对自身行为的反省,并在此基础上协调自己的观念和行为。

4.文化娱乐需求

忙碌的人们一般只有节假日或者八小时以外的闲暇时间里,才会翻开报纸、打开电脑、电视机和收音机。毫无疑问,许多人把各种媒体当成娱乐工具,并且相当多一部分受众愿意寻求感官刺激一类的娱乐性强的节目,如通俗性、平民化的娱乐新闻、综艺节目、影视剧类节目等。

媒介产品可以提供消遣和娱乐,帮助人们"逃避"日常生活的压力和负担,带来情绪上的解放感。如逃避日常生活的种种制约,摆脱烦恼、消除疲劳、释放情绪、松弛神经等。能够满足这类需求的比如娱乐性新闻、消遣性文章等。在当代大众传播中,受众的文化娱乐需求正受到前所未有的重视。娱乐信息不仅在大众传播媒介的特定版面、时间中占有的百分比越来越大,而且那些看上去是纯新闻、纯广告、纯理论的内容也越来越具有娱乐性和消遣性。许多媒体为了受众娱乐性的需要,不惜花费大量人力物力,举办受众喜闻乐见的大型综艺节目。

5.人际交往需要

这里的人际关系包括两种:一种是拟态人际关系,即受众对记者、主持人或者评论员等所产生的一种熟人或朋友的感觉;另一种是现实人际关系,即通过谈论媒介内容,可以融洽家庭关系,建立社交圈子等。值得一提的是,拟态人际关系,可以在某种程度上满足人们对社会互动的心理需求。"准社会互动"的概念是由霍顿和活尔引入的,用来描述这样一种现象:媒介中的人物或媒介名人取代了现实性的交流对象,与真正的社会互动相比,它意味着更低的满意感。不过在某些情况下,人们也能从中获得满足,或者由于在现实生活中缺乏真正令人满意的社会互动,而助长了这一现象。[①] 2005 年,周玉泰、学海主持的《媒介抚慰:一种弥合阶层落差的方式——南京市民收视民生新闻行为与动机调查》中,以南京六城区市民为研究对象,采用"使用与满足"理论作为研究框架,探讨了市民收视民生新闻的行为动机。研究认为受众收视民生新闻的原因是以获取人际交流的"亲切感"和"尊重感",获取参与公共事务与拥有心理依靠的虚拟满足感,从而获得媒介抚慰以弥补社会心理层面上的缺失。因此该研究认为民生新闻促使社会地位低的受众适应社会,具有促进社会阶层间的心理平衡和维护社会稳定的价值。

受众是媒介的对象,受众是媒介传播过程的终端,媒介内容的价值最终在受众中实现。媒介内容能否收到较好的效果,很大程度上取决于媒介内容是否最大限度地满足了受众的需求。这将是当代媒介传播发展的必然趋势。研究和把握受众心理,掌握他们的需求特征是媒介传播取得良好效果的关键。媒介产品若不能符合受众的心理特点,不能满足他们的精神需要,就不会产生理想的效果。

二、受众的基本权利

受众本身是一个中性的概念,只表明它作为媒介信息接收者的地位。受众享有的权利和自由范围,必须基于公民的身份定位。公民在现代社会,不仅是个法律上的术语,更是现代民主政治的产物,是基于维护个人权利和人民民主原则的现代宪政体系中的核心概念。"把公民概念引入媒介受众观(无论是自觉还是不自觉地),把受众当做公民,以维护公民权作为媒介责任和运营基础,是现代民主政治发展和市场经济内在运作机制在媒介观上的折射和反映。在西方媒介史上,把受众当做公民,在理论上集中体现为社会责任论的出现,在媒介运作模式上最有代表性的是欧美各国的公共广播电视业,在法律上则突出表现为现代知情权在观念上的提出和法律上的确认。"

这种源于西方的受众观,是迄今不少国有或者公共所有制的媒介所遵守的受众观。在这种受众观中,知情权、表达权、交流权、选择权等都是受众应该

---

① 丹尼斯·麦奎尔著,刘燕南、李颖、杨振荣译:《受众分析》,中国人民大学出版社 2006 年版,第146 页。

享有的权利。① 受众不仅仅是媒介信息的使用者或消费者,他们还是社会生活中的公民,是参与社会管理和社会公共事务的公众,是与传者地位平等的另一个传播主体。受众在传播过程中享有多种正当权利。受众的权利在不同的历史时期体现了受众的不同追求,显示了不同的语义内容和适用范围。例如,在大众传播媒介出现的初期,受众所争取的只是知情权;待到传播媒介进入发展期,受众又开始追求表达权;再到传播媒介进入繁荣期,人们又提出了反论权;进入信息社会,如今的受众又在争取监督权和免知权。根据有关法律条款和研究,作为公民的媒介受众应享有的主要权利包括以下七种。

1. 表达权

表达权是构成社会的每个成员所享有的基本权利之一,习惯上称之为言论自由或表达自由权,是指公民有权将自己的经验、体会、思想、观点和认识通过言论、创作、著述等活动表现出来,并有权通过一切手段和渠道加以传播。言论出版自由是我国公民的一项基本权利,具体而言,言论自由是指公民有发表意见、交流思想、抒发感情、传播信息、传授知识等不受干涉的自由。②

这其中,自然也包括新闻自由的权利,公民可以借助新闻媒体这个公共平台,表达自己的意见和建议,监督政府和社会,从而保障自身的权益。③ "表达",可以是反映所遇到的事情,可以是发表对某事件的见解,也可以是表达或反馈对大众传播媒介的看法,甚至可以是检举、控告媒介对受众心理与精神的伤害和污染,并对保护受众权利的工作提出批评、建议。表达权不同于著作权,前者是受众的权利,后者是著者的权利。

2. 知情权

知情权又称"获知权"、"知晓权"等,从广义上来说,指的是社会成员获得有关自身所处的环境及其变化的信息、保障社会生活所需的各种有用信息的权利,从这个意义上说,它也是人的生存权的基本内容之一。从狭义上来说,知情权指的是公民对国家的立法、司法和行政等公共权力机构的活动所拥有的知情或知查的权利,这是公民的一项基本政治权利,也意味着公共权力机构对公民负有信息公开的责任和义务。在大众传播领域,公民有通过大众媒介获取有关社会公共领域信息或与本人相关的个人信息的权利,包括政治知情权、司法知情权、社会知情权和个人信息知情权等。④

① 林晖:"受众·公民·消费者",《新闻大学》2001 年(春)。
② 魏永征:《新闻传播法教程》,中国人民大学出版社 2002 年版,第 38 页。
③ 谢鹏程:《公民的基本权利》,中国社会科学出版社 1999 年版,第 275 页。
④ 谢鹏程:《公民的基本权利》,中国社会科学出版社 1999 年版,第 263 页。

具体而言,受众的知情权包括以下三方面要求:一是知晓大众传播者的传播意图和目的,并对这种传播意图和目的进行监督。比如传播者可以背景材料的形式向受众介绍节目的策划,包括策划的意图、目的、要达到的效果等,这样就可以使受众做到心中有数,能更准确地接受和理解信息,避免了盲目和误解。二是知晓真实传播内容的权利。真实性是大众传播内容的最根本要求,受众有权获取真实的传播信息。为确保受众能获取真实的信息,大众传播者一定要提高自身的业务水平和职业道德水平,以认真负责的态度进行信息的搜集、制作和传播,并注意受众的反馈。三是知晓自身真实状况的权利。自身的真实状况既包括外在环境的真实状况,例如自身在社会中的位置,在传播中的地位和作用等,又包括自身的真实需要、情感和意志以及接受信息所发生的态度和行为的改变等。只有知晓了自身的真实情况,受众才能以此为基础,对整个传播做出判断。

受众知情权的思想,起源于17、18世纪资产阶级革命时期的"天赋人权"和"主权在民"的学说,在现代社会已经成了普遍的人权和民主原则。1954年,美联社记者肯特·库珀在一次演讲中首次提出了"知情权"的概念。他认为,公民有权知道他应该知道的事情,国家应该最大限度地确认和保障公民获取信息的权利,尤其是政务信息。知情权作为公众的一项社会权利和政治权利,是信息化社会发展的一种必然要求。在民主社会里,如果没有充分、正确、全面的信息,公民也就没有充分知情的民主,所谓的言论自由权、选举权、罢免权、参政权就会陷入空谈。20世纪60年代以来,知情权更从作为保护新闻自由的原则依据被众多学者理解为一种广泛的社会权利和个人权利,即我们今天广泛讨论的各种各样的知情权。

现在已有不少国家对知情权以法律的形式加以确立。例如,1951年,芬兰《政府文件公开法》将知情权从新闻报道中的自由权独立出来加以确认。1966年,美国《信息自由法》,在原则上要求政府公开其所有的信息资料,并规定了保密权的限制条件。1981年,日本《情报公开权利宣言》将知情权列为国民的固有权利之一。[①] 我国现行法律对知情权还没有明确的界定,对于知情权的保护原则散见于《宪法》和各种法律法规中。2007年1月17日,国务院常务会议审议并通过了《中华人民共和国政府信息公开条例》,2008年5月1日起正式实施。虽然该条例性质上只是法规,但毕竟走出了重要的一步。

3.接近权

传媒接近权即一般社会成员利用传播媒介阐述主张、发表言论以及开展

---

① 魏永征:《新闻传播法教程》,中国人民大学出版社2002年版,第8页。

各种社会和文化活动的权利,同时,这项权利也赋予了传媒应该向受众开放的义务和责任。这个新的权利概念于 20 世纪 60 年代在美国出现,并对西方国家产生了普遍的社会影响。1967 年,法学教授罗姆·巴伦明确提出"接近权"概念,他将这种权利看成是言论自由权的自然延伸。我们用的"接近",是根据英文"access"翻译过来的,这个词也有"使用"的意思。按巴伦的理解,接近权意味着受众可在一定条件下,要求媒体提供版面(报纸)或者时间段(广播和电视)允许私人免费或付费表达意见。媒介接近权的概念,反映了资本主义媒介制度下社会成员的表达自由或言论自由的权利与媒介的私人占有制之间的巨大矛盾。

虽然"接近权"尚未成为法律上的明文规定,但"传媒必须向受众开放"的理念却日益被社会认可。它至少在三个方面已经产生了普遍的影响。第一方面是"反论权",即社会成员或群体在受到传媒攻击或歪曲性报道的时候,有权要求传媒刊登或播出反驳声明。第二个方面是"意见刊登"。受众通过写信、打电话、发电子邮件、网络留言甚至登门拜访等形式,对媒介播出的节目提出意见,也可以反映某个社会问题,或者通过媒体求助,让媒体报道自己遭遇的事情等。第三个方面体现在受众参与上。比如我国电视业流行的"民生新闻",就吸纳了大量"市民记者"或者"报料人",协助报道街头巷尾发生的新闻。还有许多电视或者广播节目开通了现场热线,受众可以打电话参与节目。一些国家在发放有线电视系统经营许可证的时候,规定必须开设允许受众自主参与的"开放频道"的附加条件。这三种公众接近媒体的方式,内在理念是一样的:让普通人能够通过媒体表达意见,让声音更加多元化,而不是把媒体全盘交付给资本控制者、职业传媒人和社会精英。

4.选择权

这是受众的一种最基本的权利,也是国际消费者联盟宣布的八种权利之一,即"消费者享有自主选择商品或者服务的权利"。在大众传播中,受众面对众多的媒介和信息有权根据自己的需要、兴趣、口味和自己所能运用的方式作出自由选择——或喜爱或厌恶,或接受或拒绝,或阅听或观看,没人可以强迫。受众作为媒介产品的消费者,有权进行比较、鉴别和挑选,有权拒绝"强制交易"行为。新闻受众通过大众媒介自由选择、获取新闻信息,可以形成个体的独立精神、自由思想,发展自己的人格,实现"自我实现"价值等。

当然,受众自由选择权能够不受妨碍、制约而得以充分行使,还需要传播机构具备良好的支持功能。比如,一个体育爱好者通过购买和阅读某个体育周刊满足了自己的爱好。在这一传播过程中,选择权和决定权在于受众。作为一个体育爱好者,他确实可以自主地选择他所喜爱的体育类报纸,但他只能从市场上已有的体育类报纸中挑选自己喜爱的,如果当时媒介机构只提供一种体育类报纸,那么他几乎是别无选择。由此可见,受众的自主选择权在传播过程中依然受制于媒介机构。

5. 监督权

监督权也是消费者权益保护法认定的一项权利。它是指受众对大众传播媒介的运作和传播者的传播行为有察看并督促的权利,以免其产生不良后果。以往学术界理解受众的监督权,是专指"人民群众运用新闻媒介对党和政府工作的监督",而新闻媒介则由党和政府来领导并监督。其实,受众既有权监督政府的工作,亦有权监督媒介的运作。通常,受众是根据法律条文、道德规范、行为准则等标准,并以起诉、写信、打电话、停止订阅、舆论声张等多种形式对新闻媒介和新闻传播者进行监督,促使其寻找适合国情、民情的途径和按照受众能够接受的方式行事。我国《消费者权益保护法》第十五条规定:"消费者享有对商品和服务以及保护消费者权益工作进行监督的权利。""有权对保护消费者权益工作提供批评、建议。"依据上述法律规定,受众在获取新闻信息的消费活动中,有权对新闻信息产品、新闻信息服务机构提供的服务进行监督;有权对国家机关及其工作人员在保护受众权益工作中的违法失职行为进行申诉、控告或检举;有权对保护受众权益工作提出批评和建议;有权为反映受众的意志或要求而参与新闻信息服务单位的重要决策。比如,消费者有权要求报刊内容的文字差错率不能超过一定的比例、电视节目中不能插播过多的广告等。

6. 隐私权

隐私权又叫免知权。它是指受众享有个人独处,对个人与公众利益、公众事务无关的私生活进行保密、不受新闻媒介打扰和干涉,以及个人的名誉和利益不受伤害的权利。人是个体性存在与社会性存在的统一,作为个体性存在,每个人都有自身特殊的利益和要求,都有不愿让人知道的私事,也都希望不受打扰,有宁静独处的欲望,法律上也认为这种权利应受保护。如果新闻媒介以营利为目的,不惜报道了他人的隐私,未经本人允许公开了其姓名、财产、身体、私人信件、日记、家庭矛盾等,侵犯了个人生活的安宁,引起了个人精神上的痛苦和不安,就是侵犯了他人的隐私权。对此,合法权益受到损害的人,可以向人民法院提起诉讼,并要求道歉和赔偿。例如,2006年"中国首例艾滋病孤儿诉媒体侵权"民事诉讼案中,一名艾滋病少女遗孤将北京《华夏时报》告上法庭。起诉书称,《华夏时报》在事先未对她进行任何采访和没有征得她同意的情况下,于2005年12月2日刊登了她和父亲、弟弟的照片,并标明原告父亲因患艾滋病而死亡以及原告艾滋病孤儿的身份。同时大量报道了属于原告的隐私。要求报社道歉做出精神赔偿。

对个人隐私权的尊重保护是社会进步的重要表现,也是大众传播活动中的必然要求。但在大众传播过程中,对受众隐私权的侵犯现象时有发生。对受众隐私权的侵犯,一方面是不道德的表现,另一方面也降低了大众传播活动的品味,最终受害的还是大众传播自身。试想,一种专门以揭露他人隐私为生存条件的媒体,其生命力肯定不会长久。在大众传播过程中,对受众隐私权的侵犯分故意与非故意两种,要避免侵犯受众隐私权现象的发生,除了要提高大众传播者的职业道德水平和责任心以外,受众也要积极行动起来,学会保护自己的隐私权。

7.补偿权

补偿权即受众在其名誉、隐私和利益受到侵犯或损害后,有向侵害者索取补偿的权利。在大众传播过程中,由于故意或失误使受众的名誉和利益受到侵害,使受众的隐私权受到侵犯,由此给受众造成的精神上和物质上的损失,按照公正平等的原则,受众理应得到相应的补偿。补偿权也是受众在大众传播过程中主体地位不断提升的结果,如果受众仅仅处于客体地位,他的一切都受传播者的操纵,就与传播者处于不对等的地位,在此种情形下,即使受众遭受到某种侵害,也很难言及补偿的权利。受众应有的权利所遭受到的侵害一般是由两方面原因造成的:大众传播消息的失真和大众传播信息的不公正。这两种情况的发生,或者是由于大众传播者疏忽大意和业务水平有限而造成的;或是大众传播者由于受到某种利益的驱动,故意进行不公正信息的传播而造成的。无论是哪种情况,都应由传播者负责,对受众做出相应的补偿。

第四节　媒介与受众关系

受众的英语为 audience,字面解释是接受者。这种接受的状态强调了其被动性,容易造成一种来者不拒的误导。实际上,受众并不是消极被动的接受者,相反是积极的参与者,甚至可以说,是整个传播活动最活跃的决定性因素。如今,无论是从具体的新闻实践来看,还是考察不断发展的大众传播学理论,受众的主体性正日益得到各方面的重视,被看作是一个能动的主体。

一、我国媒介受众观的演变

受众观念随着时代的变迁而发展变化,总体而言,我国的受众观念经历了从重灌输轻反馈、重指导轻服务向指导与服务并重的变化。根据中国传媒大学柴葳的研究,中国受众观念演变的历程大致分以下几个阶段:

第一阶段是受众观念萌芽阶段,以 1950 年《关于改进报纸工作决定》的发表和 1956 年《人民日报》改版为标志。这个阶段的受众观念适应的是新中国向社会主义过渡的实际情况,反映的是党的群众路线在新闻传播领域内的体现,而不是传播的本质需求。这一时期的报刊开辟了一些读者专栏,形成最早的传者、受众之间的互动,但这些互动毕竟由于技术限制而滞后且稀有。这个时期的受众观是政治主导下的宣传型受众观,新闻事业的指导性原则更被强调。

第二阶段是传者本位阶段,以"大跃进"和"文化大革命"为标志。这一时期,大众传媒表现出了对受众的漠视甚至敌视,新闻变成了当权者打击、镇压受众的工具,成了受众的对立面。大众传播理念出现大倒退。相当长的一段时间以来,我国的大众传媒简单地将自己定位在"工具"和"喉舌"上,在新闻的价值标准上过于强调重要性和指导性,在实践操作中偏重于时政新闻,时政会议、经济成就和典型经验的报道占据了新闻报道的绝大部分时间和空间。新闻价值的时效性、接近性、趣味性被忽视,传者不屑于关注日复一日的日常生活百态,更不要谈市井平民之事,新闻的"为人民服务"的基本原则停留在嘴巴上。范长江的"新闻是广大人民群众欲知、应知而未知的事实"被我们的传媒简化为"新闻是广大人民群众应知而未知的事实"。传媒压抑受众的新闻欲,终年习惯于传播自认为重要的内容,将新闻混同于宣传,单方面灌输,引起受众逆反心理。

第三阶段是重视受众阶段,以中国共产党十一届三中全会的召开为标志,1981 年 5 月 12 日,北京新闻学会举行了首届受众学术研究会议,确立了受众在新闻传播活动中的主体地位。改革开放后,西方的新闻观念对中国新闻媒介的一些固观念产生了冲击,媒介被推入了市场。受众对信息的需求增加,受众主体意识觉醒以及受众群体分化的趋势,使得过去那种单纯的政治宣传者角色已经不能以完全绝对的态势在市场中站住脚。媒介的受众观念在经济控制的拉动下,从宣传型受众观念中解放出来,开始重视受众的需求。

第四阶段是受众中心论阶段,以 1992 年党的十四大召开,确立建立社会主义市场经济体制为标志,中国受众观念进入了相对成熟、多元的发展阶段。过去,在计划经济体制下,传媒的生存与发展都直接由中央宏观调控,报纸、广播、电视办得好不好,也是由上级评判,受众的认可无足轻重,丝毫不影响传媒的利益。改革开放后,尤其是 1992 年以后,传媒开始接受市场检阅,受众的需求被仔细分析研究,受众的喜好成了创办大众传媒的指挥棒。这一阶段,有人从舆论监督的角度展现受众中心地位的重要意义;有人从经济的角度探讨受众资源对传媒经营管理与传媒市场资本整合的贡献;有人从传播的本性探讨传播者和受众地位的平等。①

　　但是问题也随之而来。对于以市场为中心的媒介而言,必定要追求利润的最大化,争取最大数量的广告。而对于广告商来说,为了使自己的广告被更多的消费者看到,必定会选择拥有较大受众群的媒介,媒介为了使受众数量最大化,就要取悦、迎合受众的口味,然而能超越阶级、种族、教育程度等个体差别的受众需求,大多是非理性的欲望。"受众是上帝"的观念使得媒介只重视满足受众低层次的需要,媒体低俗化的风险不断上升。一些媒介打着受众是上帝的旗号,一味追求高收视(听)率,片面迎合少部分人的低级趣味,使大众文化蜕变成庸俗文化。媒体大量复制单一的肤浅的内容,同质化现象严重,千篇一律的文艺晚会、综艺节目、剧情雷同的影视剧经常上演收视率大战。这些年随着选秀节目的风生水起,各个电视台又开始了新一轮的选秀节目大战……值得注意的是,过去媒体的低俗化还仅仅局限在对娱乐圈的报道上,淫秽照片、淫秽图片等,现在已波及各类社会新闻、民生新闻、法制新闻等方面,并有愈演愈烈之势。例如,一些电视台所谓民生新闻栏目,标榜贴近百姓,反映民生,但不少是将花边新闻、暴力犯罪、灾害事故、日常琐事和个人隐私等作为报道重点。名曰强调新闻的故事性、通俗性和吸引力,实际上是急功近利,追求低级庸俗和轰动效应。媒体这些五花八门的低俗媚俗现象,有的已成为一种社会问题,常常受到来自社会舆论的谴责。

　　当受众被视作消费者的时候,媒介自然会把注意力集中在那些购买力强的受众身上,对于社会上弱势群体的关注自然减少。比如,现在中国农村人口占总人口数的80%左右,而媒体上的相关内容比例不到1%。现在越来越多的媒介把自己定位于服务于中国最优秀的人群,因为他们是购买力强的人群,能为媒介带来利益。传媒嫌贫爱富的倾向表露无遗。这种消费者型受众观越来越把社会弱势群体排除在传播范围之外,使他们逐渐边缘化,没有媒介再愿意为他们鼓与呼,给他们说话的权利,关注他们的利益。这与媒介作为社会公器的属性是相悖的。

　　一切传播活动以受众的意志为转移,其实质是媒体商业化的需求。在这样的价值体系中,消费性和娱乐性是大众传播的主要特征。对我国的新闻传播而言,从传者主导的极端走向以受众主导的另一个极端,这两种倾向都存在问题。前者主要缺乏平等意识、民主意识,是政治传播的产物,后者主要是以市场利益为导向,弱化了传播者的引导功能,而且会导致大众传播内容的取舍背离理性的道路,自动放弃传播者的社会责任。

----

① 柴葳:"时代变迁中的中国受众观念",《声屏世界》2003年第6期。

媒介会成为社会的探照灯,还是会成为"口香糖"的生产商,这在很大程度上取决于媒体的受众观,取决于媒体把受众当成公民还是消费者。受众越是被看做消费者市场,就越可能被视为分散、异质、被动、无知、受人操纵的"乌合之众"。只有相当数量的有判断能力和决策能力的理性公众才是公共领域形成的基础。媒介作为公共领域,正是其所体现的民意基础,提供了对权利合法性的最有力制约。媒介在中国公民社会建设中负有启蒙和引导的使命,媒介应该通过传播培养受众的公民意识,树立正确的公民权利观,让受众广泛地接触与公共利益相关的信息,参与更广泛的公共领域的活动。

二、受众选择媒介的影响因素

在当前大众媒介主导的传播环境下,受众暴露在大众传媒的火力下,传播研究者很自然想到的一个问题是:哪些因素决定受众使用哪一种传播媒介以及到什么程度?施拉姆在其《人、讯息和媒介》一书中给出了一个公式:

$$\frac{报酬的承诺}{所需付出的努力}=选择或然率$$

在"报酬的承诺"一项中,施拉姆把"立即"的报酬和"延迟"的报酬都包括在内。硬性新闻,如公共事务、政治消息等,都是"延迟"报酬的新闻。软性新闻,如体育、嘉年华游行、选美大赛等,则是"立即"可以得到报酬的新闻。基本上,报酬的重点是指受众对自己需要的满足。也就是说,当一个特定的大众传播媒介引起我们注意时,那是因为它能满足我们某一部分的需求才引起我们对它发生兴趣而加以关注的。所谓"所需付出的努力"是指媒介易得性的大小。对于媒介的选择,我们所要考虑到的是所需花费的金钱,及满足需要所需花费的时间。若能花费较少的钱,花费较少的时间,并且使用起来也很容易,则对于该种媒介的使用就付出较少的努力。看电视比看电影方便,而去看电影比去看舞台剧方便,所以我们很少去看戏剧,而最常呆在家里看电视。当我们把媒介报酬的承诺量除以所需付出的努力量,则就可以得出选择特定媒介的或然率。但有时候由于特殊情况,有些讯息会突然变得很重要,值得我们付出任何代价去获取。不过对于这种重要性的评估,却因人而异。

我们检视一下施拉姆的公式,其分子"报酬的承诺",似乎也可用"威胁的出现"来替换,"报酬的承诺"是指媒介所能满足我们的信息需求,而"威胁的出现"是现实社会(或周围环境)给受众的危机感,威胁一旦出现,受众内心就会产生一定的不确定性。人们希望能够消除这些不确定性,所以努力去寻求相关的讯息答疑解惑。也就是说,一个人在威胁之下,需要一些资讯,以便帮助他人来思考或认知环境中的某些事物,让其得以采取行动,或减少行动过程中的困难,而媒介可适时提供这种需要。凡是能用以降低某种情况中的不确定性的事物,都叫做资讯——information。

要考证研究施拉姆的"选择或然率"公式在我们头脑中如何起作用是很困难的。学者们似乎比较同意:人们选择能支持他们信念和价值观的资讯,以便降低认知上的不和谐(cognitive dissonance)。佛里曼(J. X. Freedman)与希尔斯(D. O. Sears)曾对"选择性接触"(selective exposure)做过一番研究。他们认为:人们确实是有选择性地接触一种传播媒介,而且总是阅听一些自己所同意的事物。他们指出"参加共和党集会的人士主要是共和党人员。参加浸信会礼拜堂的礼拜大都是浸信会信徒……医药月刊的读者主要是医生"[①]。问题是:为什么会出现这种现象?他们认为一定还有别的理由,也许是因为资讯的利用价值、友谊、社会地位、习俗等等。这些都影响我们在报酬与代价之间做出各种衡量。

总体说来,传播信号发出之后,就进入一场激烈的竞争中,彼此争夺阅听人的注意。我们有理由询问:为什么一位阅听人会选定某个特定的媒介讯息而不选别的?除了上述或然率公式所说的因素以外,还有其他的影响因子起作用。

首先,讯息的显著性和对比性也许是一项因素。电视上艳丽的画面、报纸的大字标题、广告牌上穿游泳衣的美女等,都是为了突出显著性,以吸引阅听人的注意。至于对比性可能与显著性很有关联,譬如事物由于对比的关系,会更加的显著;譬如一片喧哗中的突然静寂,夜深人静中的婴儿啼哭,或是一大片青草地上一只梅花鹿飞掠而过,都能因强烈的对比而特别显著。此外,"重复"也有"对比性"和"显著性"的作用,因为重复的结果,使它和环境中的其他部分形成对比而显著起来。

其次,媒体对不同程度的人表现出不同的吸引力。如教育程度高的人看报刊的多过看电视的,阅听政治新闻的多过看侦探小说的。男人比女人较多看足球节目,儿童大部分都是电视迷。现代传播研究中,有一大部分是探讨什么样的阅听人,选择什么样的传播内容。

个人阅听习惯也会影响媒介的选择。他习惯于睡前拿晚报在床上看?他习惯于起床后刷牙洗脸时听收音机?他习惯于饭后看电视,或是他每天晚上七点半必定看电视新闻?她上街以前,是不是都先看一看媒介上货品销售的

---

① D. O. Sears, J. L. Freedman, "Selective Exposure to Information: A Critical Review." in W. Schramm & D. F. Roberts. *The process and effects of Mass Communication*, Urbana: University of Illinois Press, 1971: PP:209—234.

广告？有些资讯来源可供某些用途，而不能作其他用途。媒介是不是能针对习惯上的差异来提供资讯，对阅听人的"选择性接触"常具有关键性的作用。

最后，个人的传播能力也会影响他对媒介的选择。有阅听能力的人可能会先选书刊来看，但他也不是什么书刊都拿来看，如果是专业性的书刊和期刊，显然是具有该项专业知识的人才比较喜欢。

伯乐逊利用 1945 年 6 月底纽约八家主要报纸派报工人罢工，市民无报可读的机会，研究分析阅听人看报是为什么。他发现读者看报的目的包括[1]：1. 要明了关于公众事务的消息和解释；2. 要从报上寻找日常生活的指导；3. 为了消遣；4. 为了社会声望；5. 为了作"替代式"的社会接触；6. 由于阅听本身被认为是一件"好事情"；7. 要维护安全感；8. 由于读报已变成一种欲罢不能的行为方式。

赫佐格（Herta Herzog）对收听日间无线电广播剧的女听众做过详尽的研究[2]，他发现听众的动机有三点：

1. 情绪上的解脱：有的听众将剧中人的不幸作为自己不幸的补偿。他们知道别人也有困难时，心情就会好得多。有的听众把自己的小困难与剧中人的苦难相比较，因而觉得自己比那些没有深刻情绪经验的人，更能欣赏这种戏剧，而产生优越感，于是感到满足。

2. 替代式的参与：有些女性把剧中人的幸福生活，假想是自己的，而忘却自己的不愉快的现实生活。

3. 日常生活的参考：很多听众从剧中寻取处理日常生活问题的忠告。赫佐格发现，教育程度越低的人，越认为这种广播剧能帮助解决问题。[3]

受众接触其他大众传媒的目的，可能大同小异，因为其他媒介也是一样在供应新闻、评论、日常生活知识和娱乐材料等。

综合以上介绍，学者们对受众选择性接触媒介的形成因子归纳为下列几点：

1. 习惯说（habit）：人们常因其日常生活的习惯而接触某些媒介，而不是其他媒介。

2. 易得性（availability）：人们所使用的媒介，必须要身边有，或是容易获

---

[1] Bernard Berelson, "What Missing the Newspaper Means" in *Communication Research*, edited by Paul Lazarsfeld and Frank Stanton, Harper & Brothers, 1949.

[2] Herta Herzog, "What Do We Really Know about Daytime Serial Listeners", in Lazasfeld and Stanton, eds. *Radio Research* (1942—1943), Duell, Sloan and Pearce, 1944.

[3] Herta Herzog, "What Do We Really Know about Daytime Serial Listeners", in Lazasfeld and Stanton, eds. *Radio Research* (1942—1943), Duell, Sloan and Pearce, 1944.

取。尤其当个人对一种媒介并无特殊偏好时,就比较容易接触易得性较大的媒介。

3. 一致说(consistency):通常人们喜欢符合自己现存观念的传播内容,以维持内心的一致和平衡。

4. 效用说(utility):人多少都存有功效主义的想法,他对媒介有需求是媒介能够解决他生活中的某些问题,或填补他生活中的某种功能性活动。习惯及易得性说明了阅听人的被动,而一致及效用理论证明了阅听人的主动。

三、受众对媒介的期望

从受众的接受心理来分析,受众对新闻具有新奇、得益、求知、接近、对比和逆反等心理,他们同时又具有知情权、表达权、交流权、选择权和监督权。他们要求媒体必须提供高质量的信息,否则他们就放弃这些信息,让媒体陷入尴尬的境地。受众总是以事实是否新鲜作为先入为主的标准,或是按同自己关系密切的程度和篇幅长短的标准来选择新闻,表现出求真、求近、求短心理的选择目标。同时,受众又不是固定的人,他们有很多的差异:一是社会人群分层由原来两三个阶级分化为多个利益群体和不同收入层;二是人们的生活内容和生活方式多样化,引起人们的生活兴趣也出现了多样化;三是媒体的数量增多,媒体传播方式的多类型化,培养了受众的不同接受习惯。

我们以前强调,媒介是"了解"世界的窗口;而在新媒体时代,媒介也是"体验"世界的窗口——即是由单纯的认知上升到包括认知和审美等在内的复杂的心理需求。因为传媒业的特殊性在于,它运用传媒的形式实现了资本市场的集中运营。这种运营形式,涵盖了所有边缘理念,形成了策划、经营、配合、提升、扩充等智慧产业链。当人们物质生活充盈以后,在精神世界扩充和提升以及高科技诱因前提下的心理、生理、审美、价值等精神体验也必将应运而生。人的物质生活容易满足,而精神追求没有止境。在传媒生产者与新闻产品消费者之间存在一个巨大的"契合"的空间,这个空间是经济社会发展的必然产物,也是传媒业与市场经济接轨的最好形式。

具体而言,受众的期待表现在:

1. 提供真实准确的信息

保证传播内容的真实准确,是受众对大众传媒的基本期望。传播真实的信息是大众传媒的本职工作,也是大众传媒的立身之本,但近年来,大众传媒为经济利益驱动,盲目追求"眼球效应",源源不断地生产出五花八门、令人瞠目结舌的各类假新闻,甚至出现了受众对大众传媒的信任危机。

知情权是受众享有通过新闻传媒了解政府工作情况的法定权利。而在我国相当长的一段时期内,受众的知情权没有得到重视,许多重大的新闻常常被宣传主管部门压住不报道。境外传媒趁虚而入,歪曲报道,误导受众。这既造成党和政府在政治上的被动,又导致受众的不满。SARS事件改变了政府对受众知情权的认识,政府和传媒均已明白,满足受众的知情权,有利于化解危机,有利于社会稳定。

SARS危机之后,新闻报道的一些禁区逐渐被突破。各种负面消息如煤气爆炸、集体中毒、矿难等事件被及时报道,受众对知情权的渴求得到了满足。

2. 提供快速及时的信息

在当今这个瞬息万变的社会,及时的信息意味着财富、效率,受众希望大众传媒在最短的时间内传播这些变化,尽可能地缩短乃至消除新闻与事件之间的时间差,努力使重大事件、生活资讯、热点投诉等最快抵达受众,让受众真切感受到他们生活的城市分分秒秒的变化,以便及时调整自己的行为。如果等事件已经对人们产生影响,尤其是受众的利益已经受到损害之后,大众传媒再加以报道,受众是不会理睬的,报道也就无意义了。

传播心理学中有这样一个定律:首先进入人们记忆的信息具有先导性和稳定性,后来要改变这个信息,需花费7倍的功率。这个定律表明了新闻传播时效的必要性和重要性,这也要求新闻管理机构和新闻传播媒体,应当尽量创造确保新闻时效的制度和机制。

比如,2008年"5·12汶川大地震"中,媒体对事件的报道快速及时,大量的现场报道和直播报道赢得了受众对大众传媒的信任。地震一发生,新华社打破常规,第一时间发出英文快讯并从成都发出第一张地震的图片,时效领先全球各大媒体。地震发生当天,新华社发出了成百上千条震情通报,几乎每分钟都有新的讯息发出。随后《人民日报》、中央电视台等主流媒体也迅速跟进,不仅使公众及时了解真相、避免恐慌,使政府掌握实情,组织救灾,而且在全球媒体报道这场灾难的竞争中赢得主动。美国《华尔街日报》在5月14日评说:"作为许多人眼里中国政府的主要宣传工具的官方媒体新华社,此次对四川地震的报道之迅捷、之全面大出人们预料。"

3. 增强舆论监督功能

舆论监督是公众通过新闻媒体对社会生活施行的监督,是广泛的社会监督的一部分,体现了人民群众对国家和社会的管理。新闻舆论监督是人类文明的产物,在我国社会主义初级阶段,作为权力制约体系有机组成部分的新闻舆论监督,与立法监督、司法监督、行政监督、党内监督和群众监督一起,构成了有中国特色社会主义的监督体系。随着人们对公开、透明的工作方式,公平、公正的社会目标的追求,受众希望大众传媒能充分发挥舆论监督的作用,揭露危害国家和人民利益的违法犯罪行为、抨击各种社会不良现象,将被批评监督者置于社会与公众的监督之下,使被批评监督者不得不收敛自己的言行。实践证明,新闻传媒的舆论监督功能如果发挥得好,对政府和各项机关工作人员的监督效果比其他任何别的监督形式都要好得多。许多人天不怕、地不怕,就怕被传媒曝光。

随着我国社会主义市场经济的发展,社会经济成分、组织形式、物质利益和就业方式的多样化,必然给人们的思想观念、价值取向、文化生活带来多样性。经济生活的变化正在深刻地影响社会、文化生活。与此同时,新闻事业的繁荣和信息技术的突飞猛进,深刻地改变着新闻传播的方式和读者对新闻信息的接受方式。在新事物、新情况、新问题不断出现的新时期,受众期待媒体承担更大的、更重要的舆论监督功能,针砭时弊、惩恶扬善。作为媒体,在开展舆论监督时,必须要坚持实事求是,做到客观、公正,合法报道,用事实说话,增强报道的公信力。

4. 提供实用性强的信息

在大众传播中,受众的需要说到底是一种信息需要、精神需要,及时准确地了解与受众工作生活有关的实用信息是受众接触媒介的主要目的。因此,新形势下,媒体把"三贴近"作为努力的方向。"三贴近"的本质和核心是密切联系人民群众,强调社会效益第一,强调信息的实用性。作为新闻工作者,要深刻体会到新闻媒体在社会发展中的应有作为就是务实。务实是新闻事业的理性回归,是马克思主义新闻观的本质要求。

在大众传媒如此发达的今天,报纸一天比一天厚,电视频道一天比一天多,网络更是信息的海洋,但不少受众却抱怨大众传媒没有什么新闻可看,没有什么实用的信息,受众要求大众传媒在把握传播内容广度的基础上注重深度的挖掘,加强实用有效的信息内容和增强解释、分析的能力。信息对受众是否有用,是衡量其价值的关键。受众阅读报纸、收看电视,除了满足对未知事件、对重大新闻信息的基本需求之外,还希望能够从这些传媒产品中得到有助于他们参与经济、制定决策、提高生活质量的实用内容,这是受众对传媒的功利性期待,也是受众作为社会人的现实要求。

5. 重视受众的主体地位

新媒体时代受众的自我意识和自主导向意识也大大加强了。随着他们文化水平的提高,判断思考能力的加强,他们有了强烈的参与意识,他们的需求也更加多样化。针对不断变化的受众心理,传播者要想取得更好的传播效果,必须用发展的眼光,改变传统思维,立足于受众,适应市场经济条件下的受众心理需求,生产多样化的信息产品,以使传播获得最佳的效果。

大众传媒在客观地报道世界上发生的各种变化时，还有责任将人民群众的愿望、要求和痛苦通过适当的方式表达出来，以引起有关方面的重视，使问题得到解决。而大众同样"有利用大众传媒或通过大众传媒表明自己意见、思想的权利"。大众传媒应当成为人民群众表达感情、沟通思想的工具，而不应当只是少数人的传声筒。①

四、媒介对受众需要的满足

1. 重视受众需要不是一味迎合

传媒已经达成这样的共识：只有满足受众需要，才能赢得受众，只有满足受众需要才能充分发挥传媒的功能。但是如何满足受众需要？如果只是简单地"受众需要什么就提供什么"，就会使传媒陷于十分被动的局面。传媒必须研究受众需要的基本规律，积极主动地满足受众的需要，而不是一味迎合。受众作为传播学中传者——传播媒介——受者这一主体关系中的终端环节，其本身就属于消费传媒产品和服务的消费客户，一个节目、一本书、一张报纸的好坏，以及收视率、阅读率、发行量等都取决于受众，受众对报纸、杂志、电视传播内容的接受程度，以及其对于传媒产品的消费程度，直接决定了电视、报纸等传媒的利润。

新闻传媒所刊载的信息被受众所接收，受众由接收到接受形成有效传播，反之就是无效传播；一条新闻只有寻求到广泛的受众，才能被视为发生了传播。在市场经济条件下，受众是新闻传播活动中最为活跃的因素，受众决定了媒体是否能在市场竞争中站稳脚跟，受众对新闻传播起着决定性的制约作用。因此，争取受众（服务对象）的认可和接受，便是信息产品生产者的"命门"之所在。只有新闻传收活动中的传播者和受众能够发生经常的、持续不断的有效互动，才能更好地处理好传播需要与收受需要之间的关系。

西方传播学界在20世纪70年代所提出的"使用与满足论"明确提出以受众对传播的使用与满足来作为衡量传播效果的尺度，传播者只有了解到受众在特定条件下的特定需要，并设计与此相适应的内容和形式，才能使大众传播产生良好的效果，实现从传者本位向受者本位的重大转移。

我国研究者在20世纪80年代提出受众本位说，认为大众传播媒介的信息传播，应最大限度地适应受众的要求，以受众为中心。一方面，受众是媒介生存的土壤，只有得到受众的认同和接纳，媒介才能办得下去。其理由是受众是媒介的服务对象，新闻网站、报纸、广播、电视报道的新闻既不是给它们的主

---

① 联合国教科文组织：《多种声音，一个世界》，中国对外翻译出版公司1981年版，第368页。

持者看,也不是给编辑部的几个人看,而是为了千千万万的受众。没有受众,媒介就失去了存在的意义;没有媒介,受众也不会出现,受众与新闻媒介始终处在矛盾的统一体中。由于媒介的生存是以受众的信赖为前提的,受众是信息传播的"目的地",受众的需要是传播发展的原驱动力,是传播过程得以存在的前提和条件。受众又是传播效果的"显示器",只有符合了受众需要的传播活动才能够达到传播者的意图,才能取得良好的效果。

另一方面,新闻不取悦任何人,它应是记者真实、客观的报道,新闻评论也只在于公正、准确地解释时事。记者报道新闻并不是以谁为中心,而是以事实是否有价值、受众是否应当知道作为报道的出发点,而后者是由前者决定的。如果一定说新闻报道以什么为本位,那么考察传播内容的价值,客观、公正、真实地陈述事实,才是媒介考虑的中心和本位问题。

把受众看成是上帝,看似很重视受众的需要,其实并没有真正地满足受众需要,只不过是突出满足了受众非理性的软性需要,更多的是解闷而已。受众的需要是形形色色、良莠不齐的,对于不正当、不健康的需要媒介应予以引导,而不是盲目迎合。受众兴趣并不等于受众利益,它们之间并没有天然的统一性。如果绯闻八卦比教育、医疗、环保更受关注,则民主无从谈起;如果公共领域被公共人物的私生活大量占据,公共领域的容量就会缩小。大众媒介不能被动地追随受众的兴趣,应该在媒介产品中渗透人文理想及精神追求,提高受众的文化素养及审美自觉。媒介文化必须体现对人类自身的终极关怀和世俗关怀,符合社会进步要求,从而承担起应尽的社会责任。我们强调受众主体性,是要为大众文化的受众赢得一个应有的主体地位,是对既往"灌输式"文化传播的一种积极反驳。树立"主体间性"的受众观,丝毫不能减轻媒介的社会责任,相反,大众文化的传播者更要从人文关怀的高度,遵循利他原则。①

2. 及时把握和满足受众占主导地位的需要

受众对传媒的需要是多种多样的,他们往往是怀着多种需要去接触媒介。但是在某些时候,在受众的多种需要中,总会有一些相对来说较为迫切的需要,这些需要便对人的行为起主导作用。于是,受众便出现较为急切的寻求满足这些迫切需要的行为。那么,这些迫切的需要是怎么产生的呢?主要产生于人的匮乏感,对哪一种需要的匮乏感最强,哪一种需要就成为占据主导地位的需要。如当一个人处于饥饿状态,他最迫切的需要就是"吃饭",他的行为也一定是围绕"获得食物"而进行。例如改革开放之初,人们的物质生活水平普遍较低,人们对物质的需要最为迫切,受众对经济报道、经济信息也最为关注。

---

① 于垚:"从消费者受众转向公民受众",《新闻爱好者》2009 年 12 月。

而随着人们生活水平的提高,受众主体意识增强,尊重需要、道德需要、认知需要、审美需要、自我实现需要等逐渐成为受众的主导性需要。[1]

在某些时候,由于共存的社会环境的作用,不同的群体还会有一些共同的需要占据主导地位。如本世纪初以来,中国房价步步高涨,出了大批"房奴"的社会现象,2009 年底播出的电视剧《蜗居》正是适应了人们这种心理,主人公一波三折的买房奋斗史,反映了当前都市人群面临的普遍困惑,在受众中引起巨大轰动。又如 2011 年"7·23 温州动车追尾事故"发生后,电视新闻创下了空前的收视率,原因就在于电视有关事故灾情、事故救援情况的报道,满足了人们了解真相、关怀受难者的心理需求。

3.区别不同的受众群体不同的需要

受众的需要是多种多样、各不相同的。不同的个体对大众传播的需要与期待不同,即使同一个体不同的时间、环境下的需求与期待也会不同。因此,同样的内容,在某一个体眼中可能价值连城,而在另外的个体眼中可能完全是冗余信息。传媒或传媒的某一栏目内容就要根据相应的受众群,突出满足他们的迫切需要。如儿童节目就要突出知识内容,妇女节目就要突出社会伦理、家庭、情感、教育、时尚等内容,青年节目则要突出人际交往、友谊、爱情等内容。

把受众视作具有差异性的个体,这一观点作为 20 世纪 30 年代到 60 年代的主流观点,得到了当时众多传播者的认同,它意味着传播者对受众单一认识的僵局被打破,但受众被视作静止的而且彼此隔离,传播者没有考虑到,现实社会中,受众其实是彼此交往、充满联系的,他们之间的人际交往会对他们的传媒观、他们与大众传媒的关系等产生巨大的影响。

不同的受众群体,由于其文化水平、年龄结构、生活环境等方面的不同,会出现对媒体、传播内容的不同选择和理解。例如,文化层次较高的受众相对文化层次较低的受众而言,更愿意选择报纸,而不是电视。报纸和电视在他们当中产生的效果也就会有所不同。受众的文化层次越低,对新闻信息内容的选择性越小,而对娱乐性信息内容的选择性越大,反之亦然。

受众的需求结构、需求层次又具有一定的动态性,同一受众群体在不同阶段上的需求也可能会发生变化,随着报纸、广播、电视以及因特网的发展与普及,受众的心理也处于不断变化发展之中。特别是在改革开放以后至 21 世纪初期,世界的信息交流频繁,受众具有了强烈的开放意识和求新心理,他们不再局限于本国本地区的信息,而是放眼世界,关注全球。

---

[1]　曹茹:"满足受众需要的一般规律",《新闻大学》2000 年夏季号。

因此,受众的需求并非一成不变,相反,受众需求是日益多样化、多元化、复杂化的,不同类型、不同时期的传媒受众,需求也有所不同,媒介传播必须考虑影响受众需求的多种变数。影响受众需求的因素众多,可以把这些因素大致归纳为四类:地理变数、人口变数、心理变数、行为变数。①

(1)受众地理变数,包括地区、城市和农村等因素。东西南北中不同地区由于自然条件、风俗习惯、文化传统、经济发展水平的差异,因而对传媒产品的需求存在差异。城乡差别导致了城乡受众对传媒产品消费的差异性。充分考虑到地理变数对受众需求的影响,有利于开拓不同区域市场,扩大市场份额。

(2)受众人口变数,包括年龄、性别、收入、职业、家庭人口、受教育程度、家庭生命周期、信仰、籍贯等。人口因素对受众需求和欲望的影响最为巨大也最稳定。

(3)受众心理变数,包括社会阶层(上中下)、生活方式(朴素型、追求时尚型、大众型)、个性特征(保守或前卫、内向或外向、独立或依赖)等。心理变数不同,受众传媒消费方式和动机自然不同。受众需求受个人生活方式及其性格等心理因素的影响,往往比其他因素更深。一些以青年人为目标受众的时尚类广播电视节目、报刊,在进行受众调查时常常发现,他们的传媒产品也被一些不占少数的中老年受众关注着,而引起关注的原因很简单,这些中老年人关注和购买这类时尚传媒产品的原因是,让自己感觉更年轻,或者感觉年轻些。应该注意到心理变数是一个难以掌握和区分的复杂因素,一般是通过受众的外在表现、购买行动和文化背景等加以区分的。

(4)受众行为变数,包括购买时机(偶尔购买、一般购买、经常购买)、寻求利益(经济、方便、实用、服务)、使用程度(轻度使用、中度使用、重度使用等)、使用状况(曾经使用、经常使用、初级使用、潜在使用等)等。受众行为是一种客观的外在表现,比人们内在心理活动更容易判断,因此受众行为因素是更为重要的影响因素。

在现代社会里,受众与媒介是平等的关系。受众更应该被视为公民而存在。公民是公民社会的主体,媒介把公民概念引入受众观,把受众当做公民对待,以维护公民权利作为自己的责任和运营的基础,是现代民主政治发展和市场经济内在运行机制在媒介观上的折射和反映。在公民社会中,公民是公共事件的积极参与者,也是有力的影响者。媒介一方面作为公民社会中最重要的公共领域,要为受众公开自由的讨论提供平台,并进行正确的舆论引导;另一方面,媒介作为现代社会里公民知情权实现的主要渠道,公民有权利要求媒

---

① 张征:"试析受众需求",《现代传播》2005 年 3 月。

介提供真实全面、可靠、透明的信息作为自己的参考,因此媒介供给行为更多的是一种公共服务行为,而不是与受众之间的简单交易行为。

思考与练习

1. 受众的概念是如何随着媒介发展而演进的?
2. 请描述不同传媒的受众特征。
3. 受众在传播过程中扮演哪些重要角色?
4. 不同受众观的侧重点各是什么?
5. 我国受众观念的演变历程是怎样的?
6. 传播者与受众是什么样的关系? 为什么要研究二者之间的关系?
7. 受众的需要和受众的权利之间的关系是什么?
8. 新媒体时代对受众的媒介素养提出了哪些新要求?

第三篇

使用和利用媒介

第七章　新闻采写知识和技巧

记者是一种职业,现在出现的一些博客也好,公民记者也好,和职业还是两种性质的事情,博客是一种爱好,话题没有限制,公民记者,如果没有新闻理念和操守的遵循,还是称不上真正的公民记者。

——闾丘露薇

在互联网时代,大众已不再是被动的受众,在专业的新闻传播者之外,一些负有社会责任感的公民,积极参与大众传播,在西方他们被称为"公民记者",如被誉为"中国公民记者第一人"的周曙光。

案例导入

今年28岁的周曙光2007年以互联网报道"重庆钉子户事件"而极速蹿红,其后又客串记者,现场报道"厦门市民反PX游行"、"贵州瓮安骚乱"等重大新闻,开创互联网极速传播新模式,被誉为"中国公民记者第一人"。

2007年,他以个人媒体的身份报道了重庆杨家坪拆迁事件,采访了著名的"钉子户"吴苹夫妇。他采写的新闻为他的博客带来了18000多的点击量,而他自己的公民记者行动也受到全世界媒体的关注。《南方都市报》、《二十一世纪经济报道》、英国广播公司、美国之音等大型媒体机构都报道了周曙光的行动。毕竟,在新闻媒体受到严格审查的中国,普通人很难接近主流的大众传媒,而一般网民则主要是在自己的博客里抒发心情,与此相对,周曙光的行动显得特立独行。正如《二十一世纪经济报道》在对他的报道中评论的:"特意从外地赶过去做博客报道的,目前大概只有周曙光一个人。"

2008年7月,周曙光又在他人的资助下,亲自到贵州瓮安了解发生在当地的民众烧毁警察局的群体骚乱事件。他从自己所到之处,不断发回新闻报道,其中包括很多照片和视频资料。这些资料在互联网上流传,并被国内外的大型媒体转载。

从普通的网民到积极参与社会改革进程的公民记者,这中间自然要经历许多过程,不过一旦行动者自觉起来,参与其中的人数和他们带来的影响将是深具潜力的。周曙光作为中国的第一个公民记者的身份是尴尬的,因为所谓公民记者,提倡的就是人人都来参与新闻报道的大众活动,而不是一人因为实践"公民新闻"而成就个人主义的英雄。周曙光也看到这一点:"我不应该每次都冲到第一线的,而是教会更多的人都成为公民记者,所以我打算去做一些培训或是创办一个公民新闻网站来汇集和组织这些新闻线索,也许会做一个公民媒体。"①

公民记者们除了具有独立、公正的品格外,还需要娴熟地掌握新闻传播的专业技能技巧。在转型时期的中国,"公民记者"是对专业记者的有力支持和补充,社会期盼更多的"周曙光"涌现,在公众中普及新闻采写知识和技能,有利于"公民记者"的成长。

第一节　了解新闻常识

新闻是大众传播中最丰富最常见的一类信息,可以说没有新闻就没有媒体。什么是新闻?几乎有多少编辑记者,就有多少对新闻的定义,有多少看新闻的人就有多少对新闻的看法。《纽约太阳报》总编辑查尔斯·丹纳认为:"新闻就是能让公众谈论的任何事情。"②陆定一提出:"新闻的定义,就是新近发生事实的报道。"范长江也对新闻下了一个定义,"新闻就是广大群众欲知应知而未知的重要事实"。③ 事实上,没有一条能涵盖全部的关于新闻的定义,因为新闻的表现形式、新闻的发布渠道和发布技术都在与时俱进,受众对新闻的口味也是众口难调。但从新闻专业的角度来看,新闻这类信息在传播过程中要遵循一些客观规律和约定俗成的规范。

一、新闻价值要素

新闻价值是用以衡量客观事实是否能构成新闻的标准。新闻价值要素在国内新闻学界一般概括为真实性、时新性等不变要素和重要性、显著性、接近性、趣味性等可变要素。新闻事实所包含的价值要素越丰富,级数越高,新闻

① "中国公民记者第一人周曙光",http://media.ifeng.com/pk/profie/200811/1110_4396_870612.shtml
② [美]凯利莱特尔等著:《全能记者必备——新闻采集、写作、编辑的基本技能》第七版,宋铁军译,中国人民大学出版社 2005 年版,第 30 页。
③ http://blog.sina.com.cn/s/blog_530f9d860100al2k.html

价值就越大。

1. 真实性

新闻真实性指的是在新闻报道中的每一个具体事实必须合乎客观实际。即表现在新闻报道中的时间、地点、人物、事情、原因和经过都经得起核对。真实性是新闻的本质属性,也是最基本的新闻价值要素,是所有新闻价值要素的基础。真实是新闻的生命,一条新闻无论多么重要、多么显著,如果把时间、地点搞错,或者在客观事实中添油加醋,那么它就是一条虚假新闻,轻则被人耻笑,影响媒体的声誉,重则因此引起司法诉讼,甚至引起国际冲突。

当代著名调查记者王克勤认为所有新闻的灵魂就是真实,而怎样能够实现新闻的灵魂以及真实性,精准的报道才可以实现真实的报道。所谓的新闻专业主义,就是采访上的精准、扎实,写作上的严谨,平时记者的意见和稿子一定要分开来,不评论、不文学,一切呈现真实准确。他推行事实核查制,即让记者把采访清单附在稿子后面,以备核查,用制度来保证手下记者将报道做扎实。

正是新闻具有真实性和权威性的价值特点,一般为受众所信任。常常有别有用心者以新闻报道的形式来传播虚假信息,诱骗受众上当。在 2011 年日本地震导致核泄漏时,有人在网上发帖宣称"碘盐能防辐射",导致全国性抢购食盐风潮。根据人民论坛所做的深入调查,"假借理论支撑"、"冒充知名媒体报道"以及"假借或曲解专家观点"是这次谣言迅速传播的前三位原因。

2. 时新性

时新性也称时效性和新鲜性,指报道及时,内容新鲜。早在新闻学兴起之初,北京大学新闻教育家徐宝璜就认为:"新闻如鲜鱼,登载稍迟其价值不失亦损……此相隔之时间愈短,则新闻之价值愈大,愈长则愈小也,事件发生和公开报道之间的时间差越短,新闻价值越大。"[①]时新性表明新闻是一种始终处于不断地变化发展中的信息,记者必须在第一时间采集及时传播给受众。时间就是生命,这对于记者是最贴切的,记者们用"抢新闻"来形容对时效性的追求和彼此的竞争。新闻的生命在于及时和新鲜,否则就是人云亦云的旧闻,无人问津。

在我国,新闻媒体在追求时新性的时候,也被要求遵守时宜性原则。时宜性是从宣传的需要出发,以宣传政策、宣传利益为标准,为了有利于按宣传者的意图引导舆论,防止发生不良社会效应,或为了方便工作的开展、保守国家机密以及顾全大局等需要,延迟报道的发布或者不予报道。但是时宜性有时

---

① 徐宝璜等:《新闻文存》,中国新闻出版社 1987 年版,第 303 页。

也成了某些特殊特权利益者封锁媒体报道、假公济私的借口。

3.重要性

新闻价值要素中,重要性标准是一个不大容易统一的要素。对于不同的记者、不同的媒体、不同的受众而言,对新闻的重要性判断差异很大。比如对于央视的《新闻联播》《人民日报》,一般而言,国家领导人的政治活动是最重要的新闻,因此都会放在最前面进行播报,或者刊载在头版来体现。对各级地方台和地方党报来说,本行政区域内党政领导的政治活动是最重要的新闻,常常放在前面播报或放在头版体现。但对于各地方台的民生新闻节目和早报、晚报和都市报这类市场化报纸而言,往往会选择本区域或全国范围内当下最受老百姓关注的事件放在头版,以此吸引最大多数人来购买阅读。

对于国外媒体而言,重要性是一项新闻价值的综合指标。编辑们在衡量和比较新闻的重要性时,通常考虑以下因素[①]:

(1)现状改变的程度;

(2)受事件影响的人数;

(3)事件的接近程度;

(4)事件的及时程度;

(5)事件的结果——它的后果和意义;

(6)事件中新闻价值的多样性。

4.显著性

国外新闻界流传一句话:姓名能产生新闻,显赫的姓名能产生重大新闻。名人效应在社会各个领域都存在,在新闻界也不例外。国家领袖、著名政治人物、娱乐明星、体育名人等活动都会引发关注,而显著性也不仅仅局限于新闻人物,国家、政党、组织等及地方区域等名气越大,则越会受到关注。

如果美国发生枪击案或交通事故,则我们的央视一定会报道,而如果是非洲哪个小国发生交通事故,则不一定会报道,美国相比非洲小国无疑是具有显著性的。每年好莱坞奥斯卡奖颁奖盛典、NBA全明星赛,群星荟萃,吸引全球观众收看,电视收视率屡屡创下纪录。即使如芙蓉姐姐、凤姐之类的网络草根红人,有了知名度后也会受人关注,被媒体追逐。娱乐圈名人靠新闻曝得大名后还要借媒体不断曝光炒作来保值增值,而媒体也因报道名人而吸引受众关注,两者共生共荣,互倚互靠。

---

① [美]凯利莱特尔等著,宋铁军译:《全能记者必备——新闻采集、写作、编辑的基本技能》第七版,中国人民大学出版社2005年版,第41页。

5.接近性

接近性是构成新闻价值的要素之一。传统的新闻接近性观念,多是从空间距离着手,认为空间距离的远近与新闻价值成正比,而忽视了受众心理上、利益上、文化上的接近。今天的研究者认为它不仅仅局限于空间的概念,还包括心理情感上的接近,年龄性别上的接近,兴趣爱好、职业上的接近及利害关系等方面的接近等。新闻越是具有接近性,越为受众所关注。

美国许多新闻界人士把接近性列于新闻价值要素的第二位,仅次于趣味性。我国这几年地方民生新闻的兴起,便是贴近受众的需要,凸显新闻的接近性。如杭州的民生新闻节目《阿六头说新闻》立足于本地本土,在形式上用方言播报,演播厅布置体现具地方文化特色,在内容上围绕市民生活,为本市居民排忧解难。但是这种接近性主要还是侧重于地理方面的接近性,大量报道当地发生的一些鸡毛蒜皮的琐闻,会导致一些新闻媒体缺乏全局意识,只是用十分狭隘的眼光看待事件,从而滋长了过分的地方主义思想。而南方的一些媒体,如《南方都市报》等媒体在编辑策略上开始注重用全国甚至世界的眼光来看待本地发生的事情,这是侧重于引导受众的接近性策略。

6.趣味性

趣味性是西方新闻界备受推崇的新闻价值要素,这种新闻价值观以引起受众的兴趣为首要目标。趣味性也称情趣性、新奇性,与人们的利益相关,新奇非常态的及有人情味、情趣性的人、事、物皆可理解为具有趣味性的新闻。

比如新闻《女子捡到脑瘫弃婴花光百万元积蓄》,讲一女子为治疗偶然捡来的弃婴而不惜倾家荡产、婚姻破裂的故事。《"猪坚强"废墟存活36天走红网络》,讲汶川大地震中一只猪存活后受到网友的追捧,此后围绕着著名的"猪坚强"产生《四川50名老板拜会猪坚强 高呼"我肥我坚强"》、《没恋爱没结婚,"猪坚强"后继有"人"》等一系列后续新闻报道。而在西方新闻界一些媒体过分追求趣味性,逐渐偏离正常的新闻伦理道德,追逐情色腥膻,挖掘名人隐私,无所不用其极。而我国媒体也受此影响,低俗、恶俗、媚俗之风渐长,芙蓉姐姐、凤姐等网络红人以突破常规的奇形怪状和奇言怪语一炮走红,引起媒体炒作和网络围观,这是追逐趣味性比较极端的表现。

二、新闻的"5W1H"要素

"5W1H",被人们称为新闻六要素,是新闻事实的主要构成因素。在19世纪80年代由西方新闻界首先提出,一般包括:何时(WHEN)、何地(WHERE)、何人(WHO)、何事(WHAT)、何故(WHY),后来增加了一个要素,即如何(HOW),用英文字头简称"5W1H"。"新闻五要素"或"新闻六要素"的产生,是电信技术的新发明应用于新闻传播的结果。由于当时电信技术还不完善,编辑部不得不指令记者把"5W"或"5W1H"写进新闻的第一段,即新闻导语中。一旦发电或收电出现故障,只要收到电讯的第一段就等于收到一条新闻的大意。如果把这六要素串起来,概括成一句话,就是:某人(组织)在某时某地出于某种原因做了某事出现了某种结果。

一篇新闻报道,无论是消息,还是通讯、特写,一般都包含这些因素。但只有消息文体能让人迅速地抓住"5W1H"中最有新闻价值部分,并且按照新闻价值的大小,在标题、导语、主体和结尾中依次呈现。消息是新闻传递的轻骑兵,无论它是在报纸媒体上还是在广播、电视媒体实践中,都是现代大众传播中的主力军,是最受大众欢迎的一种文体。

三、新闻文体知识

新闻文体是指新闻的体裁、样式,是新闻写作中以文字形态表现的各种写作形式,是新闻事实在新闻传播中呈现出的信息内容、表达特色和结构方式的整体形态。①

国内一般分为三种基本新闻文体:消息、通讯、新闻评论。西方一般分为两类:一般的新闻报道(纯新闻,news)和特写(相当于我国的通讯)。

(一)消息

消息是指报道事情的概貌而不讲述详细的经过和细节,以简要的语言文字迅速传播新近事实的新闻体裁,也是最广泛、最经常采用的新闻基本体裁。

1.消息的特点

消息作为一种常见的新闻体裁,具有和其他文体不同的特点:

(1)篇幅较短,内容简明扼要,文字干净利落;

(2)结构上,完整的消息常由标题、导语、主体、背景和结尾构成;

(3)通常一事一报,讲究用事实说话;

(4)更注重时效,报道快速及时;

(5)基本表达方法是叙述。

2.消息的类型

在国内新闻界,消息有很多类型,按篇幅长短分有:长消息、短消息、简讯、一句话新闻;按内容所属行业和领域,可以分经济消息、时政消息、文娱消息、体育消息等;从综合的角度可以把消息分为:动态消息、综合消息、述评消息、经验消息、特写消息、人物消息等几类。

---

① 丁柏铨:《新闻采访与写作》,高等教育出版社 2004 年版,第 411 页。

(1)动态消息

动态消息是对正在发生、发展和变化中的事实进行的报道,常常是一时一地一事的快速报道。动态消息突出的是事物的"动"感,即从无到有、从有到变。

(2)综合消息

综合消息指带有综合性的报道,往往并不停留于一厂、一店、一村、一校,而是主要反映一些相对全局性的情况、成就、趋势、动向、特点、经验和问题的报道,不拘泥于具体的人或事,总是体现出宏观或中观的视野。

(3)述评消息

述评消息是一种边述边评、夹叙夹议兼有新闻评论与消息两者特点的报道形式,又称"新闻述评"、"新闻分析"或"记者述评"等。"述"是对新闻事实(事件)所进行的叙述,"评"是对新闻事实(事件)所做的分析评论。① 述评性消息主要有四种类型:形势述评、事件述评、思想述评、工作述评。

(4)经验消息

经验消息和综合消息有所相似,但经验消息侧重于对某一区域或某一行业在一定时间中被证明行之有效和具有示范意义的新做法和新思路的报道。经验消息在内容上具有典型性和启发性。

(5)特写消息

特写消息是新闻特写的一种(另一种是特写性通讯),往往以一个动态的事件为依托,对新闻事物的某个局部或片段进行集中突出的描绘,相当于电影、电视中放大了的人物或事象的外貌特征的近镜头。

(6)人物消息

反映某个特定人物(人群)的思想、成就、行为或遭遇的消息类型,所报道的人物(人群)具有重要性或显著性等新闻价值。好的人物消息不但能写清楚特定社会背景下新闻人物的言行和遭遇,还能揭示人物的思想道德水平。

(二)通讯

通讯是对于新闻事实所作的较之消息体现出的在内容、时间、空间及背景层面更为延展性的报道。

1.通讯的特点

和消息相比,通讯的特点有:

(1)容量大,范围广,取材全面;

(2)讲究结构变化,展开情节,情景交融;

---

① 丁柏铨:《新闻采访与写作》,高等教育出版社 2004 年版,第 213 页。

（3）表现手法多样，结合叙述，兼以描写、说明、抒情或议论，富有感情色彩或理论色彩；

（4）比消息的篇幅长，时效性要求较宽松。

2. 通讯的类型

（1）按报道对象分：人物通讯、事件通讯、风貌通讯、工作通讯；此种分类被业界人士广泛接受，但有明显的缺陷，并没有囊括一切通讯，如访谈、调查报道等重要通讯文体。

（2）按报道方式分：叙事记述型通讯——既可以记人，也可以记事，还可以记地，既可根据事后采访所得材料进行记述，也可根据事发时的目击和同步采访所得材料进行记述；调查分析型通讯——与工作通讯有一致之处，包含了对工作经验抑或失误、社会问题、认识误区、错误倾向等的较多的理性思考；谈话实录型通讯——包括专访、访谈、谈话记录等比较特殊的通讯文体，在这一类通讯中，谈话既是主要的采访方式，同时也是作品的主要内容。①

（三）新闻评论

新闻评论是有关论者就具有新闻价值的事实或当前的社会现象所做的分析评论。它的主旨是阐明道理，主要采用议论这种表达方式。新闻评论一般可以分为四种：

1. 社论和评论员文章

社论和评论员文章属于以媒体身份刊播的新闻评论，具有相当高的权威度。这类新闻评论代表的是媒体意见，具有相当高的权威度。党的机关报的社论，如《人民日报》的社论往往高屋建瓴，具有全局性的视野，代表执政党的执政主张，具有重要的舆论影响力，在历史重要转折点上发挥举足轻重的作用。而评论员，既可以是个人，也可以是一个群体；既可以是媒体内部受编辑部委托撰稿的资深人员，也可以是编辑部以外的有关人员。

2. 编者按及编后话

编者按是编者所写的按语，可以出现在报纸所刊登的报道和文章之前、之中和之后，使用上相当灵活，既可以写成三言两语，也可以写得洋洋洒洒，完全取决于评论的需要。编后语是编者在编完稿件后有感而发写成的简短的评论性文字，对相关报道或文章起着画龙点睛的作用。

3. 时评

新闻时评，又称时事评论，简称时评。就是对当前发生的新闻及其新闻中的事实、隐藏的问题，发表作者自己的见解，借此进一步引申、归纳、整理出新

---

① 丁柏铨：《新闻采访与写作》，高等教育出版社 2004 年版，第 261—288 页。

的结论或者观点。其特点有:a.因时而评,新闻性强;b.缘事而发,寓理于事;c.内容贴近,体裁广泛;d.大众视角,公民写作。

4.新闻随笔及杂文

新闻随笔和杂文具有相当的灵活性,语言活泼生动,嬉笑怒骂皆成文章。极其体现作者的个性、才情,但新闻随笔和杂文与时事紧密相联,具有一定的时效性。

四、新闻报道类型

新闻报道除了以文体来划分外,还有许多不同的标准进行分类:

1.按报道内容所属的领域和行业,可分为时政新闻、社会新闻、经济新闻、科技新闻、教育新闻、医疗卫生新闻、娱乐新闻、军事新闻、体育新闻等。

上述每一类新闻中又可进行细分,如经济新闻可分为工业新闻、商业新闻等。很多报纸的版面都按照报道所属的社会行业来划分。新闻单位的采访部门划分也根据报道战线、领域的不同分为要闻部、经济部(更细的分为工交部、市场部、农村部等)、科教部、体育部等。记者的采访也有了专业的分工。社会分工越来越细,记者跑线也越来越细,这些专门采访报道某一特定领域的记者,称为专业记者。专门采访农业的记者称为农业记者,跑商业的称为商业记者。

2.根据报道对象的形态,新闻可分为事件新闻和非事件新闻。

一起火灾,一次活动,一场比赛,一起打架,一起偷盗,等等,因为有发生、发展、高潮、结局、后果等完整有形的情节,都是一个完整的事件。这类新闻,新闻的几大要素非常具体、单一,时间、地点、人物、情节、起因、结果等非常明确。事件新闻又可分为突发性事件新闻和预发性事件新闻,突发性新闻常常有火灾、爆炸、车祸、地震等无法预测或提前知道的新闻,预发性新闻常见的有各种会议、活动等记者可以预知或预测的报道。无论是突发性事件新闻还是预发性事件新闻,其共同的事件特征在于:要求记者的采访集中围绕事件的5W1H要素进行采访,把事件的来龙去脉讲清楚。

与事件新闻相比,非事件新闻报道的对象不是一个完整的事件,没有明确的起止时间、没有具体的事实发生、发展和结束过程。这种新闻没有领域之分,什么专业、什么领域都有。这类新闻聚集于某种社会现象、社会问题或社会人物、社会组织机构等。现象分析、工作报道、人物访谈都属于这类新闻。非事件新闻因为常常表现为综合性现象,它要求记者善于从不同事实或同类事实中发现新闻。这种发现新闻的能力主要表现在分析、归纳和提炼的能力上。同时非事件新闻要求事件化和故事化,可以通过询问、观察寻找和发现具体的事例,如果达不到预期的效果,可通过模拟事件的形式进行采访。

3.从报道的视角、内容、叙事等综合方面来看,可分为民生新闻和非民生新闻。

民生新闻是我国新闻界特有的概念。民生新闻是以民本思想为基点,以平民视角和人文叙事手法关注和表现普通百姓的生命、生存、生活、生计等内容的一种新闻表现形式。民生新闻首先在电视新闻节目中实践和流行起来,具体表现在三个方面:平民视角、民生内容、人文叙事。

在我国,民生新闻具有特殊的意义。在我们的社会分层中,自古以来就有官方和民间的说法,改革开放后,市民阶层逐渐壮大,他们的喜怒哀乐、悲欢离合吸引了市场化纸媒体的关注。20世纪90年代初期,都市社会新闻、市井新闻作为民生新闻的雏形,已经小有影响了。1993年,央视"东方时空"推出《生活空间》栏目,专门"讲述老百姓的故事",是中国电视史上第一档定位于"为百姓服务"的节目。2002年,江苏电视台城市频道推出了《南京零距离》,被认为是开创了大时段城市民生电视新闻节目的先河。之后,南京地区江苏台和南京台陆续开播了《直播南京》、《绝对现场》、《1860新闻眼》等民生新闻栏目。由此引发了本地区以大时段直播或"准直播"为外在特征、以关注本土化市民生活形态为主体内容的城市新闻"大战"。其他地区纷纷效仿,最后民生新闻风靡全国。但这几年,许多民生新闻节目在实践中过分关注鸡毛蒜皮的小事,忽视深层次的民生问题,逐渐流于表面和肤浅,其为收视率而媚俗的倾向被人屡屡诟病。

4.根据对报道对象产生的影响,可分为正面报道、一般性报道和负面报道。

作为一个概念,"正面报道"至今没有一个严格的定义。一般认为,"正面报道"有这样几个特点:它的报道焦点往往集中在社会的积极部分或光明一面;它的基调是提倡和鼓励的;它倡导某种现象或观念,以保持一定的社会道德水平和社会秩序;它强调"平衡"、"和睦"和"稳定"。

"负面报道"聚焦于那些与现行社会秩序和道德标准相冲突的事件以及一切反常现象。犯罪、丑闻、性攻击、事故以及自然灾害等一类事件往往是它注重的焦点。它的目的不在于歌颂光明或倡导,而在于暴露社会敏感灰暗的一面,以使公众瞩目、警醒和震惊。在政治上,它往往站在与当局相反的一面来挑剔批评后者的政策;它强调"变动"、"反常"和"冲突"。

在正面报道和负面报道之间有一个宽阔的空间地带,那就是"一般报道",它是一种中性报道,它不提倡、暗示什么,也不警醒和暴露什么,直话直说,是一种大量存在的报道样式。[①]

5.按照报道内容的属性,可分为硬新闻和软新闻。

硬新闻和软新闻是西方新闻界对新闻的一种划分,作为舶来品,近几年也在我国新闻实践和新闻教育中逐渐被引用,也引发不少争论。1993年美国版新闻教科书《印刷媒体的报道》这样表述:新闻有两种形式——硬新闻和软新闻。硬新闻通常指那些严肃的、事件性的、有时间性的题材重大的新闻故事。这些新闻故事可能报道重大犯罪、火灾、意外事故、演讲、劳工纠纷或政治战役。硬新闻也称现场新闻或称直接新闻。同样,由于它报道即时发生的事件,它也被称为"易碎新闻"。[②] 软新闻通常指特写或人们有共同兴趣的新闻报道。其主题可能有些不应时或不甚重大,但决不枯燥。软新闻的主要功能是愉悦受众,它主要以情动人,以趣娱人,而及时告知信息的功能偏弱。软新闻故事更多地使用奇闻逸事、引语和描写等写作手段,其写作风格多姿多彩。[③]

国内学界对硬新闻和软新闻研究取得较多进展,代表性的有学者张威的《硬新闻和软新闻的界定及其依据》,如图7-1,他认为,硬新闻是一种强调时间性和重大性的动态新闻形式,重在迅速传递消息。在形式上,它与国内学界

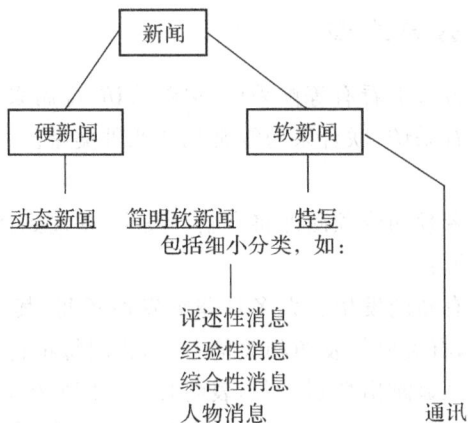

图 7-1 硬新闻和软新闻

所说的动态消息基本相一致。软新闻是一种注重引起读者兴趣的新闻形式,重在引起受众的情感呼应。比如愉悦或深思等,更多地强调人类兴趣。在形式上,它分为软消息和特写两种。国内报刊实践中划分的除动态新闻以外的新闻体裁,如新闻素描、评述性消息、经验性消息、综合消息、人物消息、典型报

---

① 张威:《中西比较:正面报道和负面报道》,《国际新闻界》1999年期。

②③ Ted Buchholz, *Reporting for the Print Media*, P.114.

道和通讯等,可以被软新闻囊括。区分硬软新闻的关键依据在于时间性和重要性。硬新闻是易碎的,时间性是第一位的。软新闻的"软"不是指"软绵绵的故事",而是指在时间性、重要性方面不如动态新闻那样"过硬"。[①]

6.按照传播的媒介渠道来分,可以分为报刊新闻、广播新闻、电视新闻和网络新闻、手机新闻。

因为各类媒介载体和传播特点不一样,所使用的符号特点不同,纸媒体从业人员、广电从业人员和互联网从业人员在采访、写作、制作和编辑时存在着很大差异,但无论是何种媒体的新闻报道,记者在遵循新闻价值要素的规律上有其共性。

第二节 如何进行新闻采访

新闻采访是记者获取新闻线索和新闻素材,求证新闻事实的主要手段,是新闻传播的起点。虽然新闻类型不同,记者分工各异,但新闻采访的技巧有其共性。

一、新闻采访的类型

从新闻采访的方式上看有等候采访、追踪采访、即席采访、同步采访、书面采访、预约采访、调查采访、联合采访等常见的八种类型。

(一)等候采访

等候采访是记者预知或预测即将有新闻发生,提前到特定场所等待采访。等候采访有四种情形:

1.事先预知必有新闻发生。大多是非突发性新闻,其主要有:(1)重要会议或活动举行之前,有关机构发布相关信息,如我国每年召开的"两会";(2)某些新闻事件发生前已显露出特别迹象,表明必有新闻发生,记者由于不能测定准确日期,只能事先赶到等待采访。如阿拉法特病重,有随时逝世的迹象。(3)某些新闻人物和领导人物的移动性活动,走访、到达等往往要记者事先等候在车站、机场以及活动地点进行采访。

2.预测可能有新闻即将发生。记者没有得到准确信息或已有特别迹象,而是凭自己的新闻敏感预测可能会有新闻发生,有经验的记者往往能搞出独家新闻。《东南快报》摄影记者柳涛接到群众反映,说路面有一个大坑,被水淹

---

① 张威:"硬新闻和软新闻的界定及其依据",传媒学术网 http://academic.mediachina.net/article.php? id=4123。

没,很多人都摔倒了,他于是在大坑附近守株待兔,抓拍了骑车人经过大坑时摔跤的瞬间,在报纸上登载后立马产生了效果,大坑立即被填平,但这种做法引起了争议,指责他太缺德。从职业角度上,无疑他是新闻敏感度比较高,取得了实际的成效。

3.预知新闻发生的时间突然变化。等候采访常常碰到意想不到的变化,如会议推迟、火车飞机晚点、试验出障碍等等,遇到这类情况要随机应变,不能一走了之,有时坚持和等待会带来意想不到的机会。

4.新闻人物不断出现的特殊场合。众多记者一拥而上,把人物团团围住,争先恐后提问,多么机灵的记者也不可能每次都能靠上前,每次都能提问并得到回答,这时要求记者能够借助别人提问来充实自己。有时候,记者不能进入某些场合,这时一定要等在外边,并想法设法从能够进入特别场合的人那里了解情况。如每年的"两会"现场,大量的境内外媒体都汇聚在一起展开新闻大战,很多会场对记者都有严格的准入限制。这时有些媒体的记者们会分工协作,相互配合,有目标有重点地盯采访对象,没有机会采访到的人物就从别人那里了解。

(二)跟踪采访

跟踪采访就是顺着新闻事件的发展过程,穷追不舍尾随采访。跟踪采访也有四种情形:

1.持续一定时间的新闻事件。

战争、矿难救援、环保事件、火灾、洪灾、地震等灾难性事件等都会持续一段时间,这类新闻事件从发生、发展、高潮至结束和后续有一个周期性。在此期间每天都会有新的情况出现,直到新闻事件告一段落,如战争结束、救援成功或失败、完成救灾任务等。少则几天,多则几个月、数年。如美国新闻界通过持续数年跟踪报道越南战争,掀起了民间反战运动,最后迫使政府撤军。

2.流动性的群体活动。

《每日新报》记者用一周的时间,跟踪采访了来自甘肃、河北等地的三批职业乞丐,深入他们生活的圈子,终于掌握了居住在这片区域的"丐帮"成员的生活习惯、作息时间、生活细节,写出了跟踪报道《走近街头"丐帮"》,揭开了"丐帮"生存的秘密。央视"走基层·皮里村蹲点日记"报道团队,历时9天跟踪报道了位于新疆帕米尔高原崇山峻岭间的皮里村42名小孩上学路上的艰难历程,往返行程400多公里,徒步200多公里。在社会上引起了强大的反响,取得了较好的舆论效果。

3.新闻人物或首脑多地点换场所活动。

跟踪采访报道也常常以某个焦点新闻人物的行踪为线索,通过跟踪其行事,贴身采访、观察,以小见大,以点带面。如《湖北日报》记者花了一周时间对一个大四女生亚琼的求职艰难过程进行了跟踪采访,凸显了大学生群体就业的严峻现状及新生代大学生的乐观坚强品质。

4.范围大、头绪多的复杂事件

比如北京奥运会,从申办成功、场馆建设到火炬传递、开幕式直到数十天的密集比赛日程至闭幕式,范围广、持续时间长,千头万绪,涉及方方面面,给媒体提供了丰富的新闻大餐。

(三)即席采访

即席采访多用于新闻发布会、记者招待会的采访。在电视报道中,即席采访已成为最富吸引力的电视报道的方式之一。

即席采访在罗斯福时期成为一种采访方式为记者运用,艾森豪威尔允许召开电视转播的记者招待会。到肯尼迪时期,允许电视直播记者招待会。我国在1987年中央台开始播出政协和人大的六届五中全会的八次中外记者招待会录像专辑。即席采访注意以下问题:

1.直截了当将问题一次提出。

2.一次最多提两到三个问题。

3.借助别人提问充实自己的报道。有些即席采访不进行转播或直播,而要以动态消息形式进行报道。记者在现场要注意倾听其他记者的提问,不要只顾自己如何找机会提问。

4.随机应变、临场发挥。

目前,中外记者招待会上的即席采访已经形成了新闻时速和质量上的竞争局面。网站、广播、电视新闻媒体利用传播功能优势先将招待会的实况直播、转播。通讯社、报纸面对这种挑战,改变过去全文发稿的做法,利用网络新媒体,如微博等,也可以即时直播,同时突出要点并开始注重解释分析、提供背景。

(四)同步采访

同步采访,也叫现场采访,指出镜记者或主持人通过话筒或镜头在节目录制或拍摄现场进行的同期声播出的口头采访,采访、报道同步化是电子新闻采访区别于报纸新闻采访最显著的特点。同步采访是最能发挥广播电视的特长与优势的形式之一,现在越来越多的主持人节目都把同步采访作为节目的重要内容。不仅新闻类节目、社教类节目,就连综艺娱乐类节目也离不开它。严格意义上的同步采访是指主持人或出镜记者始终置身于新闻事件的现场,摄像机以记者的采访视线为转移,报道以记者的现场出镜采访为主线。

早期的广播新闻完全采用报纸新闻的模式,重复报纸新闻的内容。二战给广播提供了机会,西方记者利用无线电短波,从现场进行了采访、口播同步化的报道,开创了广播新闻的新局面。CBS的爱德化·默罗是二战中战地采访、报道同步化的楷模,他在BBC大楼上面对德军飞机的狂轰乱炸,现场主持《这里是伦敦》报道,成了整整一代人记忆里永不磨灭的声音。

（五）调查性采访

严格意义上的调查采访特指披露事件真相和内幕的采访,在西方新闻界,这种方式被喻为"侦探式"。调查采访是伴随着调查性报道应运而生的。美国资深电视记者怀特认为,"调查性报道是对某人或某集团力图保密的问题的报道"、"报道事实必须是你自己发掘出来"。

广义上,记者的采访都是在进行调查,但调查的对象和采取的方式却有很大不同。动态性的新闻大多通过一般性的采访就能获得;详尽的带有解释、分析性的报道往往需要深入采访;揭露性的社会问题报道则必须经过艰苦的探索和调查采访才能达到目的。

（六）书面采访

书面采访是记者以书信形式将问题写下来,寄给或面交采访对象,然后根据对方的回信或面谈进行报道。书面采访节省时间和经费开支;可以在双方见不到面的情况下进行采访;可以在双方的语言有障碍的情况下进行准确提问,减少口头翻译过程中的误差。

书面采访的形式有三种:

1. 以书面形式将问题写下来,送交被访问者,待被访问者看后再进行面谈。这种形式多用于政治或学术观点与思想采访,特别是在双方有语言障碍下,先将问题写下来,可以做到措辞达意上的准确无误。如默罗在1956年在仰光采访周恩来总理时,他列出20个问题送交总理,总理回答了其中10个问题。艾德加·斯诺采访毛主席时,也是将问题列出,送交毛主席看后才进行面谈。

2. 以书面通信或电子邮件的方式将采访报道意图、要问的问题写下来寄给被采访者。这些方式适用于较轻松的题目,如异国观感、往事印象等,一般不涉及敏感问题。

3. 以填表格的方式进行的书面调查采访,根据调查数据和结果进行报道,或在报道中引用。

（七）预约采访

预约采访是随着新闻竞争日趋激烈而出现的一种采访方式。目前,在西方电视界已成为一种不可缺少的采访形式。每当有重大新闻发生,各个电视台都设法找到能够对新闻事实发表见解的专业人士上电视发表意见、提供背景,从而导致了职业记者的进一步分工,产生了预约记者,也称预约导演。

预约记者的任务是设法找到同新闻事件有联系的并适合上电视发表意见的人物。同时还要撰写人物简历、进行事先预约采访、观察对方态度、判断对方能够发表什么样的意见,达到什么效果。此外,还要负责安排交通工具并到指定地点迎接预约的客人。在美国大型电缆电视网工作的预约记者,一人每天必须找到18~25个预约客人。他们的工作相当紧张,个个都是同各种人打交道的能手。

预约采访主要适用于电视讨论、辩论节目以及重大事件的反应性报道和人物专访节目。

(八)联合采访

联合采访是两个以上的新闻机构进行的合作,对重头报道或特别题材的采访。如今,同一类媒体间、不同类媒体间进行广泛的合作,利用各自的优势完成众多难度较大、头绪众多、立体复杂的新闻事件,以形成大的舆论影响。

联合采访要求记者对各方的工作方式、采访意图等都了如指掌,这样才能合作默契,取长补短,共享信息,集思广益,多快好省地完成任务。联合采访能够从各种不同角度来共同报道一个事件,可以避免漏掉有价值的新闻事实。

二、新闻采访的提问技巧

"提问"是记者采访获取新闻事实的重要途径。美国社论作家杰克·海敦在《怎样当好新闻记者》一书中指出:"大约有90%的新闻是部分或全部以访问,即向别人提出问题为基础写成的。"有一线记者指出,采访其实就是对人性的测试,每一个采访对象和常人一样,他需要沟通,他需要被承认,需要和一些觉得可以信赖的人说出他的秘密。人性和利益、立场有时是相冲突的,这个时候,记者就要洞察这场冲突中的缝隙,用提问来探究人心的奥秘。

(一)提问的方式

1.正问法

又称"直入法"、"开门见山"、"直截了当",指从正面、直截了当地对所涉及的新闻事实向采访对象提问。适用于以下情况:

(1)采访对象繁忙,没时间细谈,如在采访突发性新闻事件时,处理这些事件的负责人都非常繁忙。

(2)对于那些有经验、不怯场、经常与记者打交道或者与记者熟识的采访对象进行采访。

2.反问法

又称激将法,指记者从事实的反面提出问题,使采访对象防不胜防,在揭露性的批评报道中常常被采用,有时也纯粹是为了让采访对象开金口而采取的激将法。

3.侧问法

又称旁敲侧击法,不从正面直接提出问题,采用迂回的战术,先从侧面入手,再涉及主题的提问方式。适用以下场合:

(1)采访的事情较为敏感,直截了当地问会引起采访对象的警觉而拒绝采访。

(2)不知道采访对象对记者要采访的事情的态度,侧问可起到投石问路的作用。

(3)明知对方不愿意回答记者要采访的问题,还是想通过对方来获取相关材料,运用此法,给对方制造错觉。

4.设问法

就新闻事实进行假设的提问方法。诸如"如果……,你将……?"之类的提问将使人尽快获得期待之中或意料之外的满意答案。这种方法能使采访对象产生联想,拓宽思路,从而提供更多的新闻材料。

5.重复问

记者在采访中谈到一些人名、地名、物名、重要数据时,为了保证报道的真实性,适当地以发问的口气,重复采访对象的某一句话,使采访对象更明确地再说一遍,以加深印象。但不能用得太多,以免打断对方思路,影响采访。

6.追问

指记者在采访中对关键的问题、关键情节抓住不放而进一步提问的方法,在采写通讯、特写、调查报告时,为了再现重要的现场场景、人物语言,写出具有可视性的新闻作品,追问法成了关键的手段。

(二)问题的类型及适用

1.引导性问题

引导性问题常用在正式采访之前,即所谓采访的"搭桥"。搭桥是一种采访艺术,也就是斯诺前夫人韦尔斯讲的"斯诺法",它的核心是找到使采访对象感兴趣的相似点或接近点,使记者和被采访对象从"生"到"熟",在特定的环境下,选择合适话题,目的是营造生动活泼的氛围。

美国记者怀特·汤姆索采访尼克松,就是从他最感兴趣的话题——足球谈起;意大利著名女记者法拉奇采访邓小平,是从他的生日谈起。1986年9月,美国著名记者华莱士采访邓小平,亦采用了这种方式。在短短一小时的采访中,他向邓小平提出了许多问题,这其中包括中苏关系、中美关系及中国现行政策等许多敏感甚至尖锐的问题,都得到圆满的答复。这是因为他善于将严肃话题融注在轻松自然的交谈中,拉近与采访对象的心理距离。

2.过渡性问题和尖锐性问题

过渡性问题和尖锐性问题常常配合使用。过渡性问题常常是一些与采访主题没有多大关系,在正式问题或尖锐性问题之前或话题转换过程中提出,起到让采访对象心情放松的作用。尖锐性问题是指对被采访者个人或其代表的组织机构而言比较敏感的、受众普遍关注而被采访对象不太容易也不太愿意回答的问题。尖锐性问题在记者采访过程中一般不会密集提出,而是常常隐藏在过渡性问题或普通问题之中。

3.开放式问题和闭合式问题

是指提出比较概括、广泛、范围较大的问题,常用的句式如"你能介绍一下……?"、"对……怎么看?"、"你的看法呢?"、"你怎么做?"、"你觉得如何?"等等。对回答的内容限制不严格,给对方以充分自由发挥的余地。这样的提问比较宽松,不唐突,也常得体。可缩短双方心理、感情距离,但由于松散和自由,难以深挖。开放式问题不宜过多,当被采访者放开谈跑题时要及时打断后回到采访主题上来。

闭合式问题是指比较具体、明确、范围较窄的提问,要求对方回答只能限于提问的具体内容。闭合式提问易突破,常用于深入追问或查证、核实,以及转换话题。封闭式问题的常用词汇:能不能、对吗、是不是、会不会、可不可以、多久、多少等。问句中如果带有以上词汇,一般就是封闭式的问题。封闭式问题容易回答,节省时间,文化程度较低的调查对象也能完成,回答者比较乐于接受这种方式,因而问题的回答率较高。问题回答层次、是非分明。对于一些敏感的问题,用封闭式问题,往往比直接用开放式问题更能获得相对真实的回答。单纯地使用封闭式问题,会导致谈话枯燥,无法打开被采访者的话匣子,无法产生互动效果,会产生令人尴尬的沉默。

放开式问题主要是观点性的,而闭合式问题主要是针对事实性的。这两种提问的方法经常需要混合试用,也称鸡尾酒提问法。一般说来,采访重要的领导、公司高层、专家学者等有"想法"的人可以用开放式的提问开始,因为他们往往能对国家、行业和某些宏观问题提出自己的看法。既然开放式的提问相对侧重于一些重要人物,那么缩小性的问题则可能多面对一些技术专家,从事具体事务或者文化层次较低、年龄较小的人,比如儿童等等。比如说,你与其问一个儿童的"理想",还不如问他是否想在考试或者体育比赛中得第一。

两种方法各有侧重,但是必须交叉使用。记者在问完一个比较笼统的问题后,紧接着应该问一些比较具体的问题,比如说,可以问采访对象,你怎么证明自己的观点,能不能举几个例子之类的问题。而问完几个比较具体的问题后,也可以问"这样看来,你是同意这样的观点",或者是"你认为产业的趋势是这样的……"等类似的问题。

一篇文章如果只有一个笼统的、抽象的、宽泛的印象,那么这篇报道一定是敷衍了事的、失败的报道。不为人知的细节,丰富的事实,是构成一篇成功报道的关键。

(三)采访提问的注意点

1.多准备一些问题,在采访之前最好和编辑进行沟通,根据个人习惯,这些问题可以写下来,也可以默记在心。

2.不要以一个空洞、乏味的问题开始采访,根据不同的情况,可以问一些比较新的问题,也可以问一些比较个人化或者专业化的问题,甚至可以是天气。

3.记者在当面采访中,要注重和采访对象的交流,比如眼神不要闪烁,而应该专注,或者通过神态上的变化,来和采访对象建立起融洽的关系。

4.在一般面访或电话采访中,尽量使用短句和口语化的提问方式,少用书面语特别是专业性艰涩隐晦的词。提问的问题不要很长,如果包含了太多层次的意思,可能会让问题显得没有重点,所以最好问题一个个问。

5.注意采访对象年龄、教育水平、性别、工作、兴趣等差异,提问要有针对性。

6.注意保护采访对象的隐私,尊重采访对象的人格,即使罪大恶极的罪犯也是人,也有人性的一面。

7.记者在提问时不要不懂装懂,有时应该谦虚,没有弄懂的地方和细节一定要补充求证。

8.在采访结束前对日期、数字、姓名、身份、官衔等易错信息进行再次确认,同时和采访对象联络感情,争取交上朋友,为补充采访和后续采访继续创造机会。

三、新闻采访实战技巧

采访者与被采访者直接接触的新闻采访有座谈、访谈、现场考察、体验式采访、伪装式采访等形式。其中,前三种形式属于显性采访,即采访者对采访对象直接表明身份和采访目的进行采访;后两种形式属于隐性采访,即采访者不暴露自己的真实身份和采访目的,在采访对象不知情的情况下进行采访。在一些特殊的复杂场合,这些采访方法会被记者同时综合使用。在上述采访过程中,采访者常常综合使用提问、观察、倾听、记录等手段来采集信息。

采访者与被采访者不直接接触,采访者使用某种媒介工具对采访者进行采访,有电话采访、短信采访、邮件采访、即时聊天工具采访,如 QQ、微博访谈等等。在采访对象工作繁忙,没有时间接待记者,或者空间距离相隔较远的情况下,这些采访手段作为面访的辅助手段被广泛使用。

本节针对人物访谈和突发性新闻采访,介绍相关知识及记者的实践经验和技巧。

（一）人物访谈

人物访谈通常指采访者与被采访者面对面,采访者与被采访对象一问一答进行交流的采访形式。记者进行人物访谈通常在前期经过精心的准备和策划。人物访谈有两种划分标准:一是依照人物身份进行类型划分,二是依照访谈的目的进行划分。

1.按人物身份划分

（1）名流专访

有一定社会名气的公众人物,主要的传播意向是产生名人效应,吸引观众,表现形态可以作为固定栏目定期播出,也可以作为一档节目中的组成部分穿插进行。通常主要有这样一些类型:艺术界的名流,娱乐界名流如《艺术人生》;政界首脑、风云人物,如央视水均益的《高端访谈》,凤凰卫视阮次山的《风云对话》等;科学家、学者、文化名人等,如央视的《东方之子》。

（2）权威人士专访

指在某些领域具有一定权威的人物采访,采访权威人物,增强报道的说服力和可信度。特定对象选择是社会政治、经济、文化领域中的专家、学者、政府部门的负责人等具有一定发言权的权威人物。采访的风格是:庄重、严肃、客观。表现形态,可以作为报道的组成部分,也可以作为独立的节目。

（3）新闻人物专访

选择采访对象本身带有新闻性的人物,且时效性很强。新闻人物专访,选择人物的着眼点首先是新闻性,新、奇、特是这类人物的代表特征。新闻人物的选择标准为:

a.重大新闻事件的当事人,或重大事件的"制造者";

b.科学技术领域中成就突出、重大成果的获得者;

c.政治、经济领域中对社会生活产生重大影响的某些新举措提出和实施的核心人物;

d.刚刚在文化、艺术领域中取得新的辉煌成就,获得国际国内认可、拿到大奖的人物;

e.体育活动中创造国际、国内新纪录的人物;

f.做出平常人难以想象的、令人惊讶、赞叹的、特别事迹的人。

2.根据报道的目的划分

根据记者在人物访谈中的侧重点和主攻方向,可以分为:观点访谈、信息访谈、个性访谈。在实际采访当中,记者的提问和采访对象的回答大都涉及观点、信息、个性。不过由于报道的主题不同,在每一个方面又是有所侧重的,因而,在采访实施过程中,既不能将三者等量齐观,又不能截然分开。一般而言,事件性采访以透露信息为主,常常通过采访当事人或参与者以及新闻发言人来进行。问题性专访以披露、阐述观点为主,主要通过采访权威人士、代表人物进行。名流或新闻人物的专访以揭示个性为主。有时一个深度报道中,这几类人物都有可能是采访的对象。

(1)观点访谈

就是记者向采访对象提出某种实质性的问题,然后由对方表明态度,阐述自己或所代表的机构的观点、立场、态度或主张。侧重于思想观点的揭示,对社会问题的看法、主张,透露重大事件实质性内容。

基本要领:摆出问题,引出对方观点,然后再根据对方观点进一步展开问题。观点采访有一定的难度,通常要采访政府要员、各界名流、权威人士,而这些人一般都头脑清醒,见过大世面,记者没有一定的水平难以胜任这项工作。

做观点和思想采访,记者一定要有充分的准备,对采访对象的观点、思想以至人格都应有所了解和研究。沃尔特·克朗凯特在1952年为报道总统选举活动,花了一春一夏的时间,研究美国政界要人的资料,从而使他在报道中的观点采访大获成功。迈克·华莱士在1986年为采访邓小平,曾用几个月的时间搜集有关资料,研究背景,设计问题,使他的提问有相当的深度。

有些探索性的问题,往往容易引起争议。记者在采访时要特别注意传播效果。是分别阐述不同观点,还是解释其中有代表性的、方向性的观点,取决于探索性人物采访中是否包含有突出价值的观点。

(2)信息访谈

侧重于提供新的情况、新的动态、新的趋向;披露事件原委;透露新的具体计划、措施、打算、设想。信息采访要围绕事件本身及产生的连带反应进行提问,以求透露更多的信息。

事件专访的采访对象选择是当事人、目击者,也可以是能够对事件发表看法的人。例如海湾战争期间,CNN运用专访的形式,进行了多侧面、多角度披露新动向、新情况的信息采访,在全方位的整体报道中产生了重要影响。

由于信息采访的主要目的是为了获取信息,因而记者一般都准备好完整的文字材料,从中整理出最重要的内容。如果采访对象不善于上电视或者要求事先看采访提纲的,记者一般都事先准备好一份详细的提纲给对方。《西行漫记》的作者埃德加·斯诺在采访毛泽东和周恩来时都被要求先给一份采访提纲。在不同媒体的采访中,电视采访不同于文字采访,只要一上镜头就难以修改,因此要十分重视屏幕形象和效果,既要把采访搞得生动活泼,又要给观众一种采访是现场即席进行的印象。

值得注意的是,与新闻事件有关的重要人士接受采访时,往往把所提供的信息与观点融为一体。这时记者要分清哪些是信息,哪些是对方个人或所代表团体或党派的观点。

(3)个性访谈

个性访谈侧重于展示人物的风貌、人物的突出表现;人物的思想境界、内心世界;人生哲学、世界观、展现人物的离奇的不平凡的遭遇,突出人物的个性特征和命运境况。注重人情味,力求以揭示某个人物的个性和命运来更全面地反映一个人的本来面目,以便吸引受众。

在单独进行个性采访时,记者的落脚点不是在观点或信息上,而是在对方的个人生活、兴趣、工作、学习娱乐等方面。这里既有名人也可以是普通人不平凡的生活经历。

成功的个性采访在于探究个人的思想、揭示个人的信念的全部背景资料,从中筛选出关键性的问题,一一列出,并按逻辑顺序提问。这类问题概括起来大致有以下几个方面:

a.成长阶段:童年、少年、青年、中年、老年。抓住每个年代的特点,寻找不同年代的不同变化;

b.家庭:父母、兄弟姐妹、妻子或丈夫、孩子对他或她产生的影响以及本人对家庭生活的看法;

c.转折点:是什么时候在事业、学业或感情上发生了转折点?促成转折点的关键因素是什么?

d.成功的标志:为什么能够获得成功或成就?是什么动力促成成功的?靠个人的奋斗还是受到某人的帮助或赶上了某种机会?

e.个人信念:有什么样的个人人生哲学?对从事的事业、追求的目标有什么样的想法?为什么?

f.个人的习惯和特点:对生活、工作、学习、娱乐的态度以及与众不同的地方。

(二)突发性新闻现场采访

突发性新闻和预发性新闻对时间的要求是截然不同的,突发性新闻事件发生后会面临同城媒体的惨烈竞争,同城媒体间会采取一切手段来抢时间抢新闻,争取独家报道。下面介绍一线记者比较成熟的经验和技巧。

1.事前要和报料人充分沟通

事前沟通,在突发新闻采访中显得尤为重要。从热线中获得的信息越全面,则在现场采访中,可获得更多的主动权。以最为常见的责任事故现场为例,事故责任人往往就在现场,但记者在现场却很难在众多围观群众中将其找出。而热线报料则通常为与责任事故有利害关系的当事人,乐于提供责任人的相关信息。因此,在事前沟通中,获取责任当事人相关资料、体貌特征,便可方便到达现场后对其进行采访。相对于竞争媒体,在更短时间内找到核心人物,一可避免当事人为警方控制,难于采访;二可避免当事人产生排斥心理。因为在突发新闻中,面对第一个采访记者,当事人往往没有过多的排斥心理,而对后来者,当事人往往不乐意进行二次、三次陈述。第一时间找对当事人,便是在事前沟通中最应该注意的问题。当然,不排除热线提供人匿名报料,且提供信息不翔实的情况。对于地址不翔实的情况,记者可拨打 112、114 及 110 进行查证。如果是电视媒体,在新闻机构获得报料后,对于事实简单清楚的新闻,文字记者可在赶赴采访过程中,构思好出镜词。到现场后,再根据具体情况进行调整,不可拘泥于事前构思。①

2.注意现场影像资料的拍摄和收集

在网络信息时代,突发性新闻事件的影像资料是最有价值的新闻素材,是所有媒体最渴望独家获得的资源。许多报社设立了全媒体新闻部或滚动新闻部来处理突发性事件,他们除了收集文字和图片信息,也会同时在现场拍摄视频素材,在网上直播或第一时间录制后再放到网上。采访中,记者们尽可能接近第一现场。离新闻事实越近,新闻价值越高,这已经是媒体人的共识。与新闻发生同步报道,是突发新闻的最高境界。然而最先到达现场的往往不是媒体从业人员。以一起交通事故为例,在第一现场除了当事人外,还有路人、附近的居民,或者是店铺经营者、服务者等,他们有没有留下影像资料,有可能是无意间拍摄,也有可能是在事发后有意识拍摄。记者在现场应该当场允诺报酬来索取,也可以在网上注意搜集这些发布者发布的影像资料。还有,报料者肯定比记者早到,记者接到热线电话后应该提醒报料者尽可能留下第一现场的影像资料,不管拍得专业不专业,第一现场影像素材的视觉冲击力总是高于文字新闻。此外,监控录像、交通录像等影像资料往往也可以提供第一手资料,记者在现场采访时,应注意搜集。

3.突发新闻的金字塔式采访图谱

记者到达现场后,最先采访的是谁? 接下去又是谁?《南方都市报》记者

---

① 辛香兰:"突发新闻的现场采访技巧",《新闻爱好者》2010 年第 3 期。

杨昱提出所谓现场采访中的金字塔式图谱："我们要找的人,正好呈金字塔结构,最重要的人,或许只有一个,次重要的多一些,再次重要的更多一些。"他以有人在大楼咖啡馆纵火发生火灾为例："在这个金字塔最底层的,是大街上的围观目击者,人数最为庞大;上一层的,是在事发时在大楼上班的,最好是4楼或者6楼的上班族;再上一层的,是当时在5楼喝咖啡的顾客或者咖啡厅员工;再上层的,是消防、医院、政府职能部门的工作人员,死者家属等;再上层的是咖啡厅的重要员工或在现场的咖啡厅老板;最上层的是纵火者。"①记者在采访时,要时刻记住寻求金字塔最顶端的当事人。

4.接近被采访者:以情动人,以理服人,以智胜人

突发新闻事件现场人际关系复杂,记者需要在极短的时间内判断事件的性质,理清采访思路,取得不同层次、不同心理的采访对象的信任,及时接受记者采访,这是一个艰巨挑战。

(1)不要贸贸然亮明身份,以信息分享者身份融入现场。在很多时候,那些当事者、责任方、知情人并不愿意接受采访,他们不想在媒体上公开自己的想法,更不愿意出镜曝光,害怕会遇到麻烦,这是人之常情。

一个出租屋里面发生了谋杀案,警方封锁现场,楼下一群街坊围观,嘀咕着议论,不亦乐乎。记者安静地进入现场,在议论者旁听他们议论,转悠两三个议论圈,然后自然地,以聊天者、信息提供者的身份,进入角色:"哎呀,那个被害的姑娘刚满19岁,可惜啊!"围观者就会投来索取信息的目光,你们相互印证,真正知情者则会显得有些得意地,向你讲述他独家的内幕。②

同报纸新闻相比,电视新闻因为常常要求被采访人出镜,受到更多的排斥。特别是新闻记者举起麦克风时,被采访的人往往更为敏感,不愿意接受采访。电视记者刚刚开始采访时,最好不要举起麦克风,不亮明身份,而是以一个旁观者的身份介入,询问"刚才这里发生了什么"等类似话题。这时目击者往往会放下戒备心,愿意与记者沟通,此时记者再说明来意,并示意摄像记者开始拍摄,效果往往比直接采访更好。

(2)不要预设敌对立场。如责任事故采访,记者一般都先采访事故受害一方,结束采访后,再去采访责任一方。那么,在采访责任一方时,尽量保证受害一方不在身边,以防责任人想当然地将记者列在敌对阵营内。记者应表明只是如实记录事件本身的立场,这样才能顺利地采访到事故当事双方。

(3)以说方言、认老乡、帮忙等方式取得被采访者信任。在城市突发新闻

①② 杨昱:"突发新闻采访攻略",南方报业网 http://nf.nfdaily.cn/nanfangdailycmyj200810130107.asp

现场,新闻事件的当事人常常来自五湖四海,尤其是农民工群体比例相当大,说方言可以增加被采访对象(主要指民工阶层)的身份认同感,同时,让现场阻碍采访的人,真觉得你就是那人的老乡,因此能够顺利地接近当事人。

(4)站在采访对象的立场,为他着想。人性都是趋利避害的,而记者在和采访对象的交流中,要有效传递两个信息:第一,接受我的采访,对你(们)有帮助;第二,反之,有害。

2007年某晚9点,番禺某社区一对老年夫妇在家中被劫杀。家属在楼下恸哭。当晚还得发稿,必须尽快说服家属接受采访。我走到死者儿子董先生跟前:董先生,节哀顺变。我是南方都市报的记者,我是来帮助你的。我体会你现在的心情,我们谁都不愿意看到这个事情发生,但是,你现在必须振作起来,接受我的采访。因为现在罪犯还在潜逃,警方才刚刚介入,现在只有媒体报道,才能让社会各界加大对事件的关注,从而使警方更积极破案。所以,现在只有警察和罪犯希望消息不被传开,如果你不接受采访,就是在帮助罪犯。南方都市报是很有公信力的报纸,而我则是很有经验的记者,经常面对这类似事件。你要相信我。来,现在向我讲述事件的经过。随即,董先生含泪接受采访。面对受害者家属的场景,在广州的突发新闻中,经常会遭遇到,而我这类似表达,基本都能奏效。①

(5)远离同行。在一些场合,记者们常常是被提防和约束的重要对象,"防火、防盗、防记者"描述了媒体记者进行调查式采访的艰难,当事方不愿意被媒体曝光,地方执政者也不想让媒体介入。因此采访者要尽量避开同行,以防目标太大被盯上被管制。另一方面,大家都在一起采访,所获的新闻素材都差不多,导致素材缺乏独家性。

四川地震,温总理要去华西医院。在总理抵达前一个小时,大量记者聚集在医院急诊门口。之前,医院就有封锁线,将一般市民隔离在线外。警方建议20多名记者都站在封锁线内的急诊大门左边。记者们很配合,大家站在一起,等候总理。结果,在总理到达前5分钟,警方临时改变主意,将一群记者全部赶到封锁线外。本人则习惯性地没有和同行站在一起,当时在急诊大厅,坐在患者中间看电视,幸运地以伤者家属身份躲过了清查。随后,本人站在温总理和回良玉副总理身后,一同踏入一共只有6人的电梯,进入重症病房看望伤员。②

---

①② 杨昱:"突发新闻采访攻略",南方报业网 http://nf.nfdaily.cn/nanfangdailycmyj200810130107.asp

（6）急中生智，随机突破。除了正常途径获取采访对象的联系方式外，要有意识寻找特殊手段，比如网络，114 查询，在现场有目的寻找，以及委托特定人士采访。

2007 年，广州增城新塘，一织布厂厂房顶坍塌，当时十多人在厂里工作，幸好高耸的织布机顶住，使得大部分人得以逃生。全城媒体记者，都采访了当场的伤者、目击者，并在事故现场徘徊。但是，都没能采访到工厂老板。显然，工厂老板是金字塔顶尖上的采访对象，他既在现场，又知道房屋结构，并可能知道事故原因。怎么联系他？我当时在想，珠三角的工厂，通常会在工厂周围打广告招员工，于是，我围着厂房周围寻找，果然找到了这个厂的招工广告，通过上面的电话，独家采访到被警方带走配合调查的工厂老板。[①]

第三节　如何写消息

消息这种文体虽小虽短却是"麻雀虽小五脏俱全"。一条完整的消息由标题、消息头、导语、主体、结尾五个部件构成；而一条不完整的消息如"一句话新闻"、"简讯"等可能就只有标题或导语或标题＋导语构成，很多消息都没有结尾。这些都构成了消息写作的自身特点，即消息可以根据客观现实的需要自由地选择部件组合。消息的标题、导语、主体等构件既可以独当一面又可以组合成型，在写作上具有独特的规律。

一条消息能给受众提供什么信息，让受众受益，这是消息写作的起点。如何吸引受众关注并且让受众迅速获取有价值的信息，这是消息写作的终点。消息写作起点是确定主旨和角度，终点便是根据主旨和角度，按流程进行导语写作、主体写作、结尾写作、标题写作（标题常常修改到最后一刻）。本节简要介绍消息写作的基础知识和技巧。

一、消息的结构

消息文体的基本结构常见的有倒金字塔式结构、时间顺序式结构、钻石式结构和悬念式结构等。

1.倒金字塔体结构

倒金字塔式结构是以事实的重要性程度或受众关心程度依次递减的次序，先主后次地安排消息中各项事实内容，犹如倒置的金字塔或倒置的三角

---

① 杨昱："突发新闻采访攻略"，南方报业网 http://nf.nfdaily.cn/nanfangdailycmyj200810130107.asp

形,因而得名,是消息文体的一种独特结构方式。

图 7-2　倒金字塔结构

　　倒金字塔结构起源于美国南北战争和电报的运用。在战争期间,电报业务刚开始投入使用,记者的稿件通过电报传送,但由于电报技术上的不成熟和军事临时征用的原因,稿件有时不能完全传送,时常中断,后来,记者们想出一种新的发稿方法:把战况的结果写在最前面,然后按事实的重要性依次写下去,最重要的写在最前面,这种应急措施产生了倒金字塔结构。倒金字塔式结构是一种头重脚轻、虎头蛇尾式的结构,它把最重要的材料放在篇首,最不重要的材料放在篇末,从导语至结尾按重要性程度递减的顺序来组织安排新闻材料。

　　2.时间顺序体结构

　　时间顺序式结构又叫编年体结构,也称为金字塔式结构,按新闻事实发生始末,即依时间顺序安排材料的一种消息结构形式。事实的开始和结束,就是新闻的开头和结尾。它适用于前后时间跨度比较小或者有比较完整、曲折的情节或生动细节的新闻事件。

　　3.钻石体结构

　　钻石式结构由于它的结构类似于钻石的菱形结构而得名,这种模式开头和结尾往往篇幅短小,中间部分的主体则较长。它最初来自美国《华尔街日报》的报道写作模式,所以又叫华尔街日报体。其特点为:以一个事例、一句引语或一个人的故事开篇,力求做到人性化的开头,然后从人物与新闻主题的交叉点切入,过渡到新闻的主题,接下来集中而有层次地展开这个新闻主题,最后重新回到人物,将人物引入新闻,在一个更新的层次上揭示人物与新闻主题的关系。① 华尔街日报体常用于非事件性新闻。

————————————

　　①　车书明:"《华尔街日报》式新闻的写作技巧",《中国记者》2003 年第 1 期。

4.悬念体结构

悬念式结构又叫故事体结构,适用于情节离奇曲折,故事性强的事件报道。这种结构通常在导语部分开始设悬念,在主体部分,按照情节发展,一波三折,受众的兴趣逐渐积累,常常在悬念揭示中达到高潮。它强调将最精彩的、出人意料的材料置于消息结尾。

值得指出的是消息文体的结构并不是死的,上述的基本结构也有很多变体,如时间顺序结构的消息也常常采用一个归纳性的导语,来对整个新闻事件做个简要的归纳,使读者对整个事件有个大概了解,然后在主体部分再按照时间顺序或并列结构的要求展开报道。不少记者还不断探索一些创新性的结构,如学习和借鉴电影蒙太奇技巧,将过去和现在的场景进行穿插剪辑的时空穿插式结构等。

二、消息头

消息头是报纸消息文体中特有的样式,其结构为:播发新闻的单位+新闻发生地+播发时间+形式,现在一般报纸的消息头有三种形式:

1."讯":如果报社通过自身的新闻渠道所获得的本埠消息,在导语前一般标明"本报讯"。如果稿件是从外埠寄来的,应该标明发布新闻的时间和地点:如"本报南京5月18日专讯"。

2."电"。主要是通过电报、电传、电话、电邮等形式向报社传递的新闻报道。一般称"电头"。如"新华社上海5月18日电"。

3.如出现"据……消息"等,表明该报纸对其他媒体的电讯稿有所改写和删节。

消息头的作用有三点:

1."版权所有"的一种标志。

2.表明新闻来源,以利读者判断。

3.作为"消息"这种文体的基本特性之一而区别于其他文体。

三、消息标题的制作

消息标题是消息的眼睛,在报纸新闻和网络新闻中尤其重要,在广播新闻和电视新闻中作用相对弱化,但也不可或缺。

(一)消息标题的结构

从形式上看,消息标题有单行标题、双行标题和多行标题;从虚实角度看,有虚题和实题,从功能上看,消息的标题有主题(正题)、引题(眉题)、副题(次题)三种。主题主要概括与说明主要事实和思想内容,引题主要揭示消息的思想意义或交代背景,说明原因,烘托气氛。副题主要提示报道的事实结果,或作内容提要。单行标题通常是实题。

1. 单行标题

单行标题通常属实题,常以简练的主谓句概括主要新闻事实,突出新闻"5W1H"要素中最有价值的要素,在短讯、快讯、人物访谈等消息中比较常见。

如:刑事诉讼法修正案草案又作五处修改(《人民日报》)

叫我明星代表 我很反感(《南方都市报》)

叙利亚霍姆斯现 50 具尸体(《新京报》)

单行标题具有让人快速浏览、迅速抓住要点的特点,因此特别适合网络新闻,以超链接形式,吸引受众点击进入内容页进一步阅读。网页通常要求实现整齐划一的视觉效果,因此编辑们对超链接新闻标题的字数有比较严格的限制。超链接新闻标题可以是单句式也可以是双句形式,如下新浪网首页社会新闻区:

陕西干县两岁男童在村口被抢走(图)

大学生喝止公交扒手被刺 乘客无人相助

女模曝干爹庆生照引网友人肉搜索(图)

农妇胸椎手术被做成颈椎手术致截瘫

为了提升页面单击量,进而提升自己的网站排名位数,许多网络编辑在编辑网络新闻标题时采取夸张、媚俗的编辑手法,甚至弄虚作假,文不对题,以吸引眼球。网友点击进入后才知道上当受骗,网友们戏称这些编辑为"标题党"。"标题党"败坏了网络媒体的公信力,甚至让无辜者受到伤害,最后还导致官司缠身。

2008 年昆明女留学生杨丽将搜狐公司告上了法庭,称其将《南风窗》的一篇新闻标题《偷渡,留学中介与国家赔偿》擅自改为《中国女子偷渡奥地利留学被关押四个月精神分裂》,并一度列于"搜狐出国"专题的头条,致使很多网友在读完搜狐的文章后留言评论:"这位易小姐的确活该,丢尽中国的脸,报应"、"想出国的人就是这个下场"等等,给当事人造成极大的精神伤害和负面影响。同年,云南省昆明市官渡区人民法院一审判决,判令搜狐公司赔偿杨丽精神赔偿金 3 万元并公开道歉。搜狐公司上诉。昆明中院审理后于 2009 年 1 月驳回上诉,维持原判。

2. 双行标题

双行标题主要是报纸新闻的编辑手法,有两种组合:

(1)引题＋主题

引题是主题的背景、铺垫,引题常常运用描写和修辞手法,多用动词、形容词,用以烘托气氛等,引出主题内容,引题可以是实题也可以是虚题,如下面的案例:

两秒钟撬开车门 小小年纪作案数百起

父母不管不问 17 岁男孩偷车为"家"(《都市快报》)

温家宝深情讲述本届政府任期最后一年工作

人民需要政府的冷静、果敢和诚信 政府需要人民的信任、支持和帮助(《新民晚报》)

(2)主题＋副题

主题和副题搭档最为常用,副题起着对主题中的内容进一步补充和说明作用,多用短句,副题一般是实题。如下案例:

杭州高二女生金小新勇夺全国跆拳道冠军

老爸每天陪练一小时(《都市快报》)

3 人被控以"捞"铁道部官员为名诈骗

受审均否认控罪,辩称是借款或债务纠纷;该案未当庭宣判(《新京报》)

(3)多行标题

多行标题是指三行以上的标题,多是引题＋主题＋副题的形式,在比较重要的时政新闻中应用较多,如下例:

批准了政府工作报告,通过了关于修改刑事诉讼法的决定(引题)

关于十二届全国人大代表名额和选举问题的决定等(引题)

十一届全国人大五次会议闭幕(主题)

胡锦涛温家宝贾庆林李长春习近平李克强贺国强周永康出席,吴邦国主持(副题)(《新民晚报》)

因为多行标题可以传递更多信息,逐渐受到许多都市报、晚报的青睐,加以发展和创新后,语言更加通俗,句式更加灵活,副题的信息量更加丰富,和读者、网友的互动作用得到加强。如下 2 例:

杭州《政府工作报告》开征民意,你的意见或将写进报告(引题)

监测 PM2.5 拟列入 10 件实事(主题)

这些实事,有没有说中你的心事?(副题)

大家可登录市政府门户网站"中国杭州"查看报告并提出建议(副题)(《钱江晚报》)

在外留学的小陈奇怪了(引题)

信用卡明明在身边却被人在国内消费了28次(主题)

湖州警方破获特大网络信用卡诈骗案(副题)

亲们,这个新闻一定要看看(副题)

有人专门"养"着网购商铺钓鱼(副题)(《都市快报》)

(二)消息标题的制作技巧

在报界,消息标题需要不断地修改推敲,常常在定稿前的最后一刻还在修改,好的标题是改出来的,消息标题的制作需要遵循一些规律,使用一些技巧。

1.句式选择

(1)主谓句和非主谓句

主谓句即由主语、谓语两个成分构成的单句或短语,是一种较为常见的句型,它能表达一个相对完整的意思,有利于信息的传递,常用于交代最有价值的新闻事实。主谓句是新闻消息标题的首选。非主谓句是一种分不出主语和谓语的单句,常常由主谓短语以外的短语或单词形成,主要有独词型的非主谓句和短语型非主谓句两类,在新闻标题中,非主谓句常常是配合主谓句,烘托气氛,补充细节,增强节奏感和现场感。如下面《新快报》两例标题充分体现了主谓句和非主谓句配合以后的效果:

黑!江边狂造假冒名牌水泥

惊!买来建楼可致房子倒塌

质监部门捣毁广州、中山、佛山三处制假窝点

查获假冒伪劣水泥百余吨

天哪!他的骨头会自行溶解

谢先生成世界罕见的"鬼怪骨"病例,目前尚无理想治疗方法

(2)陈述句、疑问句和感叹句

在消息的标题中,陈述句是被编辑们运用最普遍的句式,而疑问句和感叹句用得较少。而在一些社会新闻中使用疑问句和感叹句,能使标题具有某种心理和情感的引导性或者使标题具有悬念感,以此吸引读者。如以下几例:

之江路山体滑坡的地方有棵大树斜得蛮厉害

阴雨天马上又要来了倒下来砸到人怎么办?(《都市快报》)

准备好没？ 四大微博实名啦!

新浪、网易、搜狐今天凌晨上线新系统,腾讯老用户不受影响(《新快报》)

2.语词的推敲

(1)用语要准确

2002 年 8 月一家中央大报刊发的一篇文章,大意是讲当年夏天我国南方地区为何出现多年难得一遇的持续高温,标题是《南方今夏为何罕见高温》。乍一看这是一个不赖的标题,可错在"为何"与"罕见"之间漏掉了"出现"二字,这一漏不要紧,意思正好相反,成了一个"南辕北辙"的错题。还有一家产业报,一版头条曾出现这样的标题:不负重任,确保人民用药安全有效,显然这里的"任"字应为"托"。① 某媒体标题《北京 15% 的爸爸"戴绿帽"替别人养孩子》,很多人看后大呼上当,原来所谓的 15% 是指"在一年内北京人委托专家进行亲子鉴定的近 600 例检测中,有 15% 检测结果为非亲子关系"。无论是无心的疏忽还是有意的捏造都造成了标题的失当、失准,甚至失实、失真,由此误导了读者,造成了媒体公信力的损失。

(2)用语要通俗易懂

在报纸消息标题的制作中,对网络流行语的借用越来越普遍,如"给力"、"浮云"、"被××"、"史上最……"、"hold 住"等词在都市报、晚报的标题中屡见不鲜。报纸的读者群很复杂,而中、老年读者是购买报纸的主力人群之一,他们平时不大上网,喜欢看报纸,对网络用语十分生疏,如果报纸为了迎合年轻人经常运用网络流行用语,必然使这部分读者看不懂,影响他们看报纸的乐趣。如某报在"3·15"消费者权益日那天登载的消息《旅游投诉篇:45 名消费体察员暗访省内游"坑爹"现象》,"坑爹"是网络流行语,特别能表达网友们受到伤害的心情,但是对于一部分从来不上网的人群而言,"坑爹"从字面意义上讲会引起相当大的歧义。

(3)用语要简练

简练是报纸标题的特殊要求。制作标题要尽量做到精短、明快、凝练,即用语精当、一看就懂,能用一个字表达清楚的,决不用第二个字。

上海网球大师杯,其中有一场比赛,由世界排名第一的瑞士名将费德勒对抗克罗地亚名将柳比西奇,最终费德勒通过一波三折、扣人心弦的激战击败对手。对于这则新闻,《新民晚报》制作的标题是《"费"力拔"柳"》,区区 4 个字,

---

① 尹薇:"准确、简约、传神——浅谈报纸新闻标题制作的三个关键词",《新闻知识》2006 年第 7 期。

非常短,但就是这 4 个字,既巧妙地把两位选手的姓名告诉给读者,又清晰地把比赛结果、比赛进程体现了出来。[①]

(4)用语要传神

传神是标题制作的最高境界,相对于准确和简约而言,也是最难达到的境界。什么叫传神? 就是要尽可能把标题做得能突出新闻主题,并且能升华新闻主题。多找关键词,多用动词,多描写细节。细节常常最能反映新闻事件的个性特征。选择新闻中的细节,将新闻中最为具体生动的事实,用一句话形象地概括提炼,往往会使新闻平添一抹亮色,吊起读者的胃口。如某都市报的一则社会新闻标题:《抢拔车钥匙 猛拉方向盘(引题)40 来岁女乘客强行要中途下快客(主题) 七八岁的儿子在旁边劝:妈妈别闹了,这样多不好啊(副题)》,其引题部分"抢拔车钥匙 猛拉方向盘",描写了此事件中惊心动魄的一幕,动词"抢拔"、"猛拉"生动地刻画了细节,让人印象深刻。

3.修辞格的运用

恰当的修辞格会让标题出彩出新,在标题上常用的修辞格有引用、对比、比喻、比拟、仿拟、设问、对偶押韵等。这些修辞格单独用,有时综合使用。

引用,是指在表述中借用现成的话(或诗句、格言、成语或他人的话语)的一种辞格。新闻标题中,常截取重要人物关键性的话语来概括主题,或表达观点。对比,是把两种不同事物或同一事物的两个方面进行相互比较的一种辞格。如上例,副题引用儿子的话"妈妈别闹了,这样多不好啊",同时和引题、主题中母亲的无理要求形成了鲜明的对比,让人感慨万分。

比喻就是打比方,即借助本质不同的甲、乙两事物的相似点,以乙喻甲,来描绘事物或说明道理。如《李逵在睡觉 李鬼就当道(引题) 官网很难找 投诉投了也白投(主题)》,"李逵"指真的维权网站,而"李鬼"则指假的维权网站。引题和主题结合起来,意思就相当明白,指官方失职而欺诈盛行。当然比喻手法一定要慎用,一定要和实题或正文相联系,并且通俗易懂,如果脱离了具体的事物,则使用比喻的标题可能让人费解。比如标题《"费"力拔"柳"》,标题的意思只有在看了正文后才明白,"费"指网球明星费德勒,而"柳"指网球选手柳比西奇,喻指在上海网球大师杯上,费德勒通过一波三折、扣人心弦的激战击败对手。

比拟是把甲事物当乙事物来描绘的一种辞格,可分为拟人和拟物。出现得较多的是拟人,即把物当人写,将人的情感体验赋予无生命的事物,从而使之栩栩如生,增添表达的鲜活性和亲切感。如《菜篮子推着 CPI 往上走》,一

---

① 万自力:"信、达、雅——浅谈报纸新闻标题的制作",《青年记者》2010 年第 18 期。

个"推"字,既有动感,又让枯燥的经济常识变得富有生命活力。

仿拟,是指根据人们熟知的言语形式临时仿造出一个新的言语形式的一种辞格。根据仿拟对象的语言性质特点,可分为仿词、仿句、仿篇。新闻标题中,常见仿词和仿句两种。例如:拯救"NBA 大兵"斯特恩(引题)林书豪有望让 NBA 收入增加整整 8000 万美元(主题),引题部分仿照电影《拯救大兵瑞恩》。

设问指已有答案,故意提问,自问自答的一种辞格。新闻标题中运用设问辞格是为了引起注意、引发思考、加深印象。如标题《强行上下地铁? 今起可能被拒载!》、《黑纸一洗变美元? 老外专骗深圳"高知女"》,先用问句引发读者思考,再用答句揭示答案,从形式看,标题一问一答,每句仅 6～7 个字,适合读者快速扫读;从内容看,两句概括出正文的主要内容,表述醒目、明确。①

对偶,成对使用的两个字数相等,结构、词性大体相同,意义相关的文句。如《李逵在睡觉 李鬼就当道(引题)官网很难找 投诉投了也白投(主题)》、《中超很火 绿城很衰(主题) 客场丢了三个球(副题)》。对偶常常和押韵、对比等修辞格综合使用。而押韵的句子也不一定是严格的对偶句,如:《深圳"拔管杀妻案"二审掀出隐情(主题) 被告被指有小三,三更半夜常通话,照顾岳母成空话,连个电话也不打(副题)》,副题四句,字数相等,比较押韵,但结构和词性不一样。

四、消息导语的写作技巧

如果说标题是消息的眼睛,那么导语便是消息的脸面。导语常常是消息的第一段或前面几段,担任激发读者的兴趣,继续往下阅读的重任。

(一)导语和"5W1H"要素

现代消息的导语基本上都是部分要素式导语,即导语中只包含"5W1H"要素中的部分要素,展示消息中最有价值的部分。对于简单的消息来说,导语不应包含太多的内容。这类消息的导语,最好只强调一个 W。如果其他 W 也值得关注,可以把它们放在主体不同段落层次中展示。

一场大水淹没了一万亩土地,并使 100 人伤亡。记者在报道这条新闻时,必须在导语中突出伤亡人数(即"何人要素"),而不是突出淹没的土地。因为人的价值比物的价值大得多。报道失窃的新闻,一般是强调什么东西被盗。但是,不同的情况下,应该注意区分、比较和辨别,强调突出不同的要素。如果盗窃案在白天发生,光天化日之下,案犯胆大包天,令人震惊,新闻导语中应强

---

① 彭文峰:"新闻标题中的辞格艺术",《广东青年干部学院学报》2009 年第 4 期。

调"何时要素";如果盗窃者本人就是执法人员,其身份的特殊性决定了"何人要素"应该被强调;如果案件发生地点是政府机关或公安部门,那导语突出的将是"何地要素";如果窃犯偷走了东西却还留下纸条,说是为了维持最低生活所迫,那导语应突出的是"何因"这个要素。①

1. 突出"何事"的导语

何事要素是新闻的核心。没有"何事",就没有新闻;没有"何事",何时、何地、何人、为何及如何等要素,在新闻中就没有归宿。一般来说,在新闻导语中,何事要素不单独出现,它需要与其他要素配合,相互依存,才能构成一条较完整的导语。

例:《长江商报》消息 麻醉师给患者注射了麻醉药,可过了一小时还没效果,就在医生准备手术时,怕疼的患者抓起输液瓶逃出了手术室。昨日,武汉紫荆医院称,个体差异导致麻醉效果不一样,医生没有违规。

2. 突出"何时"的导语

一般的导语都包含"何时"要素,但通常不会特别强调。当新闻事实涉及的时间具有特殊的意义,或者何时要素本身对新闻的价值具有决定性的作用时,时间因素应该强化突出。前一种情况如上面曾提到的"大白天窃贼大胆作案";后一种情况如"1997 年 7 月 1 日,中国收回香港,恢复行使主权"。②

在处理已经过时但仍具有新闻价值的事件时,通常要找到和现在相联系的关节点,寻找时间依据,即新闻由头。这些过时的新闻可能是记者当时没有得到采访线索,但它一直在发展和变化,记者找到了新的动向或发展,就有了新的报道由头;另一种情况是找这个事件一直存在并且在持续影响其他的人和事,找到了当下和这个事件相关联的人和事,就找到了可以介绍这个事件的由头。

例:本报讯 2 月 28 日,湖南省益阳市胜利小学开学的第一天,全校师生的心情却很沉重,五年级 47 班李振同学的座位还空着。班主任阳佩城焦急地告诉记者:"李振被绑架人质已经整整 146 天了。我们天天盼望他回来上课呵!"

这条消息主要报道的是湖南省益阳市一小学生被湖北省的一个镇的村民当成人质,以此要挟益阳有关者还清欠款。这个事件发生距记者报道有 146 天,但后续影响方方面面,异常深远。记者选择了绑架事件对同学和老师的影

---

① ② 参阅沈爱国:"新闻导语中要素的'审慎衡量'",http://www.zjol.com.cn/node2/node26108/node30205/node30235/node36252/userobject7ai2089.html

响入手,让人印象深刻。

3.突出"何人"的导语

何人要素常常被加以突出表现,如果新闻事实涉及一些显著人物,如明星、政要等,则一般都要在导语中加以突出。如果人物并非是显著人物,而其他的要素也不是很重要,则一般突出强调人物的职业、性别、年龄和其他显著特征。

例:《南方日报》讯 昨日下午,中共中央政治局委员、省委书记汪洋出席全省市、县组织部长培训班并作重要讲话,强调组织部长要当好党委选贤任能的重要把关人。

例:中广网长沙3月20日消息 今天(3月20日)下午,中南大学决定:从今天开始聘请22岁的刘路为正教授级研究员,刘路成为目前中国最年轻的教授。

4.突出"何地"的导语

何地一般也不常在导语中作为重点表现,但如果消息本身就是关于何地要素报道,或者报道即将发生的重大事件的地点,或者强调新闻的接近性,这三种情况应当突出何地要素。

例:本报讯 今年央视3·15晚会曝光了不少液化气企业非法掺加二甲醚的现象。业内人士说,这种情况在浙江也存在。

这是浙江省内的一家都市报编辑制作的一个导语,这个导语只突出了一个新闻要素即"何地"。导语的前半部分叙述了一个已经为人所知、不算很新的事实,后半部分引用业内人士的话,强调浙江也有这种情况!很显然重点在后半部分,因为阅读此报的基本上是浙江本地的读者,地域上的接近性,一下子勾住了读者的心。

5.突出"何因"的导语

在导语中对何因要素的强调也越来越普遍,媒体竞争越来越激烈,对于同一新闻事件,各家基本上都能说出来"何地"、"何人"、"何事"或"何时"等要素,但有些媒体为了求快而忽视了第一时间对"何因"的追究,而另一些媒体不但求快而且也要求深,即力求在第一时间对"何因"的挖掘,因而就有了深度。

例:本报讯 只因为淘气被妈妈责骂了几句,一位5岁女孩一气之下逃出家门,至今下落不明。有关专家指出,独生子女的家庭教育问题已到了让人忧心的地步。

这是一则将"何因要素"前置的导语,即"何因式导语"。当何因要素确实引人瞩目时,就应选择将何因前置的方式。

6. 突出"如何"的导语

如何要素往往是指一条新闻的发展过程或情节的展开或新闻事件中的细节。因为揭示"如何"要素占用的篇幅一般比较长,一般不会在导语中处理,而是放到消息的主体中展开或者在后续报道中进一步揭开。但需要特别强调时应在导语中概述,突出处理。

比如记者获悉这样一条线索:一名罪犯昨晚从监狱逃出。记者对新闻要素逐一作出分析:何人——仅是一名被判刑 3 年的盗窃犯,并非穷凶极恶的杀人犯;何时——昨晚,也是一个平常的日子;何地——某监狱,非特殊意义的地点;何因——逃避法律的惩罚,属于较常见。接下来的是"如何"要素,这也正是大众所关心的焦点。因为在一般人心目中,监狱总是壁垒森严、防备非常严格的,此罪犯靠何种手段、以什么方法躲过了狱警的耳目得以逃脱的呢?在一番分析后,记者决定从如何要素入手,率先回答读者的疑问[①]:

例:本报讯 用一把小小的铁汤匙挖掘数日,并巧妙躲过警卫每天的巡视,一名罪犯终于挖穿牢墙,于昨晚越狱。

(二)导语的类型

国内外学界和业界对导语的分类比较多,本书综合各种分类,从表达方式上将导语分为叙述型导语、描述型导语、述评型导语等几类;从修辞和技巧的角度,将导语分为引语型导语、对比式导语、设问式导语、悬念式导语、个案式导语等;从结构上看,导语可分为单体式结构导语和复合式结构导语。

1. 叙述型导语

叙述型导语即从语言表达上,主要采用叙述的表达方式,将新闻事实交代清楚,包括直叙式导语和概述式导语两种范式。直叙式导语特点是开门见山,平铺直叙,直截了当地把最有新闻价值的新闻事实告诉读者,常常包含"5W1H"要素的 1 个或 2 个要素。适合于突发性事件新闻和动态新闻报道。上文中例举的例子基本上都是直叙式导语,这里不再举例说明。概括式导语是将新闻事件的完整过程进行简要概括,让读者迅速了解新闻事实的概况,适合于内容复杂、过程曲折的消息。

例:南都记者纪许光发自河南洛阳 河南洛阳警方近日破获一起发生在地下 4 米深处的案件——消防兵转业的 34 岁当地男子李浩在长达两年的时间里,瞒着妻子秘密在外购置一处地下室,耗时 1 年开挖地窖并将 6 名歌厅女子诱骗至此囚禁为性奴。本月初,该案因一女子的举报电话而告破。洛阳警

[①] 参阅沈爱国:"新闻导语中要素的'审慎衡量'",http://www.zjol.com.cn/node2/node26108/node30205/node30235/node36252/userobject7ai2089.html

方从地窖中成功解救出 4 名歌厅女,同时,还找到两具尸体……

2.描述型导语

描述式导语也称为描写性导语,描述型导语是指主要综合采用描写和叙述两种表达方式的导语类型,其突出优点是,用镜头语言呈现画面和场景,绘声绘色,形象生动,给受众留下深刻的印象。描述式导语是记人、叙事、写景类新闻的主要表述方法之一。

例:她用很久的时间来化妆,戴着黑色的假睫毛,坐在咖啡馆无聊的时候,喜欢用白色的 iPhone4 自拍;在摄像机对着她的时候,她会下意识挺直腰,或者把染成金色的长发调整一个方向,紧张地问旁边的人:这样的姿势漂亮吗?她不戴墨镜,在街上背着 LV 包包、穿着高跟鞋走过的时候,会有路过餐厅门口的服务员对着她小声喊着她的名字。

3 个月前,这个还名不见经传的女孩,因为某一天她把自己微博的身份从演员更改成中国红十字会商业总经理,一夜之间变成热点新闻的女主角,从而掀起拷问中国慈善业公信力的一次大地震。她的名字,被与"炫富""二奶"等名词纠缠在一起。她,是刚满 20 岁的郭美美。

以上是《南方都市报》记者专访郭美美新闻的导语,以贴近的距离、旁观的视角描述了日常生活中的郭美美形象。

3.述评型导语

述评型导语是兼有叙述和评论两种表达方式的导语,通常以叙述为主,评论为辅,在述评性新闻中比较多。

例:新华网重庆 5 月 28 日电 记者 28 日从正在重庆举行的第二届中国慢性病预防控制管理论坛上了解到,在我国人群死因构成中,慢性非传染性疾病已上升至 85%,加强慢性病防控刻不容缓。

该导语为述评型导语,既有对新闻事实过程的叙述,又有对新闻事实意义的评价,从中不难看出作者的态度,加强了该社会问题解决的迫切性。

4.引语式导语

引语式导语是指在导语中以引用人物的话语为主要内容的导语,所引述的内容通常是人物的重要观点或者是能体现人物个性、让人留下深刻印象的话语,也有导语是引述突发性新闻报料人的描述内容(例子)。引述的方式可以是直接引语(例 1),也可以是间接引语(例 2)。引语式导语在会议报道、人物报道、问题报道中常用。

例 1:一向以敢言敢说著称的著名经济学家许小年昨天再发犀利言论:"中国的房价不应该这么高,但今年的房价还将再创新高!"

例2：新华网上海3月20日电 中国浦东、井冈山、延安三所干部学院20日举行2012年春季开学典礼。中共中央政治局委员、中央书记处书记、中组部部长李源潮指出，党的干部要按照胡锦涛总书记要求，保持思想纯洁，坚定理想信念，带头践行社会主义核心价值体系，做社会主义思想道德的自觉遵守者、示范引领者和坚定维护者。

例3：昨日14:15,柳先生来电：秋涛路木材市场旁边的姚江路上，一辆现代车烧起来了，消防正在扑火。司机逃出来的时候，像个火人，就和电影里的情景一模一样，我拍了照片。

5.对比式导语

对比式导语有两种：一种是将过去和现在进行比较。即因时间推移产生了变化，通过现在和过去的比较直接表现出这种变化，把此时此地情景与彼时彼地情景比较，使之相映成趣（如下例1）；另一种对比是事情内在矛盾或人物内心的矛盾比较，展示某种冲突（如下例2、例3）。

例1：几年前还是水草不长、螺蚌不生、水鸟不停、鱼虾绝迹的鸭儿湖，现在又复活了！记者亲眼看到经过治理的湖面碧波粼粼，渔舟点点，成群的野鸭在湖里嬉戏。

例2：几厘钱，分把钱的利润，有些人是看不起的。可是，武昌县法泗乡菱朱村就是靠这样的薄利富起来的。

例3：9月，是大中专生入学的日子。对于云关乡木头村布依族妇女王友芬来说，这却是又喜又忧的日子。喜的是，自己守寡十六年含辛茹苦拉扯大的两个孩子有了出息，双双考取了中专学校；忧的是，以自己的家境，如何支付那4000多元的高额学费！

6.设问式导语

设问式导语指写作者有意在消息的开头提出某个引人注目的问题，或自问自答，或问而不答。新闻导语中运用设问，一方面是为了引出新闻事实；另一方面，设问可以使新闻导语变得鲜明、生动，引人入文。新闻导语中的设问有多种类型，从回答的方式上看，可分为两种：一种是自问自答，先据事提出问题，紧跟着作出回答。

例：今天下午4点，新赛季中超冠名商就将公布，这家神秘的外方企业究竟是谁？答案已经有了，它是英国网络品牌"iphox"，中国足协提供的中文译名为"爱福克斯"。

另一种是问而不答式，无疑而问，既不要求对方回答，自己也不回答，问而不答，是为了发人深省。

例:如果社会上数以千万计的青年男子娶不到老婆,你会担心吗? 这正是中国和印度现在必须面对的令人感到烦恼的一幕。

7.悬念式导语

文似看山不喜平,对于平面的报纸媒体而言,平铺直叙虽然能让读者迅速了解新闻事实,但吸引读者接着往下读的推动力似乎不足,而对于电视新闻而言,由于是电视媒体是线性传播,无法跳跃向前看,如果主持人在开头的导语阶段无法吸引住受众,会面临着跳台的可能。因此一些富有创新精神的记者在新闻写作中借鉴文学笔法,在导语中设置悬疑来吸引读者继续阅读。在导语中设置悬念的技巧有很多,常用的有:

(1)利益相关法

在民生新闻中,抓住和民众切身利益相关点,在开始阶段作为疑问抛出,然后再在主体中解开谜团。

例:备受关注的深圳市住房公积金制度改革方案今天正式出台。方案的具体内容是什么? 什么时候正式实施呢? 记者今天到相关部门对此进行了解。

(2)掩藏要素法

即不在导语中揭示某个重要的 W 要素,而是作为悬疑向观众发问,再在下面继续解答。如下例中导语将"who"和"why"当做悬疑向观众抛出来。

例:昨天,福田区百花园二期芙蓉阁,一名电梯维修工被落下的电梯压死,但死者家属却迟迟没得到消息,究竟是谁隐瞒了死讯? 他们为什么要隐瞒死讯?

(3)反常现象法

反常现象是指不同于受众日常经验和常识的现象,巧妙利用反常来设置悬念,常常会获得成功。

例:最近,有家企业在广告中声明:纯净水对健康无益,今后将停止生产纯净水。不少喝纯净水的市民不禁愕然。然而许多专家说,到目前为止,我们对于水对健康影响的研究和认识还很不够,现在就给水下结论,为时尚早。

喝纯净水本来是人们对健康生活的一种选择,任何一家厂商大概不会去做广告,声明喝纯净水对健康无益。但这篇报道却反其道而行之,不仅有企业声明,还将停止生产纯净水,专家也认为,水对健康的影响的研究还不够,给水下结论为时尚早。这样吸引读者阅读一探究竟。

(4)倒叙设悬法

利用倒叙法设置悬念就是把故事的结局先写出来,给观众以强烈鲜明的印象,让观众带着悬念继续收看节目,这种手法也叫先果后因法。

例:最近,湖南隆回县公安局原政委王峥嵘的女儿王佳俊,冒用同学罗彩霞名义读大学的事件有了最新进展,湖南省邵阳市邵东县组成的罗彩霞事件联合调查组今天对外公布核心人物王佳俊的父亲王峥嵘已经被公安机关刑事拘留,现在王佳俊和罗彩霞两人当年的高三班主任张文迪也被邵东县纪委实施"双规"。他们是怎么被牵扯进这件事的呢?

8. 个案式导语

记者在报道社会现象、社会问题或者某类人群、族群时常常会选择个案式导语,即在导语中选择一个典型场景或典型人物故事切入,从而引出要报道的现象、问题或人物。如下例报道中国富豪海外狩猎现象的新闻采用于个案式导语。

例:一只肥胖憨厚的黑熊悠闲地在加拿大丛林小道上散步,不时低头吃着东西,突然一声枪响,黑熊背上冒起一缕白烟,受伤的熊向森林深处跑去,最终因流血过多倒下。几分钟过后,黑熊的尸体旁多了几个中国人,他们挥舞着猎枪,呼喊着,兴奋的脸庞映照在阳光之下。

这不是某部好莱坞大片,而是 2011 年 6 月中国富豪远赴加拿大黑熊狩猎团打猎的真实场景。

9. 单一式导语和复合式导语

在中西方新闻实践中,都把新闻的第一段当做导语,但西方新闻界在传统单一式结构的基础上逐渐发展出了多段复合式结构导语,在复杂新闻报道中经常运用。这些报道的第一段导语并不包含全部精华,视情况需要将精华逐级下放扩充至第二段、第三段,甚至延续至第四段、第五段,直至交代清楚完整的事实,再在正文中补充细节。

例:在本州的历史上,第一次有两位独立党候选人赢得了州政府中两个最高职位。

威廉·布兰森,第一次跻身政坛的前公司总裁,以 3:1 的票数击败民主党和共和党的候选人,当选州长。

布兰森的搭档格文·斯托克斯当选州长助理,她是在切斯特·古德因健康原因退出后,加入独立党竞选阵营的。多年来,她一直是"拯救我们的海滩"组织的负责人,这个组织反对在海滩进行商业性开发。

当选州长的布兰森确信,是因为选票分散使得他击败主要党派的候选人。"我相信,选民们都已厌倦了共和党和民主党的那些老一套的承诺,"布兰森在庆祝会上告诉他的支持者,"现在是我履行诺言的时候了,我发誓,一定鞠躬尽痒,不遗余力。"①

这个导语共有 4 段,第一段突出了"what",即"何事"要素,第二段、第三段突出"who",即"何人"要素,第四段突出"why"和"how",即"何因"和"如何"两要素。

如今也有国内媒体尝试复合式导语的处理方式。如《都市快报》对于突发性新闻导语,采取先由报料人描述,然后由记者核实补充的处理方式,使得消息的新闻价值得以迅速而充分地体现。

例:昨日 14:15,柳先生来电:秋涛路木材市场旁边的姚江路上,一辆现代车烧起来了,消防正在扑火。司机逃出来的时候,像个火人,就和电影里的情景一模一样,我拍了照片。

14:28,陆小姐来电:秋涛路和姚江路路口有辆现代车子着火了。我听到轰隆一声响,是爆炸的声音。然后车里面跑出来一男一女,女的先出来,脸上被火烧到。男的随后逃出来,全身都着了火,在马路上乱跑……我太紧张了,只拍了扑灭后的照片。

记者陈健核实报道:事情发生在距秋涛路姚江路交叉口东口约 150 米的凤凰北苑小区门前,时间是昨天下午 2 点 25 分左右。

五、消息主体的写作

消息主体的写作受到消息类型、结构、主题、角度、导语等多种因素的制约,其材料组织形式多种多样,基本的形式有倒金字塔式、时间顺序式、逻辑顺序式等。不管消息主体展开形式如何,在写作上必须实现以下一个或两个目的:(1)解释和详细阐述导语或导语部分提出的一个或几个新闻要点;(2)补充和详细阐述导语中没有概括的次要内容。②

(一)倒金字塔式

主体部分根据导语及新闻价值要素来组织材料,主体对导语起着解释、说明和补充的作用,材料按照价值重要性大小逐层展开。

例:

卡梅隆完成深海探险 只身潜入海洋最深处创历史

第一段:据外电报道,美国好莱坞著名导演詹姆斯·卡梅隆 26 日驾驶名

---

① [美]凯利莱特尔等著,宋铁军译:《全能记者必备——新闻采集、写作、编辑的基本技能》第七版,中国人民大学出版社 2005 年版,第 123 页。

② [美]凯利莱特尔等著,宋铁军译:《全能记者必备——新闻采集、写作、编辑的基本技能》第七版,中国人民大学出版社 2005 年版,第 145 页。

为"深海挑战者"的特制潜艇成功抵达了地球最深的地方。

第二段：美国国家地理学会一名发言人称，这位曾执导过《泰坦尼克号》、《阿凡达》等多部卖座影片的导演乘坐一艘特制的潜水艇，在当地时间 26 日成功下潜至水深近 7 英里的海底。

第三段：卡梅隆计划花 6 个小时来探索马里亚纳海沟并对其进行拍摄。马里亚纳海沟位于菲律宾东北、马里亚纳群岛附近的太平洋底，全长 2550 千米，为弧形，平均宽 70 千米，大部分水深在 8000 米以上。

第四段：卡梅隆到达水深 35756 英尺（约 10898.43 米）的海底花费了两个多小时。"各系统运行正常，"这是卡梅隆在抵达海底后所说的第一句话。

第五段：自此，卡梅隆成为人类历史第三位下潜至海洋最深处的探险家，同时也是单独下潜第一人，还是第一位在马里亚纳海沟底部进行实地探测的人。

第六段：1960 年 1 月 23 日，美国人唐·沃尔什与瑞士人雅克·皮卡德驾驶深海潜艇"的里雅斯特号"（Trieste）抵达马里亚纳海沟最深处，马里亚纳海沟底部第一次留下了人类的足迹。在此之后的 50 多年时间里，再无人对马里亚纳海沟进行探险。

第七段：马里亚纳海沟地形复杂，范围广阔——它比美国科罗拉多大峡谷还要大 120 倍，比世界最高峰珠穆朗玛峰还要"深"1 英里（1600 多米）还多。

第八段："这真的是人类首次有机会仔细观察一道非常陌生的风景。"美国国家地理学会一位高管称，"他将看到我们前所未见的一些东西，他将向科学家们打开一个新的世界。"

这是一则典型的倒金字塔形结构的消息，第一段导语简要交代了何人何时何地何事要素，突出了人物和事件的显著性，即人物是"好莱坞著名导演詹姆斯·卡梅隆"，事件是"驾驶潜艇成功抵达了地球最深的地方"；第二段至第七段是消息的主体部分，对导语中提及的要素按照新闻价值大小进一步展开和补充细节，同时提供导语中没有提及的其他要素。第二段首先对最重要的"何人"和"何事"要素展开和补充细节，"执导过《泰坦尼克号》、《阿凡达》等多部卖座影片"——强调人物显著性的事实，"水深近 7 英里"——对事件显著性的进一步说明；第三段则进一步交代了"如何"要素——到达后"计划花 6 个小时来探索马里亚纳海沟并对其进行拍摄"，并对"何地"要素——马里亚纳海沟进行介绍；第四段对何事要素进一步补充细节——"到达水深 35756 英尺（约 10898.43 米）的海底花费了两个多小时"及人物到达后的第一句话；第五段对"何人"要素再次展开解释，强调人物非凡的显著性——即人物不仅仅是著名导演而且还是"人类历史第三位下潜至海洋最深处的探险家，同时也是单独下潜第一人,还是第一位在马里亚纳海沟底部进行实地探测的人";第六段介绍了第一个到达马里亚纳海沟的人,强调"之后的50多年时间里,再无人对马里亚纳海沟进行探险",第七段突出马里亚纳海沟的复杂和奇险,这两段也是整篇消息的背景材料。第六段是对第五段的补充说明,第七段是对第五段、第六段的补充说明,层层递进,步步深入;第八段是结尾,引用相关人士的话对此事的意义进行评价,也可以看做是对"如何"要素的进一步补充。

(二)时间顺序式

即主体以时间为线索展开材料,适合于事件新闻报道、动态新闻报道等。有两种形式,一种是展示事件进程中重要的时间关节点,体现事件发生、发展、高潮、结局的演变的过程,另外一种是没有明显的时间点,但整个进程依然是以时间为顺序的。

例:

女子滞留高空欲跳楼 众人买望远镜看热闹

晨报讯(记者 胡晓琼 高明)望远镜、马扎、饼干、矿泉水……有人为了看跳楼,用上了看刘德华演唱会的装备。

昨日,一女子在沈阳市北三经街一烂尾楼上欲跳楼。在女子滞留高空的6个多小时里,上千人次围观,三经街交通一度受阻。

真着急:你们看啥呢?

昨日12时许,记者离现场还很远就看到烂尾楼下挤满了围观的人群。

走近现场后,记者看到一名骑摩托车男子停下车问:"怎么了,你们看什么呢?"

一位小伙子爱搭不理地说:"你没看见上面有人吗?"

听到这个消息,男子着急了,将车熄了火,焦急地询问:"哪有人呀,我怎么看不见呢? 在哪呢?"

一位大娘告诉他:"10点钟左右,就有人看见她往那上爬了,一个学生报了警……"

记者惊讶地发现,由于跳楼者所在楼层很高,有些人还通过高倍望远镜向上看。更让人吃惊的是,现场居然还有女子卖望远镜:"兄弟,想看上面不? 买个望远镜吧。"

现场无人买望远镜,但很多人都想借。

真夸张:搬个马扎看跳楼

围观的人还在增多:开车的路过此处,放慢车速,探出头来;骑车者干脆停下来,将车锁在路旁;步行的更是不愿离去……

12 时 22 分,北三经街只剩下一半的车道可以通行,车辆行驶到此处时都猛摁喇叭。

与的哥们相比,还是行人从容,有些人干脆从家里拿来了马扎,坐在路边上看。

时间转到近 13 时,吃午饭的时间都要过去了,围观者仍不愿散去。一位 50 多岁的女子说:"挨点饿吧,我害怕一回去她跳下来看不到,不就白等了。"

家住北市场的一位男子为了看热闹,竟回家拿了饼干和矿泉水后又匆匆赶回。

真惊险:消防战士登高救人

接到有人要跳楼的消息后,沈阳市公安局、沈阳消防支队等相关部门相继赶到,一边疏散人群,一边劝说女子下来,但女子的情绪一直很激动,救援工作一度停止。

16 时 45 分,两名消防战士冒险将女子从 20 多层楼的高处救了下来。

120 告诉记者,初步检查女子身体基本正常。女子叫高向芬(音),54 岁,爬上高楼的原因是有事情想不开。

17 时,北三经街交通恢复。①

这是一篇突发性新闻报道,记者在现场目击了整个事件的过程,记者着眼点不是跳楼轻生的女子,也不是实施抢救的消防战士,而是围观的群众。作为导语的第一段、第二段概述了事件,突出了事件的新奇性——有人轻生跳楼而上千人次围观,结果造成了交通拥堵。有人跳楼不是新闻,而围观跳楼倒是稀奇。主体部分,记者目击了现场情况,而对这 6 个多小时的众人围观情况,则根据时间顺序来组织材料,对一些时间节点发生了什么进行了明确而详细的交代。而对何人、何因、如何等因素在最后几段进行了简短的交代,基本上是一笔带过。

(三)逻辑顺序式

这种材料组织方式,按照事实的内部联系或问题的逻辑关系来组织材料,逻辑顺序通常有四种:各材料间是因果关系的,可以先写因,也可以写果;各材料间是递进关系的,要层层深入;各材料间是主从关系的,主在前,从在后;最后一种各材料是平行关系的,各材料平行排列,材料没有主次,顺序可以随意调整。

---

① 《华商晨报》2005 年 9 月 18 日。

例：

英雄要过"美人关"　少林寺全球遴选108名好汉

中新网11月19日电《人民日报海外版》报道称，具有1500年历史的河南嵩山少林寺将开展"寻找中国功夫之星"活动，在全球范围内海选中国功夫强手。活动通过对"德、武、艺"多项素质的考评，最终将遴选出108名好汉参加电视剧《少林寺之僧兵传奇》的拍摄。

赛区安排：全球设11个赛区

据悉，此项活动全球共设11个赛区。国内6大主赛区，分别为北京、上海、成都、沈阳、郑州和深圳，而深圳还是全球分赛区的集结中心。世界五大洲的分赛区分别为北美洲的美国、欧洲的德国、大洋洲的澳大利亚、亚洲的韩国和泰国、非洲的埃及。

参赛条件：中国功夫PK不限国籍

少林寺既是禅宗的祖庭，又是中国功夫的最大宗派——少林功夫的发源地。无论是武侠小说，还是影视剧作，都经常以少林寺为主题或场所，而作为中华民族传统文化的象征，少林寺的形象更是深入人心。

对于此次以"以德服人以武会友"为宗旨的活动，对参赛选手没有限制：无论任何国籍、任何肤色、任何门派，只要是会中国功夫者都可以参与。但是全部参赛选手必须是男性，而且少林寺的僧人不得参与。不过，少林寺方丈释永信表示，少林寺的俗家弟子可以参加。

赛事设置：英雄要过"美人关"

在海选中，全球武林高手不但要进行PK，还要闯"美人关"。对于其中"美人关"的比赛内容，主办方解释说，比赛中的"美人关"并非用美女考验比赛者的意志，而是因为参赛选手均为男士，他们除了展示"德、武、艺"综合素质外，其男性阳刚之气必须接受异性眼光的检验，最终魅力指数高者进入下一轮。

评选内容：自选套路和才艺表演

大赛初选不限表演方式，以自选功夫套路和自选才艺表演为评选内容。通过海选，国内6大主赛区各选出"十八将"。在分赛区比赛阶段，"十八将"经过基本功测试、自选功夫表演、演艺比赛、美人关、观众短信支持和实战PK产生"三强"。"三强"构成总决赛"中国功夫之十八罗汉"的最强阵容。

上例为逻辑顺序中的平行结构，作者将少林寺"寻找中国功夫之星"活动分为四部分：赛区安排、参赛条件、赛事设置和评选内容，通过设置层次小标题分别向读者进行介绍。这四部分是平行展开，基本上不分主次和先后。另外在一篇《500强房企库存近5万亿 开发商进入全员卖房模式》的消息中,主体部分围绕着两块内容"库存飙升至近5万亿 房企进入偿债高峰期"和"去库存化成房企第一目标'全员营销'时代来临"展开,两者是因果关系,前者是后者的原因,后者是前者的结果。事实上在复杂的主体架构过程中可能要综合上述组织形式进行。

文无定法,主体写作上,除了三种基本结构方式外,还有其他的方式,比如空间式——按照空间顺序组织材料,时空穿插式——过去和现在的发生的场景或事件进行穿插叙述,亲历式——以记者活动为线索,记录所见所闻。

六、消息结尾的写作

对于消息来说,结尾和导语、主体不同,不属于规定的构件,很多报道没有结尾,不但不会影响其内容的完整性,而且显得简洁、有力,干脆利落。但是,很多报道的结尾也不是多余而是有着特殊的作用,其作用有两点:一是尾首呼应,照应全篇,使消息完整圆满,起着概括全篇,或补充、点题的作用;二是阐明意义,留有余味,或寓意深刻,启迪生发。如著名的华尔街日报体,第一部分常常是人性化开头,即引入与新闻主题有关的人物故事,最后结尾部分常常将人物重新引入新闻,交代此人与新闻主题的深层关系。对于一般的消息来说,结尾有这样几种基本形式:

1. 总结式结尾

总结式结尾,记者对比较复杂的现象和问题在主体部分剖析后,最后在结尾部分进行简要概括总结。如《194人养1名公务员 中国公务员是多还是少》一文,在列举主要观点和看法及相关数据后,记者在结尾进行了概括总结,给出了答案:对比可以发现,我国1∶194.3的"官民比"很低。不过,我国公务员中没有包括事业单位的人数,这些人也是政府财政供养的,如果加上这部分人数,我国的"官民比"肯定比现在高。

2. 引语式结尾

引语分为直接引语和间接引语,结尾部分的引语通常是表明某种观点和评价,如消息《卡梅隆完成深海探险 只身潜入海洋最深处创历史》,最后的结尾即是直接引语式结尾,通过一名熟知内情的研究者之口道出了卡梅隆只身探险的意义,简洁而让人印象深刻。而《广州率先建政府常务会议会后即时新闻发布制度》一文的结尾是间接引语:事实上,在打造阳光政府的道路上,广州一直敢为人先。有观察指出,广州包容、开放的文明土壤,孕育了政府事务公开透明的风气。这是一个社会在事关公众事务的决策上日趋文明的标志。

3. 背景式结尾

背景式结尾即在篇末加入相关背景资料,进一步深化主题,提供了让人联想和思索的空间,这种写法在消息中也是经常见到。《都市快报》一篇改写报道《7000人排队 等着进北京公办养老院》,结尾是一段统计资料:"到2015年,北京户籍人口中60周岁及以上老年人口将达到320万,占户籍人口23%;80周岁以上人口将达到54万,占户籍人口4%。北京市老龄委规划,全市养老床位达到12万张,才能满足320万户籍老人中约4%老人在养老院养老的需求。"这段背景资料暗示了不远的将来,北京将面临更加严峻的养老问题,引人思考,让人担忧。

此外,结尾还有描写式结尾、评论式结尾、对比式结尾等等,但在消息的写作中这些类型的结尾不是经常用到,限于篇幅不再一一举例。

七、新闻背景的使用

新闻背景是新闻文本的重要构件。新闻背景是对新闻事件发生的历史、环境及原因的说明,解释事件发生或人物成长的主客观条件及其实际意义,为烘托和发挥新闻主题服务。[①]

(一)新闻背景的类型

在新闻背景的类型上,按材料本身的内容可以分为五种类型:历史背景、社会背景、人物背景、地理背景、事物背景;按使用效果分为五种类型:解释性背景材料、对比性背景材料、说明性背景材料、补充性背景材料、变换性背景材料。还有研究者将新闻背景分为三种:

1. 宏观新闻背景,亦即新闻事件发生时所处的时代背景、社会背景和人类文明背景。

2. 中观新闻背景,亦即与新闻事件、新闻人物直接相关的社会、文化和政治背景。它构成了新闻事件发生发展的具体环境。

3. 微观新闻背景,亦即在新闻中,在新闻人物身边附着并与新闻事实密切相关的事实。这些事实,对凸现真实性和新闻性有特殊作用。[②]

在消息中,无论何种类型的背景材料,必须依附于新闻事实,帮助受众理解新闻事实,而不是喧宾夺主。

(二)新闻背景的位置

在消息文本中,背景材料的位置并不是固定的。在报纸消息中,背景材料

---

① 沈爱国:《消息写作学》,浙江大学出版社2009年版。
② 廖永亮:《消息写作创新》,新华出版社2004年版,第146页。

可以放在标题中、导语中、主体前、主体中和结尾部分,如下面案例中字体加粗部分。

1.标题中使用新闻背景

标题中使用新闻背景一般放在副题中,揭示主题中的新闻事实发生的相关社会背景。

例:曾益新获"突出贡献奖"重奖 200 万元(主题)

广东颁发 272 项省科学技术奖,**今年投 8.5 亿元吸引高层次人才**(副题)

如上例,主题是该报道的主要新闻事实,而副题为主题展示了相关社会背景,深化了该报道的主旨。

2.导语中使用新闻背景

新闻背景用在导语中,有多种情况:

(1)用在对比式导语中。新闻背景主要用在过去和现在进行比较中,起到衬托当下的作用:

例:**几年前还是水草不长、螺蚌不生、水鸟不停,鱼虾绝迹的鸭儿湖**,现在又复活了! 记者亲眼看到经过治理的湖面碧波鄰鄰,渔舟点点,成群的野鸭在湖里嬉戏。

(2)用在动态新闻和连续性报道的导语中,现在的事件是前面事件的延续,为了帮助受众更好地了解,对先前发生的事件进行简要概括性回顾。

例:**3 月 18 日下午 2 点左右,一辆停靠在姚江路秋涛路口的现代 ix35 越野车突然爆炸起火,几秒钟后,一男一女先后从车里奔逃出来,浑身是火……在浙医二院,女孩小杨住烧伤科 2602 病房,同车男人余某住 2601 病房,两人相隔很近,但谁也没问起谁的伤情。两家父母在医院碰面,也像是陌生人。女孩妈妈说,女儿一个月前就和余分手了,之后余一直纠缠还发威胁短信。女儿也在病床上讲述了事发时车上的惨烈一幕——见杨姑娘依然不答应和自己交往,余拎出汽油桶,先往自己身上浇,再往杨姑娘身上泼,然后拿出打火机,点燃了自己……**(本报 3 月 19 日、20 日连续报道)

昨天 12:57,沈女士给快报 85100000 来电:我是轿车爆炸案的男方家属……

(3)现在发生的事件和前面发生的事件虽然不是同一事件,但是高度相关,存在着因果等关系。

例:香港黑帮发生内讧,江湖又掀腥风血雨。**继上月初黑帮"水×"大佬"高佬发"光天化日之下被围殴之后,**3 月 26 日凌晨,帮内有"金牌杀手"之称的 42 岁方姓男子被数名凶徒持刀砍成重伤。目前,香港警方介入调查。

3.主体前使用新闻背景

消息导语之后,紧跟着出现新闻背景,然后才引出主体,通常是为了补充说明导语所揭示的事实的条件和主体事实展开的客观环境、必要条件。

例:*南都讯 记者吴瑶 发自北京 垃圾短信收发过滤系统将在全国范围内部署。日前,工信部公布关于清理整顿短信群发业务的通知,未来 3 个月内将开展一系列清理整顿专项行动,包括建立垃圾短信拨测机制、部署垃圾短信收发端过滤系统等。*

此前,中国电信下属多家分公司涉嫌违规为垃圾短信发送提供便利,在今年中央台"3·15"晚会上遭曝光。工信部已经就此责成中国电信调查核实,并要求立即组织行业开展垃圾短信自查自纠行动,要求 3 家基础电信企业重点针对端口类短信息群发业务组织开展清理排查工作。

4.主体中使用新闻背景

新闻背景在主体中使用比较灵活,可以融入新闻事实中,也可以独立成段,呼应上下层,有时为了使新闻事实厚实,甚至主要以新闻背景支撑。如在《卡梅隆完成深海探险 只身潜入海洋最深处创历史》报道第二段、第三段的部分及第六段、第七段全部使用新闻背景(标黑),其中第二段、第六段是人物背景说明,第三段、第七段还是环境背景说明。

第二段:美国国家地理学会一名发言人称,**这位曾执导过《泰坦尼克号》、《阿凡达》等多部卖座影片的导演乘坐一艘特制的潜水艇,**在当地时间 26 日成功下潜至水深近 7 英里的海底。

第三段:卡梅隆计划花 6 个小时来探索马里亚纳海沟并对其进行拍摄。**马里亚纳海沟位于菲律宾东北、马里亚纳群岛附近的太平洋底,全长 2550 千米,为弧形,平均宽 70 千米,大部分水深在 8000 米以上。**

第六段:**1960 年 1 月 23 日,美国人唐·沃尔什与瑞士人雅克·皮卡德驾驶深海潜艇"的里雅斯特号"(Trieste)抵达马里亚纳海沟最深处,马里亚纳海沟底部第一次留下了人类的足迹。在此之后的 50 多年时间里,再无人对马里亚纳海沟进行探险。**

第七段:**马里亚纳海沟地形复杂,范围广阔——它比美国科罗拉多大峡谷还要大 120 倍,比世界最高峰珠穆朗玛峰还要"深"1 英里(1600 多米)还多。**

5.结尾使用新闻背景

结尾使用新闻背景即是背景式结尾,这种结尾有利于进一步补充说明主体事实一些内在的含义,补充性、指示性较强。

对于某些报道,穿插在报道中零散的新闻背景有时不足以对新闻事实进行强有力的支撑,于是在报纸编辑实践中,时常在正文之后专辟一块版面放置相关背景资料。

八、如何交代消息来源

消息来源也叫新闻来源,是指一则消息中所涉及的事实材料的出处,表明事实、观点和背景材料从何而来,由谁提供。[①] 西方新闻界有一句行话:没有一个记者能超出他的消息来源。消息来源在很大程度上决定着消息的真实性和准确性,事关传媒声誉。

消息来源一般有:国家和各级政府相关部门、国外或国内媒体、权威人士、专家学者、新闻事件的当事者、目击者和知情者等。以互联网为代表的现代传播和通讯技术一日千里,微博、博客和社交媒体等成为传统媒体从业者取之不尽、用之不竭的新闻源,有记者习惯于在网上扒新闻,甘当新闻搬运工,他们不跑现场,懒于调查核实,导致虚假新闻、不实报道频发。

交代好消息来源可以保证记者处于一种中立、客观、公正的立场来报道新闻事实和各方观点。一旦消息源出现了问题,尤其是敏感的批评性报道,记者没有去核实的话,便会导致虚假新闻和不实报道的发生。美国公共国际广播电台王牌节目《美国生活》播出揭露台资企业富士康"血汗工厂"内幕的单元,引起巨大反响,包括《纽约时报》、美联社等知名媒体纷纷跟进采访声称亲临富士康的美国百老汇演员迈克·戴西,结果后者的谎言被揭穿,亲口承认他向各媒体描述的内容是其所谓合理想象的产物,美国主流媒体几乎全部中招,这让十分重视新闻源真实性的美国主流媒体丢尽了脸面。正确使用好消息来源,制订切实可行的消息来源操作规范,可以有效地防范虚假新闻的产生。

此处摘录路透社、《纽约时报》、《金融时报》三家西方著名媒体关于消息源的操作规范,以资借鉴。

1. 路透社关于"消息来源"的规范

路透社的每篇报道(有极少数例外)都应清楚明确地交代消息来源。这样做有两个理由:一是为了使订户能对报道的可信性作出自己的判断,二是为了在报道受质疑时保护我们的声誉。

所有容易引起争议的说法必须严格交代消息来源。无论怎样交代消息来源,必须确保可信、不偏不倚、在法律上安全。

除了极少数特急快讯外,必须给每篇报道的每一个说法注明出处,除非它是公认的事实或公众已经清楚了解的信息。

最好的消息来源是记者的亲眼所见。有名有姓的消息来源次之。最次的

[①] 沈爱国:"新闻写作勿忘交代消息来源",《新闻实践》1998 年第 1 期。

是匿名消息来源（如"权威人士"等），报道这些消息来源所说的话应负的责任完全由记者一人承担。有名有姓并有职务的消息来源比较有分量。消息来源应尽可能具体。不要用"可靠人士""消息灵通人士""圈内人士"等作为消息来源。

记者在搜集材料时必须核对每项事实。编辑必须对报道中前后不一或未注明出处的有争议的说法提出质疑。要时刻警惕行骗的企图，对消息来源要持怀疑态度，并加以核实。在新闻的真实性未得到证实前，不要采用。

2.《纽约时报》关于"匿名消息来源"的规范

时报只有在不使用匿名消息来源就无法刊发其认为有新闻价值和可靠的消息之情况下，才允许使用匿名消息来源。当可能时，记者和编辑只有在经过讨论之后才能做出使用匿名消息来源的承诺，或做可能导致这种承诺的报道。一些涉及犯罪审判、国家安全等方面的报道，记者经授权方可使用匿名消息来源。

在交代消息来源时，通常的规则是，尽可能告诉读者关于消息来源的情况及其动机。应努力简洁地表述记者与消息来源达成了何种谅解，尤其当记者可以弄清消息来源匿名原因时，要避免使用"消息来源坚持匿名"之类的机械语句。

时报不隐瞒其消息来源，例如不称某个人为"消息人士"，在引用已交代姓名的消息来源的话时，不称其为"那个官员"。交代消息来源没有固定格式，但表述应真实，不要含糊其辞。

3.《金融时报》关于"消息来源"的规范

可靠信息源和准确地交代出处对树立报纸的权威性至关重要。编辑必须检查消息来源，只有在确认报道的真实性之后才能签发上版。

对人们不想公开披露的内容，比如非法活动等，必须至少有两个独立的权威的消息来源，一般是三个相互验证。如果一篇报道只有一个消息来源并且无法进一步证实，这个消息来源必须绝对可信，而记者必须做好与一个资深编辑分享消息来源具体身份的准备。

事实或言论越有杀伤力或争论，越要求标明出处。一篇报道若充斥着"消息灵通者""可靠消息"等含糊表述，容易使读者产生报纸肯定在隐瞒真相的联想。《金融时报》不提倡这种报道手法。对于别的媒体已经报道过的事实，也必须经过自己核实确认之后才做报道。①

---

① 张宸："外国传媒有关'消息来源'的使用规范"，《中国记者》2005 年第 8 期。

思考与练习

1.比较本地一份党报和都市报头版刊登的新闻,分析其侧重的新闻价值。

2.试析软新闻和硬新闻的区别。

3.什么是跟踪采访?哪些情形适用于跟踪采访?

4.什么是开放式问题和闭合式问题?如何在采访中运用?

5.从媒体上找一个人物专访案例,分析记者或主持人的提问技巧,评析其特点或不足。

6.请策划和实施一次新闻人物专访,确定要采访的对象及采访的重点、采访的问题。

7.在突发性新闻事件现场,如何确定和接近被采访对象?

8.从主旨、角度、标题、导语、主体结构、消息源、背景材料等方面比较不同媒体同一选题的新闻报道。

9.请采写一篇新闻消息,并且讲述采访和写作的过程,分析得失。

第八章　网络自媒体传播技巧

　　新兴媒体不断涌现,在信息传播的生态环境中,原本默默无闻、无足轻重的受众角色发生了质的变化,从被动接受信息,到积极利用博客、播客、微博等网络自媒体,进行信息发布,每个人都拥有了在网络上发言的权利,千千万万个意见流可以汇聚成网络舆论的洪流,小人物有了实现梦想的可能,无数的草根和"屌丝"①有了发声的渠道,可以为弱势者伸张正义,可以人肉搜索贪赃枉法者,使之原形毕露。网民中的"意见领袖"们轻而易举地获得了数十万、百万甚至千万数量的粉丝追随,其影响力甚至超过传统主流媒体。当信息传播从大众传播向微众传播转变的时候,也有居心叵测者通过操纵网民来炮制谣言,颠倒黑白,浑水摸鱼,从中渔利,让不明者上当受骗,让无辜者蒙受伤害。本章主要介绍微博、博客、播客等网络自媒体的传播技巧,以提升受众的自媒体传播素养。

　　案例导入

引发民间搜索力量的郭美美事件

　　堪称 2011 年"特级舆情事件"的"郭美美事件"源于 90 后女孩郭美美在微博上炫富,并把自己微博实名认证身份信息从原来的"演员"变成了"红十字会商业总经理",引来众多网友围观和转发。2011 年 6 月 20 日,天涯论坛上关于"郭美美是谁"的帖子平地而起。随着事件的深入,名气颇大的天涯、猫扑论坛却把相关帖子删除了。而新浪微博网友们坚持不懈,其中有三名网友起到

---

　　① "屌丝"一词最早的来源是百度"三巨头吧"对"李毅吧"球迷的恶搞称谓,有嘲讽之意,但却被李毅吧的球迷就此领受下来。"屌丝"二字蕴含着无奈和自嘲的意味,但是李毅吧球迷"不以为耻、反以为荣",从此以"屌丝"自称,并开始一路爆红网络。作为网络流行语的"屌丝"后来指这么一类人:他们身份卑微、生活平庸、未来渺茫、感情空虚,不被社会认同。他们渴望获得社会的认可,但又不知道该怎么去做,生活没有目标,缺乏热情,不满于无聊的生活但又不知道该做点什么。

了关键作用。

图 8-1　引发民间搜索力量的郭美美事件

　　一名因车祸截瘫而"终日挂在网上"网友周亚武先后注册了"@新闻挖掘机"、"@真相挖掘机"等微博,成为"报料郭美美的专场",他在中红博爱公司网站上搜到一张"博爱小站"车载商业广告的图片,证实了当初郭美美所言不虚。就在周亚武关注郭美美第二天,在一家家具企业打工的姜朋勇盯上了郭美美,他曾在一个大型聚会上见过其人。姜朋勇预告了 6 月 27 日凌晨郭美美将乘飞机抵达北京首都机场的信息。当日,从姜朋勇微博上得到消息的各类媒体包括网友都前往机场"围观"郭美美。一名和郭美美同一个航班的网友,甚至用微博直播了郭美美的乘机过程。姜朋勇依次抖出了郭美美炫富车辆的保险单据、郭美美的户籍状态等信息,之后他声称接到了灭门电话并丢掉了工作。网名为"温迪洛"的 80 后女孩是政府工作人员,在郭美美事件的民间调查中,"温迪洛"被认为是提供核心信息者之一。她搜索到中国商业系统红十字会所留的电子邮箱和北京天略盛世拍卖有限责任公司、北京王鼎市场营销咨询有限公司及北京中谋智国广告公司在网上留的联系信息都一致。通过搜索验证,她又发现王鼎公司和中谋智国公司的法人代表都是王彦达,后来证实,王彦达是商业系统红十字会副会长王树民的女儿。这个线索导致不少媒体记者迅速跟进,并在郭美美事件的第二阶段打开了一个全新的突破口。随后,王树民不得不接受央视记者的专访,详细讲述商业系统红十字会和红十字总会的关系。在关注郭美美事件之前,"温迪洛"的粉丝数只有900多人,而截至7月15 日,已达到5700 多。除了温迪洛自己努力搜索外,她身后还有一个数十人的自愿者团队为她提供有价值的线索和建议。整个郭美美事件的传播进程中,最为庞大的推动力量显然来自被称为"人肉挖掘机"的民间侦探们。①

从"华南虎"事件开始,网民们通过围观和议论的方式介入公共事件,"杭州富家子飙车撞死浙大学子"、"我爸是李刚"、"药家鑫撞人杀人"等事件都是曾经引起重大舆情关注的大众参与式传播事件。而郭美美事件又一次证明了公众参与传播的力量,几个名不见经传的民间意见领袖在关键时刻主导了事件的进程,推动了事件朝向正确解决的方向发展。他们不惜冒着丢掉工作、甚至生命的危险,只因为义愤填膺,就像姜朋勇所言:"我不是为了反对郭美美而反对郭美美,是为了揭开背后的利益集团。"为什么这些"网络侦探们"能够成功?除了拥有足够的勇气和维护社会正义的道德感,他们还娴熟掌握搜索引擎、博客、社交媒体、微博等网络自媒体使用技巧,信息搜寻技巧,以及对网络传播规律的熟悉,拥有团队合作精神,等等,这些能力和素养是他们最后获得成功的保证。

第一节　博　客

中文"博客"一词最早是在 2002 年 8 月 8 日由著名的网络评论家王俊秀和方兴东共同撰文提出来的,源于英文单词 Blog/Blogger。Blog 是 Weblog 的简称。Weblog 其实是 Web 和 Log 的组合词。Web 指 World Wide Web,当然是指互联网了,Log 的原义则是"航海日志",后指任何类型的流水记录。合在一起来理解,Weblog 就是在网络上的一种流水记录形式或者简称"网络日志"。Blogger 或 Weblogger 是指习惯于日常记录并使用 Weblog 工具的人。虽然港台等地对此概念的译名不尽相同(有的称为"部落格",有的称之为"网录"等等),但"博客"一词现在还是比较通用了。

博客是第一种可以真正实现个性化书写、记录和传播的自媒体工具。早期的博客大多集中于 IT 精英圈内,建立一个博客需要掌握复杂的网页制作和代码编写技巧。早期的博客基本上是将网上杂乱的内容进行整理过滤,采用超链接将有价值的网站收集起来,必要时博主加上自己的描述和评论。

一、博客发展的兴衰沉浮

从 1999 年起,博客技术开始傻瓜化。在美国,Blogger 等自动化博客软件相继问世,降低了普通民众开设博客的技术门槛。当时,以 Blogger 系统支持

---

① 参阅邱瑞贤:"谁在默默挖掘郭美美 事件面临舆论失控风险",大洋网—广州日报,http://finance. sina. com. cn/g/20110714/081010145890. shtml

的 Blogger. com 成为美国最有影响力的博客托管网站。随着博客托管服务大兴其道,博客搜索和追踪技术也应运而生,2001 年至 2003 年间诞生了一批重要的博客搜索引擎:如 Blogdex(2001 年 7 月),主要服务为博客主页上的链接扩散;Daypop(2001 年 8 月),主要服务为博客搜索、排行及最新动向;Popdex(2002 年 12 月),主要服务为博客热门排行和链接排行;Feedster(2003 年 3 月),主要服务为 RSS 种子搜索。中国大陆博客网站始于 2002 年,以方兴东的个人网站"博客中国"(www. blogchina. com)创办为标志。此后,最早提供托管服务的中国博客网(blogcn. com)和 blogbus. com 相继开通,逐渐有少数热衷于网络新技术的大陆用户进行尝试。博客这个概念开始在中国内地传播。

随着大批普通民众开通博客,博客文本风格出现了变化,带有个性色彩的日记风格(journal-style)博客逐渐兴起,且后来居上,打破了过滤风格(Filter-style)博客一统天下的局面。收集大量关于其他网站的链接是早期博客文本的特点,其内容通常是链接、评论、个人思索和随笔的混合物。这种风格至今依然为许多博主所喜欢。而日记风格的博客不再大量采用链接,而是更倾向于写作短小的个人日记。这些个人日记博客每天都更新,主题多样,多以博主自己的视角和立场进行记录、分析、评论和抒情。这种"私人日志"博客在中国大陆比较盛行,如"木子美"博客便是这种风格的代表。2003 年 6 月起,博客"木子美"在中国博客网(blogcn. com,当时叫博客中文网)上连续发表网络性爱日记,被新浪、搜狐、网易等门户网站转载,吸引众网民或围观或围攻,"木子美"本人则成为传统媒体争相采访的对象,"木子美"一夜成名。"木子美"性爱日记开启了中国博客以"性"为元素炒作的风潮。此后类似的博客主页,如"竹影青瞳"、"流氓燕"等相继出炉,一批批网络红人借博客竞相出炉。2005 年新浪开通博客频道,主打名人品牌,将社会各界的名人、明星聚集起来,形成巨大的眼球效应,徐静蕾、韩寒等名人脱颖而出,吸引了数千万"粉丝"跟随。名人博客或曝光隐私或打打嘴仗,争论不休,众"粉丝"们也形成了各自的阵营和派系,跟帖叫骂喧嚣,一时成为中文博客世界的奇观。

到 2004 年和 2006 年间,博客这种自媒体应用在互联网上达到高潮,博客圈形成了几种主要的博客类型:政治/新闻博客、消息灵通人士博客、技术博客、女性博客、媒体博客、私人博客、商业博客等。2008 年,英国《卫报》评选出最受关注的博客 50 强,大多是新闻性、政治性或者服务性的博客,其中新闻类占据了大半壁江山,名列榜首的是以政治新闻为主的《赫芬顿邮报》(*The Huffington Post*),而最早成名的新闻博客《德拉吉报道》(*The Drudge Report*)名列第十一,在新浪名人博客排名第一的女演员徐静蕾入围排名第十二。下面介绍在西方政治/新闻博客内影响较大的《德拉吉报道》和《赫芬顿邮报》。

1.《德拉吉报道》(*The Drudge Report*)

在美国国内,成名最早、至今依然在互联网上深具影响力的个人博客新闻网站要算《德拉吉报道》。《德拉吉报道》创建于 1995 年,创始人马特·德拉吉认为他所需要的只不过是一个 e-mail 地址,一个网站。而他网站的读者则会成为他的义务记者,为他提供新闻线索。他以"每个公民都可以成为记者"的理念掀开了全球网络"博客"的风潮。传统媒体强调准确和客观,德拉吉则强调真相与迅速。1997 年,德拉吉在美国率先发布了黛安娜车祸身亡的消息,比美国各大电视网早 7 分钟。1998 年,最早报道了美国前总统克林顿和莱温斯基丑闻一事而全球闻名。美国政治学家哈伯林直言:"德拉吉报道对政治的描述影响了其他媒体的报道.从而将新闻报道引向美国政治最淫秽的、最令人不耻的方面。"①

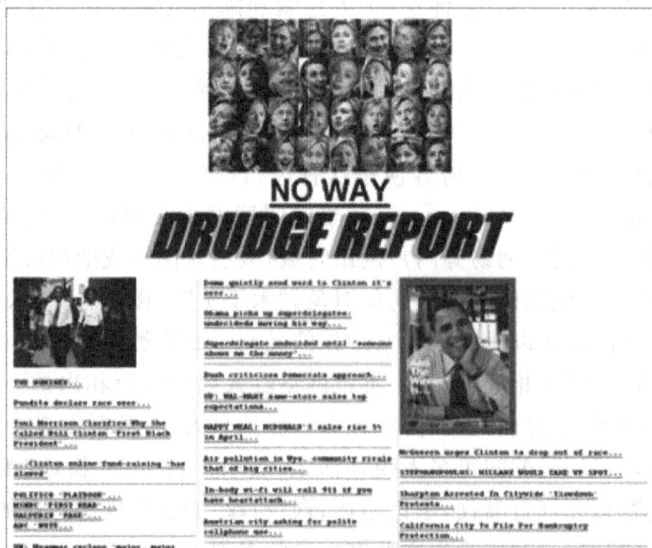

图 8-2

《德拉吉报道》没有色彩、没有框格,更没有 FLASH、视频等,没有 SEO(搜索引擎优化)。德拉吉不喜欢装饰自己的网页,首页只有一个头条新闻标题,最多加配一张新闻图片,还有一堆杂乱的链接。十多年来依旧保持着上世

① 范龙、张荣:"自媒体传播浅析——以德拉吉报道为例",《新闻前哨》2010 年第 9 期。

纪 90 年代的版面,然而就是这样一家"简陋"的网站,却成为仅次于谷歌的全美新闻网站第二大推荐流量来源,甚至达到 Facebook 的两倍,为全美顶级新闻网站提供了 7% 的推荐流量。《德拉吉报道》有它自己的报道方式,不管具体的头条新闻是什么,每个月它都有 1200 万～1400 万稳定的独立访客。①

凭借互联网上的超强人气,《德拉吉报道》的广告客户络绎不绝。2006年,据《商业 2.0》周刊调查,在互联网上,"德拉吉报道"网站的广告点击率排名第 29 位。《商业 2.0》为《德拉吉报道》算了一笔细账,《德拉吉报道》的每月广告收入 10 万美元,除掉房租、宽带网接入和其他办公开销、员工薪水、服务器费用和给广告公司的佣金,月净收入 68500 美元。②

2.《赫芬顿邮报》(*Huffington Post*)

《赫芬顿邮报》名为邮报,其实并不是纸质的传统报纸,而是美国当今最具影响力的新闻博客网站。2005 年由美国当今政界名流及评论家阿里亚纳·赫芬顿(Arianna Huffington)与两位好友一同创建。2011 年被美国在线(AOL)以 3.15 亿美元收购。《赫芬顿邮报》号称"第一份互联网报纸",曾在美国《时代》杂志评选的"25 个最好的博客"中排名第一,在英国《卫报》评出的"50 个最有权势的博客"中同样名列榜首。2011 年平均每月访客数量为 3620万人次,超过了《纽约时报》、《华盛顿邮报》等老牌媒体的网络版访问量,全年利润已达 3000 万美元。2012 年,凭借着对伊拉克与阿富汗战场归来的美国退伍军人以及他们的家庭生活的一组系列报道,《赫芬顿邮报》记者大卫·伍德赢得了 2012 年美国新闻界最高奖项普利策的国内报道奖。这是美国首家既实现了盈利又获得普利策新闻奖的新闻博客网站。在短短的七年间《赫芬顿邮报》就实现了许多传统报纸梦寐以求、奋斗数十年而不得的成功,其秘诀有以下几点:

第一,赫芬顿在美国国内笼络了一批观点和立场多元、极具人气和影响力的意见领袖。

凭借赫芬顿的个人影响力,《赫芬顿邮报》聚集了 3000 多位博主,他们都是各领域成功的人士,如曾获普利策奖的历史学家小阿瑟·施莱辛格、名主播沃尔特·克朗凯特、著名记者诺曼·梅勒等人,议题主要集中在国内外公共事务领域,如小布什的伊战政策、总统选举、金融危机等等,由此为其博客网站的公共讨论奠定了理性、深度且具有多元化声音的基调。

---

① 美一新闻聚合网站 14 年未改版 推荐流量仅次谷歌,http://tech.ifeng.com/internet/detail_2011_05/16/6417925_0.shtml

② 颜世宗:"一鸣惊人的德拉吉报道",http://www.people.com.cn/GB/it/1069/1922018.html

第二,广泛发动网民提供素材,选聘公民记者参与新闻事件的报道。

《赫芬顿邮报》号称在全美有 1.2 万公民记者每天为他们提供新鲜素材。如在 2008 年美国总统大选中,网站发起了 Off The Bus 项目,募集普通公民作为记者报道大选全程。其基本形式是:OTB 编辑将采访需要提出的问题、需采集的信息等类目预先设计成表格分发给参与的志愿者,他们完成采访后将填好的表格信息发回网站,由编辑根据其内容编发成新闻消息或存入资料库。这种"分布式"新闻报道方式的优势:参与者众多,能以群体力量完成时间、空间跨度大的事件的跟踪采访和报道,并且能唤起普通民众对公共事务的兴趣,从中发掘出内容鲜活、能产生重大影响的新闻。

第三,建立新型的网络社会化新闻过滤机制并激活、推动互联网上理性的公共讨论。

从 2009 年 8 月开始,《赫芬顿邮报》与著名社交网站 Facebook 合作推出一个社会化新闻新板块"HuffPost Social News",用户可以在该区域看到自己的 Facebook 好友正在阅读的内容,也可以将感兴趣的内容直接发到自己的 Facebook 账号推荐给好友,由此形成一种信息筛选模式:将海量的新闻过滤成用户及其好友关注的部分,由用户决定需要了解的内容,并形成一定范围社群传播。[①]

第四,高超的新闻改写和编辑技巧。

《赫芬顿邮报》编辑会搜索到大量的新闻内容,他们首先会挑选出其中最及时、有趣的内容,然后将其他人提供的内容重新包装,写成单独的故事,其目的是引发博客日志和评论,最后把整合后的新闻放到网站上。编辑们总能提炼出文章的故事精华,还会加上一个吸引眼球的标题吸引受众关注。

第五,通过技术创新,研发了专门针对搜索引擎的"实时流量分析系统"。

通过这套系统,编辑们能很方便地找出网络中快速传播的焦点内容,并对内容传播的情况进行持续测评,然后根据结果进行调整。这套系统能够确保网站上出现的文章在许多搜索引擎上总能排名靠前,不但吸引了网民们点击,也极大地刺激了广告主投放广告。[②]

互联网专业研究机构 iResearch 艾瑞咨询根据 eMarketer 发布的数据发现,2009 年美国博客覆盖人数已经突破 1 亿,占到互联网用户人数的 48.5%。据 eMarketer 预测,2010 年至 2014 年,美国博客浏览人数将继续平稳增加,2014 年美国网民中每月浏览一次博客的人数将达到 1.5 亿,占到美国网民数

---

① 林磊:"论博客网站赫芬顿邮报之特色:聚合社群与推动交流",《今传媒》2010 年第 9 期。

② 唐烨:"《赫芬顿邮报》是如何做到的?",《解放日报》2012 年 4 月 28 日。

量的 60%。艾瑞分析认为,虽然 Facebook、Twitter 等社交和微博网站在美国的强势发展侵占了一定的市场份额,但是博客早已成为网络媒体不可缺少的一部分,存在广泛的用户基础;并且随着博客平台的更加简易化及其日益提高的用户体验,博客覆盖人数将会继续增加。[①] 但博客显然已经不再是网民在网上展示自我的首要方式。

相比西方,大陆博客其兴也快,其衰也疾。在新兴社交媒体网站兴起的背景下,由于管理团队、发展模式及资金、技术创新及监管环境等问题,一批博客网站或者苦苦挣扎或者被迫关闭。由于管理及模式选择出了问题,后来改名为博客网的博客中国终于无法支撑,被称为"中国博客教父"的方兴东在 2009年关闭了北京办公室,大批员工离去,目前基本处于维持不倒的状态。曾经在中文博客网站中异军突起、以关注重大政治和社会问题见长的"牛博网"因其内容涉及互联网监管雷区而在 2009 年初被迫关闭。2012 年 2 月,因缺少资金苦苦支撑的国内第一家个人创办的博客网站"敏思"终于关停谢幕。而新浪、搜狐等门户的博客虽然曾火爆一时,但目前也处于成为边缘业务的尴尬境地。值得注意的是,大陆博客虽然在总体上处于衰弱的状态,但一些专业领域的博客如财经博客、体育博客、文娱博客等依然呈现一定的活力,且新成长起来的一批意见领袖如韩寒、李承鹏等依然对网民们保持着强大的影响力。大陆博客逐渐摆脱了早期的虚浮喧闹,其文风渐渐趋于理性。

而随着移动互联网的兴起,博客终端由电脑转向手机,手机博客方便了博主即时发布,加快了博文更新的频率,提升了博客的活力。

二、博客的生成和发布

博客主页大致有两种基本形式:一种是独立博客主页,即拥有独立域名和使用自己服务器空间的博客主页,如上述的《德拉吉报道》和《赫芬顿邮报》;一种是托管博客主页,即在专门的博客托管服务网站或频道中注册拥有的个人主页,如新浪网、凤凰网、QQ 网等门户网站的博客频道。托管博客主页十分的通俗易用,个人只要遵循其要求,填写少量的信息,便能拥有自己的主页。托管博客主页创作生成技术简单,且可以轻易生成个性化页面,以文字、音频和视频信息实现多媒体发布。

托管博客主页的生成和管理是通过一个可以操作的后台和数个界面来完成的,它包括博客主页生成、内容发布和互动、综合管理等技术。

---

① 艾瑞视点:"2014 年美国博客覆盖人数将达到 1.5 亿",http://news.iresearch.cn/charts/125357.shtml

1.博客的生成

托管博客网站都会提供个性化页面设置的组件工具。如新浪博客,会提供风格设置、自定义风格、版式设置、组件设置、自定义组件等。在风格设置中,服务商提供十几类数百款风格模板,可供选择。如果不喜欢这些风格模板,可以自定义风格,选择自己喜欢的版式和组件。自定义风格里,包括可以自己选择配色方案、修改大背景图、修改导航图、修改头图等;版式中可以选择"两栏 1∶3"、"两栏 3∶1"、"三栏 1∶3∶1"、"三栏 2∶1∶1"、"三栏 1∶1∶2"等几种形式;组件选择中,包括基础组件,如"访客"、"个人资料"、"留言"、"好友"、"评论"、"分类"、"文章列表"等。其他还有娱乐组件模块、活动组件模块、专业组件模块等可供选择。页面最多可以放置 25 个组件。

2.博客内容的发布

在发表博文前需要先在分类管理中建立博文所属的目录。

如新浪博文的录入和编辑页面有许多自由排版工具和插件可供选择。除了可以插入文字、图片、音频、视频之外,还可以插入表情、音乐、股票、相关博文、微博和模板等插件。

完成博文的撰写与编辑之后,还需要对博文的"分类"、"标签"、"评论"、"转载"、"投稿"功能进行一系列设置。如图 8-3。

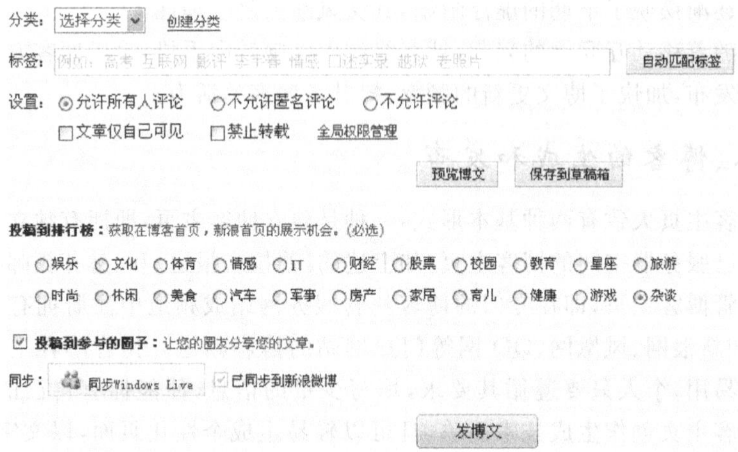

图 8-3

什么是博文的标签呢?标签是一种博主自己定义的,比分类更准确、更具体,可以概括文章主要内容的关键词。通过给文章定制标签,文章作者可以让更多人更方便准确地找到自己的文章;而读者可以通过文章标签更快找到自己感兴趣的文章。如果您文章内使用的某个标签恰巧在首页上被推荐了,用户打开这个标签时,就会在结果页面上看到您的文章。有两种填写标签的方法:一是在标签栏里手动填写标签,二是可以点击标签栏右侧的"自动匹配标签",系统可以根据您的文章内容为您自动提取标签。因此要想让自己的博客获得更多的关注,甚至获得博客托管网站编辑的青睐,其内容必须紧跟网络热点,关键词选择非常重要,热门的关键词总是会被优先搜索。

新浪博客的内容发布不仅仅是上面的常规发布形式,目前已经开发出了"长微博"、"微语录"、"九宫格"、"发照片"、"发视频"等,其中"长微博"是新浪将博客和微博这两种流行的自媒体进行打通的尝试,博客账号和微博账号在进行捆绑后博文就可以以图片的形式呈现在微博上,这样解决了微博只能发布140个字的局限性,兼容了博客内容的详尽性和微博传播的快捷性优点。而"九宫格"实际上是一种网络流行的写作模式,即将页面分成九格,像记流水账一样记录自己身边发生的事,新浪将其进行了特殊的定制,有许多模板可以选择。

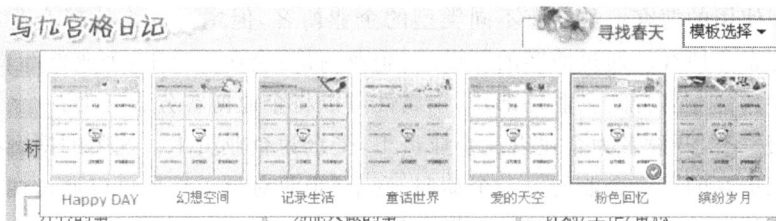

图 8-4

新浪博客提供了便捷的管理界面——个人中心。包括"博友管理"、"内容管理"、"应用"、"设置"等模块。在"应用"中,新浪推出了"长微博"、"投票"、"看电影"、"访问统计"和"博客搬家"等几种增强互动性的工具。比如"投票",主要是博主自行设置热点,进行投票统计。而"访问统计"则是给出了博客访问情况最直截了当的图表。

三、博客的定位和写作

(一)博客的定位

1.博客定位

好的博客都有明确的定位和鲜明的风格。从写作主体和客体关系上看,博客可以分成个体博客和企业博客两大类。

(1)个体博客

首先,要对博客内容预先进行定位。是热衷于某一方面或某一领域内容的博客,还是建设一个涵盖多方面内容的博客? 是准备写技术文章,心情日记,旅游摄影记录,还是准备来搜集转载的网文? 内容要有重点,从而形成风格,吸引同道中人。

其次,对博客的受众群进行定位。你的博客为谁而写? 是只想满足自己写作的欲望,记录一些自己感兴趣的文字,不去理会博客是否有读者,文章是否有评论,还是准备和网友一起分享自己的经历和情感,或者分享所掌握的各种技术,然后共同学习,互相交流? 前者的读者可能仅仅限于你的私人小圈子,而后者的受众是素不相识的网友,是面向网友的博客媒体。

最后,对博客的发展定位。是想将博客做大做强,提升影响力,甚至能吸引到广告获得赢利,还是仅仅把它当成一个交流的渠道和业余爱好? 前者要求博客主页有稳定的访问量,要求博主去研究很多相关的知识,将博客优化和推广,需要建一个有独立域名和空间的博客网站。

(2)企业博客

企业博客在维基百科(Wikipeid)中解释为:由组织为了达到一定目的而开设和使用的博客。虽然有不同类型的企业博客,但主要分为外部企业博客和内部企业博客。通过博客的开设者(企业内部:企业及员工,企业外部)和博客的读者(企业内部,企业外部)两个属性可以将企业博客分成三类:

第一类,开设者为企业以及企业员工,受众为企业员工。这类的博客有助于员工更好的了解企业的每一个动向、变革(企业对员工),也可以通过博客了解员工的学习动态,分享知识(员工对员工)。

第二类,开设者为企业及企业员工,受众则来自企业外部。这类博客可以帮助企业更好地宣扬自己的企业文化(企业对外部),另外可以让产品的相关细节更为清晰(员工对外部)。

第三类,企业外部对企业外部。这就主要涉及企业的广告/营销/甚至可以包括部分公关活动。另外这些博客可能成为企业产品互联网销售的渠道博客。

(二)博客的推广

(1)博客外联技巧

个人博客要利用其他媒体和博客进行推广。所谓"我为人人,人人为我",在互联网世界中更是一条法则。

第一,加入博客圈子,开始写博客就是成为某个博客圈子中的一员,在别人的博客上留下评论并结识和你相似爱好的博客,和其他博客一起互相发表介绍性的日志。

第二,将自己博客中吸引眼球并有报道价值的原创文章,发给知名网站、报刊和博客,或者向大型出版社推荐。

第三,利用 powerpoint 把自己博客的文章和图片转化成吸引力的幻灯视频,提交给流行的视频网站,或者把自己的文章集结转换成可下载的电子书。

第四,参与各个著名的 Web2.0 网站,加入各种圈子,在微博、社交网站上提交自己的博客,进行互动。

(2)博客 SEO 优化技巧

SEO 是 search engine optimization 的简称,指遵循搜索引擎的搜索原理,对网站结构、网页文字语言和站点间互动外交攻略等进行合理规划部署,以改善网站在搜索引擎的搜索表现,进而增加客户发现并访问网站的可能性的这样一个过程。对于独立博客主页的推广,不仅仅针对网民,重要的是吸引搜索引擎,这样才更有可能被网民搜索到。

第一,SEO 优化重点以文章内容页优化为主,适当给每个页面增加keyword(关键词)、Description(页面描述)、robots(搜索引擎抓取器)等标签。

第二,在新文章中适当增加一些老文章的链接,文章的内部链接一定要自然。

第三,文章中相同的关键词不能过多,如果非要堆砌关键词,可适当使用长尾关键词。

第四,每篇文章的结尾处可加入"原创文章如转载,请注明出处""本文首发于×××网站"等信息,对 SEO 有一定帮助。

第五,文章的 Title 最好以"文章标题—博客名称"形式出现,文章标题最好能出现一次关键词,关键词最好在第一段或最后一段能够出现。

第六,外部链接建设很重要,新博客推荐使用工具 http://lusongsong. comtoolseo/。不要一次性增加大量链接,更不要一次性删减大量链接。①

(三)博客的订阅

博客这种自媒体可以通过 RSS 阅读器进行订阅。RSS 是在线共享内容的一种简易方式(也叫聚合内容,全称 Really Simple Syndication)。使用 RSS订阅能更快速地获取信息和获取网站内容的最新更新。用户可以不用再一一打开各个网站或博客主页页面,而是通过 RSS 阅读器一次一起阅读所有订阅了的网站的最新内容。

RSS 阅读器的特点有:(1)没有广告或者图片来影响标题或者文章概要的阅读。(2)RSS 阅读器自动更新你定制的网站内容,保持新闻的及时性。(3)用户可以加入多个定制的 RSS 提要,从多个来源搜集新闻整合到单个数据流中。

RSS 阅读器主要有在线阅读器和离线阅读器两种。在线阅读器主要有Google Reader、抓虾、鲜果、QQ 阅读、有道阅读、豆瓣九点和一些个性化主页

---

① 参阅卢松松:"20 个博客 SEO 优化技巧",http://lusongsong. comreed114. html.

(Netvibes)等等。离线阅读器,流行的如新浪点点通、周博资讯阅读器等。在线的阅读器无论在哪里,只要能上网即能阅读,而离线阅读器适用于自己电脑终端使用。

以下以 QQ"阅读空间"为例进行剖析。QQ"阅读空间"是整合在 QQ 邮箱中的在线 RSS 阅读器。在使用 QQ"阅读空间",先得注册一个 QQ 邮箱。打开 QQ 邮箱,左侧工具栏里最下面一项就是"阅读空间"。点击后进入 QQ 的 RSS 简化阅读界面。可以点击左侧"添加订阅"按钮,把自己感兴趣的博客 RSS 订阅地址输入。如何获得相关博客或网站的 RSS 订阅地址呢?很多博客和门户网站的页面都有各种形式"RSS 订阅"按钮。比如要订阅李承鹏新浪博客,可以到其新浪博客首页上,点击其博客名字下面的"订阅"按钮(见图 8-6),可以将"订阅地址"复制,粘贴到 QQ 阅读器中,也可以点击弹出页面推荐的"鲜果"或"GOOGLE"在线阅读器中。

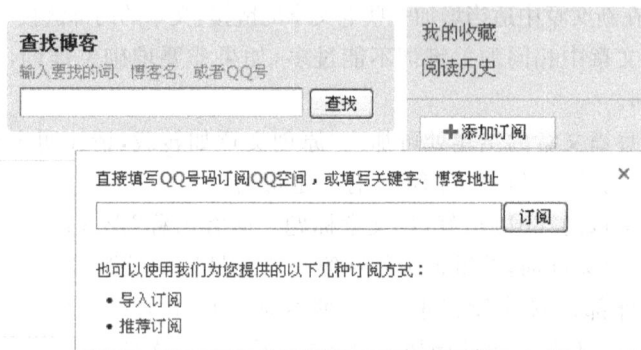

图 8-5

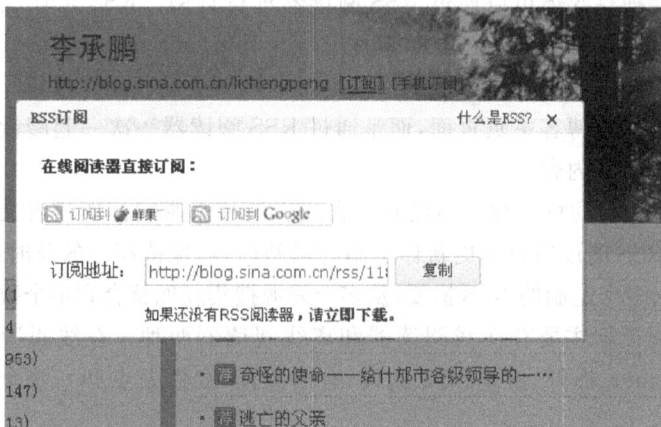

图 8-6

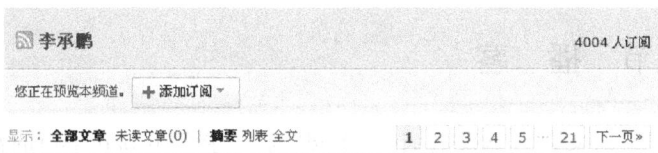

图 8-7

　　QQ 在线 RSS 阅读器最妙的是它将用户网上订阅的博客资讯和新闻资讯进行整合，自动生成电子杂志的多媒体形式，给人非常便捷的阅读体验。点击界面右上角"进入 QQ 阅读"按钮，进入其 RSS 电子杂志阅读界面。如图11-7。点击右下角的"版块管理"和"添加订阅"，用户可以进一步进行设置。此外，在 QQ 在线 RSS 阅读器中，还可以将自己喜欢的内容转播到自己的腾讯、新浪和搜狐微博账号中去。如图 8-8。

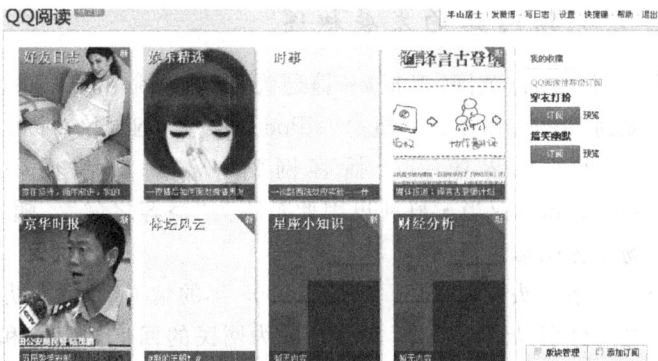

图 8-8

图 8-9

第二节　播　客

"播客"一词来源自苹果电脑的"iPod"与"广播"（broadcast）的混成词，在英文中它有 Podcast、Podcaster 或 Podcasting 等三种表述，在中文中往往统称为"播客"。播客，有一种较普遍的说法是指一种在互联网上发布文件并允许用户订阅 feed 以自动接收新文件的方法，或用此方法来制作的音频或视频节目。

从传播的角度看，播客实际上是一个三位一体的传播系统：一是制作个性化的音视频节目并使用播客方式进行传播的人；二是为"播客"这一方式提供空间和技术支持的播客网站或播客频道；三是能够下载浏览和使用 RSS 方式订阅的客户端。此三者缺一不可，共同构成了播客"Podcasting"完整的传播链条。作为自媒体，播客与博客都是个人通过互联网发布信息的方式，并且都需要借助于发布程序进行信息发布和管理。博客与播客的主要区别在于，博客所传播的以文字和图片信息为主，而播客传递的则是音频和视频信息。

一、播客视频网站的发展概述

2004 年 2 月 12 日，英国《卫报》一篇题为《听觉革命在线广播遍地开花》的文章最早提到 Podcasting 这一概念。iPod 的发明者亚当·科利于 2004 年 8 月 13 日开通了世界第一个播客网站——"每日源代码"（www.dailysourcecode.com），亚当·科利也因此被称为"播客之父"。随后，因特网上掀起了一场播客风暴。

视频分享网站巨头 YouTube 成立于 2005 年的情人节，其创办原意是为了方便朋友之间分享录影片段，后来逐渐成为网民的回忆储存库和作品发布场所。至 2006 年，YouTube 已有 4000 万条短片，每天吸引 600 万人浏览，2007 年 Google 以 16.5 亿美元收购了 YouTube。至今它已成为同类型网站的翘楚，并造就多位网上名人和激发网上创作，已经成为了世界上访问量最大的视频播客类网站。根据 Comscore 发布 2011 年全球视频网站排行，YouTube 蝉联第一，以 43.8% 的市场占有率位居榜首，比第二名优酷的 2.3% 整整高了 41.5%。

2005 年 4 月 15 日，国内第一个播客网站土豆网正式上线，此后国内播客遍地开花，至 2006 年，诞生了 56 网、优酷网、酷 6 网、6 间房、波谱播客（原为播客天下）、播客中国等一批主要的播客门户站点，新浪、搜狐等门户网站都开设了播客频道，甚至当时的博客网、中国博客网、博客听等均设有播客频道。

2006 年，一般被认为是中国网络视频元年，仅在这一年，中国的视频网站由年初的 20 余家激增到 250 多家。大量风投资金投向网络视频行业，彼时的网络视频主要模仿 YouTube 模式，以 UGC(User Generated Content)——用户生成内容的模式为主，并且还存在大量有版权问题的影视剧。

许多传统的广播网和电视网为了吸引受众都纷纷开设播客频道，2005 年 10 月，上海东方都市 792 频率和上海文广集团联合举办了首届中国播客大赛——"播动天下"，同时上海东方广播电台还开设了一档反映播客生活、展示播客作品的节目——"波哥播客秀"，这是国内播客首次登陆传统广播平台的尝试。随后中央人民广播电台创办的银河台也开办了"播客地带"栏目。中国网络电视台于 2009 年 12 月 28 日正式开播，播客台"爱西柚"成为其重要版块。世界国际广电媒体网站甚至报刊网站，如美国迪士尼、ABC News、ESPN、美国公众电台(WGBH)、加拿大广播公司(CBC)、英国国家广播公司(BBC)等均已提供播客节目。

针对网络视频领域恶性竞争，内容鱼龙混杂及侵权盗版等问题，2007 年 12 月，广电总局和信息产业部联合颁布《互联网视听节目服务管理规定》。根据《规定》，申请从事互联网视听节目服务以及提供上载传播视听节目服务活动的企业，只能是具备法人资格的国有独资或国有控股单位。同时对网络视频发布采取准入制，要求从事互联网视听节目服务的企业必须获得广电部门颁发的许可证。播客视频网站开始第一轮洗牌，央视国际、新华网等具有"国资背景"的视频网站及激动网、优度宽频、光线传媒、普乐欢等几家民营视频网站在内共 23 家视频网站获得了广电颁发的第一批视听许可证，但这些首批获得牌照的网站大都属于视频点播类网站。2008 年下半年，优酷、酷 6、土豆等几家较大的视频分享网站在进行严格的内容审核后，也先后获得许可证。最后获得网络视频牌照的企业只有 200 多家企业。一大批没有获得牌照的视频网站被关停，或者纷纷向有牌照的国有背景的网站寻求合作。

视频网站需要投入巨资购买网络带宽、服务器和影视剧版权，国内大多数基于免费＋广告模式的视频网站其产出远远赶不上投入。2008 年爆发的全球金融危机，来自海外的风险投资撤退，让很多视频网站断了奶，而购买影视版权费用却是水涨船高。2011 年，视频网站争相进入版权剧时代，据称，有的单集影视剧版权的费用甚至突破百万元。视频网站间开始分化组合，合纵连横、抱团取暖。有的被收购而转型，如酷 6 被盛大集团并购，宣布放弃购买长视频，转身变成视频 UGC 网站。由传统视频网站的被动接受内容变为主动获取视频，用户甚至可以自定义网站内容，可以在新酷六中关注自己喜欢的视频的作者，随时了解他的行为动态，包括上传视频、添加专辑、关注好友、评论视频等消息。目前酷 6 网签约 VCU(原创作者)已经突破一万人,其中很多人已经有了独立的工作室,每月的收入更是在万元以上。有的拒绝并购,开始裁员转型,如 6 间房,跨入视频社区行列,也以 UGC 的形式,主打草根明星的在线演出平台,且实时直播,被称作社区"秀场"。2012 年 3 月,占据中国视频分享网站第一、第二位的优酷和土豆宣布进行战略合并,分享彼此资源,在视频网站市场上形成寡头垄断,新优酷土豆号称将坚持"YouTube+Hulu"的综合模式。

从 2004 年至今,中国网络视频的发展,经过第一波网络视频带宽和申请牌照的淘汰,民营视频网站只剩下优酷、土豆、酷六这三家上市公司具备绝对实力,而随后搜狐、百度、腾讯这三家互联网巨头杀入战场,掀起了以版权为壁垒的新一轮"资本"竞争,导致了一批视频网站的出局,最终行业剩下优酷、土豆、搜狐视频、爱奇艺等有限几家,视频网站的竞争进入到一个相对稳定的多寡头阶段。而在美国网络视频领域,YouTube、Hulu 和 Netfilx 呈三足鼎立局面。由新闻集团、迪士尼、NBC 环球等合资共建的 Hulu 一直以提供独家专业内容来区别于 YouTube,通过免费+广告的形式来赢利。Netflix 是世界上最大的在线影片租赁提供商。公司的成功源自于能够提供超大数量的 DVD,而且能够让顾客快速方便地挑选影片,同时免费递送。

二、播客作品的类型和特点

播客是一种个性化的网络音频和视频,在符号的选择上,播客们根据自己的兴趣和网络传播环境或青睐于音频制作或侧重于视频制作。经过近十年的探索发展,国内播客圈里逐渐形成几种比较受欢迎的音视频播客类型。

(一)音频播客

早期受带宽的限制,音频播客比较盛行,后来宽带普及后,视频播客便一统天下,但在音乐、语言教学、脱口秀等适于声音表现的艺术领域,一大批音频播客们始终坚守着。

1.个性化网络音乐电台

个性化网络音乐电台是当下网上最流行的音频播客类型。在大陆互联网上,经过最近几年发展,形成了以豆瓣 FM、酷狗电台、酷我电台、虾米电台、多米电台等为代表的具有广泛受众基础的个性化网络音乐电台。这些电台依托音乐网站,开发出各具特色的播放终端(基于 PC 平台和手机平台),这类电台没有主播、导播等服务人员,其内容由系统随机产生,受众依据类型、流派、歌手、年代、星座等细分选项,进行个性化选择和定制。

豆瓣 FM 是个性化网络音乐电台的佼佼者,现共有三个频道:私人兆赫、公共兆赫和 DJ 兆赫。私人兆赫通过分析受众的收听记录和播放时的操作行为,为受众播放其可能喜欢的音乐。受众在公共兆赫和 DJ 兆赫收藏的红心歌曲影响其私人兆赫。每个人的私人兆赫收听内容都与其他人不同。公共兆赫下分为华语、欧美、民谣、轻音乐等不同的频道,受众在公共兆赫添加的红心歌曲,不仅对当前兆赫播放的歌曲产生影响,也能影响私人兆赫。网民中的发烧友在豆瓣 FM 平台上还可以申请私人兆赫,发布自己搜集整理的音乐作品集,这些私人兆赫就是 DJ 兆赫,在这里受众能听到更多样的音乐。

豆瓣FM

更新:2012年07月04日
版本:2.3.0

图 8-10

2.独立音乐人播客

豆瓣音乐、5sing 中国原创音乐基地、A8 音乐网这类原创音乐播客平台为爱好音乐的草根音乐人提供了表现的渠道和机会。以豆瓣音乐为例,"豆瓣音乐人"单元为独立音乐人提供了推广自己作品的平台。无论专业或业余的音乐人都可以在"豆瓣音乐人"首页申请"音乐人"资格,填写相关资料后,其身份经豆瓣核实后,便会生成"音乐人小站"。通过小站,音乐人可以随时发布自己的动态、上传歌曲供歌迷试听、发布照片或视频,以及公布活动信息。而在豆瓣网上注册的网友可以依据自己的喜好,订阅这些音乐人的小站,及时分享音乐人的最新信息。豆瓣音乐人的影响力越来越大,大众歌星、小众歌手、乐队都可以在豆瓣找到自己的受众群,像邵小毛、曹方、左小祖咒等独立音乐人在豆瓣上受到追捧,其粉丝数达百万之多。2012 年初,豆瓣网为 20 位豆瓣音乐人颁发了首届"阿比鹿音乐奖",和其他音乐奖相区别,这是一次完全基于豆瓣音乐人小站产生内容与访问数据高低计算产生的奖项,没有一个评委参与打分评选,体现了网络音乐的特点。

3.NJ 网络电台

NJ,全称 Net Jockey(网络骑士),译成中文就是网络电台节目主持。NJ 网络电台是真正体现音频播客水平的一种播客类型。网络电台 NJ 们常常集采、编、播于一体,和传统的电台主持人相比,NJ 们有了更大的自由度,设什么节目主题、怎样做节目,才能让自己让听众都能得到更大的乐趣,完全由 NJ 自己把握。在直播一档网络音乐节目时,网络电台 NJ 用富有动感的声音与听友网友交流,同时运用 QQ 群、微博、BBS 社区等互动工具,即时回答听友们的问题,传达网友对自己亲友的祝福。有的网友想点播一首歌曲送出自己的祝福,通过 QQ 的导播,马上会传达到 NJ,NJ 会马上给予满足,如果 NJ 自己没有这首歌,他可以马上为你去下载,如果 NJ 还是没有找到,还可以在聊天室里发动大家一起找,这在传统媒体和其他的网络互动栏目中是无法形成这种即时、密切的互动传播效果的。

NJ 网络电台类型多种多样,从内容推动的时间上看,有直播类 NJ 网络电台,规定时段,准时准点即时播送,而录播的 NJ 网络电台受条件限制,在录音棚里录好节目后再上传至网络服务器。从内容上看,有专业性 NJ 网络电台和综合性 NJ 网络电台之分。专业性 NJ 网络电台在内容上只是侧重于某一领域或主题,往往只有一档节目。网上受众比较多的专业性 NJ 网络电台从大类上有音乐类、语言教学类、宗教类、新闻时事、各类脱口秀等,更加小的受众细分的 NJ 网络电台如笑话、体育、旅游、故事、相声、评书、美容和保健等等。在 itunes 上,排在最受欢迎前列的音频播客恰恰是充满个性的 NJ 网络电台播客,如"italk 爱说时尚英文口语播客"、"不亦乐乎"、"鬼话连篇鬼笑话"等。而综合类 NJ 网络电台以一周为周期,自制多档不同风格和主题的节目。大的网络电台其团队成员达到一二百人。当下比较流行的综合性 NJ 网络电台有猫扑网络电台、夜未眠网络电台、纯白网络电台等。

以猫扑网络电台为例,开播于 2003 年 9 月,现在已经实现每晚 20：00—24：00 不间断直播,白天则以节目录音模式进行广播。猫扑网络电台的 NJ 以及导播、管理等工作人员总共 100 多人,节目以个性化互动性为目标,现在的 NJ 分布在全国各地,他们都是使用自己的电脑设备在进行节目直播。有些 NJ 并不是职业 DJ,他(她)们有的没有正规主持人的标准以及职业,但都极富个性和活力,非常擅长和网友们互动。此外,猫扑网络电台的内容丰富多样,从点歌到主题节目到音乐节目、情感类、访问类、新闻类、电影类、欣赏类、娱乐类等,每隔一段时间就会根据网友的要求进行调整,这也是猫扑网络电台坚持到现在不断发展壮大的原因。

国内音频播客发展不如视频播客那么蓬勃,NJ 网络电台多数是发烧网友们的兴趣爱好之作,受人力、物力、财力和时间等因素限制而无法壮大,很难坚持长期运营,不少曾经在网上红极一时的 NJ 网络播客们出于各种原因最终退出了播客圈,有影响力的音频播客托管网站也就剩下豆瓣网等屈指可数几家。像音乐人小站一样,豆瓣音乐频道也为电台播客爱好者提供了空间,只要 DJ 入住申请获得通过,致力于 NJ 网络电台的播客们便会获得 DJ 小站,实现自己的梦想。在移动互联网时代,音频播客或许会迎来新的生机,一批新型的

图 8-11

音频播客网站正在兴起,如爱听网(http://www.itings.com),声称自己既不是音乐网站,也不是有声读物大全,而是专注于移动互联网的全新网络媒体。这家网络媒体开发出适合苹果手机和 iPad 平台系统及安卓系统手机的客户端,受众可以创建属于自己的个性化节目、上传属于自己的音频内容,还可以创建自己的流媒体,随心订阅自己喜欢的节目,甚至可以帮助播客们推广他们的 app(智能手机应用程序),并且量身打造广告计划,使得音频播客们可以通过程序获得收益,这或许创造了独立音频播客可持续发展的新模式。

(二)视频播客

1. 拍客视频

拍客是指利用各类相机、手机或 DV 摄像机等数码设备拍摄的图像或视频,通过计算机编辑处理后,上传网络并分享、传播影像的人群。拍客视频是网络上数量最多、最具草根性的播客类型。拍客视频是对现实的记录和展现,其内容大多取自日常生活中的非常现象、奇人趣事或具有新闻性的突发性事件,拍摄和制作技术大多不是很专业,影像画质不是很好,但拍客作品最突出的优点是具有现场感和真实性。在车祸等突发性事件中,拍客们随手拍下的视频往往成为珍贵的第一手素材和资料,常常被无法及时赶到的传统媒体所采用。

拍客群体非常复杂,一般来说拍客有职业和业余之分。职业拍客的收入有媒体给的报料费、稿费、广告收益和受雇公司的相对固定的工资。报料费、稿费是大部分拍客的经济来源。不少视频类网站专门设立了拍客频道,推出拍客稿酬奖励计划或广告收益分享计划。实行拍客稿酬奖励模式的网站,按照拍客作品价值高低支付一定的费用,其通常的衡量因素有:推荐位置、视频播放数与评论数、微博转发数、视频制作水准、拍摄难度及清晰度、媒体影响力及网友关注度等。新浪视频、腾讯视频是这种模式的代表,这些网站要求拍客们上传的作品一定是独家、原创视频,如果发现传给自己的视频也传给了其他网站或媒体,则扣除一定比例报酬。广告收益分成模式的代表为酷 6 网,酷 6

通过在用户上传的视频内容上接入流量广告,除去必要的运营成本后按一定比例与合作伙伴进行广告收益分成。酷6网改版后制定了比较复杂的广告分成计划,其拍客也分成签约拍客和一般上传者,两者的收益也有所区别。受雇于视频网站的拍客们比起业余玩家们可以享受到更多的"优待",有时公司还会为他们提供出差的费用。

还有一部分拍客的实际角色是充当网络"推手"。他们为公司企业或个人包装策划,制作视频来推广宣传。网络红人芙蓉姐姐便是利用拍客视频炒作成名的高手,至2012年7月,在新浪视频"芙蓉姐姐的播客"页面上,集合了2004年以来芙蓉姐姐在各个场合摄录的141段视频,从早期的街头热舞炒作S型性感身材到成名后接受媒体采访塑造励志姐形象,透过这些拍客视频约略可见其成名轨迹。而后的凤姐等网络红人也无不运用拍客炒作手法,著名的草根歌手旭日阳刚、西单女孩成名背后无不有拍客推手的影子。拍客推手们虽然能让网络红人一夜成名,但他们大多昙花一现,无法实现可持续性发展,到目前为止,芙蓉姐姐是网络红人中可持续性发展做得最好的一个。

2. 恶搞视频

恶搞类视频是网上人气最旺、最受追捧的播客视频,恶搞视频的共同之处便是用搞笑和无厘头的方式进行嘲讽和批判,依据其内容和制作特点,大致可以分为三种:

(1)配音剪辑类恶搞视频

剪辑配音类恶搞视频是最早出现的恶搞视频类型,发轫于胡戈的《一个馒头引发的血案》。其内容重新剪辑了电影《无极》和中国中央电视台社会与法频道栏目《中国法治报道》。对白经过重新改编和配音,胡戈一个人完成了短片中所有角色的配音。这部片子吸引了无数网民的追捧,下载率甚至远远高于《无极》本身。但此片激怒了陈凯歌导演,差点上法院告胡戈侵权,胡戈被迫道歉和解了事。此片奠定了剪辑配音类恶搞视频的风格特点:无厘头的对白,滑稽的影视片段拼接,搞笑另类的广告穿插等,后来引发无数追随者仿效。

(2)真人演出类恶搞短片

真人演出类恶搞短剧是配音剪辑类恶搞视频的升级,需要投入一定的资金,有编剧、导演、演员、摄像等专业分工,需要团队合作。在制作《春运帝国》后,为避免版权麻烦,胡戈转向摄制有真人演出的恶搞影片,片中不再使用国产电影的画面拼凑,而是追求原创,聘请演员出演,并常常出镜客串演出。如投入数十万拍摄的《鸟笼山剿匪记》,让首播该作品的视频网站"六间房"在网络世界一举成名。2008年底,胡戈推出恶搞《新闻联播》的《××小区××号群租房整点新闻》系列,胡戈系着领带播报"新闻",他一本正经的样子与诙谐幽默的"新闻"内容一对比,"笑果"更加明显,此后恶搞《新闻联播》成为播客们的时尚。整个视频制作得非常"精彩生动",不仅有胡戈的播报,还有现场采访的情况,更有人扮作记者在一旁记录。最近几年,胡戈摄制了一系列广告植入式恶搞短剧,如《家安空调消毒剂广告——咆哮私奔谍战剧》《七喜广告——"白雪公主"》《威猛先生洁厕炮广告——2016炮有传奇》《网游天龙八部3广告——穿越剧恶霸欧阳锋》等,其情节创意和植入广告契合得天衣无缝,让人惊叹!低调的胡戈始终是网络恶搞视频的领军人物,时不时给人以惊喜。除了胡戈外,号称中国手机电影第一人的郑云也深具品牌影响力,其风格也是走的恶搞路线,从2006年开始到目前,其团队摄制了几百部原创网络短剧,在优酷、土豆、新浪、腾讯等播客频道上热播。

(3)唱谈类MV恶搞视频

唱谈类MV恶搞视频是近来播客圈流行的一种视频类型,它实际上是配音剪辑类恶搞视频的变形,从配音对白变为歌手配唱,一般曲子用的是国内外耳熟能详的流行歌曲,歌词则根据唱谈主题重新进行了改编,其视频部分取自网络上和此事件或现象有关的视频和图片资料。唱谈类MV恶搞视频针对的是社会时弊现象和新闻舆情事件,在唱谈中侧重于评述和抒情,其目的在于严肃地表明对事件的态度和立场而不是搞笑,之所以把它归于恶搞类型,因为从总体形式上它仍不脱离嘲讽、批判的精神。国内播客圈中,比较著名的MV唱谈播客品牌要算播客刘冬冬及其团队。自2007年以来,刘冬冬团队总共创作了100多首唱谈类MV恶搞作品,其代表作有总结2011全年重大新闻时事的《甩蛋歌》、恶搞艳照门《冠希忏悔录》、恶搞红十字会郭美美事件三部曲、恶搞723动车事故三部曲、反映毒胶囊事件的《2012年的赵普同学》、唱谈伦敦奥运会系列等等,这几年中出现的重大舆情事件都少不了刘冬冬及其团队的MV恶搞。这些作品在网络上极受网友追捧,很多作品被国内电视台引用。

3.微电影和微视频

近来年,微电影和微视频在互联网上掀起了一股热潮,聚集了大量的人气,除了网络视频媒体和播客群体外,专业影视制作机构、各类商业机构、公益组织、地方政府部门及大专院校等社会各界都不同程度地介入其中。各类借以招揽人气的微电影节、微视频大赛层出不穷。如新浪微视频大赛、土豆网的土豆印象节、国内100所高校联盟参与的中国(北京)国际微电影节,还有由东方卫视、灿星制作主办的打着选秀旗号的"中国达人秀微电影"等等,组织者为获胜者开出诱人的奖金和扶持培养计划。

微电影和微视频叫法不同,属性却是相同,它们都和传统影视剧有所区

别,实质上是一种网络短剧,它具有如下特点:

(1)"微时"放映、"微周期制作"和"微投资规模"。即播放时间从数十秒到数十分钟,一般不超过 30 分钟;制作周期从几天到几个月,一般不超过半年;投入资金较少,从几百到数万,几十万的就算大制作了。

(2)主要借助互联网传输、智能手机、iPad 等微终端播放。

(3)适合受众在移动状态和微暇(短时休闲)状态下观看。

(4)麻雀虽小,五脏俱全,拥有完整的编剧、导演、演员、摄像构成的制作体系。

(5)故事情节和戏剧冲突较为简单,人物关系不太复杂,可以单独成篇,也可系列成剧。

早期的微电影带有浓厚的草根气息,更多属于电影爱好者的探路之作。而当下越来越多广告商、视频网站甚至许多地方政府部门看中微电影的商业价值和市场前景,纷纷将微电影和商业运作相结合。从拍摄微电影的诉求来看,大致可以分为以下几类:

(1)作者创作型微电影

这里的作者创作型微电影是指围绕着编剧和导演的个人意志进行摄制的微电影作品。这些编导可能是默默无闻的草根一族,也可能是传统影视圈内的一些名人。这些作品或表达亲情、友情、爱情,以感人为诉求,或幽默搞怪,以博人一笑为目的,或渲染恐怖气氛,以吓人一跳为目标,或包含哲思,以发人深省为目的。作者创作型微电影对艺术的追求超过其他类型的微电影。当下,中国的很多电影导演失去了创造力和激情,而来自民间的草根微电影作者们倒是让人眼前一亮。比如 2011 年由草根团队创作的微电影《李雷的2012》,风靡国内互联网。故事以上世纪 90 年代人教版初中英语教材中的明星人物李雷和韩梅梅为主角,保留了一代人共同记忆的怀旧符号,但在创意和构思上,导演和编剧对故事内容进行了重新演绎,在 4 分钟时间内,对两人之间的爱情故事做了颠覆性诠释。影片受到了 80 后的追捧,5 天时间视频点击总数超过百万。

(2)商业定制型微电影

商业定制型微电影是编导根据广告主的商业诉求进行编剧和拍摄,要求在剧情中巧妙地植入相关产品或者品牌形象。受众在点击收看过程中能否受到广告的影响,是衡量商业定制式微电影是否成功的标准。

桔子酒店是利用微电影进行品牌营销的先行者。2010 年推出仿照电影《让子弹飞》的微电影《让火车叫》,在微博上首发后,一个星期内播放量达 40万,转发量超过 1 万次,获得了意外成功。2011 年又拍摄了讲述不同星座男特征的微电影"桔子水晶星座电影"系列,共 12 部,以每周一部的速度在微博、门户和视频网站上推出,片中桔子酒店的搜索引擎指数以每天几千的速度增长,12 部电影首发完成后,桔子酒店的官方微博粉丝数就突破了 10 万人。而这种关注直接转化成了行动——很多网友在土豆上看完《星座男》,随后出差就到桔子酒店办理了入住手续。从成本角度来看,桔子酒店集团的第一部片子《让火车叫》的成本只有 3 万多,时间只花了不到一周;此后推出的 12 星座男系列,总共花费也不过 100 多万。前后加起来,也只用了五个多月。① 而最后获得的关注度和品牌增值远远超过这笔花费。

不少传统型企业也在尝试利用这一新的传播方式,播客恶搞达人胡戈给十多家企业定制拍摄的恶搞作品便是属于这种类型的微电影。许多地方政府也开始运用微电影这种新的营销手段"营销城市、推广旅游"。如四川拍摄的《爱在四川——美食篇》、杭州的《千年之约》微电影、苏州的《蟹蟹侬》、江阴的《底色》、常州的《阳湖拳》,有的已开机,有的已上映。放眼全国,湖北丹江口市的《汉水丹心》、湖南通道县的《通道转兵》、北京昌平县的《温泉世界》等也都一一亮相,一时间地方政府为推销本地的旅游资源纷纷瞄上了微电影。但这类商业定制型微电影良莠不齐,因为受制于广告商和地方政府部门的定制,在内容和产品之间,导演常常没有决定权,最终牺牲的还是"微电影"的品质。

(3)公益教育型微电影

公益教育型微电影是以宣传社会公益性事业为诉求的一类微电影类型,从功能上看它和公益广告相同,但在表现形式上它将环保、健康、诚信、见义勇为等公益主题诉求巧妙地隐藏在剧情和故事中,提醒公众应该对社会的责任和态度,进而为社会贡献自己的力量。用微电影进行公益宣传越来越得到人们的认可,相关媒体、网络意见领袖、政府部门和社会公益组织积极参与投拍。"微博打拐发起人"邓飞携手韩寒共同发起的系列纪实性公益微电影《寻找失去的孩子》,影片共三集,聚焦被拐卖儿童和失去孩子家庭的痛苦,通过微电影的形式让更多的人关注打拐行动,给还在寻找丢失孩子的家庭以希望。

微电影《小悦悦》取材于 2011 年轰动社会的佛山小悦悦事件,借主人公小悦悦的叙述,展现了事件的全过程,最后以小悦悦的口吻告诉大家不要错怪唯一伸出援手的张阿姨,也不要责怪自己父母没有尽到看护的责任,不要责备当初一旁漠视的 18 个路人。最后随着几声钟声的响起,屏幕出现了"拒绝冷漠,传递温暖,让世界充满爱",为当下的社会现状敲起了警钟。影片特别邀请了网络著名推手青春弘志参与推广宣传,最终获得了千万网友微博转发,一时间

---

① 陈新焱、周冯灿:"微电影:生于'恶搞'死于广告",《南方周末》2012 年 3 月 31 日。

成为网络最热微电影视频。受小悦悦事件的影响,广州大学城十所高校学生分别推出10部公益微电影,用不同的故事和镜头做出同样的呼吁:"拆掉心中的墙,拒绝冷漠"。

4. 网络脱口秀视频

当下,网络脱口秀视频播客无论从数量还是质量上比起其他类型的视频播客显得逊色些,视频网站上云集的多是传统媒体和专业机构出品的脱口秀视频,且集中在娱乐领域,来自网民制作的作品较少,也比较粗糙。和专业媒体出品的脱口秀相比,脱口秀视频播客具有网络化和草根化特点,制作水平和主持业务并不专业,多是单个玩家在业余时间制作,自娱自乐。能长期做下去,且能在固定时间更新上传形成良性循环的网络脱口秀视频,背后都有团队和资金支持,形成独到的创意和策划,而视频网站也会在页面上极力宣传推广。

酷6网着力推荐的脱口秀视频《1+1新青年》,是一档由长春新文化报旗下新文化网打造的时评类脱口秀节目,时长只有5~6分钟,每隔三四天便会推出一期,每期选取二到三个网络热点话题,主持人文小略操一口东北腔,混杂着网络流行语,其话语形态摒弃了传统脱口秀节目流行的晒观点、飙见解,主持人不以精神导师身份通过强势话语霸权来征服受众,而是将自己摆在同网民一样的草根地位,把自己有意塑造成网络世界中那种有点"二"、有点小色小坏小心眼的青年形象,在插科打诨、冷嘲热讽之外还不忘自嘲自虐,其服饰、神情、手势等也进行了特殊设计,来强化主持人这种"二"的形象,节目重视运用QQ群、微博、邮箱和网友互动,比如让网友发送视频留言到邮箱,最后在结尾时花点时间播放这些视频留言。《1+1新青年》以纯粹互联网方式张扬网络娱乐精神,在极短的时间里聚集了大量粉丝,每期的点击量达到数万之多。

此外,少数播客也试图打破常规,尝试网络脱口秀视频的某些创新,如在形式上较有创意的《满城峰语》,主持人何峰面对镜头边走边聊,一路向前,有助手不断递上不同的道具来辅助主持人脱口秀话题,使其不但能动口还能比划着动动手;由团队成员后期制作加工合成的视觉效果也不断融入了主持人的评说话题,为话题增添了趣味和背景,强化了视频脱口秀的视觉性。著名职业拍客高铭(旭日阳刚得以成名背后的拍客推手)也尝试转身为网络脱口秀主持人,组建团队推出《高铭脱口秀》。网络脱口秀视频离不开网络性和草根性,也更需要职业化和专业化的团队来策划和包装,才有可能获得可持续性发展。

三、播客订阅和制作软件介绍

（一）播客订阅软件

在网络上，播客订阅软件可谓五花八门，层出不穷，随着移动互联网时代的到来，移动播客终端竞争日趋激烈。对移动播客终端软件提供商来说，他们通常会考虑当今智能手机最主流的两大系统：苹果的 IOS 系统和谷歌的安卓系统，同时还要考虑分别用于手机终端的版本和平板电脑终端的版本。一般来说，播客订阅软件有两类，一类是定制类播客终端，即由播客托管网站或播客发烧友们自己开发的、只针对特定的播客作品进行订阅和播放的播客终端；另一类则是第三方播客终端，即不由播客托管网站也不由播客内容制作者开发，而是由一些专业的软件商开发，可以集合、分享、订阅和播放不同平台、不同渠道的播客作品。

1.定制类播客终端

世界上最大的视频分享网站 YouTube 有自己的播客终端，可以订阅、下载、分享 YouTube 上面所有的视频播客作品，还上传自己的作品（由于国内网络监管，暂时无法使用），国内的优酷、土豆、搜狐、酷 6 网等视频分享网站也都开发出了专属自己网站的 PC 和移动播客终端；英语教学类播客终端 ESL Podcast，提供了 www.eslpod.com 播客网站上的大部分播客内容；豆瓣 FM 移动终端可以轻松订阅和收听私人频道和公共频道中各种风格的音乐作品，还有无数个人播客终端，比如 Lady Gaga 视频播客终端可以订阅和播放歌星 Lady Gaga 的最新视频直播及粉丝们的自制视频短片。定制类播客终端成为播客网站或个人树立自己品牌的一种有效途径，是移动互联网时代播客发展的新趋势。

2.第三方播客终端

第三方播客终端的类型更加多样，有专注于音频播客订阅的，如"Tunein 广播电台"，它是目前功能比较强大的一款音频播客终端，理论上可以定制境内、境外所有官方或私人网络电台（由于国内网络监管，有些无法定制）；还有著名的 Stitcher 网络新闻电台（图），主要针对英语世界特别是美国全国的媒体电台，获奖无数，曾六度被苹果网站推荐，被 Webby 票选为最佳手机新闻应用程式等等，集合了数千家境外网络电台，获取来自 NPR，CNN，Fox，BBC，Carolla，Rush 和其他更多按需频道的最新内容，同时支持点播式的收听，可将喜爱的节目"串连"在一起，以创建个人化的电台。国内的"蜜蜂听听"是一款将播客和音乐结合的软件，可以听书、听相声、听广播、听音乐、听新闻等，可以在线试听、免费离线下载、自由订阅和收藏。

第三方播客终端很多都是兼顾音频和视频两种格式的播客终端。如大名鼎鼎的苹果 iTunes。"iTunes"一词有两层意思：（1）安装在 Mac、PC 或其他设备上用来管理音乐、Podcast、视频等的客户端应用软件；（2）置于服务器端的在线网站，即 iTunes Store(iTS)。如今，iTunes store 整合了苹果手机软件商店（APP Store）、图书、播客、网络公开课（iTunes U）四个模块，在线用户可以免费订阅或者购买数字音乐、MV、电视节目、标准长片、各种游戏及各种Podcast。播客应用是苹果 iTunes 最重要的功能之一。针对移动互联网的应用，苹果专门开发了 podcast App 程序，它实际是 iTunes 的移动客户端，适用于 iPhone 和 iPad、iPod、iTouch 等多种苹果移动设备。从某种意义上，苹果podcast App 程序也是一种定制式播客终端程序，它只针对苹果移动设备而不向其他系统开放。但 podcast App 对播客们的开放却是非常高，它有多种语言版本，几乎向全球所有国家的播客们开放，它既有本地化的特点，又有国际化的优势，因此受到播客们的欢迎。在 iTunes 播客频道的左上角，提供详尽的制作播客和上传播客的教程。

图 8-12

（二）播客制作软件

播客制作软件可谓五花八门，可以分为音频制作软件和视频制作软件两大系列。一个业余播客和一个专业播客使用的软件肯定不同，而一个准专业的播客和前两者也肯定有区别。

1.音频处理软件

对于一个音频播客来说，一款合适的音频制作软件是其成功的巨大保证。网上音频软件多如牛毛，而常用的有 Cool Edit Pro、Adobe Audition(Cool Edit Pro 2.1 的更新版和增强版)、Cakewalk 等。而对于大多数音频播客来说，其首选可能就是 Cool Edit Pro 或 Adobe Audition，而前者后来被 Adobe

公司收购,改名为 Adobe Audition。

不少人把 Cool Edit 形容为音频"绘画"程序。使用者可以用声音来"绘"制:音调、歌曲的一部分、声音、弦乐、颤音、噪音或是调整静音。而且它还提供多种特效为作品增色:放大、降低噪音、压缩、扩展、回声、失真、延迟等。使用者可以同时处理多个文件,轻松地在几个文件中进行剪切、粘贴、合并、重叠声音操作。使用它可以生成的声音有:噪音、低音、静音、电话信号等。该软件还包含有 CD 播放器。其他功能包括:支持可选的插件,崩溃恢复,支持多文件,自动静音检测和删除,自动节拍查找,录制等。另外,它还可以在 AIF、AU、MP3、Raw PCM、SAM、VOC、VOX、WAV 等音频文件格式之间进行转换,并且能够保存为 RealAudio 格式。这么多的功能对于一般的语音播客来说足够对付,而音乐播客也能获得不错的效果。

2. 视频处理软件

一个视频播客在制作播客时用到的软件可能比音频播客更加复杂。视频播客可能会用到视频捕捉软件,用来捕捉网络上各种视频素材;还可能用到一款视频格式转化软件,将各种格式的视频素材转化为同一格式;还会用到视频编辑软件,将原创的视频和各种搜集来的网络视频素材编辑整合,配音配乐或加上各种音响效果,加上字幕;最后他(她)还可能用到视频特效软件,为视频制作各种特效,提升作品的视觉效果。

(1)视频捕捉(录像)软件

视频捕捉也称视频录像,是利用专门软件将屏幕上的软件操作过程、网络教学课件、网络影视频、音乐作品和各类游戏录制成高清视频的过程。对于视频播客来说,利用一款合适的视频捕捉软件可以比较方便地将网络上各种现成的视频素材及自己在电脑屏幕上的操作过程录制下来,建立自己播客作品的素材库。网络上的视频捕捉(录像)软件有几十款之多,需要收费的有 QQ 视频录像机、超级捕快、Camtasia Studio 等软件,免费的有 Screen2EXE、火捕屏幕录像软件等,功能较小,操作简单,适合菜鸟们。"屏幕录像专家"这款国产软件功能比较强大,界面比较友好,操作也相对简单。此款软件提供专门的动画教程和教程向导。

(2)视频格式转化软件

网络上流行的视频格式有 MP4、3GP、AVI、MKV、WMV、MPG、VOB、FLV、SWF、MOV 等,播客有时需要将不同格式的视频素材转化成可以导入视频编辑软件的视频格式。网络上热门的视频转换器工具主要有"格式工厂"、"超级转换秀"、"MP4/RM 转换专家"等等。"格式工厂"是一套万能的多媒体格式转换国产软件,但它可以支持 56 种国家语言,功能强大而且免费使用,可以实现大多数视频、音频以及图像不同格式之间的相互转换。转换过程中可以修复某些损坏的视频文件,而且可以为多媒体文件减肥,转换图片文件支持缩放、旋转、水印等功能支持 iPhone/iPod/PSP 等多媒体指定格式。

(3)视频剪辑软件

网络上的视频剪辑软件让人眼花缭乱,总的来说可以分为入门级、准专业级和专业级三档。

入门级的视频剪辑软件以 Mindow Live Movie Maker(也就是先前的 Windows Movie Maker)、MPEG Video Wizard(电影魔方)等为代表,小巧灵便,适合家用摄像后的一些小规模的处理。Movie Maker 是 Windows 系统自带的视频制作工具,随着 Windows Vista 和 Windows 7 推出,前者升级为 Mindow Live Movie Maker,但不能兼容 Windows XP 系统。比起 Windows Movie Maker,后者取消了"时间轴"的概念,而主要基于"对象",用户可拖动调节图片和视频排列顺序以改变对象的播放顺序,可裁剪视频或音频对象,控制音频和文本对象的起始时间,也可设置图片、文本对象的延续时长。这一点为习惯于时间轴的用户诟病,但后者增加更多视频特效、过渡,以及视频编辑(裁剪)、多音轨等功能,且其自带的插件可帮助用户将视频上传至更多在线服务中,例如 Facebook、YouTube,足以胜任基础的视频编辑任务。

Sony Vegas、会声会影是准专业级视频剪辑软件的代表。它们将专业视频编辑软件中的许多复杂操作简化为几个简单的功能模块,使整个软件界面清晰简洁,用户只需按照软件向导式的菜单顺序操作,便可轻松完成从视频采集、编辑直到输出的一系列复杂过程。Sony Vegas 被称可以媲美 Premiere,挑战 After Effects。Vegas 7.0 为一个整合影像编辑与声音编辑的软件。在效益上它提供了视讯合成、进阶编码、转场特效、修剪及动画控制等。不论是专业人士或是个人用户,都可因其简易的操作界面而轻松上手。此套视频应用软件可说是数码影像、串流视讯、多媒体简报、广播等用户解决数码编辑之方案。会声会影是专为个人或家庭所量身打造影片剪辑软件,简单好用的操作方式,深受家庭个人用户的喜爱,在升级至 X4 和 X5 后,性能有了显著的提升:针对现在的 CPU 和 GPU 进一步优化,充分发挥现在的多核心 CPU 和 GPU 的性能,处理速度更快;新增视频捕捉功能;支持 HTML5 输出,可以直接上传到虚拟服务器空间与他人分享;增强模板库,更多模板选择等。

当今网上比较流行的能达到专业广播级水准的视频编辑软件有 Premiere、EDIUS、AE、Combustion 等。Premiere、EDIUS 等也被称为横编软件,即编辑一两个小时长度的视频,主要就是一些剪接加字幕、音乐、初级特效。时间线拉得很长,因此形象地称为横向编辑软件。AE、Combustion 等称为纵编软件,即多为编辑几秒、几十秒为结果的视频,着重加特效,作出美丽眩目视频的软件,每一秒都有很多层级,各种各样的特效设置,这些层级竖着排列,也就是纵向排列得很长,因此称为纵向编辑软件,也叫它后期合成软件。在视频非线编领域,作为横编软件的 Premiere 和 EDIUS 都很强大,被专业剪辑师和业余爱好者共同使用,网络上也都有些破解版本,可供没有多少银子支持的业余播客使用。

Premiere 被广泛应用于电视台、广告制作、电影剪辑等领域,成为 PC 和 MAC 平台上应用最为广泛的视频编辑软件,专业人员结合专业的系统的配合可以制作出广播级的视频作品。在普通的微机上,配以比较廉价的压缩卡或输出卡也可制作出专业级的视频作品和 MPEG 压缩影视作品。它的特效功能比较多,窗口布局比较合理,而且它可以和 Adobe 家族的众多强大的图片、音频和视频处理软件兼容共享资源。而 Edius 是日本 Canopus 公司的优秀非线性编辑软件,拥有无限视频和音频轨、无限字幕和图形层、多轨过渡特技、同步配音录制、更加灵活的三点和四点编辑、多种格式转换能力和实时输出,具有空前的制作效率和灵活性。EDIUS 可以实现在一个时间线上编辑多种格式文件,生成的文件可以通过插件直接刻到 DVD 上。两者都有各自的强项,Premiere 比较适合一些有挑战的工作,而 EDIUS 比较适合一些重复工作。对一个播客来说,如果有稳定的长期的大量的不复杂的,多次用到字幕的工作,选择 EDIUS 较适合。而需要做得尽可能的好,每天工作都要稍有创新,选择 Premiere 比较妥当。

AE 就是 After Effects,是 Adobe 推出的一款图形视频后期处理软件,适用于从事设计和视频特技的机构,包括电视台、动画制作公司、个人后期制作工作室以及多媒体工作室。AE 可以精确地创建无数种引人注目的动态图形和震撼人心的视觉效果。利用与其他 Adobe 软件无与伦比的紧密集成和高度灵活的 2D 和 3D 合成,以及数百种预设的效果和动画,可以为电影、视频、DVD 和 Macromedia Flash 作品增添令人耳目一新的效果,成为最受欢迎的影视后期制作专业工具之一。

第三节　微　博

"微博"即微博客(MicroBlog)的简称,和博客、播客相比,它出现的时间最晚,只能发布 140 个字(从标准来看),是毫无疑问的小弟弟,但从使用人数及社会影响力看,它又是当之无愧的大哥。它让所有平民草根有了发声的平台和被倾听的机会,它改变了人们生活方式、社交方式和商业模式,它对社会政治、经济、文化等各方面产生了深远的影响,各方名流不吝赞美:"微力无边","微力无穷",李开复甚至公开宣称"微博改变一切"。

一、微博发展概述

中国的大多数互联网产品都是仿效海外特别是美国的相关产品。无论是新浪微博还是腾讯微博都模仿美国的"Twitter"。Twitter 是 2006 年 3 月由 blogger 的创始人威廉姆斯(Evan Williams)推出的,英文原意为小鸟的叽叽喳喳声,用户能用如发手机短信的数百种工具更新信息。Twitter 最初计划是在手机上使用,并且与电脑一样方便使用。所有的 Twitter 消息都被限制在 140 个字符之内,这个限定几乎成了业界标准,此后虽然有的微博服务商限定的字符数不全是 140 个字,如网易微博是 163 个字符,搜狐干脆不限字符,但短小精悍逐渐成为业界共识。

在 2006 年孟买恐怖袭击案爆发后,Twitter 声名鹊起,在 2008 年 1 月的奥巴马就职和 6 月的伊朗选举危机事件中风头甚至盖过 CNN,当年 Twitter 曾拒绝了 Facebook 开出的 5 亿美元的收购价。Twitter 经过三年的孕育,开始向社会化媒体平台方向转型,由"What are you doing"(你在干吗)向"share and discover"(分享和发现)转变,增加了名人信息的发布和传播、全球重大事件的聚合。在 2009 年美航坠河事件,Twitter 击败《纽约时报》,成为最早直播现场的媒体平台。Twitter 在 2009 年后迎来了爆发性的增长,截至 2012 年 7 月 1 日,Twitter 的注册用户量为 5.17 亿,约相当于 Facebook 用户总数的一半,是用户人数第二多的社交网站,其中 1.418 亿是美国用户。Twitter 大多数的用户都来自于美国以外市场,Twitter 消息也是如此。[①] 在 2011 年,Twitter 估值超过 80 亿美元,Twitter2012 年的广告销售收入达 3.5 亿美元。

Twitter 坚持"去中心化"的概念,一大特点就是不进行名人推荐,所有粉丝一律平等,人人都是信息发布的主人,人人都是信息流动的一部分。虽然 Twitter 不支持图片、视频、音乐等多媒体,但它向第三方开放平台的核心技术,第三方软件商针对 Twitter 开发出一系列相关产品,它是目前唯一没有任何过滤和审查,同时又能被广泛使用的微博。Twitter 被 Alexa 网页流量统计评定为最受欢迎的 50 个网络应用之一。当下,由于国内网管部门的监管,中国大陆用户无法正常登陆 Twitter,在华外籍人士和留学生一般通过使用收费 VPN 代理服务进行访问。

---

① 唐风:"witter 注册用户量超 5 亿仅次于 Facebook",http://www. techweb. com. cn/internet/2012-07-31/1220498. shtml

　　在新浪微博和腾讯微博红遍国内之前,还有一批独立微博网站先驱,因各种原因死去或没落,如饭否、叽歪、嘀咕等。王兴创立的饭否网,被视为 2007 年中国互联网最大的惊喜之一,两年后饭否却在第一次获得收入后不久被勒令关闭,因为网站对内容监管不力,上面有大量国家禁止的内容。和饭否网同样命运的还有叽歪、嘀咕等网站,他们"起个大早,赶个晚集"。在中国的政策环境下,这些先行者仅仅将微博当做网络工具而忽视其自律监管的媒体属性。

　　在先行者倒下后不久,门户网站们便开始发力微博。2009 年 9 月,新浪织围脖,以强势之力推广名人微博;两个月后,百度紧跟其后,推出了类微博"i 贴吧";慢一拍的网易、搜狐在 2010 年 1 月几乎同时宣布微博内测,同年 3 月,腾讯进行新版微博产品"滔滔"内测,短暂停止改名为腾讯微博后重新披挂上阵;有中央媒体背景的人民网也直接开通了微博,其他的垂直型门户网站比如财经类的和讯网、中金在线等也都在微博上跑马圈地,他们比独立微博拥有更强大的用户基础、更丰富的运营经验,更重要的是,他们更懂得如何游走于自由和管制的边界。而残余的独立微博网站如嘀咕网、做啥网等最后都被迫转型退出微博竞争战场。随后门户网站的微博圈地就变成新浪和腾讯为第一阵营,搜狐、网易等为第二阵营的大佬游戏。

　　在技术上,国内门户网站的微博运营商一边模拟 Twitter,一边重视本土化受众体验。相比 Twitter 不支持图片、视频、音乐等多媒体的做法,新浪微博团队从一开始就非常重视多媒体内容的引入,同时还联合优酷、土豆等视频网站推出视频微博,同时在新浪博客频道推出长微博工具,可以将博文转化成图片,总共可以发 20 张以内的组图,新浪微博 140 个字数的限制被破解,从而打通博客和微博之间的联系,得以将名人博客和名人微博进行无缝嫁接。在这种运营风格下,新浪微博的媒体属性被自动地放大,被外界认为为更像个社会化媒体,只停留在微博层面,对社交网络的深入挖掘不够。新浪也意识到自己的短板,从原本的单向的广播机制,向社交化的转型,它开始强化双向的通讯和人际关系,到 2012 年,新浪基于微博推出了数十款产品,微话题、微直播、微公益、微游戏、微搜索、微群、微吧、微刊……微博不再是一款简单的互联网产品,它同时向第三方开放各种平台,广告平台、游戏平台、地理位置服务平台等,成为众多产品的平台基础。同时新浪微博还致力于微博移动终端的开发,2012 年 6 月中旬,新浪微博正式推出夏日版手机客户端,新版本覆盖包括 iPhone、Android、Windows Phone7、Symbian 在内的九大客户端,以及运用 html5 技术的 H5 触屏版在内的十大平台。

　　在推广上,以新浪为代表的国内门户网站善于运用名人效应,招揽名人入住微博,从演艺明星到各行各业的意见领袖,还有政府部门官员。先行一步的新浪把自己在名人博客上的理念和资源优势迁移到微博中来,并顺理成章地发挥着巨大作用,从而占尽了先机,树立领先地位,也迫使其他门户微博出于差异化竞争的考虑,如网易和搜狐试图淡化名人的标记,强调追求人人平等的信息交往。新浪以名人效应推动微博用户增长,但很多名人的粉丝群有注水的嫌疑,很多名人粉丝中有大量并不活跃的用户,习惯称之为僵尸用户,依托其注水效应,名人的关注度获得提高。新浪微博和腾讯微博两强之争从一开始都千方百计拉拢名人入驻微博,但在内容呈现上,已经产生巨大分离。新浪微博延续的是媒体属性,传播的途径依然主要靠名人微博、明星微博自上而下产生传播。腾讯微博每天发布的1亿多微博消息中,有52.5%是原创,其中绝大部分是关于生活和展示自己。[①] 可以预见的是,新浪微博将突出社会化媒介属性,而腾讯微博努力的方向是社会网络平台。据相关资料,至2012年5月,腾讯微博注册用户超3.73亿,同年8月,新浪微博三周年之际,注册用户数达到3.68亿,两者从用户数上可谓旗鼓相当。[②] 但从注册用户的活跃度及在重大事件中的影响力、微博信息被传统媒体引用上看,新浪微博要明显高于腾讯微博。微博拯救了困境中的新浪,新浪在纳斯达克的股价从2009年的30美元左右一路上涨至2011年的130美元以上,涨幅达到300%以上。

　　无论是Twitter还是新浪微博、腾讯微博,人气都已达到数亿之多,不可谓不旺,但至今还没有形成一个比较成熟的赢利模式,先行者Twitter收入虽然每年都在提高,但和其巨额投入相比也只是杯水车薪,新浪微博和腾讯微博这三年都只是投入而几乎没有产出,微博服务商们承受着巨大的赢利压力,谁能坚持到最后,笑到最后呢?

二、微博的媒介属性

　　微博是个体化的自媒体平台,同时又是无数个体和机构通过关系聚合成的社会化媒体平台。它具有如下属性:

1.个体性

　　微博具有最典型的自媒体属性,它和报刊、广电、门户网站等组织化的媒介不一样,微民们绝大多数都是以"我"为中心,凭自己的喜好发布信息和关

---

　　① 《21世纪经济报道》:"传腾讯微博下半年将加速开放平台发展",http://tech.163.com/12/0901/09/8AABULQS000915BF.html

　　② 张睿:"新浪微博三周岁:商业化是否操之过急?"http://it.sohu.com/20120828/n351698816.shtml

注,每个微民都是信息源,都是信息的"守门员",发与不发,转与不转,说与不说,如何说,都体现着个体的自由意志,这也是微博作为自媒体的本质。微博内容明显带有个性化的烙印。据报道,美国亚特兰大大学计算机工程教授塔基·科索夫塔和博士朗代尔·沃德运用一个计算机程序对3000名志愿者的微博进行扫描审查,并让他们回答问卷。结果发现,有1.4%的志愿者存在精神异常倾向。研究人员认为,他们的发现能够对警察查案或者雇主招聘起到帮助。警察可以通过分析调查对象的微博寻找蛛丝马迹,甚至确定潜在的安全威胁,而雇主可以通过微博了解一个人的个性。①

2.公共性

在微博上,博主发表的一些敏感信息会引起博友的转发和评论,过客或粉丝会形成围观,进而转化为一个舆情事件。微博越来越成为国内舆论的发生场和风向标,许多话题在微博上经过公众的讨论、转发、参与后会形成公共性话题,当事者便会成为公共人物而遭受舆论压力。微博上每个人的信息都是公开的,按照一定的条件都是可以被搜索到的。2011年,溧阳市卫生局局长在微博上与情人调情相约开房,因内容暧昧遭网友围观和人肉搜索,最后被撤职查办,他们错把微博当成了类似QQ、MSN之类的私密聊天工具。爱慕虚荣的郭美美炫富行为遭人围观、人肉调查,从而引发了中国公益事业的信誉危机。虽然都有前车之鉴,但还是有许多人前仆后继,倒在微博舆论的枪口下。

3.扁平性

微博作为自媒体平台和其他媒介最大的不同就是它的"去中心化",即它是一个扁平结构网络平台。Twitter不大强调对名人的推荐,这是其对"去中心化"的坚持,因为对于草根的微民来说,如果他(她)的粉丝数量增多,那么就越有可能得到推荐,越能激发其活跃度,反之过分强调名人和意见领袖,比如新浪将用户分为加"V"和不加"V",并且极力推荐名人微博,导致底层微民活跃度不够,这也是一些微民渐渐失去上微博的兴趣,新浪微博出现大量"僵尸粉"的一个重要原因。这是中美两国社会文化的差异在微博媒介上的体现。虽然新浪微博等自媒体还有改进的余地,但和传统媒体及门户网站等网络媒体相比,微博媒介就是一个扁平性传播平台,它虽然有层级但没有绝对的中心和权威,如果发言不当,任何权威和大"V"都会遭到草根微民的质疑、调侃,甚至抨击和痛骂,每个人在这个平台上都可以平等发言。在一些重大公共事件中,草根微民也有可能一下子成为受关注的对象,比如"郭美美"事件中草根调

---

① 《重庆晨报》:"研究称微博可判断人是否变态",http://www.cqcb.com/cbnews/gngjnews/2012-08-29/1462902.html

查者之一"温迪洛",其粉丝数最初只有900多人,一个月不到就增加到5700多人。而传统媒体及门户网站等网络媒体,会有行政级别上的划分,比如中央媒体和省、市、地、县媒体,组织内部人员还会有行政级别高下,这些层级划分体现了对信息控制的权力和权威。

4.融合性

微博平台是一个融合性的媒介平台。其融合性表现在:首先,它做到了将音频、视频、图片、文字的全面整合。在微博平台上,一条微博信息可以融合上述四种符号进行表达,新浪微博等和土豆、优酷等视频网站合作,通过外链来进一步点开视频信息,虽然说不能同时呈现,但其实已等同于融合视频信息的微博媒介了。其次,通过本土化创新,长微博工具的开发,可以将文字转化成图片,从而将博客和微博融合,除了新浪长微博工具外,网上还有多款更加简洁的长微博工具(图8-13),无论写多少字都可以随心所欲地将之转为图片,在微博上刊发。第三,微博平台成为其他媒介发布和共享的窗口和平台。无论是报刊还是广电,无论是中央级正规媒体还是草根性的博客、播客等自媒体,都会主动融入微博平台,以展示品牌,提升人气,加强和受众的互动。而人气较旺、媒介属性比较突出的新浪微博是这方面的代表。2012年8月,中共最高级的老牌党报《人民日报》入驻新浪微博,其平民化的姿态改变了年轻网民们对其纸媒"离人民已经很远"的坏印象。最后,各家微博平台都试图成为融合一切网上信息的平台,在网上每一篇新闻、每一幅图片、每一段视频的上面或最后都会有一排按钮,提示你点击它,将所看的文字、图片、视频上传自家的微博平台上,供他人分享。

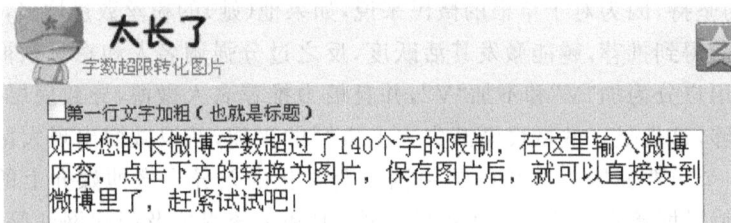

图8-13 长微博工具

5.碎片性

微博媒体平台的信息具有碎片化的属性,140个字的限制,使每一条微博信息承载量不足,导致口水化和感性化,缺乏逻辑性、思辨性,这也是微博为什么容易形成吵架、约架的客观原因。字数的限制使得信息的流动特别的迅猛,信息的监管异常的困难,从好的方面来看,它有利于舆论监督,使得外部的阻碍力量无法第一时间截停，从而使很多重大公共事件得以曝光；从坏处来看，使得谣言频出，防不胜防，并且常常一瞬间即大面积的扩散，形成恶劣影响。但碎片化信息并不是导致谣言产生的必然原因，它只是加速了传播而已，真正的原因是权威信息的不作为和不透明。

在2011年的"谣盐"事件中，说吃盐可以防核辐射的谣言在微博上迅猛传播，导致全国性的恐慌和抢盐事件发生，但在权威部门和权威媒体澄清后，微博媒介的自我纠正机制也启动了，真相几乎在几个小时内就占领了微博，谣言烟消云散。权威部门和媒体没有第一时间对谣言进行预判和干预应该是这起事件发生的主要原因。作为行业辟谣组织的新浪官方"微博小秘书辟谣"，还有微博民间辟谣组织"辟谣联盟"等都进行了一系列尝试，但这些还远远不够，几百个人面对数亿微民的海量信息，如沧海一粟。谣言的产生或许无法控制，但谣言可以在萌芽之初就可以干预甚至将其扼杀，在不干涉传播自由的前提下，对微博上的意见领袖进行辟谣教育以及开发相关的警示软件等措施，应该是努力的方向。

5.自净性

自净性，就是通过传播主体的自律、自纠、自辩机制来澄清信息，辩明观点。由于微博碎片化的传播特点，其信息常常鱼龙混杂，监管异常困难，而依靠传统的强制审查措施进行干预，效果值得怀疑。比如用关键词过滤技术不可能过滤掉所有信息，且关键词的生成速度远远赶不上网民们将符号和意义重组的创新速度，比如"操你妈"这个国骂属被过滤的脏话，但网友马上用"草泥马"来替代，而且成了网络流行语，成了传播最为广泛的网络用语之一。而关闭转发和评论功能等遮断信息流通途径的做法还会引起恐慌性传播。事实上，微博自净机制依赖于信息的公开性、传播者的自律精神及公平公正的微博游戏规则来实现。运营商的主要任务就是打造多元、和谐的传播生态环境。学者吴祚来认为："现实谣言难以通过对话的方式予以澄清，但网络出现谣言时，任何人都可以随时予以追问、纠正与辟谣。""无害的谣言只会提升公众的免疫力，就像要提高人的免疫力，不能将他放在纯净的生存空间里。"上述"谣盐事件"最后迅速平息便是明证。

当下，以新浪微博为代表的微博自净机制是不完善的，网民的自律性不够，有些加"V"的名人也会出于私人动机借助微博哗众取宠。著名经济学家邹恒甫因个人私怨在微博上炮轰北大，制造了震惊中外的"北大'淫棍门'事件"，后来在舆论和北大的催逼下，承认自己的话夸大，说这是他的一贯风格，令各路围观者大跌眼镜，作为公众人物其行为无疑不当，此事让其声誉受损。微博上骂架、约架事件频出，大名鼎鼎的打假斗士方舟子为打假树敌无数，特别针对 80 后的偶像韩寒、蒋方舟的质疑,在新浪微博上遭遇其粉丝的恶意攻击、谩骂,而作为监管方的新浪没有采取相应措施来制止这种无理的人身攻击和羞辱,导致方舟子一怒之下宣布永久退出新浪微博。作为国内最有影响力的微博运营商,新浪没有公正、公平的纠正机制是导致微博生态环境失衡的原因之一。

自净的重要核心就是自律,每个人都应该具备基本的媒介素养,在微博的公共平台上对自己的言论负责。微博实名制虽然引起诸多争论,但它对促进微博用户的自律性有较强的约束性。当然自净机制之外,还要有他律——法律的保驾护航,即使自由如美国,法律也是凌驾于一切自由之上,任何自由不能超越法律,比如在美国禁止传播儿童色情信息,否则就会吃官司。

三、微博的传播特征

因其特殊的属性,微博平台上的传播活动显示出了不同以往任何一种媒介的传播特征:

1.裂变式渗透传播

微博传播方式既不是最古老的线性传播(One To One),也不是传统媒体的扇形传播(One To N),也不是网络媒体的网状传播(One To N+N),而是一种基于关系的细胞裂变式传播(N To N+N)(如图 8-15),这种传播形态的传播速度是几何级的,远远高于之前任何一种媒介产品的传播速度和传播广度,如水银泻地般渗透无孔不入,老子所说的"道生一,一生二,二生三,三生万物……"来形容便是如此。2010 年 5 月 29 日 9 点 27 分,《华侨大学报》主编赵小波发表微博,想知道在新浪微博一条信息的影响范围。经过 13 小时 23 分,在 29 日 22 点 50 分,转发数突破 10000 条。网友通过转发、分享、评论使这条微博传播各地,达到除了西藏之外所有省份,它还到美国、澳大利亚、英国、韩国、日本等十余个国家去溜达了一圈。

2.竞争式滚动传播

在微博平台上,有无数的议题在微民间滚动传播,无数的议题在竞争眼球关注,比如一起特大车祸,一起腐败事件,一桩冤案,一起娱乐圈的绯闻事件,等等,这些具有新闻价值的议题可以引起大量的转发和评论,但常常一个议题刚刚被推起来有了点影响力之时,忽然间又被其他议题所淹没,这些议题争夺眼球和口水的竞争异常惨烈,其在舆论顶峰的存活期短则一二天,长则一个月,少数能持续数月之久的。这还是对已经有一定影响力的议题而言,微博上大量的议题被淹没,能引发所谓舆情事件的议题很少,能引起新浪排名前 100 位大"V"们共同关注及中央级传统媒体介入报道的议题少之又少,除了像汶

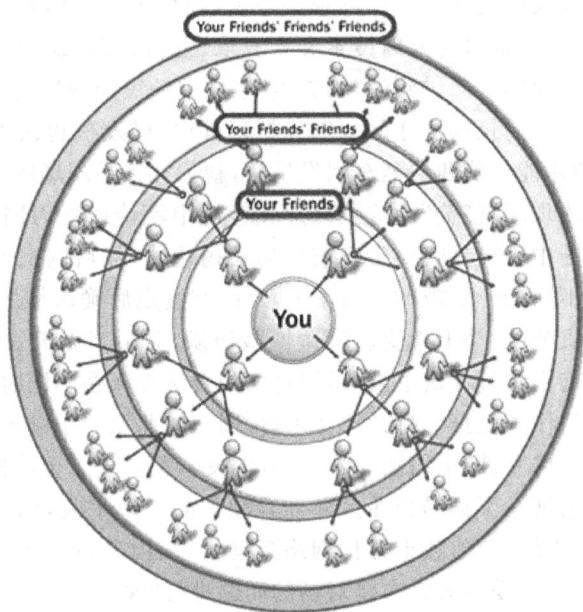

图 8-14　微博关系图

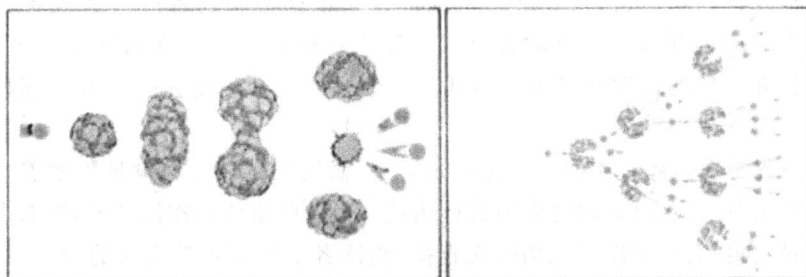

图 8-15　信息裂变式传播

川地震、"7·23"温州动车事故之类的大事。微博平台就像一口熬着粥的锅，一刻不停搅拌着，能冒泡的也就那么几个议题，并且很快地破灭，又被新冒出的泡代替。这些议题常常就没了下文，因为人们不再关注，所以问题有没有解决，解决得如何，不会再有人提起，特别是涉及官僚腐败的议题，更是被刻意疏忽。从某种意义上，微博只是一个热闹的舞台，议题们你方唱罢我登台，各领风骚二三天。

　　3.参与式接力传播

　　微博传播的一大特征就是微民们常常会自觉地分工合作，接力参与事件整个进程而不仅仅转发或仅仅是围观和旁观,如很多微友们参与的公益性的求助活动,成立某些临时性人肉搜索和调查取证的民间组织,来揭露真相,推进事件的进程。比如上面讲到的"郭美美"事件中的民间侦探们。

在陕西安监局局长杨达才的"名表门"事件中,微友们再次展示了分工合作、接力推动的才能。陕西惨烈车祸发生后,新华社拍下现场图片中竟然有一当地官员在事故现场"傻笑"。这张照片在微博中流传后惹得网友非常不满,迅速"人肉"出图中官员是陕西省安监局局长杨达才,然后网友@零售资讯列出了杨局长在不同场合所戴的5块手表,经网友鉴定后确认都是奢侈名牌表。杨局长进行危机公关,马上接受新浪微博微访谈,对不当微笑表示歉意,并称自己十多年来确实买过5块手表,是用自己的合法收入在不同时期购买的,已向纪律监察部门作了汇报。哪知话音未落,网友@北京厨子贴出图片证实,杨局长还有一块奢侈品牌"宝格丽"表。接着网友@花总丢了金箍棒在微博上传了更多图片证据展示了杨局长在另外场合佩戴的5块手表,杨局长的名表总数最后达到了11块,价值数十万!网络轰动了,国内各方媒体也纷纷介入报道和评论,陕西省纪委隔天宣布将对杨的问题进行"深入调查"。

4. 复合式立体传播

微博营销专家杜子健在《微力无边》中认为:"在新浪微博上,一个帖子的形成及进行,大致需要以下角色:(1)发布者;(2)阅读者;(3)旁观者;(4)喝彩者;(5)围观者;(6)推动者;(7)关键人;(8)内行人。"在微博平台上,一个有潜在价值的议题在经过复合式立体传播后就会蜕变为一个万众瞩目的焦点。

首先是在传播者层面。在传播过程中,微民们自觉不自觉地扮演着一种或数种角色,而且可以随时变换数种角色。而这些角色的作用各异,发布者负责实录实报,甚至可以在现场图文直播;阅读者是发布者最亲密的粉丝,尽心尽职负责转发和评论推动信息的扩散;喝彩者和围观者最多,他们或许只是简单地叫好或叫骂,或者仅仅抱以同情,但以人数优势给议题造势;推动者可以认为是意见领袖,在更高的层面加工和解读信息并进行社会动员,他们的粉丝质量高,见识广,活动能力强;关键人和内行人数量最少,是能帮着提供关键证据和求助,实质性的解析和解决问题。

其次是在信息层面,表现在对原始信息的实录展示、阐释加工、挖掘后再加工,最后使得信息在深度和广度上得以立体化扩展,不再是就事论事。

最后是在媒介层面,表现在各种在场和不在场、草根的媒介、商业的媒介、官方的媒介一起发声,引发共鸣共震。

可以用上述理论来解释微博舆论的蝴蝶效应如何生成,比如"郭美美"

事件,从一个 90 后女孩不经意在微博上的炫富,经过微博上不同角色的立体式复合传播后,引发了 2012 年中国红十字会及整个社会公益事业的信誉危机。

四、微博的社会功能

微博可以用来干嘛?相信每个微博使用者都会说出一堆用处,获取资讯、寻求帮助、休闲娱乐、谈情说爱、围观看热闹等等,而且随着其功能的完善、基于微博平台的第三方软件越来越多,相信微博会越来越有用。从社会层面上看,当下微博的功能集中在以下两方面:

1. 舆论监督

毫无疑问,微博已经成为国内最大的舆论场,一大原因是当下的现实世界和虚拟世界舆论监督此消彼长。在现实层面上政府对传统广电报刊等传媒控制较严,民众在公共场合的言论自由较少,同时通过上访、打官司等解决不公正问题的渠道也不通畅,成本较高,而微博等虚拟世界中对言论的监管相对自由,对社会不公、官员腐败渎职、道德沦丧等丑恶现象往往成为各方口诛笔伐的焦点。当下,微博的舆论监督主要集中在两个方面:一是微博反腐,二是微博打假。

微博反腐是当下微博舆论监督中最抢眼的。一位名为"午夜听风"的网友在微博上发出感慨:"以前,老百姓想揭黑反腐,恐怕只是上访,或找新闻媒体监督。如今,他们会得到这样的建议:去发条微博吧。"效率高、成本低,微博反腐成为越来越多草根的选择,"开房门"、"艳照门"、"调情门"、"名表门"等各种"门"层出不穷,一批腐败官员因为微博而倒台。微博反腐已经形成固定的模式:网友发微博披露某个事实,或某个微博内容引起网友质疑,然后众网友跟进评论和转发,相关网络衍生品(如漫画、恶搞歌曲)也开始出现,接着在网络或传统媒体上出现深度评论和调查,伴随着微博上不断"爆料",一场微博事件就此达到舆论监督的高潮。而各地检察院、法院、纪委等部门入驻微博,提高了微博反腐的效率。"11 表哥"杨达才从被爆不诚信到被调查,只花了 5 天时间,而 2008 年 12 月,南京市江宁区房产局的处级官员周久耕被人肉搜索出抽"天价烟"、戴 4 块名表、驾名车的照片,两个月后周才被当地纪委立案调查。5天和 2 个月,这便是微博的力量。微博反腐虽然声势浩大,但常常带有一定的偶然性和短时性,一旦风波过后,舆论平息下来,后续如何常常被人忽视,这也是微博反腐被人诟病的地方,它所揭露并能得到处理的腐败事件在数量上还是相对较少。

微博打假是微博舆论监督中的第二个重点。微博打假主要是学术领域打假和商业领域打假。标榜学术打假的方舟子曾经是微博上的一道奇葩。曾经创办新语丝网站专事学术打假的方舟子转战微博后战果累累，经他手曝光的公众人物有"打工皇帝"唐俊的博士学位造假，"假神仙"、中国道教协会副会长李一、韩寒、蒋方舟的"代笔门"，厦大女教授学历造假等等。因为树敌太多，他在微博上遭到恶意攻击、谩骂，先后愤而退出新浪、搜狐微博。而商业领域打假，微博平台更是显示其威力。在传统媒体平台上一些传媒人无法发声，转向其私人微博平台曝光。2011年4月9日，央视主持人赵普通过微博爆料："来自调查记者短信：不要吃老酸奶（固体形态）和果冻，内幕很可怕。"这则微博揭开了食品和药品行业使用工业明胶的黑幕，在全国范围内掀起舆论狂潮，相关媒体介入调查，主管部门进行市场整顿，一批黑心企业被打掉，一批官员因此受到查处。

2. 公关营销

从公关营销的角度来看，微博作为社会化媒介和其他的媒介相比，有更强的黏合力和更加精准的到达率，比起传统广告，投入要少很多，微博简直是个天然的营销工具，而这也是微博运营商们大力宣传，吸引政府部门、商业机构、公众人物等入驻微博的卖点。利用微博平台，吸引粉丝或用户的关注，同时进行密切互动，以增强自己的影响力，促进商品销售，改进产品或服务质量，改善自己的品牌形象，增强品牌的认同度和美誉度，在遭受负面的舆论攻击时，用微博进行及时的危机攻关等，这些都是微博公关营销的具体目标。

2012年美国大选如火如荼，两位总统候选人奥巴马和罗姆尼都在利用Twitter和其他社交媒体来造势、筹款，或是改变公众讨论的焦点，前者的Twitter粉丝数量约为1870万，而后者还不到90万。专家的分析结果表明，奥巴马发布的Twitter消息数量是罗姆尼的10倍，因此从这个平台上赢得了更多人的支持。不过，罗姆尼的Twitter消息被分享和转推的频率更高，表明他的粉丝更活跃。[①]

在商业领域里，企业领袖也常以个人微博作为营销平台的。这种方式主要以其个人魅力吸引粉丝关注，从而影响外界对其个人、企业或所在行业看法。这方面的典型例子便是房地产商任志强、潘石屹利用新浪微博进行攻关和营销了。房产商任志强坚称"开发商只替富人建房"、"不让穷人买得起商品房"、"房地产就应该是暴利"等言论，被网友冠以"任大嘴"、"任大炮"等称号；他的华远地产一年销售不过几十亿，却成了"黑心开发商"的典型代表，甚至还

---

① 清辰："美国首次'社交大选'：Twitter改变舆论走向"。http://tech. hexun. com/2012-08-27/145176858. html

被砸鞋。但在 2009 年末开通新浪微博后,他不断发表一些他个人对生活的哲理性思考及对房产行业的看法,粉丝数飙升,个人形象从此完全改变,网友们认为他坦率真诚、敢于直言、有智慧、有水平。2010 年,入驻新浪微博第一年之后,在国家的严厉调控下,他所在的华远地产却实现了销售额涨 7 成的优良成绩! 至 2012 年 9 月,他的粉丝数已迫近 1000 万!

当然利用微博进行个性化营销也有风险,如果一言不慎或以哗众取宠的方式戏弄网友,便有可能带来负面影响。潘石屹就乔布斯逝世发微博调侃苹果公司:"苹果董事会应该马上做一决定:大量生产 1000 元人民币以下一部的 iPhone 和 iPad,让更多(人)用上苹果,这是对乔布斯最好的纪念。"随后网友转发此微博并评论说,"潘总哪天要也去世了,也请贵公司推出 1000 一平米的房子吧,十几亿人民都会纪念您。"之后潘石屹虽然将原微博言论删除,但不少网友早就截图并纷纷转发予以支持,一时间评论无数,潘石屹也被网友戏称为"潘一千"。后来潘石屹发动危机攻关,发挥了幽默自嘲的精神,于当月 20 日的微博上突然推出了"潘币"征求意见版。其正面是他本人的大头像,背面是 SOHO 中国的项目望京 SOHO 的外景图,一时间潘币成为热议话题,一场舆论危机就此转化为一场绝妙营销。

图 8-16 潘币

微博平台上的账号很多直接以商业机构名称注册,不代表个人,这是一种企业化营销模式。其重点是和粉丝加强互动,宣传自己的新产品、打折活动,解决用户碰到的问题之类,同时随时监控有关企业的负面信息,随时进行危机攻关,化解危机,这是社会化媒体时代企业必须要做的功课。

公安、环保、消防等政府部门微博和企业微博在本质上一致,它们提供的是公共信息产品或服务,特别是在公共危机发生时要及时进行危机公关,及时发布权威信息,稳定人心,消灭谣言。2011 年 6 月 26 日,有网民曝出四川会理县政府网站上经技术处理过的新闻照片,三位县领导"悬浮"在公路上"视察交流"。照片通过微博迅速传播,引发群众对基层政府造假的质疑和不满。6月27日,会理县政府相关领导和当事人通过媒体和微博等方式先后四次公开向社会道歉,承认工作存在问题,态度坦诚,赢得众多网民的好评。6月28日,会理县政府通过微博推介会理旅游风光,引起众多关注,危机最后转为城市营销,有媒体称,这是"政府危机公关的经典案例"。

3.公益活动

人们形象地称微博公益为"微公益",顾名思义就是从微不足道的公益事情着手、强调积少成多,强调不管身份高下,财产多少,即使是一个屌丝也可以奉献自己微小的爱心。微博成了策划爱心和公益活动的最佳平台,它充分利用了微博平台的大众性、草根性和迅速传播性,真正实现了公益活动的平民化、常态化。

微博的"正能量"很强,公益色彩非常浓厚,用"求助"关键词在新浪微博搜索,共找到 32 091 476 条结果!还不包括"哀求"、"请求"、"咋办"、"咋整"等相似关键词的查询了。据媒体报道,日本男子如厕没带纸,上 Twitter 连发两条微博求救,20 分钟后居然真有人前来送纸。迄今为止,发生在国内微博上最惊心动魄的求助事件,要算"钟如九救母"事件。2010 年 9 月 26 日 8 点 23 分,微博网友钟如九发出了一个帖子:@钟如九:各位网友,我妈现在情况非常危急,从昨晚到现在都没睡觉,肚子胀得快要爆炸了,生命垂危。现在医院也拿不出解决办法,医术设备已经达到极限。我们现在急需寻找烧伤专家帮她们脱离危险,并且能有办法帮我妈妈和姐姐转院,接受更好的治疗!求求大家了,一定要帮帮我们啊!我向大家跪下,求求你们了!这条帖子经过 3500 多次转发后,终于得到了关键人和内行人@智本家、@北京厨子、江西南昌大学党委书记@郑克强等人的帮助,第二天来自全国最好的烧伤医疗专家到南昌来会诊,指导抢救,最后钟母顺利转院至北京 301 医院。

微博成立以来,许多意见领袖和民间公益组织发起和策划过各种公益活动,最著名的要算微博打拐活动。2011 年初,中国社科院农村发展研究所于建嵘教授、天使投资者薛蛮子、传媒人邓飞等人发起了"随手拍照解救乞讨儿童"的微博打拐行动,引发了成千上万网友的关注,包括知名人士、热心网友、慈善机构、各地警方、全国政协委员等一起联手推动,有的甚至加入解救乞讨儿童的行动中,其影响力持续至今。这起公益活动涉及之广、影响之深、持续时间之长,均创下了纪录。

新浪微博专门开通微公益平台,该平台最大的特点,就是通过简单容易的流程降低了参与公益的门槛。该平台上的求助内容,主要分为支教助学、儿童成长、医疗救助、动物保护、环境保护五个重点方向,每个项目都简要清晰地描述了项目介绍、发起人、捐助对象、目标金额、救助时间等信息,网友根据自身情况随时奉献爱心。

五、微博的传播技巧

在微博上,你也许不是名人,也不一定是意见领袖,但只要认真学习一下操控微博的技巧,再加上你的热情和兴趣,就可以成为一名合格的微博控和微博达人。

(一)打造有个性的微博界面

微博界面是博主给访问者留下"第一印象"的关键地方,这个界面由头像、昵称、简短的介绍、标签(手机上不显示)等构成。当微博越来越向手机、平板电脑等各种移动终端转移的当下,一个有个性的、亲切的微博界面会给博主带来不少人气。

博主头像图片可以用经过处理的个人相片,也可以用契合自己微博主题或个性的图片;微博账号可以用真名,也可以用绰号或昵称等。通常社会名流,特别是带有营销意图的名人都会选用自己的相片当做头像,并且账户名就是本人真名。这样他原有的粉丝会很容易在微博上搜索到他而加以关注。而作为草根一族,应该尽量选取个性化的图片当做头像,用户名考虑选用平时的昵称、绰号或者使用能直接揭示微博主旨的短语、短句,总之要吸引人。文字介绍要尽可能地简洁,可以用拉家常的句子,介绍自己微博涉及的领域和主旨、自己的兴趣爱好,招徕大家关注等,同时留下网址、邮箱、即时聊天工具号码等联系方式,让人可以用其他方式联系到你,总之要让人感觉你是个亲切、有个性的人,如下图@做饭很简单的微博界面。也可以用个性化的语言来调侃、自嘲等,表达一种态度,能引起别人共鸣,媒体人士@石扉客的微博界面就是这种风格布局。而微博标签可以围绕着自己的微博内容、个性、职业、爱好等方面提炼关键词,一旦有人在搜索引擎中使用相应关键词搜索,你的微博就能出现在搜索结果页面。

(二)发布有特色的微博内容

"内容为王"的定律也可以用在微博上面,能不能吸引人,关键还要看博主的微博内容经营得如何。一则新浪微博限制在 140 个字符内,其写作和博客、BBS 等不限字数的自媒体有着很大的不同,发布什么内容能抓住粉丝的眼球,如何编辑才能让人一目了然,这些都需要用心策划。

1.准确定位,在内容细分领域做到专注和专一

新浪微博上的名人千千万,在名人当道时,草根微博如何脱颖而出?在新浪微博人气总榜上,居然有一位草根@冷笑话精选排名 63 位,是挤进总榜前

图 8-17　@做饭很简单的微博界面简洁明了,图片、微博名及简介全部
围绕着该微博的内容和主旨

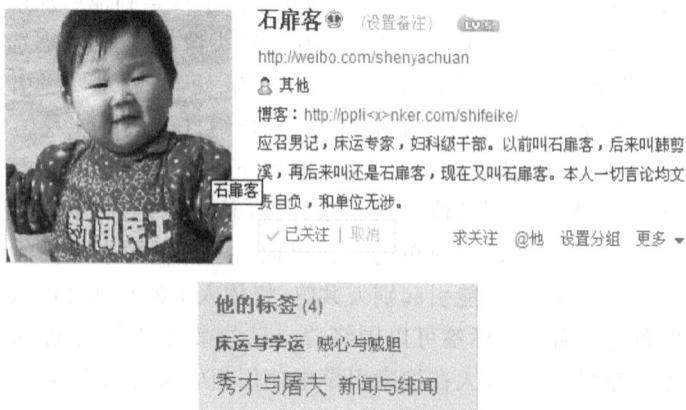

图 8-18　@石扉客的微博界面充满着调侃和自嘲的味道

100 位中唯一靠内容取胜的草根。只要有特色,专注于某一领域的内容,总能为你找到志同道合的同道中人。比如喜欢宠物的,可以专注于整理收集和宠物相关信息,新浪微博上专门收集宠物图片和信息的宠物类微博人气兴旺,少则数千多则数十万,像@宠物萌翻天、@超萌宠物集中营等人气超过了 50 万。即使博主的兴趣比较冷门也能聚集起粉丝,因为微博降低了信息沟通的门槛,将分居在各地的同道人很容易地聚集起来,你可以成为这些冷门的中心节点,而像漫画、美食、美容之类具有大众性的领域,可以轻易聚集起更多的人气,随

便用点心思,粉丝都可以轻易达到数万,一些做得比较早的此类微博已经做到数百万之多。

2.重视内容原创,争取在每一条微博里都有一个创意

有创意的内容是最容易被关注和转发的,要重视微博内容的创意,不要让它变成你流淌口水的地方。"微博造句"、"微小说"等正是微博写作中的创新和创意亮点。

"微博造句"即利用网络新流行语填空造句,以产生某种搞笑的效果。这几年来流行过的各种微博造句体有:"咆哮体"、"丹丹体"、"嘉措体"、"梨花体"、"TVB体"、"梁朝伟生活体"、"淘宝体"、"凡客体"、"甄嬛体"等。比如:"你见,或者不见我,我就在那里,不悲不喜。"这句诗本来是六世达赖喇嘛仓央嘉措所作,被不少网友演化为对生活的调侃。比如:"你吃与不吃,肉都在那里,不肥不瘦;睡与不睡,床都在那里,不软不硬。"这叫做"嘉措体"。电视连续剧《甄嬛传》播出后,模仿剧中人物语气进行表达的甄嬛体也在微博上流行。如网友@柠檬水星鱼模仿甄嬛体谈学习:"近日论文闹心,虽说时间充裕,若真的做起来只怕是难事一桩,实在是担心,每每烦心,便谨记先生嘱咐,凡事就怕用心,马虎做事,能得几时好?"

"微小说"是以微博客形式发表的微型小说,这是一种新兴网络文学形式,除了短小精悍、语言简洁、结局出乎人意料等特点,还具有140个字以内、随时与读者互动的特征。既能节省读者的时间,也充满乐趣,而且每个读者看后都可以发表自己的看法,写上自己的回复,参与讨论,进行互动。第一位在微博上进行微小说创作、并提出微小说概念以及创作规范的是作家闻华舰,代表作是长篇微博小说《围脖时期的爱情》。在微小说中,虽然文字简短,但是出人意料的结局、打破俗套是微小说最大的特色。如:

＃微小说＃＃ppmeet＃:他遇上个妖娆而富有的女人,被她迷得神魂颠倒。他辞掉工作,背叛了未婚妻,跟这个女人私奔。在飞机上,女人问他,你还记得中学时被你羞辱过的龅牙妹吗? 他一怔,眼前的女人越看越觉得眼熟。是你? 他问。女人摇头冷笑,拜你所赐,她中学毕业后就自杀了。他惊恐,那你是……? 女人阴笑,我是她哥。①

(三)掌握微博内容的编辑和发布技巧

对于新闻资讯类微博来说,需要掌握用微博发布和转发新闻资讯的技巧。包括如下要求:

---

① 百度百科:"微小说",http://baike.baidu.com/view/2922884.htm

1.配图要求

新闻微博发布消息时尽量要图文并茂,有图片的微博更能吸引网友,特殊内容无法配图的,如快讯、政治性质新闻可以不配图。如有作者须注明,如是编辑从网络中搜集的图片,也需注明是网络配图或图片仅供参考。图片需选择精彩、清晰、信息量大、新闻现场等有冲击力的图片,不用血腥、暴力、情色有宗教和政治问题的图片,图内有政治人物的,谨慎使用。

2.语言风格要求

文风要活泼,口语化,有网络特点。注意运用最新最热的网络词汇;可对民生社会类资讯标题及文案作一定处理,突出口语化并引导网友参与讨论。切忌官话连篇。在叙述时体现互动的意向,尽可能地融合@、##标签、表情、投票等互动工具。

3.转发与改写技巧

整合网友原创内容时,图片要尽量多图拼合,文案中对网友内容进行编辑提炼,不可直接复制,记得要提及原创作者,同时加上针对事件的一些推荐内容、账号等;转发理由不能为空,可根据原内容提炼让用户讨论的话题,主动搜索内容中涉及的品牌、机构等对应微博,对于比较敏感的批评性的内容要核实。

4.用##标签,对账号发布的内容可以进行归类整理,做栏目化和微话题设置。

如下图,都市快报将自己的赠蟹活动加上了#快活动#的标签,加入新浪微话题的讨论组里。

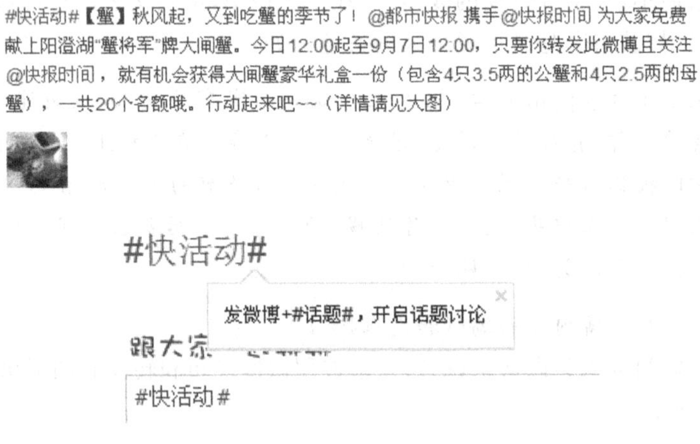

#快活动#【蟹】秋风起,又到吃蟹的季节了! @都市快报 携手@快报时间 为大家免费献上阳澄湖"蟹将军"牌大闸蟹。今日12:00起至9月7日12:00,只要你转发此微博且关注@快报时间,就有机会获得大闸蟹豪华礼盒一份(包含4只3.5两的公蟹和4只2.5两的母蟹),一共20个名额哦。行动起来吧~~(详情请见大图)

#快活动#

发微博+#话题#,开启话题讨论

跟大家

#快活动#

图 8-19 《都市快报》在微博中使用#快活动#标签进行活动推广

（四）娴熟掌握微博互动技巧

无论对于媒介组织、商业机构还是政府部门，用微博平台和粉丝互动是为了增加用户黏合度，建立用户群体，通过用户的认可树立品牌，扩大影响力。

1.常规互动

（1）用@、评论、私信（必须开放给所有用户）、♯♯标签、发起活动、微群、投票等进行互动。

（2）针对热点事件、话题明星、热门标签等，必须采用尽可能多的互动方式。同时，用以上方式，在日常维护中与粉丝、博友、机构、名人保持互动。

（3）利用UGC（网友原创内容）来推动内容生产，擅于从用户提供的内容中寻找到有价值信息。

2.线上线下互动

（1）线上互动：定期与网友展开主题互动。如：有奖转发评论活动、话题性微博互动。

（2）线下互动：发起主题性线下活动，获得用户数据建立数据库。行业主题微博，要建立明确的主题用户数据库。线下活动也要配合发起线上的互动，如现场网友发布含指定关键词、@指定账号的微博内容，线上做内容整合，以便激励网友增加UGC。

3.微博联盟

擅于找到与自己主题接近的微博，结成联盟，定期互动，形成影响力叠加效应。锁定与自己主题接近的机构用户和名人用户。

联盟账号有：

（1）新闻账号的微博联盟包括：新闻媒体官博、记者、媒体人、爆料达人等；

（2）主账号的微博联盟包括：当地警务官博、政务微博等；

（3）美食账号微博联盟包括：店铺官博、美食达人、美食名人（评论家、名厨、作家等）等。

联动方式有：

（1）与联盟账号合作：转发各自微博内容、提供微博内容供对方使用、使用其微博内容落地、收集网友意见反馈供对方分析等；

（2）激励联盟账号：定期有奖活动、评选等；

（3）日常沟通：收集对方意见、设想。

4.用户达人

通过线上线下的活动，不断培养壮大自己的最忠实用户队伍，即达人。通过QQ群、微博、微群、论坛、活动等一切可能的方式，维护好与达人的关系，在合适的时机，将这些达人转换为价值（用户、流量、商业等皆可）。

5.微群

主题内容适合建立微群的微博,必须建立微群,巩固粉丝和用户,微群是微博重要互动方式,其产生的量化指标将直接与月度达人、联盟等指标一样要进行捆绑考核。

6.处理被@、私信、评论

(1)对被@的信息要每条仔细慎重甄别,资讯类、突发事件类如无法确定真假,可用疑问的句式进行内容转发,严禁转发非法信息;公益类微博适当选择转发;网友求助类直接加标签♯＊＊(城市名)同城互助♯进行转发。

(2)建议私信必回,对广告类、骚扰类私信可以置之不理。

(3)原则上不必回复每条评论,发送线上、线下活动类微博时,对有疑问的网友,可给予适当的释疑。

思考与练习

1.美国博客网站《赫芬顿邮报》为什么能获得成功?

2.请在某一门户网站上试着开通你的博客,坚持每天更新并且进行推广,一段时间后比一比谁的博客内容吸引人,人气最旺。

3.请策划和制作一档网络电台节目,风格不限,时长5分钟到30分钟,尝试在音频播客网站如豆瓣等推广。

4.请策划和制作一部恶搞视频或微电影,类型不限,时长3分钟到20分钟,尝试上传到视频分享网站进行推广。

5.请策划和制作一档网络视频脱口秀,尝试上传到视频分享网站进行推广。

6.请尝试用视频捕捉软件"屏幕录像专家"来录制一段你操作某视频剪辑软件制作MV视频的素材。

7.试析微博的媒介属性和传播特征。

8.如何看待微博平台上的舆论监督?

9.如何利用微博进行危机公关?

10.试着用微博策划和实施一次微公益活动。

11.在新浪微博或腾讯微博上注册账号,在一定时间内坚持维护,进行推广,最后比比谁的界面和内容最有特色,谁的人气最旺。

附录 推荐媒介资源

一、阅读书目

1.《社会契约论》,〔法〕卢梭著,李平沤译,商务印书馆 2011 年版。

2.《正义论》,〔美〕罗尔斯著,何怀宏、何包钢、廖申白译,中国社会科学出版社 2009 年版。

3.《旧制度与大革命·论美国的民主:托克维尔文集》,〔法〕托克维尔著,雅瑟译,人民日报出版社 2013 年版。

4.《文明的冲突与世界秩序的重建》,〔美〕亨廷顿著,周琪等译,新华出版社 2010 年版。

5.《新教伦理与资本主义精神》,〔德〕韦伯著、马奇炎、陈婧译,北京大学出版社 2012 年版。

6.《通往奴役之路》(西方现代思想丛书 3),〔英〕哈耶克著,王明毅等译,中国社会科学出版社 1997 年版。

7.《国富论》,〔英〕斯密著,郭大力、王亚南译,上海三联书店 2009 年版。

8.《道德情操论》,〔英〕斯密著,谢宗林译,中央编译出版社 2008 年版。

9.《西方哲学史》,〔英〕罗素著,张作成编译,北京出版社 2012 年版。

10.《百年中国经济史笔记》,杨小凯著.爱思想网 http://www.aisixiang.com/data/3686.html.,

11.《中国近代思想史论》,李泽厚著,生活·读书·新知三联书店 2008 年版。

12.《乡土中国》,费孝通著,上海人民出版社 2006 年版。

13.《江村经济》,费孝通著,商务印书馆 2001 年版。

14.《美国与中国》(第 4 版),〔美〕费正清著,张理京译,世界知识出版社 2003 年版。

15.《公共舆论》,〔美〕沃尔特·李普曼著,阎克文、江红译,上海人民出版社 2006 年版。

16.《新闻与正义:普利策新闻奖获奖作品集》,沃尔特·李普曼、詹姆斯·赖斯顿等著,展江编译,中国人民大学出版社 2009 年版。

17.《新闻与揭丑(美国黑幕揭发报道经典作品集)》(全二册),[美]林肯·斯蒂芬斯著,展江、万胜主等编译,海南出版社 2000 年版。

18.《消费社会》,[法]让·波德里亚著,刘成富、全志钢译,南京大学出版社 2001 年版。

19.《古拉格——一部历史,》[美]安妮·阿普尔鲍姆著,新星出版社 2013 年版。

20.《夹边沟记事》,杨显惠著,花城出版社 2008 年版。

21.《血酬定律——中国历史中的生存游戏》,吴思著,中国工人出版社 2003 年版。

22.《现代化的陷阱——当代中国的经济社会问题》,何清涟著,今日中国出版社 1998 年版。

23.《万历十五年》,[美]黄仁宇著,生活·读书·新知三联书店 1997 年版。

24.《叫魂——1768 年中国妖术大恐慌》,[美]孔飞力著,陈兼、刘昶译,生活·读书·新知三联书店 2012 年版。

25.《枪炮、病菌与钢铁——人类社会的命运》,[美]贾雷德·戴蒙德著,谢延光译,上海译文出版社 2006 年版。

26.《公正——该如何做是好》,[美]迈克尔·桑德尔著,朱慧玲译,中信出版社 2011 年版。

27.《乌合之众——大众心理研究》,[法]古斯塔夫·勒庞著,冯克利译,广西师范大学出版社 2011 年版。

28.《美国宪政历程——影响美国的 25 个司法大案》,任东来等著,中国法制出版社 2005 年版。

29.《政治秩序的起源——从前人类时代到法国大革命》,[美]弗朗西斯·福山著,毛俊杰译,广西师范大学出版社 2012 年版。

30.《文化帝国主义》,[英]汤林森著,冯建三译,上海人民出版社 1999 年版。

31.《文化研究》,陶东风、和磊著,广西师范大学出版社 2006 年版。

32.《文化与中国转型》,袁伟时著,浙江大学出版社 2012 年版。

33.《理想不死》,胡赳赳著,中国华侨出版社 2012 年版。

34.《社会性动物》(第九版),[美]艾略特·阿伦森著,邢占军译,华东师范大学出版社 2007 年版。

35.《EDIUS 视音频制作标准教程》随书光盘＋书＋视频教程,肖一峰编著,科学出版社 2009 年版。

二、报刊和网络媒体

1.财新网(http://www.caixin.com/)

2.一五一十部落网(http://www.my1510.cn/)

3.译言网(http://www.yeeyan.org/)

4.共识网(http://www.21ccom.net/)

5.凤凰网(www.ifeng.com)

6.《南方周末》及网站(http://www.infzm.com/)

7.《经济观察报》及网站(http://www.eeo.com.cn/)

8.《炎黄春秋》杂志及网站(http://www.yhcqw.com/index.html)

9.《南方人物周刊》杂志及网站(http://www.nfpeople.com/)

10.《南都周刊》杂志及网站(http://www.nbweekly.com/)

11.《凤凰周刊》杂志及网站(http://www.ifengweekly.com/)

12.《中国新闻周刊》杂志及网站(http://www.inewsweek.cn/)

13.《时代周刊》网站(http://www.time.comtime)

14.CNN 有线电视新闻网(http://edition.cnn.com/)

15.MSNBC 新闻网(http://www.nbcnews.com/)

16.《赫芬顿邮报》(http://www.huffingtonpost.com/)

17.《金融时报》中文网(http://www.ftchinese.com/)、英文网(http://www.ft.com/home/asia)

18.《纽约时报》中文网(http://cn.NYTimes.com)、英文网(http://www.nytimes.com)

19.《经济学人》中文网(http://www.economist.com/)、英文网(http://www.ecocn.org/portal.php)

20.《华尔街日报》中文网(http://cn.wsj.com/gb/)、英文网(http://online.wsj.com/)

图书在版编目（CIP）数据

媒介素养教程 / 黄宏编著. —杭州：浙江大学出版社，2013.5（2023.8 重印）
ISBN 978-7-308-11542-1

Ⅰ.①媒… Ⅱ.①黄… Ⅲ.①传播媒介－高等学校－教材 Ⅳ.①G206.2

中国版本图书馆 CIP 数据核字（2013）第 107064 号

媒介素养教程

黄 宏 编著

责任编辑	李海燕
封面设计	俞亚彤
出版发行	浙江大学出版社
	（杭州市天目山路 148 号 邮政编码 310007）
	（网址：http://www.zjupress.com）
排 版	杭州青翊图文设计有限公司
印 刷	浙江新华数码印务有限公司
开 本	787mm×960mm 1/16
印 张	22.75
字 数	408 千
版 印 次	2013 年 5 月第 1 版 2023 年 8 月第 8 次印刷
书 号	ISBN 978-7-308-11542-1
定 价	59.00 元